海 上 保 險 學

應 世 昌 ●編著
胡 宜 仁 ●校訂

五南圖書出版公司 印行

前　言

　　海上保險是一個重要的險種。其內容廣泛，專業性和技術性很強，與國際貿易和航運業關係密切，在實務上又涉及不少有關國際公約和國際慣例，所以闡述海上保險基礎理論和體系的海上保險學是保險學中一門重要的專業分支學科。

　　本書能系統地、較全面地論述海上保險制度、條款和慣例，特別是能較深入地反映海上保險與國際貿易和海上航運三者的關係，並進行各國海上保險制度比較。是故，本書分爲海上保險概論、海上運輸貨物保險、船舶保險和保賠保險、共同海損四篇，共二十二章。

　　本書取材力求其新，體系力求完整，論述力求清楚明白，既能供大專院校的保險專業選用作爲教材，也能供保險、外貿和航運等領域的理論工作者和專業人員在研究和業務工作中參考使用。

應世昌　謹識

目　錄

第一篇　海上保險概論

第二篇　海上運輸貨物保險

第一篇

海上保險概論

第 1 章

海上保險的概念和特點

第一節 海上保險的基本概念

一、海上保險概述

海上保險（Marine Insurance）是現代保險的起源。它是在海上這一特定領域內的，為海上運輸和海上貿易提供風險保障的一種保險，屬於財產保險，俗稱水險。

海上保險雖是財產保險的一種，卻與其他財產保險存在著某些差別。主要的不同之處有：一是海上保險承保的標的主要是經常處於流動狀態的海上財產，以船舶和貨物為主。這顯然有別於其他大多數財產險種承保的標的，一般來說，後者是以存放在陸地上，且基本上處於靜止狀態的財產，包括房屋、建築物等不動產和機器、設備、原材料、家具等動產。二是海上保險承保的風險與海上航行有關，或者是海上發生的自然災害和意外事故，如惡劣氣候、海嘯，以及船舶沉沒、擱淺等這類海上固有的風險，或者是在航行過程中發生的火災、爆炸、海盜等外來原因所引起的風險。這一點同樣的不同於其他財產保

險。

海上保險作為一種有效的損失補償手段，自其產生後的幾個世紀以來，對世界海上運輸和海上貿易的發展起了十分重要的作用。眾所周知，海上運輸是國際貿易最先採用的運輸方式，由於具有運輸量大、經營成本較為低廉、可以到達世界各個港口等優點，從古至今，在國際貿易的各種運輸方式中一直居於主導地位。然而，海上運輸與陸上運輸或航空運輸等其他運輸方式相比，又有著路途遙遠、運輸時間較長、海上風險複雜多變、運輸貨物易遭受不同程度損失等不足。沒有海上保險提供的充分保險保障，海上運輸實際上是不可能順利進行的。至於海上貿易，同樣需要依靠海上保險來處理貿易過程中的各種風險和解決對這些風險的補償，以使貿易活動不至於中斷，因此同樣離不開海上保險。由此可見，海上保險制度的最早形成及其後來的發展始終是與海上運輸和海上貿易密切聯繫在一起的。今天的海上運輸和海上貿易同以往任何時候一樣，依舊需要海上保險，而海上保險隨著國際航運業和貿易的發展也在不斷完善和進一步發展之中。

與傳統的海上保險概念相比，今天的海上保險無論是內容或形式都有了不少的變化和發展。我們可以大致把海上保險的變化及發展概括在以下幾個方面：

1. 承保的風險擴展了

原來的海上保險僅僅承保海上風險。隨著國際貿易的發展需要和先進交通運輸工具的出現，貨物運輸方式與操作方法也跟著演變。貨物從起運地到目的地全程運輸，已往往不只是使用單一的運輸手段，而是幾種運輸方式交替使用來完成。就一般而言，常常是以海上運輸方式為主，再結合陸上運輸，乃至航空運輸等方式，即採用多式聯運的方式，將貨物從一國運往另一國。這樣，海上保險所承保的風險自然不再局限於海上水域，而是可以擴展到與海上貿易有關的陸上和空運途中。

2. 承保的標的多了

原來的海上保險主要以船舶、貨物等物質財產為承保標的。為了適應被保險人對風險保障的需求，承保的標的已逐步擴展到與這些物質財產有關的各種

非物質的利益和責任。以船舶保險為例，船舶租金、船員工資、航行中的營運費用，以及碰撞責任等等都屬於該險種的保險標的。

3. 險種險別增加了

原來以船舶保險、運輸貨物保險和運費保險為三大傳統險種的海上保險，今天已發展成為一個險種繁多、各險種項下的險別又分得很細，業務範圍甚廣的保險大類。新險種的不斷湧現，業務結構的日益擴大，是海上保險適應現代社會經濟和科學技術發展的必然結果。

4. 保險條款和保單格式改進了

時代的變革和以第三世界國家承保力量為主的新承保主體在國際保險市場上的崛起，對已經難以適應現代國際貿易和航運業迅速發展的國際保險秩序和過時的海上保險條款發起了猛烈的衝擊。在要求改革的呼聲的強大壓力下，英國協會於八○年代初終於放棄了其曾在國際海上保險市場上風行達兩百多年之久的海上保險條款和 S. G. 標準保險單格式，而正式啟用新格式的保險單條款。這是海上保險業的一個重大發展。

二、海上保險的定義

海上保險是以海上的財產及其利益、運費和責任為保險標的的，船舶、運輸貨物、鑽井平臺、運費和保賠責任等是它主要承保的標的。被保險人根據保險人事先設立的各個險種、險別，結合保險標的的具體情況，通過與保險人簽訂保險契約的方式，把自己參與海上運輸、海上貿易所面臨的各種風險轉嫁給保險人；保險人在收取一定的保險費後，對承保風險所造成保險標的的損失承擔賠償責任。因此，儘管世界各國保險學者給海上保險下了各種定義，但一般都是聯繫海上保險契約這一典型的損失補償契約來解釋它的定義的。現試舉世界上幾個保險大國，以及中國大陸在有關海上保險法規中對海上保險下的定義。

(1)英國的《1906 年海上保險法》對海上保險下的定義是這樣的：「海上保險契約是保險人向被保險人允諾，在被保險人遭遇海上損失，即遭受海上冒

險所發生的損失時，依照約定的條款及數額負責賠償的契約。

(2)美國對海上保險所下的定義是：「海上保險是被保險人按照約定向保險人支付保險費，保險人按照約定，在被保險人所擁有的處在海上危險中的特定利益受到損失時承擔賠償的契約。」

(3)日本《商法》給海上保險下的定義是：「海上保險契約是以對航海有關的事故而發生損害予以補償為目的。」「除本章另有規定或契約另有訂定外，保險人應就保險標的在保險期間，因航海有關的事故所發生的一切損失負賠償責任。」

(4)中國大陸《海商法》第 216 條規定：「海上保險契約，是指保險人按照約定，對被保險人遭受保險事故造成保險標的的損失和產生的責任負責賠償，而由被保險人支付保險費的契約。」

綜觀各國有關海上保險的法規，無一不是根據損失補償契約的性質來對海上保險下定義的。保險人按照保險契約規定，對被保險人因海上風險所造成的損失提供經濟補償，這是海上保險的目的，也是海上保險契約的主要內容。被保險人按照保險契約繳付保險費，並必須在對保險標的具有可保利益的情況下從保險人那兒獲得損失補償，這是他享受保險契約權利的條件。

因此我們可以把海上保險的定義表述為：它是由保險人以集中起來的保險費，對被保險人因海上風險和意外事故所造成的財產損失或引起的經濟責任，按照約定的條件和範圍給予補償的一種保險。

第二節　海上保險的特點

前已述及，海上保險是在海上這一特定領域內的保險。它所承保的空間範圍廣闊，風險巨大而且集中，致損因素繁雜，加上保險標的多種多樣，保險條款複雜，又涉及諸多有關的國際規則和公約，這一切使海上保險形成了一些為其他險種所不具有的特點。擇要敘述於下：

1. 承保風險的綜合性與致損原因的複雜性

　　船舶是進行海上運輸的工具，是完成海上運輸生產活動的基本要素之一。船舶在氣候條件複雜且變化不定的海洋上航行，除了會碰上陸上運輸工具所能遇到的種種風險以外，還會遭受某些特殊的風險。既有海上暴風雨、海嘯等人力不可抗拒的自然災害，也有船舶因自身的潛在缺陷導致失靈而發生擱淺、碰撞乃至沉沒等事故，還有海盜、船員盜竊等不法行為，以及有關當局對船舶的扣押等人為的災難。海上水域內的風險要遠比陸上風險大和複雜，造成船舶和其他海上保險標的損失的因素也因此常常不會限於一個，而是數個。此外，海上保險不只是承保海上水域內的風險，也承保與航程有關的內河與陸上的風險；不只是承保航行或運輸中的動的風險，也承保停泊或倉儲期間的靜的風險，以及其他特殊的外來的一切風險。所以說，海上保險承保風險的綜合性和致損因素的複雜性相當突出。

2. 承保標的的流動性及這些流動的國際性

　　海上保險是為海上運輸和海上貿易提供風險保障的險種，其保障的對象主要是遠洋運輸、國際貿易和其他對外經濟交往活動。海上保險承保的標的又以海上運輸工具即船舶和海上運輸的對象即貨物為主。出於航運經營或貿易經營的目的，船舶和運輸貨物勢必要求從一個港口到達另一個港口，所以經常處於流動狀態。由於這些流動，將不可避免地涉及有關的國際經濟、法律關係。海上保險與國際航運和國際貿易一樣具有國際性，在海上保險契約履行時，同樣會受到不同國家的法律和慣例的影響，出現一些國際法規的適用問題。至於海事處理過程中所產生的管轄權、仲裁、訴訟等一系列法律問題，就更需要按照相應的國際公約和慣例來解決。

3. 承保險種險別的多樣性

　　海上保險由於運輸方式以及各種保險標的所需要獲得的風險保障有異，客觀上便要求有多種多樣的保險險種和險別來滿足它們不同的保障需求。就以海上運輸貨物保險為例。根據承保的運輸貨物不同特性，它可以分為海上運輸貨物保險、海上運輸冷凍貨物保險、海上運輸散裝桐油保險和貨櫃運輸貨物保險等數種。在同一類險種中，根據承保責任範圍的不同又可以分為若干險別。如中國大陸海上運輸貨物保險便有平安險、水漬險和一切險等三個主要險別。

4. 承保對象的多變性

　　由於國際貿易經營的需要，海上運輸貨物保險允許保險單背書轉讓，而毋須徵得保險人的同意，這樣就可與貨運提單背書轉讓同步進行。這就是說，運輸貨物保險單在貨物轉讓時，由被保險人背書以後，同時轉讓給受讓人，可保利益隨貨物一起轉讓。保險單持有人的轉移，即意味著該險種承保的對象也隨之轉移。保險對象的多變不定，同樣的海上保險（船舶保險和海上石油開發保險除外）的一個重要特性。

第 2 章
海上保險的發展歷史

第一節　海上保險是商品經濟發展的產物

一、海上運輸方式的演變

　　海上保險在各類保險中起源最早，歷史最長。它是商品經濟發展的產物，是隨著海上運輸生產和海上貿易活動而產生和發展起來的。

　　當人類社會發展到直接以交換為目的的商品生產時代，商品買賣活動即貿易，以及專門經營商品買賣的商人產生了，與此同時，由於貿易發展的需要，運輸也成為人們生活和生產活動中不可或缺的組成部分。隨著商品生產和運輸技術的不斷發展，貿易由國內擴展到國際，運輸由陸上擴展到海上。在古時的海上運輸中，船舶與貨物是不分離的，行商往往集船東和貨主於一身，由他運用船舶載運自己的貨物在海上航行，進行自運自銷的商業活動。為此，歐洲的學者習慣上把商人以船舶為工具進行的貿易活動稱作「海上貿易」或「航海貿易」，而亞洲的學者更乾脆稱之為「海商」。這也就是海商一詞的由來。不言而喻，這種船舶與貿易合一的運輸方式儘管與當時社會分工的狀況相適應，但

從生產及運輸的效率來看，顯然是很落後的。隨著生產力的發展，它逐漸為生產和運輸的專業化所取代，船舶與貨物分離，船東專門從事運輸，貨主專門從事生產和貿易，後者經由簽訂契約委託前者運送貨物。於是，原來海上運輸與海上貿易合一的「海商」最終一分為二，分離成為國際貿易和海上運輸兩個相互依存而又各自獨立的行業。

二、海上運輸的性質

海上運輸，又稱海上生產活動。海上運輸把產品、原料從一個生產場所運到另一個生產場所，或者把產品從生產領域運到消費領域，所以它是生產過程在流通領域的繼續，是生產活動的重要組成部分。對此，也有人持不同觀點，認為海上運輸服務於海上貿易，是國際商業活動的組成部分，因此把它稱之為海上商業活動。事實上，包括海上運輸在內的運輸業是一個獨立的物質生產部門，是被馬克思稱作除採掘工業、農業和加工製造業以外的「第四個物質生產部門」。它與其他物質生產部門有許多基本共同點，但又有自己的特點，其生產活動不能改變勞動對象的性質和形狀，不能產生新的物質產品，而只能經由運輸工具使人或物移位，即改變人或物所在的場所；它把國民經濟各個部門和各個地區連接起來，在物質資料的生產和分配過程中發揮重要作用。

三、海上保險的應「運」而生

作為商品實現其價值的必要途徑，商品移位即運輸必須注意安全，必須注意預防和控制各種自然災害和意外事故的發生，否則移位不僅成為無益勞動，創造不了價值，而且使商品本身的價值也遭到損毀。

海上運輸是在海洋上進行的，一定要通過某段海域，完成某個航程後才能實現。海域有近有遠，航程有長有短，但在遼闊的海域內，無論在何時何處都充滿著種種風險，包括人力不可抗拒的自然災害和意外事故，以及一些特殊風險。正因為如此，海上運輸被人們稱作「海上冒險事業」（Marine Adventure），運輸工具船舶和運輸對象貨物在航行和運輸過程中都面臨著海上各種風險可能給它們造成損失的威脅。為了保障海上運輸和貿易的安全，從事運輸的船東和經營貿易的貨主從長期實踐中摸索出各種分散海上風險和分攤海上不測事故所致損失的制度，海上保險也就應運而生，而且成為其中最主要的一種。所以可以這麼說，海上保險正是為適應海上運輸對分散風險和分攤損失的需要而產生的。

海上商品經濟活動的不斷發展，使得海上保險從原始的互助救災的概念中慢慢地上升到理論，成為以大數法則為原理，以分散風險為基礎，以契約自由為原則，以經濟補償為目的，化不確定的海上風險為經由一定的保險費支出，用經濟手段來管理海上運輸和貿易的一門科學。通觀海上保險的整部發展史，海上保險市場的中心始終是隨著商品經濟的中心轉移的，海上保險的發展與商品經濟特別是海上貿易的發展存在著異乎尋常的密切關係。海上商品經濟活動中的各種風險促進了海上保險業的產生和發展，而海上保險業的發展反過來又對商品經濟、海上貿易的發展起了強有力的保障和推動作用。

第二節　海上保險的起源

海上保險是一種最古老的保險制度。它究竟起源於何時，說法不一，其確切的產生年代也難以考證。目前關於海上保險的起源，有以下三種說法。

一、共同海損起源說

西元前 916 年，居住在地中海東部、愛琴海東南的羅得島上的腓尼基人，以擅於航海和經營海上貿易稱譽於世，羅得島在當時也因此成為地中海和愛琴海上一個繁榮的商業中心。由於貿易發展較快，該島居民相互之間形成了一些處理海商活動的慣例，並制定法規，後來就在那兒產生了據說是世界上最早的一部海商法——《羅地安海商法》（*Rhodian Law*）。當時在地中海一帶的

航海商人都是按照此法來解決有關各方在航運和貿易上的爭端的。

　　大約在西元前 2000 年，地中海的海域內已有廣泛的海上貿易活動。那時，航海被認為是一種冒險，因為運載貨物的船舶為木帆船，構造簡陋，抵抗海上風浪的能力很弱。加上當時的海上貿易處於初級階段，船東就是船長，貨主就是貨物的押運人，同在一條船舶上航行。在航行中每當遇到海上狂風巨浪，發生航行危險時，往往採取「拋貨」的辦法，即把船舶所載的一部分貨物拋入海中，以減輕船舶的載重量，迅速駛離險境，或使船舶恢復平衡，不致遭到傾覆的厄運。這是避免船舶和其他貨物同歸於盡的最有效的應急措施。但是在決定拋貨時，船貨各方往往爭論不休，誰都不願意自己的貨物為了別人的利益而被拋入海中。為了在危急時刻便於採取果斷措施，以及時解除船貨面臨的共同危險，在實踐中逐步形成了由船長作出拋貨決定，而被拋棄貨物的損失由受益的船貨各方共同分攤的做法。

　　《羅地安海商法》首先把這種分攤原則用法律形式確定下來，正式規定：「凡是由於減輕船舶載重而拋棄入海的貨物，如果是為全體利益損失的，應當由全體分攤償還。」這一共同海損分攤原則後來被西元 533 年羅馬皇帝查士丁尼時代編纂的法典進一步肯定和加以發展，除拋棄貨物外，把因搶救船貨而砍斷船上桅杆或錨鏈的損失也列入分攤償還的範圍，並上升到「一人為眾，眾為一人」（One for all, all for one）的理論。後來羅馬法雖由於羅馬帝國崩潰而被廢棄，但這一分攤海上損失的原則仍繼續在海上貿易和海上運輸中得到廣泛使用。不僅如此，由於它適應了海上運輸發展的需要，維護了載貨船舶的航行安全，並在公平合理的基礎上兼顧船貨各方的合法利益，因而一直沿用到今天的共同海損規則之中，成為海上保險的重要內容。

　　共同海損分攤原則的產生，為以後的海上保險打下了基礎，所以有些保險學者認為海上保險起源於共同海損。

二、船舶抵押借款起源說

　　希臘大哲學家亞里士多德曾把當時的大規模商業劃分為造船、運輸和放款

三大類。放款業的主要內容是船舶抵押借款。這種抵押借款據說是腓尼基人與巴比倫開展海上貿易時，將古巴比倫國國王漢穆拉比頒布的《漢穆拉比法典》（*Code of Hammurabi*）中放款協定的規定應用於船舶的財務保障契約而逐漸形成的，當時稱作船舶抵押契約，在西元前六、七世紀起就已經很流行了。

船舶抵押借款（Bottomry Loans）又稱冒險借貸。當時，船舶在海上運輸過程中遇到急需用款，如船舶因遭風浪受損而必須在附近港口進行修理或者補充給養，而船長手頭卻沒有足夠的資金，於是他可以向當地放款商人借款以獲得繼續航行的資金。起初借款是按一般借貸形式進行的，後來逐漸發展成為船舶抵押借款。這種特殊的借貸形式規定，借款人可以此次出海的船舶作為抵押向放款人借錢，但借款的利率為 12%，比一般 6% 的借款利率高出一倍。其權利義務是：如果船舶安全抵達目的港，借款人必須向放款人如數償還借款的本利；如果船舶在途中遇險沉沒，借款人可以被免除債務。當時的法律之所以容許船舶抵押借款的利率比一般借款利率高得多，是因為這種借款冒著本利可能遭受全部損失的風險，規定高利率正是為了補償放款人可能遭受的損失。

這種抵押借款事實上已具有保險的一些基本特徵：放款人相當於保險人，借款人相當於被保險人，作為抵押的船舶是保險標的，所以利息中高於普通借款利息的那部分實質上含有保險費的性質，而船舶沉沒時放款人不再收回的借款就相當於他對借款人預付的賠款。可見，這種抵押借款與今天海上保險中只保全損險的條款有非常相似之處。所不同的僅在於今天的海上保險只保全損險條款規定被保險人先付保險費，以後如發生全損才獲得賠款，而古時的船舶抵押借款是借款人先得到借款，在船舶安抵目的港後才償還本利。

冒險借貸的利率以後又逐漸提高，發展到最低為 25%，最高達 40% 的地步，由於利率過高，冒險借貸終於為當時的教會所不容。西元 1230 年羅馬教皇格里哥利九世頒布利息禁令後，被取締的冒險借貸轉化為「無償借貸」（又稱「假借貸」），以後又發展成為「空買賣契約」。在後兩種借貸形式的借貸雙方關係中，真正的資本所有人反而成了名義上的借款人，船東成為放款人。也就是說，在出海行商以前，船東借一筆錢給資本所有人，雙方簽訂好契約，但是寫在契約上的這筆借款只是名義上的，並未真的付給對方。如果船舶平安

無事完成航海，安抵目的港，契約即告無效，資本所有人無須履行償還這筆債務的義務；如果船舶中途遭難受損，契約就成立，船東可找名義上的借款人即資本所有人要求歸還這筆借款，作為代價，船東在出海前得向對方付一筆風險負擔費。

這兩種借貸形式中的借貸關係和償還條件，正好與冒險借貸完全相反。若從它們所具有的保險性質來看，資本所有人就是保險人，船東是被保險人，船舶是保險對象，船舶發生事故時借款人須歸還契約上的那筆名義借款相當於保險賠款，至於保險費則是船東付給資本所有人的風險負擔費。可見，無償借貸要比冒險借貸更接近現代意義上的海上保險。因為風險負擔費在契約借款額之外，不寫入契約，是私下事先給的，而寫在契約上的借款只是名義上的，所以叫做「假借貸」和「空買賣契約」。

認為船舶抵押借款是海上保險起源的保險學者人數眾多。

三、貨物抵押借款起源說

貨物抵押借款（Respondentia Loans），基本上與船舶抵押借款相同。二者的區別僅在於抵押物的不同：一是將船舶作為抵押，一是將貨物作為抵押。有不少保險學者也因此提出海上保險起源於貨物抵押借款的說法。

以上三種起源說，均有一定道理。然而，共同海損由於是海上財產獲救後受益的船貨各方之間實行的一種分攤損失制度，強調的是分攤為了船貨共同安全而作出的犧牲和費用，並沒有對海上運輸的經濟補償方面給予充分保障的含意。與之相比，船舶抵押借款和貨物抵押借款強調的是風險損失的賠償。而我們知道，海上保險的實質正是對因海上風險所造成的損失進行補償，因此海上保險的船舶和貨物抵押借款起源說更為人們所接受。船舶和貨物抵押借款被大多數保險學者認為是現代海上保險的原始形式。

第三節　海上保險的發展

一、義大利是現代海上保險的發源地

　　海上保險以現代科學的形式出現，是與十四世紀前後義大利商人在海上貿易和保險業務經營中的作用分不開的。義大利作為現代海上保險的發源地，在海上保險的發展過程中扮演了重要角色。

　　西元十一世紀末期，西歐封建主、大商人和天主教會在羅馬教皇烏爾班二世煽動下，對東地中海沿岸地區發動了十字軍東征。在前後共計八次，歷時將近二百年（1096—1291 年）的東征中，義大利的比薩、熱那亞和威尼斯等城市為十字軍提供海運船隻和海軍，參加了攻掠地中海城市，不僅分獲大量戰利品和一部分被占領土，還消滅了其海上貿易勁敵拜占廷帝國。雖然十字軍東征最後以失敗告終，但義大利這些城市的商人卻乘機一度控制了東西方的中介貿易，他們的足跡遍及整個歐洲。這些商人不論到什麼地方，他們在貿易和保險上採用的習慣做法也就被帶到那兒。例如，無償借貸的方式就是義大利北部的倫巴第商人為使海上貿易能在低風險環境下進行，避開羅馬教皇格里哥利九世對冒險借貸的禁令而首先採用的，從起初的口頭締約發展到後來的書面契約，然後才逐漸在歐洲大陸流傳開來。就這樣，義大利的倫巴第，還有威尼斯、佛羅倫斯、熱那亞和比薩等城市在成為當時世界金融業和商業中心的同時，也稱雄於十四世紀的歐洲海上保險市場。

二、世界上最早的海上保險單和「比薩保單」

　　迄今為止，保險學者們認為，儘管已具有保險的一些基本特徵的船舶和貨物抵押借款形式在歐洲盛行達數百年之久，但海上保險單的正式出現則是十四

世紀以後的事。1347 年 10 月 23 日由熱那亞商人喬治‧勒克維倫（Georgius Lecavellum）簽發的一張承保「聖‧克勒拉」號商船從熱那亞到馬喬卡的船舶航程保險單，是目前世界上發現最早的保險單。這張保險單內容比較簡單，類似前述的「無償借貸」。保險單上寫著：「喬治‧勒克維倫向『聖‧克勒拉』號船主借了一筆錢。船舶在安全到達馬喬卡前，他必須承擔風險並負責還款；如果船舶在六個月內安全抵達馬喬卡，借款契約即告失效」。此外，保險單還規定，在船舶變更航道的情況下，契約無效。

應該說，第一張保險單的誕生表明早期海上保險已完成了向現代海上保險的轉變。但是這張保險單沒有列明保險人所承保的風險，因此尚不具有現代保險單的基本形式。1384 年 1 月 15 日由比薩的一組保險人出立的承保四大包紡織品從法國南部城市阿爾茲到比薩的貨運保險單，即保險史中所稱的「比薩保險單」，則被認為是第一張出現承保內容的「純粹」保險單。1393 年，在佛羅倫斯簽訂的一張保險單把「海上災害、天災、火災、拋棄、君王的禁制（即諸侯查禁沒收。中世紀的義大利分為許多諸侯國，在激烈的貿易競爭中互相查禁貨物，予以沒收）、捕捉」等更明確地一一列為承保的風險責任，從而顯示了它已具有現代保險單的格式。

與其他商業契約一樣，當時的保險單已有了統一的格式，它們由專業的撰狀人擬寫。十四世紀中期，僅熱那亞就有二百個專門起草保險單證的人，這些捉刀人正是今天保險經紀人的前身。1424 年第一家海上保險公司在熱那亞建立。

海上保險的發展，必然會使保險的糾紛相應增多。為了對保險業加強管理，義大利和其他歐洲國家相繼制定了一些旨在防止海上保險中的欺詐行為和保證保險單實施的國家或地方性法規，如 1435 年西班牙的《巴塞隆納法規》，1468 年義大利的《威尼斯法規》，1523 年的《佛羅倫斯法規》等。中世紀保險立法的發展，推動了當時海上保險業務經營的開展，也使海上保險制度不斷得到完善。

在由封建社會向資本主義社會轉型的過程中，義大利商人只風光了一百多年，隨著資本主義生產方式的產生和新大陸的發現，遂讓位給迅速崛起的歐洲

其他海上貿易大國，貿易中心也逐漸從地中海區域轉向大西洋沿岸。義大利的海上保險制度經葡萄牙、西班牙傳至荷蘭、德國和英國，保險中心也就從此從南慢慢地北移到英國。

三、英國海上保險業的興起

　　早在十五年紀，英國因毛紡、造船、航海、貿易等的發展即萌發了資本主義的生產關係。由於實行重商主義和對外開放政策，大力發展國外貿易，特別是在大敗當時的海上強國西班牙的「無敵艦隊」之後，英國開始取代西班牙而稱霸海上。經過 1640─1660 年的資產階級革命和十八世紀末到十九世紀初的產業革命，資本主義迅速發展，到十九世紀末，英國成為當時世界上最大的殖民帝國，侵占了比本土大一百五十倍的殖民地，擁有世界人口的 1/4，占有 1/3 的國際貿易市場。英國在世界貿易和航運業上占有的壟斷優勢，自然為它坐上世界海上保險盟主這把交椅創造了有利條件。

　　由於海上經濟活動的客觀需要，英國商人在十六世紀就吸取了已移居英國的義大利倫巴第商人在促進海上貿易、保障海上運輸中船舶貨物意外經濟損失的原始保險互助做法，以後又不斷引進歐洲其他國家的海上保險辦法和法規。如採用鄰近的尼德蘭商人在貿易、兌換和保險業務上的做法與制度，仿效安特衛普商人開設了第一家皇家交易所，為海上保險提供交易場所，取代了由倫巴第商人開始並沿襲下來的一天兩次在倫巴第街露天進行交易、兌換與保險的習慣。1575 年英國女王伊麗莎白一世特許倫敦皇家交易所設立保險商會專門辦理保險單的登記業務。隨著保險業的發展，1601 年英國頒布了由女王親自參加制定的第一部海上保險法──《關於商人使用保險單的法案》（*An Act Touching Policies of Assurance Used Among Merchants*），簡稱「伊麗莎白法案」。

　　進入十八世紀，倫敦已經成為世界上最具實力的海上保險市場。1720 年英國政府為整頓當時的倫敦保險市場，頒布了法令：除個人經營者外，禁止任何其他公司或商業團體從事海上保險業，特許英國皇家交易保險公司和倫敦保

險公司經營海上保險業務。這兩家特許公司由於獲得了經營海上保險業務的特
權,因而成為歐洲最早具有團體性質的海上保險組織。十八世紀的倫敦海上保
險市場基本上為這兩家特許公司和市場的另一個主角──專營海上保險的保險
人組織勞合社所控制。美國獨立戰爭(1775─1783 年)的爆發以及 1793 年至
1815 年的法國戰爭為倫敦保險市場的發展提供了一個有利的時機,這是因為
美國和法國的戰爭所帶來的海上貿易的風險,不但使海上保險的費率提高了,
而且把歐洲保險業務以及越來越多的保險商吸引到了倫敦保險市場。壟斷海上
保險經營的皇家交易保險公司和倫敦保險公司,還有勞合社,都抓住了這千載
難逢的好時機,各自積極擴大海上保險業務,從而把倫敦海上保險業推入了一
個蓬勃發展的新階段。1824 年英國政府撤銷了 1720 年頒布的那個有關限制建
立團體性保險公司的法令,大量資金開始湧入海上保險市場,英國的海上保險
業已不囿於倫敦一地,而是全面地向英倫三島擴展。

　　英國的《1906 年海上保險法》(The Marine Insurance Act 1906),
對保障和促進英國海上保險業的發展起了重大作用。這部於 1906 年 12 月 21
日頒布,從 1907 年 1 月 1 日起實施的海上保險法,是由英國王座法庭首席法
官曼斯菲爾德(Lord Mansfield)在利用二十餘年時間收集整理的上千個海上
保險判例,並結合國際慣例的基礎上起草而成的。它對海上保險的定義、基本
原則和賠償標準等作了詳細的解釋和規定,還把勞合社制訂的 S. G. 保險單即
船舶貨物保險單列為英國法定的海上標準保單。勞合社保單也就自此開始長期
被世界各國視作海上保險單的範本,直至今天仍被美國、日本等國援用,而
《1906 年海上保險法》則在世界各國保險界引起很大迴響,各國無不將其奉
為經典仿效。

第四節 勞合社——世界保險業海洋上的「旗艦」

一、勞埃德咖啡館向勞合社的演變

與英國稱霸世界海上保險業的歷史幾乎同步的是勞埃德咖啡館的建立及其向海上保險業務交易所——勞合社（Lloyd's）的演變，一部勞合社的成長史可說是英國海上保險發展的一個縮影。

1688 年，有個叫愛德華·勞埃德（Edward Lloyd）的英國人在倫敦泰晤士河畔的塔街上開設了一家咖啡館，就叫勞埃德咖啡館。由於鄰近碼頭、海關總署和港務局的特殊位置，很快使得一些經營海運的船東、船長、商人、經紀人和海關辦事員成為這家咖啡館的常客。他們邊喝咖啡邊交換有關航運和貿易的消息，有時也順便洽談業務。保險商也常聚集於此，利用這兒與投保人接洽保險業務，後來乾脆在咖啡館內擺下寫字臺，固定營業。當時的海上保險交易方式是投保人在一張紙上寫明保險的船舶或貨物，以及投保金額，而後由咖啡館內的保險商寫下承保的份額，並簽上自己名字。1691 年咖啡館遷往當時的商業金融中心——因有許多義大利倫巴第人聚居而得名的倫巴第街。

店主勞埃德出於招攬顧客的目的，除了為顧客提供鵝毛筆、墨水和紙張，給予保險交易種種方便以外，還在 1695 年自辦了一份油印的單頁雙面小報《勞埃德新聞》，每週出版三次，專門報導航運消息，刊登海事商業廣告，咖啡館也因此而成了英國當時的海事信息中心，成了買賣海上保險的最大市場。但是勞埃德本人則始終作為一名「咖啡人」，不參與海上保險的業務經營，僅為保險商人提供服務。這個傳統，數百年來一直沿襲，保持到今天的勞合社。

勞埃德死後，由其女婿繼續經營咖啡館，油印小報也變成了正規的鉛印日報《勞合社動態》，後又易名為《勞合社日報》。隨著業務的發展，狹小的咖啡館已不能適應保險商們的需要。此外，當時極其盛行的賭博性保險也蔓延到

了咖啡館，令不少正派的保險商反感不滿。1769年遂有一個名叫托馬斯·菲爾丁的原咖啡館侍者，在一批忠實顧主的鼓動下，棄舊館而去，開設新館取代，仍名勞埃德咖啡館。1771年，七十九名包括商人、保險人和經紀人在內的新館常客，每人出資100英鎊，決定另覓新址建館。1774年他們租賃皇家交易所的房屋，在勞埃德咖啡館的基礎上成立勞合社。從此，這個專營海上保險的個體保險商聯合組織告別了咖啡館，正式登堂入室，獨立門戶，並從十八世紀開始，逐漸形成今天勞合社的獨特形式。至於位於倫巴第街的舊咖啡館則在1785年破產倒閉。英國議會於1871年專門通過決議，承認勞合社為一個保險社團組織。勞合社經由向政府註冊，取得了法人資格，但其成員被限制只能經營海上保險。直至1911年，英國議會取消了這個限制，才允許勞合社成員經營一切保險業務。1986年勞合社遷至位於倫敦市區拉艾姆大街的新大樓。

二、勞合社的性質及其經營方式

就組織的性質而言，勞合社不是一家保險公司，而是由許多保險人在一起經營保險業務而形成的一個社團、一個民間組織，其成員各做各的，各自對其承保的業務負責。勞合社也像當年勞埃德咖啡館的創始人愛德華·勞埃德一樣，本身並不承保業務，也不對其成員的保險業務負責，只是向他們提供交易場所，以及根據勞合社法規和勞合社委員會的嚴格規定，監督他們的財務狀況和為他們處理賠案、簽署保單、匯集信息、研究政策、統計分析等提供服務。確切地說，勞合社是目前世界上唯一允許個人經營保險業務的市場，它與英國另一個由保險公司組成的公司市場並存，構成世界上絕無僅有的雙軌保險市場。

勞合社的保險業務主要靠五個部分即會員（又稱記名人，Names）、承保代理人（Underwriter）、經紀人（Broker）、保險客戶（Insured）和勞合社公司（Lloyd's Corporation）共同來運轉進行：會員把各自的股本交給勞合社委員會，而後自行按險種組成大小不等的「承保辛迪加」（Underwriting Syndicate），每人在辛迪加中只為自己承擔的份額負無限責任，彼此之間不

負連帶的責任；辛迪加的事務由承保代理人管理，他們代表會員辦理保險業務，但不與保險客戶直接打交道，只接受經紀人提供的業務；經紀人代表保險客戶與承保人協商，為客戶安排投保和提供諮詢服務；保險客戶不能進入勞合社大廳，只能透過經紀人安排投保來取得保險保障；勞合社公司在理事會領導下負責管理和調節整個勞合社市場，它不對每個會員經營的業務承擔責任，一旦發生某個會員無法履行其責任的情況，就將該會員的資產作為擔保。

　　勞合社的保險交易一般是按以下方式進行的：經紀人在接受客戶的保險要求以後，先出具一張寫有被保險人姓名、保險期限、保險風險和險別、保險金額等詳細情況的保險條，把它交給某個承保辛迪加。由該辛迪加的首席承保人確定費率，並簽名寫上他自己承保的風險比例。然後，經紀人拿著保險條一一找同一辛迪加裡的其他承保人。如風險未「分」完，他還可以與其他辛迪加聯繫，直到全部保額被認足為止。最後，經紀人把保險條送到勞合社的保單簽印處。經查驗核對後，保險條換成正式保險單，蓋上章簽發，保險手續至此也告全部完成。

三、勞合社對國際海上保險市場的巨大影響

　　勞合社對外完全開放，只要財務上有保證，信譽上有好評，符合勞合社成員的條件和要求，且有正式會員推薦，任何人不論國籍、性別，皆可以申請入社，然後取得在勞合社市場上經營保險業務的資格。勞合社的成員都是自然人，法人不能入社。截至 1990 年，它已有三萬名左右成員，來自世界五十多個國家。

　　勞合社從海上保險起家，從條款到費率，乃至具體承保方式，都對國際海上保險市場有著很大影響。如英國的《1906 年海上保險法》將勞合社的船舶與貨物標準保險單（即 S. G. 保單）列為法律附件，成為法定保險單，近百年來許多國家在制訂海上保險單時大都是以它為藍本的。自 1911 年英國取消了對勞合社成員只能經營單一海上保險的規定以後，勞合社的保險業務範圍隨著時間的推移，已遍及所有險種。而且，只要世界上一出現新的風險，敢於冒

險、做法靈活的勞合社承保人便很快會設計和開發出相應的新險種來，從穿梭於空間的衛星到游戈在海底的潛艇，從戰地採訪記者的生命到歌唱家的嗓子、影星的眼睛，幾乎無所不保。目前勞合社成員們經營的保險業務大致可分成水險、非水險、航空險、汽車險和新技術險等五大類，他們按經營的險種分別組成四百個左右的「承保辛迪加」，1990 年勞合社的總承保能力達到 111 億美元。但在各類保險業務中，仍以經營水險的居多，全世界 80％的遠洋船舶直接或間接地在勞合社投保。

發端於泰晤士河畔，沐浴了三百年風雨的勞合社，今天依然屹立在世界保險業的前哨。它在歷經美國獨立戰爭、英法戰爭、世界大戰，以及與國內外保險財團劇烈競爭的考驗過程中，日趨成熟，成為國際海上保險業的重要支柱，它始終是世界保險業海洋上的一艘「旗艦」。作為當前世界上最大的保險壟斷組織，勞合社對世界保險業，尤其是海上保險的發展，對國際保險市場的繁榮發揮著無可置疑的重大作用。

第五節　中國大陸海上保險發展概況

一、中國古代發達的航海業和海上貿易

中國是世界上最早開展海上運輸和海上貿易的國家。據歷史考證，中華民族自古就是一個航海的民族，從夏代開始，便能製造船隻。中國最古的編年體史書《竹書紀年》記載，夏代「命九夷，狩大海，獲大魚」。可見中國沿海的各民族（「九夷」）在夏代已經非常熟悉海上的生活，出沒於風浪之中。到了商代，中國的海外事業有了更大的發展。《詩經·商頌》中說：「相土烈烈，海外有截」。相土是殷商的十一代君主，據歷史記載，當時他的勢力已經發展到渤海灣。「海外有截」，這個「截」字按著名史學家翦伯贊先生的考證，是地名，也是族名，即是指現稱為北美大陸西部的地方。根據這一考證，也就是

說當年相土的力量已經擴展到了北美。另據當代中外多名學者的考證，遠在夏禹時代，中國人已到達了美洲；美洲印第安人的祖先正是中國的移民——殷商末年被西周部隊戰敗後東渡泛海至美洲的殷商軍民①。儘管這些說法尚需有更多的資料進一步加以證實，但至少可反映一點，即中國古代航海事業已達到相當發達的程度。我們還可以從出土文物中找到證明：在河南安陽小屯殷墟發掘出來的十六萬之多的甲骨文片，絕大部分是海龜甲，還有產於北婆羅洲和馬來半島的巨龜龜甲、象骨和象牙。這些遺存都足以說明中國古代海上作業的規模及其遠航的方向。

中國自唐代起開始設立官署對海上運輸和海上貿易進行管理。唐代在廣州設市舶司，宋代於廣州、泉州、明州（今浙江寧波）、杭州、密州（今山東膠縣）等地設提舉市舶司，負責檢查出入海港的船舶，徵收商稅，收購政府專賣品和管理外商等。元代、明代又改稱市舶提舉司。完善的管理，促進了中國海上運輸和海上貿易的大發展。

明代初期的「三保太監下西洋」更是中國古代大規模的遠洋航行的典範。從西元 1405 年起，偉大的航海家鄭和率艦隊曾先後七次遠航「西洋」，自江蘇太倉的瀏河鎮出發，出南中國海，穿麻六甲海峽，跨印度洋，抵波斯灣和紅海，前後二十八年，經三十餘國，最遠曾到達非洲東岸和紅海海口。七次遠航聲勢浩大，影響深遠，促進了中國與亞非各國的經濟、文化交流，也成為世界遠程航海史上的創舉。

但是，由於中國封建社會發展漫長，且長期實行重農抑商、閉關鎖國政策，商品經濟特別是海上商品經濟活動不發達，直至鴉片戰爭被迫打開大門以後，海上保險才隨著帝國主義的經濟入侵而進入中國。

二、中國境內的第一家保險公司

十八世紀末，英國在印度種植罌粟，建立鴉片加工廠，並以孟買和加爾各答為基地，大量向中國販運和走私鴉片。由於印度洋風急浪高，而被稱作「飛剪船」的專運鴉片的西式帆船安全性差，加上存在海盜和戰爭等其他不測因

素，鴉片販運風險頗大。1805 年，一個加入英國籍的法國人比爾‧麥戈尼亞克看準時機，與其他英國和印度私商合夥，在廣州建立了諫當保安行，即廣州保險會社，成為在中國境內的第一家保險公司。在它的基礎上，英商又於 1835 年在香港開設了於仁洋面保安行，即保安保險公司，於 1836 年在廣州增設了廣東保險公司。這些保險公司經營的業務主要是為貿易航運服務的海上保險，經營方式以代理為主。它們的設立使得保險商能在中國簽發保險單和支付損失賠款，對英商的貿易和走私帶來很大的方便。

　　隨著英帝國對中國經濟侵略的日益深入，以英商為主的外國商人紛紛從香港和廣州到上海設立辦事處，上海遂成為中國的對外貿易中心，遠東第一大商埠。與此同時，外商保險公司也大舉進入，先後在上海設立揚子保險公司和保安保險公司等經營海上保險業務，從而加快了對中國保險市場的壟斷步伐。

三、中國第一家民族保險企業的誕生

　　十九世紀中期和末期，面對帝國主義的經濟侵略，中國新興的民族資產階級提出了「商戰」的口號，要求清政府保護和發展民族工商業與外國資本抗衡。由洋務派籌創的官督商辦的輪船招商局就是在這樣的情況下於 1872 年在上海建立的。這家當時中國海商貿易的最大企業一成立，即向大英輪船公司、淳信洋行等外商公司購置了伊敦、永清和利運三艘船舶，後又向蘇格蘭訂購了福星號，就此開始承接海運業務。輪船招商局的發展，必然要求有保險公司為其作保險保障，但當時中國保險市場為外商獨占，因而只得向外商保險公司投保。為了壟斷中國的航運業，外商保險公司對華商企業實行歧視政策，不但拒絕為中國自己製造的船隻保險，對招商局從國外購置的船舶投保船舶保險也百般刁難，提出種種苛刻的承保條件，如每船限保其實際價值的六成，保險費率為 10％。當時每艘船舶價值一般為十餘萬兩白銀，因此每年須繳保險費 1 萬兩，如此昂貴的保險費，與敲詐勒索有何異？

　　為了抵制外國保險公司的要挾，清政府中的洋務派官僚開始感到有保護自身權利、開辦保險事業的需要。1872 年李鴻章就當時「各口岸輪船，已被洋

商占盡。華商領官船另樹一幟，洋人勢必挾重資以傾奪」的局面，提出了「須華商自立公司，自建行棧，自籌保險」[②]的所謂「三自」主張。1875 年輪船招商局招股集資，於 12 月 28 日在上海開辦「保險招商局」。保險招商局是中國第一家民族保險企業，它的成立打破了外國保險資本對中國保險市場的壟斷。

在這以後，為擴大資金增強承保實力以對抗外商保險公司，輪船招商局又先後創辦了專保船棧火險的「濟和船棧保險局」和專保水險的「仁和保險公司」，並於 1885 年將兩家保險公司合併為「仁濟和水火保險公司」，承保輪船招商局所有的船舶、貨棧和運輸貨物保險業務。這家保險公司開辦初期，在賠償海事損失，減少外商對中國航運業的掣肘，以及增強輪船招商局的自身實力諸方面發揮了重要作用。

事實上，從時間上來看，中國最早的民族保險企業應該是於 1865 年開業的上海華商義和公司保險行，比保險招商局建立的年份還要提前十年。可是，該行行址設在與英商怡和洋行關係極為密切的華商德盛商號內，規模甚小，只經營運輸貨物保險，而並未開辦船舶保險業務，因此沒有產生多大影響，遠不能同保險招商局相比。

在第一家民族保險企業創辦之後的六十多年中，雖然中國的民族保險業有所發展，但處於半殖民地半封建社會的先天缺陷，決定了中國民族資產階級辦的保險公司是無法與帝國主義辦的保險公司抗爭的。它們資本薄弱，又得不到當時政府的支持和保護，因此儘管獲得了保險業務，但自留的業務量很小，不得不將大量業務分給當地的外國保險公司和國外的保險公司。中國的民族保險公司在業務經營上擺脫不了外商的控制和支配，其中有許多公司實際上只不過是外商保險公司的代理公司而已。中國的海上保險業與其他險種一樣，沒能得到應有的發展，市場基本上為外國保險資本操縱和壟斷。

四、中國大陸的保險業

1949 年中華人民共和國成立後，中國人民保險公司也於同年 10 月 20 日成立，中國大陸的保險業開始走上了獨立自主發展壯大的道路。海上保險作為

整個保險業的一個重要部分，也從此迅速發展起來。除承保國內各險種業務以外，「人保」公司根據國家對外經濟交往和國際貿易的需要，陸續舉辦了進出口貨物運輸保險、遠洋船舶保險等業務，並與世界許多保險公司建立了分保和代理關係。雖然 1949 年至 1978 年這三十年內，中國大陸的保險業曾數起數落，歷經坎坷，包括海上保險在內的各種涉外保險業務一度也瀕臨停辦。然而自 1979 年改革的號角在中國大地的上空吹響以後，獲得新生的中國大陸保險業立即得到迅猛的發展。在對外開放政策的指引下，隨著國際經濟貿易和海上航運的不斷擴大和發展，在原來經營的一些海上保險業務基礎上，又陸續舉辦了不少新的險種，如海上石油開發保險、造船保險等，它們的業務量都以前所未有的速度遞增。

改革開放的日益深化，以及建立社會主義市場經濟體制目標的確立，給中國大陸的保險業提供了比以往任何歷史時期都要好的發展條件。當前，中國大陸原有的基本上由中國人民保險公司一統天下的完全壟斷型保險市場已逐步被有多家保險企業參與的競爭市場所取代。儘管這個競爭市場還很不成熟，僅能說是初具規模，但中國太平洋保險公司和中國平安保險公司的出現，還有三家外資保險公司——美國友邦保險公司、日本東京海上火災保險株式會社和香港民安保險公司的進入，使得中國大陸保險市場從一家經營轉變為群雄並立，從蕭條沉寂變為充滿活力，這是一個明顯的進步。截至 1995 年 2 月，中國大陸已有全國性綜合保險公司三家、地方性專業人壽保險公司十七家和非壽險公司二家、農墾自保公司一家，以及外國保險公司分公司三家。保險供給主體的增加和競爭機制的引入，以及保險服務領域的不斷擴大，給中國大陸保險業帶來了勃勃生機，促使中國大陸的保險市場走向真正的發達和興旺。隨著一個多層次、多形式、多成分和多專業的保險市場體系的建立，毋庸置疑，為國際貿易和對外經濟交往服務的海上保險也必將有一個更為寬廣的發展前景。

❖ 註　釋

① 參見馮英子：《兩千年前的大移民》，《新民晚報》1994 年 1 月 23 日。

② 《李文忠公全集·籌議製造輪船未可裁撤》奏稿，卷 19，第 43 頁。

第 3 章
海上風險和海上保險

第一節　海上風險概述

一、海上風險的含義

　　何謂海上風險？海上風險（Maritime Perils）的含義，我們可以簡單地概括為一句話，那就是導致海上損失的不確定性。這個定義能幫助我們了解海上風險的性質。海上保險的基本作用就是分散海上風險和補償因海上風險造成的損失，但是這些海上風險只能是純粹性的，即只有損失可能性的海上風險。對於既可能導致損失又有受益獲利機會的海上風險，海上保險是不予承保的。

　　海上風險必須具備兩個基本條件：一是必須是屬於海上及航海中的風險，也就是說在性質上與海洋相關聯或為海上航行所特有的；二是必須某種偶然發生的意外事故，不包括經常發生的或不可避免的海上風險損失，如船舶在航行中因風浪經常侵襲而造成的自然磨損。

　　據英國《1906 年海上保險法》第 3 條第 2 款的規定：「海上風險是指因航海所發生的一切風險。例如：海難、火災、戰爭、海盜、搶劫、竊盜、捕

獲、拘留、限制，以及君王和人民的扣押、拋棄、船長船員的故意行為，或其他類似性質的，或在保險契約中所註明的風險。」

二、主要的海上風險

海上風險按它們的性質可以分為海難和外來風險兩類。

㈠海難（Perils of the Sea）

海難是指海上發生的自然災害和意外事故，它們是海上固有的風險。但是，要注意的是，海難並非包括航海時所發生的一切災難或意外事故。根據英國《1906 年海上保險法》附則第 7 條規定：「『海難』是指海上偶然發生的事故或災難，並不包括風和浪的普通作用」。因此，一般常見的可預測的海浪並不是海難。主要的海難例舉如下：

1. 自然災害（Natural Calamity）

一般是指惡劣氣候、雷電、地震、海嘯、浮冰和洪水等海上發生的人力不可抗拒的自然界破壞力量所造成的災害。

⑴惡劣氣候（Heavy Weather）。通常是指船舶遭遇海上暴風雨、颶風和大浪等自然現象而發生的事故，包括船舶因顛簸、傾斜造成船體破裂，船上機器設備損壞，或因此而引起船上所載貨物浸水、散包、破碎、沖走，以及因關閉通風設備致使貨艙內濕度過大殃及貨物等損失。

⑵雷電（Lightning）。主要是指雷擊閃電自然現象造成航行於海上的船舶及其所載貨物的直接損毀。

⑶地震（Earthquake）。是指因地殼發生急劇的震動而引起地面斷裂和變形的地質現象，是一種猝發性的災害。地震發生在海底，就會引起海水強烈擾動，產生高達數十米的巨浪，即為海嘯，使在海上航行的船舶及其所載貨物頃刻間傾覆、沉沒。

⑷海嘯（Tsunami）。是指由於地震或風暴而引起海水巨大漲落現象，導致航行於海上的船舶及其所載貨物的損毀或滅失。可分為地震海嘯和風暴海嘯

兩種。地震海嘯指由於海底的地殼發生變異或海底的火山噴發而引起海水劇烈的震盪產生巨浪；風暴海嘯指因海上風暴引起海面異常升起形成巨浪。

(5)**浮冰**（Floating Ice）。是指由極地大陸冰川或山谷冰川末端因崩裂滑落海中而形成的冰山，它們大部分沉於水下，僅小部分露出水面，隨海流向低緯地區漂流，沿途不斷融解破裂，因而是對航海安全造成危害的一種災害性現象。

(6)**洪水**（Flood）。是指偶然爆發的具有意外災害性質的大水，一般指山洪暴發、江河泛濫、潮水上岸及倒灌或暴雨積水成災，造成航行或停泊於沿海水面的船舶及其所載貨物被淹沒、沖散、沖毀、浸泡等損失。

2. 意外事故（Fortuitous Accidents）

一般是指沉沒、碰撞、觸礁、擱淺、船破、傾覆等偶然的、難以預料的原因所造成的海上事故。

(1)**沉沒**（Sunk）。是指船舶的船體全部或大部分沒入水中（船底並不一定接觸海底），而且已喪失繼續航行能力。如果船體只沒入水中一部分，或者海水雖然不斷湧入但仍有航行能力，則不屬於沉沒。

(2)**碰撞**（Collision）。是指船舶在水中與自身以外的其他物體撞擊或突然猛烈地接觸。其他物體包括別的船舶、駁船、碼頭、防波堤、橋樑、浮筒、燈標以及浮冰、漂流物等各種固定的或流動的物體。

(3)**觸礁**（Stranding）。是指船舶在航行過程中，船身或船底意外地觸及海中的灘礁或海底的沉船、木樁、漁柵等障礙物。

(4)**擱淺**（Grounding）。是指船底意外地與海底、海灘或岩礁緊密接觸，並擱置其上持續一定時間，失去繼續航行能力。船底與障礙物雖發生接觸，但未因此而受阻，仍能繼續航行的，不屬於擱淺；船舶停靠碼頭或繫泊浮筒，受潮汐影響，退潮時擱淺，漲朝時又浮起的習慣性擱淺，也不能視作擱淺。擱淺與觸礁常常伴隨著發生，一般不易區別。擱淺又有坐礁和坐灘之分：坐礁是指船舶擱置在礁石或其他堅固的障礙物上而受阻，即相當於觸礁；坐灘，亦稱膠灘，是指船舶駛上砂地或淺灘等非堅固場地而受阻。

(5)**船破**（Ship Wreck）。是指船舶在狂風巨浪沖擊下，驅向岸邊、海

灘、岩礁與其他物體相撞擊，造成船體破裂。一般可列入惡劣氣候、觸礁、碰撞或沉沒等災害事故內。

(6)**傾覆**（Over Turn）。是指船舶因意外地失去平衡，致使船身傾覆或傾斜，失去正常狀態，非經施救不能繼續行駛。

(二)**外來風險**（Extraneous Risks）

外來風險是指由於外部因素所引起的風險。主要有：

(1)**火災**（Fire）。是指在航海中，因意外起火失去控制並造成經濟損失的燃燒。船舶或其所載貨物被火焚毀、燒焦、煙熏、燒裂等的損失，以及救火時由於搬移貨物、消防灌水等造成水漬或其他損失，都屬於火災的範圍。

(2)**爆炸**（Explosion）。是指物體在瞬息間發生分解或燃燒時排出大量氣體，對其周圍環境或容器造成的壓力所產生的破壞現象。一般可分為物理作用和化學作用兩種爆炸。爆炸既能毀損發生爆炸的物體本身，其爆炸所引起的熱和氣體又足以摧毀其他物體，因此構成爆炸的必要條件是必須有造成災害的後果。

(3)**戰爭**（War）。是指海上發生的戰爭、類似戰爭行為、敵對行為和武裝衝突等，以及由此引起的轟炸、封鎖、攔截、捕獲、拘留、限制、扣押等所造成的損失。但是合法的扣留，如債權人通過合法途徑向法院申請要求扣押債務人的船舶，由此造成的損失不屬於此類風險。

(4)**海盜、搶劫和竊盜**（Pirates, Rovers and Thieves）。是指以暴力手段對航行於海上或停泊在碼頭上的船舶進行掠奪、搶劫和破壞。海盜包括船上作亂的旅客和來自岸上攻擊的暴徒。1982 年聯合國《海洋法公約》正式把包庇海盜和窩藏海盜的行為也列為海盜行為。竊盜不同於偷竊，後者指船員、旅客和其他人的暗中竊取財物；而構成竊盜的必要條件，一是須有暴力行為即武力搶奪，二是應是來自船外對象的行為。

(5)**船長或船員的惡意行為**（Barratry of the Master and Mariners）。是指船長、船員違背船東或租船人的利益而採取的惡意行為，或者是船員對船長的反抗行為，包括丟棄船舶、縱火焚燒、鑿船沉沒、故意使船擱淺、非法出

售船舶和貨物、侵占價款、違法走私而被扣押或沒收等。構成惡意行為的條件：一必須是船長或船員的行為，船東事先不知情，也未縱容、共謀或授意，如船長即為船東就不構成船長的惡意行為，而為船東的惡意行為，屬於海上保險的除外責任；二必須是故意的，即出於不良動機的行為。

(6)拋棄（Jettison）。又稱投棄，是指船舶及其所載貨物遇到海上災害事故而處於危險狀況時，為使船舶減輕載重以擺脫危險，將船上一部分貨物或船舶屬具拋入海中。拋棄行為必須出於自動，目的在於維護海上航行的安全。貨物因自身固有缺陷如水果自然腐爛、肉類發臭的拋棄，以及載於艙面或甲板上的貨物（除為習慣許可以外）的拋棄，不屬於拋棄的範圍。

(7)*一切其他類似的海上保險*（All Other Perils）。主要有：

①偷竊和未能送達（Theft, Pilferage and Non-delivery）。偷竊指貨物被船上旅客和船員暗中竊取，一般為小偷小摸，不包括公開的用暴力劫奪。未能送達是指整件貨物沒有交付給收貨人。

②雨淋（Rain Damage）。指貨物由於被雨雪淋濕所造成的損失。

③短量（Shortage）。貨物在運輸途中或抵達目的港以後，發現數量短缺或重量減少。

④沾污（Contamination）。貨物在運輸過程中由於與其他物質接觸而被污染或混進雜質，以至於質量受到影響所造成的損失。

⑤滲漏（Leakage）。指流質、半流質、油類等貨物在運輸途中由於容器損壞而引起的滲漏損失。

⑥破碎（Breakage）。貨物在運輸途中因受顛簸、震動、碰撞、擠壓等原因所致破裂、破碎的損失。

⑦串味（Odour）。貨物因受其他物體的氣味影響發生串味所致的損失。

⑧受潮受熱（Wetting and Heating）。指貨物在運輸過程中因氣溫變化，或因船上通風設備失靈，致使船艙內水氣凝結、發潮、發熱所造成的損失。

⑨鉤損（Hook Damage）。貨物運輸裝卸過程中，因使用手鉤、吊鉤

等工具而造成鈎破的損失。

⑩鏽損（Rust）。貨物在運輸過程中因生鏽造成的損失。

以上所提到的只是一些主要的海上風險，海上保險就是承保其中一種或多種風險，在保險單上一般都須列明承保的風險和不承保的風險。

三、與海上風險有關的三個概念

在給海上風險下了定義並介紹了一些主要的海上風險以後，有必要討論一下與海上風險有關的海上危險、海上災難和海上損失這三個概念。僅僅懂得海上風險是導致海上損失的不確定性是不夠的，還不足以全面地把握海上風險的性質。因為從海上風險的產生到海上損失的造成，其間要受到種種海上危險的影響，海上危險不同，最終造成的海上損失也有異；此外，直接導致海上損失的發生並非是海上危險本身，而是海上災難，海上災難是海上危險與海上損失之間的必要環節。海上風險、海上災難和海上損失這三個概念在英文中雖然說是三個不同的詞語，但含義相近，有時不免會出現混用的情況，更常常容易與海上風險的概念相混淆，因此若不加以細述區分，有可能影響對海上風險性質的全面了解。

1. 海上損失（Marine Loss）

是指海上災難發生後所導致的損失。海上損失按其內容可以分為直接損失和間接損失。前者是指海上航行中的船舶及其所載貨物本身的損失；後者是指由於直接損失而引起的損失，又可分為責任損失和費用損失等。例如，一艘船舶在海上航行時不慎撞上另一艘船舶，而船均不同程度地受損，那麼該船本身遭到的損失為直接損失，它應對撞壞對方船舶而承擔的賠償責任為責任損失，為防止船舶被撞後傾覆和使其脫離險境而採取施救或救助措施所產生的費用支出為費用損失。海上損失的發生與海上損失發生的頻度和程度密切相關。人力可以抗拒的海上風險如某些海上意外事故應力求避免，對人力不可抗拒的海上風險如惡劣氣候，也應在事先有充分的估計和儘可能作好防範措施，力求減少海上損失。

2. 海上災難（Marine Peril）

是指海上風險的可能性轉化成現實，進而導致海上損失的結果。海上災難是海上損失的直接或外在原因。海上風險主要就是通過海上災難的發生才導致海上損失，所以海上災難是海上損失的媒介。海上災難，包括海上發生的自然災害和意外事故等，典型的有火災、爆炸、觸礁、擱淺、雷電、惡劣氣候等，對此前面已有詳述，此處不再贅述。

3. 海上危險（Marine Hazard）

與海上災難是兩個概念，它是指促使海上災難發生的條件，以及海上災難發生時導致海上損失增加和擴大的條件。海上危險是海上損失的間接或內在原因，分為人為的道德性海上危險（Moral Marine Hazard）和自然的物質性海上危險（Physical Marine Hazard）兩大類。人為的道德性海上危險是與人的品德修養（惡意行為或不良企圖）或心理狀態（主觀上的疏忽或過失行為）有關的危險。例如，完成貨載任務之後，沒有按照規定清洗貨艙就受載下一個航程的貨物，致使貨物因受到上一個航程貨物遺留在貨艙內的異味影響而發生串味。由於船員的疏忽或思想上不重視的心理，船艙在未經清洗情況下即受載貨物，便屬人為的道德性海上危險。其本身並非海上災難，而是提供了本航程裝載在該船艙內的貨物串味污染而受到損失的條件。至於自然的物質性海上危險，則涉及足以引起或增加海上風險發生可能性或嚴重程度的物質性的條件，屬於有形的危險。例如，船舶在航行途中，舵機突然失靈，就是一種自然的物質性海上危險。船舶舵機失靈本身並不是海上災難，只是因為船舶在舵機失靈後失去自控能力，將受風力控馭，隨波逐浪在大海上漂流，由此提供了引起並增加船舶發生碰撞、觸礁、擱淺等海上災難的可能性，以及一旦某一種海上災難發生後使船舶遭受的直接或間接損失擴大的條件。不論是人為的道德性海上危險，抑或自然的物質性海上危險，兩者都會導致海上災難概率和海上損失概率的發生與擴大。

海上損失、海上災難和海上危險三者之間的關係，可用一句話來概括，那就是：海上危險的存在引起海上災難的發生，而海上災難的發生則導致海上損失。這種關係表明，海上風險實質上是一個由多種因素組成且彼此間相互影響

和作用的運動過程。

第二節　海上風險處理

海上生產活動和海上經濟活動面臨著許多風險。人們為了保證海上運輸的順利進行和海上貿易的正常開展，必然要設法消除海上風險帶來的各種消極後果，因而採取各種不同的措施，對潛在的海上風險進行防免或轉移，對已發生的海上損失進行處理或補償。對海上風險的控制和處理，都屬於海上風險管理的範疇。

一、海上風險處理的方式

對付和處理海上風險的辦法主要有以下幾種：

1. 積極防免

就是主動地事先採取某些措施來防止和避免所面臨的特定海上風險的發生。事前預防勝於事後補償，因此積極防免，亦即防患於未然，是處理海上風險最徹底的手段。有不少海上災害和意外事故是可以防免的，例如嚴格遵守分隔航行制度便可以使船舶在狹窄的航道內行駛時不致於發生相互碰撞的事故；又如船舶出海前攜帶足夠的必要的備件，一旦在航行途中遇到非常情況，即可換上新的，避免自然的物質性海上危險發生，即使發生了也可以馬上拆換，防止海上損失的發生或者擴大。但是，應該看到，防免的辦法有時並不可行，有些海上自然災害根本無法避免，所以它的實際運用要受到一定限制。

2. 主觀承擔

在充分確認各種海上風險的基礎上，把其中某些有可能造成危害，但程度並不太大，經濟損失也有限的風險主動保留，自己承擔下來。這是一種主動的處理海上風險的決策，它是經營海上運輸或從事海上貿易的單位和個人以其自身的經濟實力對可能發生的海上風險損失進行補償準備。例如，有些進出口商

投保海上運輸貨物保險，只投保全損險，即就其有可能導致貨物全部損失的風險向保險公司投保，而對一些有可能造成部分損失的風險採取主觀承擔的態度。

3. 控制和減少

在海上災害和意外事故發生以後，採取各種措施防止災害事故的蔓延，並把海上損失控制在儘可能小的範圍內，使損失減至最小限度。控制和減少海上風險與積極防免海上風險都是對付海上風險的比較積極的方法，且有一定的良好效果，但兩者是有區別的：前者實施於海上損失發生之後，而後者實施於海上損失產生之前。

提高從事海上生產活動和海上經濟活動的人員的道德素質和技術素質，積極做好防免人為的道德性海上危險和自然的物質性海上危險發生的措施，嚴格遵守海上生產的安全操作規程，是控制海上損失發生的概率和減輕海上風險損失程度的好辦法。航海經驗豐富的船長和技術熟練的船員可以在複雜的海上運輸生產活動中防止和避免海上災害和意外事故的發生，即使發生了，也會當機立斷，妥然地採取正確而有效的措施，控制和減少海上損失。

4. 設法轉移

將自身面臨的許多海上風險中的某些風險，通過各種不同的方式轉移給別人承擔。有些海上災害和意外事故是可以設法轉移的，它們大都是一些損失頻度小而損失程度大的風險。如果是損失頻度和損失程度都大的風險轉移給別人，別人則不會接受。轉移可分為保險轉移和非保險轉移。例如在國際貿易業務中有多種成交的價格條件可以採用：賣方若與買方簽訂離岸價格（FOB）條件成交，那麼貨物在海上運輸過程中的各種風險便全部轉移到買方一邊，由買方承擔；買方對這些風險可以通過向保險公司投保海上運輸貨物保險，把它們轉移給保險公司，就由保險公司來承擔這些風險；而保險公司也可以將自己所承擔下來的這些風險全部地或部分地向其他保險公司投保，也就是通過分保手段將它們轉移出去。這三種不同的風險轉移方式中，第一種就是非保險轉移，後兩種則為保險轉移。

二、海上保險是處理海上風險最科學的方式之一

　　上述處理海上保險的四種主要方式,內容各不相同,作用亦不盡一致。那麼,在實踐中究竟應採用哪一種方式來處理海上風險呢?這要從客觀實際出發,對所面臨的各種各樣海上風險,進行鑒別和估算,經過分析比較,然後還要結合自身具備的條件和經濟實力,全面考慮,作出選擇決策。

　　積極防免、控制和減少,應該說都是具有積極意義的。它們的運用能取得一定的良好效果,但積極防免的適用性有限,而控制和減少也不能杜絕海上風險事故的發生。它們都屬於改變海上風險的措施,對已經發生的海上損失並不能提供經濟補償。這一點是很明顯的。一般來說,非保險轉移也可歸入這一類措施。

　　與前兩種措施相比,主觀承擔、保險轉移則不同,它們屬於海上風險損失補償的籌資措施。通常而言,對一些風險事故發生的可能性不大,一旦發生後損失的程度也相對較小的海上風險,採用主觀承擔是較為合適的;但對一些風險事故有可能頻繁發生,而且發生後所造成的損失很大的海上風險,採用保險轉移,也就是投保海上保險,藉以將這些海上風險轉移給保險公司,是最適宜的辦法。與此同時,海上保險與其他各種對付和處理海上風險的方式相比,顯得最為科學。因為通過海上保險的作用,將偶然發生的海上風險和不確定的海上損失建立在某些可以預測的基礎之上,這對參加海上保險的每個標的來說,一方面減少了海上風險發生的概率,另一方面又分散了海上損失,從兩個方面科學地處理了海上風險。

第三節 可保的海上風險和海上保險分類

一、可保的海上風險

「無風險，無保險」這句話為我們所熟知，也正因為存在著海上風險，才出現用來對付和處理它們的海上保險。然而並不是所有的海上風險都可以被海上保險所處理。海上保險所能處理的海上風險是有一定條件和範圍的。在這些條件和範圍內被海上保險處理的海上風險就屬於可保的海上風險。

可保的海上風險（Insurable Marine Risks），亦即保險公司予以承保的海上風險，必須具有如下的條件：

(1)**海上損失是可以被預測的**。也就是根據以往長期的大量的海上損失統計資料，運用概率論和大數法則，能預測未來海上損失可能發生的規模，從而合理和準確地計算保險費率。

(2)**同類標的不能在同時經常發生大量損失**。承保的海上風險必須是大量的，而且大量同類標的均有遭到損失的可能，這樣就能使保險公司根據其保險統計數據來確定損失的概率。但是，這些標的大多數不能同時發生損失，否則，損失幅度過於巨大，使保險公司在財務上無力承受，而海上保險分擔損失的職能也就不能履行了。

(3)**海上損失的發生必須是偶然的，而且是特定的**。可保的海上風險要求被保險人在投保時不知道它將來是否一定會發生，更不知道它發生後會造成多大損失。如果海上風險的發生是預知的，其造成的海上損失事先是能確定的，則不能成為可保的海上風險。可保的海上風險還必須是特定的，即只給特定的人或單位造成損失，其危害面窄，損失僅波及該特定的個人或單位。

(4)**海上損失是可以用經濟來補償的**。海上保險的實質是對被保險人遭受的經濟上的損失給予經濟上的補償，因此海上損失必須是經濟上的，也就是可以

用貨幣來估算海上損失的大小。這樣，海上損失發生後，保險公司就能對被保險人進行補償。

二、海上保險分類的目的和方法

可保的海上風險是海上保險的對象。海上保險最初是按承保標的來區分的，傳統上分為船舶保險、海上運輸貨物保險和運費保險三大類。隨著現代科學技術的進步和國際貿易方式的發展，特別是近幾十年來海洋資源的開發和運載工具的革新，給海上保險注入了新的內容，使海上保險的承保對象、保險標的，以及保險責任範圍日漸擴大，新的險種不斷出現。海上保險承保的標的不再限於前述三類，也不再僅屬於財產保險，當事人依法應承擔的各種責任也成為海上保險的承保對象。例如，油污責任保險是隨著海上石油工業的興起和超級油輪的出現而產生的，海上鑽井平臺保險適應了海上油田開發過程中鑽井設備的保險保障需求，貨櫃運輸保險的出現則與貨櫃化運輸方式迅速發展有關。

海上保險種類的增多和保障範圍的擴大，使海上保險活動更為複雜。為了搞清楚海上保險在整個保險領域中所處的地位，以及海上保險與其他各種保險相互之間的聯繫和區別，明確海上保險各種類別的保障內容和責任範圍，需要對海上保險進行分類，以加強海上保險管理，完善和健全海上保險制度和法規，促進海上保險業務的發展。

海上保險的種類，可以從不同的角度，根據不同的情況來劃分。可以按保險實施形式來劃分，也可以按保險標的、運輸方式、保險價值、保險期限，乃至承保方式等等來劃分。眾所周知，目前世界各國對保險分類還沒有統一標準，但大體上採用的分類方法可歸納為按保險性質的分類方法和按保險契約的分類方法兩大類。按保險性質分類法即按保險實施形式、保險承保責任的內容和範圍進一步分為若干類；按保險契約分類法即按保險標的、保險價值、保險期限和承保方式進一步分成若干類。但也有按保險性質分類和保險契約分類兩者結合起來的方法分類。各國海上保險的分類基本上也存在上述三種情況，中國大陸海上保險採用的就是第三種即按保險性質和保險契約相結合的分類方

法。事實上，不論採用哪一種分類方法，最終都將體現在海上保險契約中。海
上保險契約是轉移海上風險的協議，是海上保險成立的基礎，因此建立在海上
保險契約基礎上的有關保險原則和契約雙方當事人相互的權利、義務關係，以
及引伸出來的其他內容也都可以作為海上保險分類的依據。不過，以保險標的
來劃分海上保險種類仍舊應該是最基本的分類方法，它是其他各種分類方法的
基礎。

三、海上保險的具體分類

　　下面分別介紹以海上保險契約中的保險標的、保險價值、保險期限和承保
方式等為標準劃分的海上保險種類。

㈠按保險標的分類

　　按保險標的來分類，可將海上保險種類分為船殼機器保險、船舶建造保
險、海上鑽井平臺保險、海上運輸貨物保險、運費保險、租金保險、船員和旅
客的人身意外傷害保險、行李保險、海上石油勘探開發保險、油污責任保險，
以及保賠保險等等。我們擇要介紹其中幾個險種：

1. 船舶保險（Hull Insurance）

　　這是以各種類型的船舶為保險標的的保險。在船舶保險中，可成為保險標
的的船舶很多，如貨輪、客輪、油輪、遊船、駁船、漁船、拖輪、渡輪、滾裝
船、貨櫃船等。事實上目前船舶保險的承保標的已超出船舶範圍，還包括浮船
塢、浮碼頭、鑽井平臺等海上作業船，以及其他各種財產設備。船舶保險的保
障範圍主要包括船殼、機器、鍋爐、設備、儀器、救生艇等的財產損失和與此
有關的利益，以及船東的經濟責任等。

2. 海上運輸貨物保險（Marine Cargo Transportation Insurance）

　　這是以航行於國際間的海輪運輸貨物為承保對象的保險。海輪包括雜貨
船、散裝貨船、散艙油船、冷凍艙船、貨櫃船、液化氣船等。海上運輸貨物保
險中，作為保險標的的貨物一般是指以運送到目的地為目的的貿易商品和非貿

易商品，包括活動物和由託運人提供的用於集裝貨物的貨櫃、貨盤或類似的裝運器具，以及貨物外面的包裝，但船舶的給養、備料、物料和壓艙物、船員的私有財物都不能成為投保標的。海上運輸貨物保險承保貨物在海運途中因災害事故所造成的損失。

3. 運費保險（Freight Insurance）

是以船舶營運中的期得運費為保險標的的保險。所謂期得運費是指普通運費中的到付運費，即承運人將貨物運抵目的地後貨主才支付給他的報酬。只有到付運費才需要投保運費保險，而預付運費和保付運費因為不存在運費風險，沒有投保運費保險的必要。除了普通運費以外，還有租船運費，即船東與租船人簽訂租船契約規定的租船費用。租船人對預付的租船費用，以及船東對到付的租船費用或將來的預期運費也都需要投保運費保險。

4. 保賠保險（Protection and Indemnity Insurance）

其前身是船殼保險。這是承保船東在經營船舶時可能產生的，但一般不屬於船舶保險承保範圍的風險責任的保險。這些風險責任主要有：船舶保險予以負責的碰撞責任以外的碰撞責任、貨損貨差、法律責任、契約責任、船員及他人人身傷亡和疾病的賠償責任、污染責任，以及打撈沉船、清理航道和遣返船員的費用等。保賠保險在國際保險市場上大都是由船東之間的互助保險組織即船東保賠協會負責承辦的，但是也有一些保險公司為了擴展業務，也舉辦保賠保險，然後再分保給保賠協會。

5. 海上石油勘探開發保險（Insurance for Offshore Oil Exploration and Production）

這是承保近海石油勘探開發的全過程，包括鑽前普查勘探階段、鑽探階段、建設階段和生產階段等各個階段中的海上作業船舶、鑽井平臺、設備、費用和責任、工程建設、油管鋪設和投資風險等的一種專業性綜合保險。

(二)按保險價值分類

按是否確定保險標的的價值來分類，可將海上保險種類分為定值保險和不定值保險兩大類：

1. 定值保險（Valued Insurance）

是保險人和投保人雙方事先對保險標的約定一個價值並載明於保險契約中，以這個約定價值作為保險金額投保的保險。約定的保險價值是固定的，保險人據以收取保險費和在保險標的發生保險責任範圍內的損失時計算賠款，而不管出險時保險標的的實際價值是否高於或低於約定保險價值，也就是說不必再對保險標的的價值進行核定。保險標的全部損失，保險人按保險金額悉數賠償；對於部分損失，保險人則按實際損失程度，在保險金額限度內給予賠償。

運輸貨物保險和船舶保險一般均採用定值保險，因為這兩種保險標的流動性比較大，實際價值難以確定，如貨物在起運地、中轉地和目的地的價格不可能一樣，發生損失時的價值就很難確定，故而採用定值保險。

2. 不定值保險（Unvalued Insurance）

是保險人和投保人雙方事先對保險標的並不約定價值，而是由投保人自行確定保險金額投保並將其載明於保險契約的保險。保險金額作為計算保險費的依據，但不能成為保險人在保險標的發生保險責任範圍內的損失時處理賠款的依據。保險人一般按保險標的發生時的實際價值來確定自己的賠償責任。損失時的實際價值高於保險金額，保險人應按保險金額與損失時的實際價值的比例來計算賠款；損失時的實際價值低於保險金額，則按實際損失程度在保險金額限度內賠付。

由於海上保險標的流動性大，確定保險標的在發生損失時的實際價值比較困難，因此在實際保險業務中，採用不定值保險的情況是很少見的。只有在下文所述的預約保險（按對保險標的承保方式來分類）情況下，如果投保人不及時申報每批發運的貨物，保險人通常採用在貨物發生損失時確定其價值的做法亦即為不定值保險。

(三)按保險期限分類

按保險人承保的期限來分類，可將海上保險種類分為航程保險、期間保險、混合保險、停泊保險和船舶建造保險等數種。

1. 航程保險（Voyage Insurance）

是保險人和投保人雙方約定一個起航日期，並指明從起運港到目的港之間的一次航程、往返航程或多次航程作為保險責任起訖的保險。保險人應負的保險責任自航程開始時起，至航程結束時終止。但不載貨船舶和載貨船舶的航程起訖時間有所不同：不載貨船舶的航程從起運港起錨解纜時開始，至目的港拋錨繫纜完畢時終止；載貨船舶的航程自起運港裝貨開始，至目的港卸貨完畢時終止（卸貨期限規定不能超過三十天，從船舶抵目的港當日午夜零時起開始計算）。海上運輸貨物保險和不定期營運的船舶投保船舶保險往往採用航程保險。

2. 期間保險（Time Insurance）

是保險人和投保人雙方規定一個具體的期限作為保險責任起訖日期的保險。保險期限一般有三個月、半年和一年之分。在保險單中必須註明承保期限從某年某月某日某時起至某年某月某日某時止，一般都從保險生效日零時起至終止日二十四時止。此外，保險單中的責任起訖時間應以契約簽訂地的時間為標準。海上運輸貨物保險中採用期間保險的不多，而船舶保險大都採用期間保險。

3. 混合保險（Mixed Insurance）

是既以航程又以時間作為保險期限，兼具航程保險與期間保險主要特徵的保險。混合保險以航程為主，同時為避免航程中拖延時間過長，又具體規定了期限，兩者以首先發生者為準。例如，某海輪投保混合保險，航程是自上海至倫敦，時間為六個月，實際是從 5 月 15 日至 11 月 15 日。若海輪抵達倫敦時是 11 月 13 日，保險人所負的保險責任即在抵達日 11 月 13 日終止；若海輪於 11 月 20 日駛入倫敦港，保險責任則以 11 月 15 日為終止日期。海上運輸貨物保險和船舶保險採用混合保險的情況都較普遍。

4. 停泊保險（Port Risk Insurance）

是承保船舶因不出海營運或需要維修、改裝等原因而在港區內長期停泊期間所發生的損失的保險。保險人不僅負責船舶在停泊的靜止狀況下可能遭到的意外損失，對船舶在港區內挪動、移泊和變換停靠碼頭的行動過程中可能遭到

的意外損失也要承擔責任。投保期間保險的船舶在保險期內停留在一港區的時間連續超過三十天，也可視為停泊保險。由於停泊保險的保險費率比期間保險低，保險人應將兩者的差額部分即停泊退費（Lay up Returns）退還給被保險人。

5. 船舶建造保險（Builder's Risk Insurance）

是承保船舶在建造開工、上船臺（船塢）、下水、試航及交付使用等各個階段可能發生的損失的保險。保險期限可由投保人自行決定，或從開工、上船臺起至下水為止，或把下水後試航期間到正式交付使用以前這一階段也包括進去。在保險單上應載明起保日和終止日。

㈣按承保方式分類

按對保險標的承保方式來分類，海上保險可分為逐筆保險、流動保險、總括保險和預約保險四類。

1. 逐筆保險（Specific Insurance）

是由保險人與投保人雙方一筆一筆來商定承保項目和承保條件的保險。投保人按一批貨物或一艘船舶逐筆向保險人申請保險，保險人根據投保人的保險條件和保險標的狀況等來考慮是否承保，以及確定保險費率和簽發保險單。逐筆保險適用於船舶保險和貨物批量零星、收貨人分散的進出口貨物運輸保險，在海上保險業務中廣為採用。

2. 流動保險（Floating Insurance）

是一種預約期間保險，即保險人對投保人在約定的期限內所運輸的一定量的保險貨物實行總承保的保險。在保險人與投保人雙方簽訂的保險契約內，載明運輸貨物的名稱、承保險別、航行區域，以及一個總的保險金額，並對每條運輸船舶每次事故的貨物損失確定一個限額。投保人對保險期限內要運輸貨物的總價值作出估計，然後按平均保險費率先預付一筆保險費。在契約有效期內，投保人每發運一批貨物，即通知保險人自動承保。當一批批發運貨物的保險金額總和達到契約約定的保險總金額時，保險人的保險責任便告終止。保險費待契約期滿時再行結算，按分批發運貨物的實際情況，對預付的那筆保險費

作多退少補的處理。流動保險雖然一般僅適用於在一定期限內分批發運，品種單一的進出口商品如原油、糧食、化肥等，但它的保險雙方一次簽約後不需對每批貨物再逐一商訂保險條件和確定保險費率的好處卻是顯而易見的。

3. 總括保險（Blanket Insurance）

　　與流動保險基本上相似，保險雙方事先也是約定一個保險期限，在契約上載明保險貨物名稱、航程、承保險別和保險總金額，保險人對投保人在契約有效期內發運的每批貨物同樣全部承保。總括保險與流動保險的不同之處主要是：總括保險契約雙方當事人在確定保險總金額後，投保人要一次繳清保險費；投保人每發運一批貨物後不必通知保險人，保險人也不再按每批貨物的保險金額結算保險費；如保險貨物發生損失，保險人均給予賠償，但每次賠款要在保險總金額內扣除，保險總金額扣完，保險責任也就此終止；保險期滿時，若保險總金額尚有餘額，保險費也不退還被保險人。由於保險總金額在扣除每筆賠款後，可能會出現以後貨物發生損失時得不到需要保障的情況，為此，被保險人可在保險單上加貼「恢復條款」（Reinstatement Clause），即保險人在支付了保險賠款之後，被保險人按比例加繳保險費，使保險總金額重又恢復。總括保險適用於在一定期限內分批發運，航程短，每批發運的貨物基本相同且價值小的進出口商品。

4. 預約保險（Open Cover Insurance）

　　是保險雙方約定總的保險範圍並簽訂預約保險契約的長期保險。預約保險契約內載明承保貨物範圍、保險責任範圍、每批貨物的最高保險金額、保險費率和保險費結算辦法等。凡屬於預約保險契約範圍內的貨物一經起運，契約自動生效。在契約有效期內，投保人每裝運一批貨物時，應當把它們的名稱、數量、船名、航程、起運日期和保險金額等及時向保險人申報；保險人將投保人的每一次申報作為契約的一部分，根據投保人提供的情況定期結算保險費，如發生損失則按約定條件承擔賠償責任。投保人如有漏報，即使貨物已發生損失，仍可補報並補繳保險費，保險人也仍然負責賠償；倘若投保人申報時，貨物已平安抵達目的地，仍應如數繳付保險費。預約保險的保險期限有定期和不定期兩種情況：定期的如規定一年或兩年；不定期的則長期適用，只有簽約雙

方中的一方事先通知另一方，才能終止預約保險契約，但必須在契約終止前的三十天以前通知。預約保險適用於貨物批量多，期限長而需在一定時期內分批發運的進出口貨物，尤其是以 FOB（離岸價格）和 CFR（成本加運費價格）價格條件成交的進口貨物。由於按這兩種貿易價格條件成交是要求買方（即進口方）負責投保的，有時賣方將貨物裝船後未立即向買方發出裝船通知，致使買方未及申報，而貨物卻已裝船運出，若一旦在買方申報前遭到損失，便自然不能得到保險人的賠償。允許漏報可補報的預約保險使作為被保險人的買方避免了在上述場合得不到保險保障的情況出現。預約保險因為不規定保險總金額，保險費事後定期（如按月）結算，從而免除了投保人預先繳付保險費的負擔，同時又保留了流動保險的優點，即毋須逐筆商議，節省手續，且能防止漏保，故而在國際海上保險市場上深受從事外貿進出口業務的投保人歡迎，被越來越多地採用。目前中國大陸舉辦的海上進口貨物運輸保險就是採用預約保險方式的。

　　為便於讀者比較和區別流動保險、總括保險和預約保險這三種常用海上保險承保方式的內容和具體做法，現將它們在保額確定、保險責任、保險費結算和保險期限等方面的主要異同點列表如下。

表 3-1　流動保險、總括保險和預約保險在承保方式和內容上的異同比較

	保險金額	保險責任	保險費	保險期限
流動保險	規定保險總金額。	規定每船限額；發運一批，申報一批；逐批發運的保額總和達到保險總金額時，保險責任終止。	預付一筆保險費；契約期滿後結算，多退少補。	約定保險期限。
總括保險	規定保險總金額。	不規定每船限額；每發運一批，不必申報；每次賠款從保險總金額中扣除，扣完，保險責任終止。	事先一次付清保險費；契約期滿後不再結算；如保險總金額有餘，保險費也不退。	約定保險期限。
預約保險	一般不規定保險總金額。	規定每船限額；發運一批，申報一批；漏報可以補報；補報時已發生損失，仍賠。	定期結算保險費；如有漏報，補報補繳；補報時貨已運達仍須繳付。	分約定期限和不定期兩種。不定期的，如一方要終止契約，須事先通知對方。
三者共同點	都是一次簽約，在契約中規定承保貨物名稱（或範圍）、承保險別、保險費率和航程等；在約定期限內，毋須逐筆商訂保險條件和費率，簡化手續，節約人力。			

第 4 章
海上損失分析

第一節　海上損失概述

一、海損的概念

　　海上損失簡稱海損（Average），有廣義與狹義之分。廣義上的海損是船舶或貨物在海上航行中所發生的任何損失的統稱，包括通常海損和非常海損。通常海損，是指可以預料的正常的耗損，如浪損，即一般風浪造成的磨損或損壞；非常海損，則指自然災害和意外事故造成的損失。狹義上的海損僅指非常海損，也就是本書所要討論的海損。

　　因此，我們可以這樣敘述海損的概念：在海上運輸中，由於自然災害、意外事故或其他外來風險導致船舶或貨物的損害或滅失，以及由此而引起的額外費用支出。

二、海損的分類

海損可以從不同的角度來進行分類：

1. 按損失發生的客體是否保險標的本身，可分為直接損失（Direct Loss）和間接損失（Indirect Loss）

保險標的發生的損失為直接損失，其餘的損失為間接損失。例如，被保險船舶在航行中觸礁，船殼嚴重受損。該船舶的船殼損失是直接損失，由於船殼損壞而無法營運，船東因此而遭受的營運損失為間接損失。直接損失屬於海上保險承保的責任範圍，而間接損失除非在保險契約中有規定的以外，保險人原則上是不負責賠償的。

2. 按損失的形態，可分為物質損失（Physical Loss）和費用損失（Expenditure Loss）

有形的直接的物體損失稱作物質損失，如裝載在船舶上的貨物被火焚毀的損失即為物質損失；無形的非直接的物體損失稱為費用損失，如為救助、防止損失進一步擴大而發生的費用、第三者責任、共同海損分攤等經濟上的損失均屬於費用損失。

3. 按遭受損失的程度，可分為全部損失（Total Loss）和部分損失（Partial Loss）

船舶或貨物全部毀損、滅失、無法修復或喪失原有性質的損失，稱為全部損失，如船舶在海上遭到暴風雨襲擊而傾覆，沉入深海。船舶或貨物的一部分毀損、滅失或其一部分無法修復，即損失尚未達到全部損失的程度，叫部分損失，如船上的貨物因遇風浪，部分浸水受損。全部損失又分為實際全損（Actual Total Loss）和推定全損（Constructive Total Loss）兩種。

4. 按損失的性質，可分為單獨海損（Particular Average）和共同海損（General Average）

船舶或貨物在海運途中遭受海上風險或外來風險而發生部分損失後，應由與這些船舶或貨物有關的利益方（即船東或貨主）單獨承擔的損失，稱作單獨

海損。例如，船舶在航行中被浮冰撞擊，船舶損壞，屬於船舶的單獨海損；撞擊時船體傾斜，海水因此灌入船內貨艙，造成貨物受損，即屬於貨物的單獨海損。載貨船舶在海運途中因遭受海上風險或外來風險而處於緊急危險狀態下，為求船貨共同安全而有意和合理地採取搶救措施，由此所產生的船貨等一部分財產的特殊犧牲和支出的額外費用，需由所有受益方共同負擔，這些特殊犧牲和額外費用就稱為共同海損。例如，船舶在海上遭遇風暴，船身嚴重傾斜，隨時有沉沒的危險，船長當即下令拋棄船上所載部分貨物，使船身恢復平衡，安抵附近港口，這些為避免沉沒而被拋棄入海的貨物損失屬於共同海損。

　　直接損失和間接損失是從損失發生的客體是否為保險標的這個角度來區分的，物質損失和費用損失是從損失的形態上來區分的，全部損失和部分損失是按遭受損失的程度來區分的，單獨海損和共同海損則是從損失的性質來區分的。由於分類的方法不同，上述這些海損的含義也就不一樣，不能等同串用。例如，單獨海損一般而言屬於部分損失，但部分損失不一定都是單獨海損，因為任何一種海上損失，其損失程度尚未達到全部損失的即為部分損失。單獨海損因而在某些海上保險條款中被稱作「共同海損以外的損失」（ Average Unless General ），以表明這是與「共同海損」相對的概念。

　　下面在按不同分類方法劃分的各種海上損失，選擇實際全損、推定全損、單獨全損和共同海損這四個重要的海損概念，進一步作細述。

第二節　實際全損和推定全損

　　海上損失按保險標的發生損失程度的大小來劃分，可分為全部損失和部分損失。全部損失簡稱全損，是指保險標的全部毀損或滅失。根據全損情況的不同，又可分為實際全損和推定全損兩種。根據英國《1906 年海上保險法》第56 條第 3 款規定：「除非保險單條款另有規定，全部損失之保險名詞，應包括實際全損與推定全損」。

一、實際全損

實際全損又稱絕對全損（Absolute Total Loss），是指保險標的（船舶或貨物）遭受保險承保範圍內的風險而造成的全部滅失，或受損程度已使其失去原有形態和特性，以及無殘餘價值的一種實質性的物質性的損失。

構成保險上的「實際全損」一般有以下幾種情況：

1. 保險標的完全毀損和滅失

這是指保險標的實體已經完全毀損和不復存在。例如，船舶遇風暴傾覆而沉入深海，無法打撈；船載貨物被大火全部焚燬；船艙進水，糖、鹽這類易溶貨物被海水溶解。

2. 保險標的失去原有的性質和用途

這是指保險標的受損後，形體雖仍舊存在，但不再具有投保時的屬性，已喪失商業價值或使用價值。例如，茶葉被海水浸泡，雖外表形體還在，但已既不能飲用也不能銷售；水泥浸海水後已變成硬塊，不再具有水泥的特性，無法使用；大米在運輸過程中因受潮發熱或串味變質，不能食用。

3. 保險標的所有權喪失，已無法追回

這是指保險標的實際上仍存在，也未喪失原有屬性和用途，但被保險人已喪失了對它的有效占有，而且無法挽回。例如，船舶或貨物在航途中遇海盜被劫奪，或在戰爭期間被敵對國家扣留沒收等。

4. 船舶失蹤，達到一定時間而音訊全無

例如，目前有不少船舶在駛入百慕達地區和其他群島的水域以後，外界便收不到它們的無線電聯繫，也收不到呼救號，下落不明。根據英國《1906 年海上保險法》第 58 條規定：「船舶在航途中失蹤，經過相當時間，仍得不到消息的，可以認為是實際全損。」對船舶失蹤的時間，各國的法律有不同規定，現按國際慣例，一般為半年。中國大陸《船舶保險條款》第 10 條第 2 款規定：「被保險船舶在預計到達目的港日期，超過兩個月尚未得到它們的行蹤消息，視為實際全損。」

二、推定全損

推定全損亦可稱作解釋全損（Explanatory Total Loss），指保險標的遭受保險承保範圍內的風險而造成損失以後，雖然事實上未達到完全毀損或減失程度，但實際全損已不可避免，可以按照全損處理的一種推定性的商業性的損失。

構成推定全損的有以下幾種情況：

1. 保險標的實際全損已經無法避免

這是指保險標的在遭受保險事故後，損失程度一時還未達到完全滅失的地步，但將無法避免實際全損。例如，船舶在航行途中被風浪推上礁石擱淺，船殼損壞嚴重，因地處遠離航道的偏僻水域，加上當地的地理和氣候條件很差，救助人無法對其進行救助，因而將不可避免地出現船殼破裂或沉沒的結果。

2. 為了防止實際全損發生而需要支出的施救費用將超過獲救後保險標的的價值

這是指保險標的遭遇保險事故後，為不讓其發生實際全損而採取施救措施，但得不償失，因為施救費用的支出將高於獲救後保險標的價值。例如，船舶因海難即將沉沒，若採取避免船舶下沉的施救辦法，估計需花費 1,000 萬元，而該船獲救後的價值僅 900 萬元。

3. 修理受損保險標的的費用將超過修復後的價值

這是指保險標的受損後，估計所受損失、救助費、修理費和其他必須支出的費用相加，總成本將超過該標的價值。例如，一艘價值 2,000 萬元的船舶在航行中損壞，必須修理，但將其拖帶到有修理能力的港口所需的拖輪費 500 萬元，加上進場修理、檢驗、港口費用 1,800 萬元，總計 2,300 萬元，超過該船價值。如果對它進行修理，顯然是划不來的。

4. 保險標的遭受保險事故，致使被保險人失去了對其的所有權，而為收回所有權所支出的費用將超過該標的的價值

這是指被保險人對保險標的擁有的所有權因保險事故而喪失，收回的可能

性不大，或者即使收回，但所需的費用超過保險標的收回後的價值。例如，兩國交戰，雙方將某水域宣布為戰區而加以封鎖，封鎖前恰好有一艘船舶經過該水域，因而被困。由於船東即被保險人已喪失自由支配和使用該船的權利，也不可能在合理的時間內恢復這一權利，儘管船舶未遭到海上風險損失，也未因戰爭而被炮火擊中毀損，該被困船舶亦已構成推定全損。

三、實際全損與推定全損的區別

實際全損與推定全損的主要區別有兩點：

一是實際全損強調的是保險標的遭受保險事故後，確實已經完全毀損、滅失，或失去原有的性質和用途，並且不能再恢復原樣或收回；推定全損則是保險標的已經受損，但並未完全滅失，可以修復或收回，不過因此而需支出的費用將超過該保險標的復原或獲救或收回後的價值。可見，實際全損是一種物質上的滅失，而推定全損是一種經濟上的滅失。

二是發生實際全損後，被保險人無須辦理任何手續，即可向保險人要求賠償全部損失；但在推定全損的條件下，被保險人可以按部分損失向保險人索賠，也可以按全部損失要求保險人賠償。如果採取後一種方式，即要求按全損賠償，被保險人還必須向保險人辦理「委付」手續。中國大陸《海商法》第249條規定：「保險標的發生推定全損，被保險人要求保險人按全部損失賠償的，應當向保險人委付保險標的。」因此，推定全損就實質而言，只是保險人和被保險人雙方達成協議後解決保險賠款問題的辦法。

四、委付是成立推定全損的先決條件

所謂委付（Abandonment）是海上保險獨有的一種處理保險標的損失的手段，指保險事故發生後，被保險人將尚未實際全損的保險標的的一切權利和義務轉移給保險人，而要求作推定全損按全部損失賠償。

委付制度源遠流長。它最初是海上保險契約中的一項條款，其內容是：

「船舶航行方向不明而無任何消息時，可視同船舶的喪失」，後來由於海上航運貿易的特殊性，為維護和鼓勵海上經濟活動，才逐漸發展成被保險人將保險標的讓與保險人以取得全部保險賠償的制度。委付自十五、十六世紀以來，已為海上保險所廣泛採用。目前各國的法律也普遍對委付作出了相應的規定。

委付是放棄物權的一種法律行為，即一方對另一方以明確方式表示放棄其財產、權利和利益。被保險人要進行委付，必須在獲得有關保險事故的可靠消息，並在適當合理的期限內向保險人提交委付通知。一般來說，被保險人考慮採用委付方式要求保險人按全部損失賠償的決定是根據保險標的受損程度和經過核算後作出的。在此之前，他要權衡作推定全損索賠抑或按部分損失索賠兩種方式中哪一種對自己有利。比方說，對自己的一艘遇難受損的船舶，被保險人往往會從受損船舶的市價是高於還是低於他向保險人投保的金額這一角度來擇定保險索賠的方式：倘若保險金額高於當時的船價，他就會樂於採取委付方式向保險人作推定全損索賠，因為他所取得的與保額相當的賠款足夠他去購置一艘同噸位的新船，繼續營運；假如保險金額低於當時的船價，他必然會認為選擇部分損失方式索賠合算得多，因為在按部分損失索賠方式下進行修理的船舶，其修理費用可以達到保額的數字，這樣，船舶可以修復，修理費用由保險人支付，而船舶的所有權仍歸他所有。

委付通知（Notice of Abandonment）是被保險人向保險人作推定全損索賠之前必須提交的文件。被保險人不提交委付通知，保險人對受損保險標的只能作部分損失處理。委付通知通常以書面形式，採用口頭方式的也有，但不多，甚至有用書面口頭兩者相結合的方式的。書面的委付通知並無一定格式，但被保險人在委付通知中應以明確肯定的詞語表明願意將其所有保險標的的一切權利無條件地轉讓給保險人。文字上不能含糊。含糊不清的通知書不發生委付的效力。被保險人在提交委付通知時，還應將其有關保險標的的證明文件交給保險人，將有關保險標的的其他保險契約和有關應歸其負擔的各種債務告訴保險人。提交委付通知的時限從得知委付事由之時起算在三個月以內。

委付是被保險人的一種單方面行為，不必徵得保險人的同意，但委付行為須經保險人的承諾才能成立。保險人在收到委付通知和有關文件、證明和資料

後，經過研究，可以接受委付，也可以不接受委付。然而保險人一旦同意接受委付，就不能撤回，必須以全損賠付被保險人。接受委付後，保險人賠償被保險人的全部損失，同時取得有關保險標的的一切權利。如果被保險人對第三者有損害賠償請求權的，保險人在行使代位求償權後，即使從第三者那兒追償得來的金額超過對被保險人的賠償金額，超過部分也歸保險人所有。英國《1906年海上保險法》第63條第1款規定：「委付一經成立，保險人就有權獲得被保險人的保險標的的殘餘部分及其一切所有權利。」在保險人沒有表示接受委付之前，被保險人可以收回已提交的委付通知。

對保險人來說，接受委付必須謹慎。因為接受了委付，這就意味著不僅取得了保險標的的一切權利，而且也接受了全部義務，即應當承擔與該標的有關的各種義務和責任，因而增加賠償金額。所以保險人在接受委付之前，同樣要權衡一下自己能否從中得益，也就是要考慮受損保險標的的殘餘價值是否能大於將要由此而引起的各種義務和責任風險所產生的經濟損失。如有疑問，須在接受委付之前了解清楚，否則貿貿然接受了之後便不能反悔。通常的情況是，保險人大都要等到局面明朗化時才作出決定，不輕易從事。例如，有一艘船舶因遇風浪，沉沒在某航道上，被保險人遂提出委付。保險人在可以將收回的沉船鋼板出售後獲利的思想支配下，未加慎重考慮就接受了委付。不料打撈沉船的費用支出，與因沉船堵塞航道影響航運而引起的罰款，兩者相加的金額大大超過回收的沉船殘餘鋼板出售後的所得，保險人懊悔不已。

第三節　單獨海損和共同海損

海上損失按損失的性質來劃分，可以分成單獨海損和共同海損。單獨海損和共同海損與部分損失和全部損失並沒有內在聯繫，兩種損失皆屬於部分損失。部分損失中，除共同海損以外，都是單獨海損。在保險契約中，對部分損失中的單獨海損或共同海損是否賠償都有明確規定，但如果發生全部損失，則不論承保哪一種基本險，保險人都負責賠償。因此，在海上保險的全部損失條

款中沒有單獨海損和共同海損的區別。

一、單獨海損

　　單獨海損是指保險標的即船舶或貨物在運輸途中，純粹由海上災害事故造成的，而且無共同海損性質的部分損失。根據英國《1906 年海上保險法》第 64 條第 1 款規定：「單獨海損是保險標的因承保的海上風險所造成的部分損失，但不是共同海損」。單獨海損可能是船舶的單獨海損，也可能是貨物的單獨海損，也可能是運費的單獨海損。這種損失只能由對受損保險標的具有可保利益的人即被保險人單獨承擔。如果被保險人投保了相應的險種，且在保險單上載明保險人承擔單獨海損責任，那麼不論是船舶、貨物或運費，在受損後均可向保險人要求賠償。

　　構成單獨海損必須具備以下兩個條件：一是特定的保險標的遇險，由對該標的具有可保利益的一方單獨承擔由此而引起的損失，並非其他貨方和船方共同遭遇到的風險損失；二是損失是由於偶然的和意外的海上災害事故所致，而並非人們故意採取的行為造成的。舉個例子：一艘船舶滿載袋裝砂糖駛往某地，途中因氣候惡劣，海水湧進艙內，致使部分糖包浸水，砂糖被溶解，此項貨物損失屬於貨物的單獨海損，貨主因投保了水漬險，便可得到保險人的賠償；由於貨主委託船東承運這些砂糖，雙方協定是採用到付運費的條件，現貨物受損，承運人即船東因此不能獲得全部運費，此項運費損失則屬於運費的單獨海損，船東因投保了船舶險中的附加運費保險，亦可得到保險人的賠償。

二、共同海損

　　共同海損是指載貨船舶在運輸途中遇到危及船貨的共同危險，船長為了挽救船舶和貨物或使航程繼續完成，有意且合理地作出的某些特殊犧牲或支出的一定的額外費用。英國《1906 年海上保險法》第 66 條第 1～3 款對共同海損和共同海損行為作了具體規定：「①共同海損是由共同海損行為直接後果造成

的共同海損費用和共同海損犧牲。②在遭遇共同危險時，為了保全財產的目的，自願和合理性作出特殊犧牲和支付額外費用，這即稱為共同海損行為。③遭受共同海損的一方，根據海商法規定的條件，有權向其他有關利益方請求按比例分攤，這就稱作共同海損分攤。」

　　共同海損也屬於部分損失的範疇。它是由共同海損行為的直接後果所造成的。造成的原因是先遭遇到了海上風險，然後為了避免或減輕船貨共同損害和滅失，由船長或船舶上的其他負責人指揮進行搶救的各種行為，導致了船貨的部分損失。共同海損是人為的，與海上自然災害和意外事故所造成的損失不同：海上災害事故所造成的部分損失稱作單獨海損，人為造成的部分損失叫共同海損犧牲。在與產生共同海損犧牲相同的情況下，船長為了共同安全免遭危險而採取必要的合理措施所支出的額外費用，叫作共同海損費用。因此，共同海損包括了共同海損犧牲和共同海損費用，換句話說，共同海損既可以是犧牲，也可以是費用的支出，或者兩者並存。與共同海損相比較，單獨海損僅指保險標的本身損害和滅失，不包括費用。

　　構成共同海損的條件：一是共同海損的危險必須是危及船舶和貨物共同安全的，而且必須是實際存在的；二是共同海損行為必須是有意而合理的；三是共同海損的犧牲必須是特殊的，費用必須是額外的，而且是共同海損行為的直接後果；四是共同海損行為必須有效果。這四個條件缺一不可，非如此，共同海損就不能成立。

三、單獨海損與共同海損的區別

　　一般情況下，我們可以主要根據下面兩點來區分單獨海損與共同海損：首先看保險標的的損失是意外造成的還是有意識行為造成的；其次看特殊犧牲的作出和額外費用的產生是僅為船方和貨方中的某一單獨利益，抑或是從雙方共同安全的利益而考慮。

　　現舉一個例子來加以說明：一艘海輪滿載各類貨物離開天津港駛向南美某地。航行途中，不料海輪遇到海嘯，激烈的顛簸使停放在艙面的汽車有半數被

顛入大海，海輪因此而發生嚴重傾斜。為使船身平衡，減輕負荷，免遭傾覆的厄運，船長下令將艙面剩下的汽車全部拋入海中。那麼，按照前面提及的方法來分析，被顛入海裏的汽車損失顯然是屬於單獨海損，因為它不是人為措施造成的，而是由於意外事故即在海嘯引起的船舶激烈顛簸中被顛離海輪落入咆哮的大海為海浪捲沒；對船長下令將艙面剩下的汽車拋入大海所引起的損失，我們不難判斷是屬於共同海損，理由就是不僅確實存在風險，而且危及船舶和貨物（包括艙面剩下的那些汽車和裝載在貨艙內的其他貨物）的共同安全，船長為了解除船貨面臨的共同危險，毅然決定採取拋棄措施，由此作出的特殊犧牲無疑是保護了船方和其他貨主的共同利益的。

　　共同海損單獨海損均屬於部分損失，這是兩者的共同點。然而，由於兩者的性質和起因完全不同，補償的方法也顯著不同：單獨海損應由受損方（即對受損保險標的具有可保利益的一方）單獨自行負擔；共同海損，包括共同海損犧牲和共同海損費用，應由受益的船方、貨方和運費方三方按最後獲救的價值多少，根據比例來共同分攤。

第四節　海損概率研究及其意義

一、海損概率研究

　　海損運輸生產活動，從開始到結束的整個過程中，不可避免地伴隨著一系列的海上自然災害和意外事故。這些災害事故一旦發生，就有可能給海上運輸生產活動的參加者──船舶和船員，以及海上運輸生產的對象──貨物和旅客，帶來不同程度的損害。有的「災害」或「事故」損失，人們可以憑著自己的經驗或直覺觀察和預計出來，能大致把握它們什麼時候將會發生，其損失將有多大。運輸貨物的途耗，船殼和機器的自然磨損等便屬於這一類損失。但是，大量的海上自然災害和意外事故的發生卻是不可預知的。人們儘管知曉它

們是客觀存在的，但無法預知它們終究是否會發生，怎樣發生，發生在什麼時候，發生後將會造成多大的損失。概括地說，就是它們的發生是偶然的，具有不確定性。海上的惡劣氣候、海嘯、地震，以及船舶的碰撞、觸礁、沉沒等都是具有不確定性的偶發災害事故。

　　然而，宇宙中萬事萬物的運動都有一定的客觀規律，海上災害事故損失的發生同樣也不例外。事實上，這些災害事故猶如其他許多自然現象和社會經濟現象一樣，只是就個別來看是偶然的，或者說是沒有一定規律的，若是從整體來看，它們卻又呈現出嚴格的非偶然的規律性。當然，要找出這一規律性，需要進行大量的觀察和統計。眾所周知，對這種規律性進行定量的計算，就是數學或統計學中所稱的概率。我們不可能預知一艘出海的船舶在航行途中是否會遭到某種海上自然災害或意外事故而發生損失，但是把一百艘、一千艘或更多數量的出海船舶集合起來觀察和統計，我們就有可能預測它們未來可能發生的海上風險損失。也就是說，在偶然現象的大量重覆出現中，必然具有相當的規律。這類規律就是大數法則。

　　大數法則的意義在於它科學地顯示了同類風險單位數量積聚越多，其實際出險的統計實踐就越接近於事先預測的結果，換句話說，就是數量越多，預測風險的結果就越接近實際。我們運用大數法則，就可以對海上風險所引起的海上損失概率，即海損概率作出比較精確的估算。

　　作為概率論主要法則之一的大數法則，是海上保險的數理基礎，海上保險原理就是建立在大數法則之上的。大數法則對海上保險的主要作用在於：當某一種海上風險損失發生的概率不能事先預知時，可以觀察過去大量客觀存在的結果而予以估算，對估算的結果可透過將來實際發生的大量實踐來驗證其真實性。這就是海上保險的數理基礎。在這個基礎上，海上保險將個別風險單位遭遇海上災害事故損失的不確定性變成多數風險單位可以預知的海上損失，也就是變海上災害事故損失的偶然性為必然性。在這個基礎上，海上保險人有可能對任何一種海上風險所引起的海損概率，在大量的觀察和長期的統計中作出比較精確的估算。海損概率是制訂海上各種保險費率的依據，海損概率估算得越精確，保險費率也就制訂得越合理越準確。

　　研究海損概率，即是從宏觀上運用統計的方法，根據概率論和大數法則原理來研究海上保險標的發生海上災害和意外事故的規律性，一方面為了儘量準確、合理地釐訂保險費率，促進海上保險業務的穩定發展；更重要的是在找出它們的規律性之後，與被保險人一起，共同採取積極的態度來控制海上風險，防止海上災害和意外事故的發生，即使發生了不可抗拒的災害事故，也努力使它們所造成的損害減少和縮小。

二、研究海損概率的重要意義

　　科學技術進步促進了海上資源的進一步開發和利用，大大推動了海上運輸生產活動的發展，但與此同時，也給航海業和國際貿易增添了許多新的風險。科技進步對航海貿易的影響既有積極的一面，例如運用先進的科學手段預測天文、水文等增強了海上航行的安全性，減少了海損發生的頻度和降低了海損的程度，使古時被視為冒險的航海業變得越來越不那麼冒險了；但是，不可否認的是，科技進步也對航海貿易產生負面影響，例如大噸位油輪的出現增加了海洋污染的危險，核能作為動力應用於海上運輸有可能造成放射性物質洩漏的事故等等。面對科技進步給海上運輸生產活動帶來的相互矛盾的影響，承擔著從經濟上補償海上財產損失這一最基本職能的海上保險，必須積極發揮另外一個重要職能，即開展防災防損，把開拓新的海上險種以適應航海貿易業對付和轉移新風險的需要同研究海損概率、採取防免海上災害事故發生的措施結合起來，以促進海上安全生產。

　　海上保險人研究海損概率，就是要在日常業務和賠款處理工作中積累各種大量的海損統計資料，透過對船舶在航行中和貨物在運輸過程中的損失頻度和損失程度的分析，從中找出損失規律，進而與船舶建造、遠洋運輸、海上進出口貿易等機構部門一起研究防免海上災害事故和減少海損的措施和辦法，使海上運輸生產活動順利地進行。

　　在保險業發達的國家裡，一些大保險公司除了經營保險業務和投資業務以外，還向投保的客戶提供損失管理服務。美國北美保險公司屬下的損失管理服

務公司（INA Loss Control Services, Inc.）在向客戶提供海上風險管理諮詢
這方面便是做得甚有成效的一個例子。這家總部設在美國費城，在全國各地分
設六十多個辦事處的損失管理服務公司，在美國各主要港口都派駐有防損專
家，專門調查海上運輸的損失風險，使用計算機數據系統向客戶提供用來分析
損失原因和後果的信息，評價客戶的風險管理計劃，以及提出具體的海損防免
和管理措施，此外還對上門求助的託運人和承運人提供進口貨物包裝、裝卸、
貯存及其他有關船舶、碼頭的諮詢服務。

　　至於被保險人，其海務、機務和貨運監督部門也同樣有一個研究海損概率
的任務。因為分析研究海損發生的頻度和損失程度，向保險人和其他有關機構
提供真實的出險原因，接受保險人提出的海上風險損失管理建議或方案，顯然
是有利於它們不斷提高技術管理和航運管理的水平，進而減少海上災害事故的
發生和杜絕某些海損事故的隱患的。降低了海損概率，即意味著被保險人提高
了海上運輸生產的質量和降低了保險成本。

　　聯合國海事組織在研究、擬訂或修改有關海上安全航行和海上貨物安全運
輸的國際公約和條例時，都比較重視參考和吸收海上保險有關海損概率研究的
意見和成果。

第五節　海上損失原因分析

一、海上損失的近因

　　海上保險標的因遭受海上自然災害和航行中的意外事故而發生損失，一般
來說，導致損失的原因往往不只是一個，而是兩個或兩個以上。如果這些原因
都屬於保險人所承保的責任範圍之內，那麼事情就比較好辦，保險人自然應負
責賠償。要是幾個原因中有的屬於承保責任，有的卻不是，問題可就要複雜得
多，就需要保險人綜合分析各種因素，在它們中間找出導致損失的主要原因，

起決定性作用的原因，而後藉以判斷保險人是否應承擔賠償責任。這個原因便叫作近因（Proximate Cause）。

對近因這個詞語的含義，我們不能想當然地從字面上去理解，把它解釋為是在時間上離損失最近的原因或者是導致損失發生的最後原因。所謂近因，是指在引起海上損失有多種原因且各個原因之間的因果關係尚未中斷的情況下，對海上損失的發生起支配作用的、直接促成結果的或一直有效的原因。保險人負責賠償的海上損失必須是其承保責任範圍內的風險為近因所引起的損失。換個角度說，就是被保險人可以向保險人索賠的海上損失必須是由保險人承保的風險為近因所引起的損失。這就叫近因原則。

根據近因原則規定，保險人應以近因作為確定自己應否對被保險人所受到的海上損失承擔賠償責任的依據。英國《1906 年海上保險法》第 55 條第 1 款規定：「除保險契約另有規定以外，根據本法，保險人對由於承保風險為近因所造成的損失負賠償責任。但保險人對不是保險風險為近因所造成的損失不予負責。」近因原則幾乎為世界各國經營海上保險業務的保險人在分析海上損失原因和處理保險賠償責任時採用。中國大陸沒有採用近因這一概念，但在海上保險理賠工作中同樣是參照近因原則的。中國大陸《海商法》第 268 條規定：「中華人民共和國法律和中華人民共和國締結或者參加的國際條約沒有規定的，可以適用國際慣例。」

國內外有關法律都強調了在海上保險契約下的保險人僅僅賠償其與被保險人事先約定承保的風險事故所造成的海上保險標的的損失。保險人對非海上保險契約所承保的原因造成的海上保險標的的損失，以及雖然是承保原因造成的，但超過了海上保險契約所約定的範圍和程度的海上保險標的的損失，沒有承擔賠償的義務。近因原則的確定，對海上保險的作用是不言而喻的。近因原則從理論上來看似乎不太複雜，但由於英國《1906 年海上保險法》對這個原則並未下過定義，只是後來通過法官的判決不斷加以闡明，而各種闡明的論點卻不一致，因此在實踐中運用還不是那麼容易掌握。我們認為，在處理複雜的海損案件時，要能夠從繁雜的致損原因中找出對海上損失發生最起作用、最有效果的原因即近因來，除了仔細地綜合分析各種因素，去「偽」存「真」，還

需要多多地閱讀重要判例和熟悉國際上的習慣做法，才能運用好近因原則。

二、近因原則的運用

海上損失的發生，其致損原因各種各樣，有的比較簡單，有的卻相當複雜。一般而言，常常有以下幾種情況：

1. 致損原因只有一個

這是一種較常見的情況。造成海上保險標的損失的原因相對來說比較單一，與其他事故沒有緊密聯繫。可以說，這唯一的原因就是近因。如果它屬於保險人承保的責任範圍之內的，保險人應當承擔賠償責任；在相反的情況下，該項原因不屬於保險責任，則保險人毋須負責。例如，船舶航行在海上，遭遇惡劣氣候，狂風巨浪損壞了船殼和船舵，若船東投保了船舶全損險，因這屬於部分損失，保險人不賠；如果投保的是船舶一切險，保險人就應予賠償。

2. 致損原因有多個，它們同時發生或先後發生，但卻是相對獨立的

在這種情況下，儘管存在著幾個致損原因，但由於它們是相對獨立的，各自導致不同的損失後果，因此沒有必要去區別這些致損原因的主次，判斷哪一個是近因。事實上，它們當中的每一個都可被視作其所造成的損失之近因。如果這幾個致損原因均屬於承保責任範圍的，保險人應予以賠償；倘若皆不屬於承保責任的，就不賠。要是有的原因屬於承保責任，有的卻不是，而損失是可以分別估計出來的，保險人僅對屬於承保責任的那部分損失負責賠償；損失無法從價值上劃分的，保險人則可全部不賠。例如，船舶在航行途中遇到暴風雨，船上所載貨物先是被暴雨淋，而後遭橫掃過甲板的海浪浸泡。對由此產生的貨物水漬損失，如果貨主事先是投保了一切險或是水漬險附加淡水雨淋險的，就可得到保險人的賠償；若貨主僅投保了平安險，保險人不賠。假如貨主投保的是水漬險，貨物上的海水水漬斑損和淡水水漬斑損能夠加區別開來，那麼保險人只賠海上引起的那部分損失，對因遭雨淋造成的那部分損失不賠；要是海水水漬斑損比較輕微，估計不出來，而淡水水漬斑損卻甚為嚴重，保險人對兩種損失都不賠償。

3. 致損原因有多個，它們連續發生，且彼此間又互為因果關係

在這種情況下，海上損失的發生是由一連串不間斷的原因所造成的，各個致損原因之間有著自然聯繫，存在著因果關係，即前一個損因導致後一個損因的發生，後一個損因是前一個損因的必然後果，因此前一個損因就是致損的近因。如果前後損因都屬於保險責任的，保險人當然要對損失後果負責；要是前一個損因是保險責任，而後一個損因不是，保險人仍得負責賠償損失；假如情況正好相反，前一個損因不屬於承保風險，而後一個損因卻是，保險人對損失不必負責。例如，皮革和煙草兩樣貨物被承運人（船方）合理地配載於船舶的同一貨艙，由於船舶在航行途中遭遇惡劣氣候，海水進入貨艙，浸濕置放在貨艙一側的皮革，濕損的皮革腐爛發生濃重氣味將置放在貨艙另一側的煙草熏壞。煙草是被腐爛皮革散發出的氣味熏壞的，而皮革發生腐爛是被進入貨艙的海水浸濕所致，因此煙草損失的近因顯然是海水，這裏不存在由於船方配載貨物不當而造成串味的問題。雖然煙草貨主投保的水漬險，並未加保串味險，他還是能從保險人那兒得到賠償。再看另外一個例子：一批裝載於某船貨艙內的大豆由於自身含水量過高在運輸途中發霉，造成部分損失。大豆損失是因為霉變，而霉變是其自身含水量過高引起的結果，因此造成大豆損失的近因是它自身品質不良。雖然貨主投保了一切險，霉變屬於保險責任，但貨損近因卻屬於除外責任，保險人因此不承擔賠償責任。

4. 致損原因有多個，它們是間斷發生的，但對損失的形成都是不可缺少的條件

這種情況是指海上損失是由間斷發生的若干不同的原因造成的，因此有必要在這些致損原因中判斷哪一個是近因。這些致損原因之間沒有因果關係，或者說，因果關係由於有新的獨立的原因插入而中斷，該新原因不是前一個原因必然的後果。一旦發生這種情況，就應當對這些間斷發生的原因仔細進行分析，從中找出致損的近因，因為儘管它們對造成的損失都起著重要的作用，但一般來說不會完全一樣，終究有主次之分和作用多少之差別的。然而，如果所有損因都在保險責任範圍之內的，判斷近因事實上純屬多餘；要是它們當中有的不是保險人承保的風險，那麼先找出近因，而後運用近因原則確定保險人是

否要對損失負責則是必須要做的。例如，一艘滿載水果的船舶在駛往某港口途中與別的船相撞後，不得不到附近港口修理。為了修船，船上所載運的水果必須卸下，等船修理完畢再重新裝船。在卸下裝上的過程中，水果因露天堆放，未加妥善管理而發生變質；再加上因修船而使航程延遲，待到最後運抵目的港時，水果已開始腐爛，損失嚴重。在造成水果損失的碰撞、裝卸堆放和延遲航程等三個間斷發生的原因中，哪一個是近因？只要仔細地加以分析，我們就不難判定碰撞不是致損的近因，近因是碰撞之後發生的另外兩個原因，即裝卸堆放不善和延遲航程。它們都不屬於保險人的承保責任，所以保險人毋須對水果損失負責。

概而言之，在發生海上損失時，保險人只對致損近因，而且又是屬於承保責任範圍內的風險所造成海上保險標的的損失予以負責，對非近因（或稱遠因）所造成的海上損失則不負責。此外，保險人只對保險事故導致海上保險標的的直接損失承擔賠償責任，對間接損失，除非保單上另有約定以外，一概不負責。

三、國外一些有關確定近因的判例

建立近因原則的目的是為了分清與海損事故有關各方的責任，明確保險人承保的風險與海上保險標的損失結果之間存在的因果關係。雖然確定近因有其原則的規定，即以最起作用和最有效果的致損原因作為近因，但是在實際上，由於致損原因的發生與損失結果之間的因果關係錯綜複雜，判定近因和運用近因原則遠不是輕而易舉的事。

首先是因為在所發生的大量的海損事故中，致損原因僅是一個的情況固然不少，但致損原因是多個的情況更為常見。況且，即使同樣是多個原因所導致的海損事故，情況也是各異的：有的是多個致損原因同時發生作用，有的是先後發生作用，有的則是交叉發生作用；有的是多少致損原因之間也互為因果，它們與最終的損失結果形成長長的一條因果關係鏈，有的則是在海損事故發生初時的致損原因與最終損失結果之間的因果關係中又有新的、相對獨立的致損

原因介入。

其次是因為在大量的由多個原因所導致的海損事故中，幾個致損原因均屬於保險人承保範圍的情況固然有，但既有保險責任範圍內的致損原因又有非保險責任範圍內的致損原因的情況也不罕見。在後一種情況下，就得先在紛雜的原因中找出致損的近因，而後再確定它是否屬於保險責任範圍。

總而言之，在實際處理複雜的海損賠案時，要能正確判定致損的近因是相當不容易的。除了掌握近因和近因原則的理論以外，根據實際案情，仔細觀察，認真辨別，實事求是分析，以及遵循國際習慣做法，尤其是援用重要的判例，這是正確推斷海損因果關係和最終判定近因的基本要求。

下面介紹國外一些較為有名的判例。

萊蘭航運公司訴諾威奇聯合火災保險社案（Leyland Shipping Co. V. Norwich Union Fire Insurance Society）

第一次世界大戰期間，萊蘭航運公司的一艘船舶在英吉利海峽航行時被德國潛水艇發射的魚雷擊中，船殼被擊出一個大洞。該船後來被拖輪拖到離出事地點25海浬的法國勒阿弗爾港，繫泊於內港碼頭待修。港口當局擔心嚴重損壞的船舶會沉沒堵塞航道，遂下令將其拖往外港停泊。兩天後，由於惡劣氣候，船舶受狂風巨浪的衝擊，海水從破洞口不斷進入船艙內，船舶最後沉沒。航運公司與保險人就船舶損失的近因各持己見：前者認為是風浪衝擊，而後者判斷是遭魚雷襲擊。海事法院審理後判決保險人勝訴，其判決詞如下：「造成該船損失的真正原因亦即近因，應該是被魚雷擊中，因此船舶駛抵勒阿弗爾港遇上惡劣氣候。魚雷擊中是敵方敵對行為的結果。本案的近因不是大風大浪的衝擊，而是魚雷擊中。這是保險人的除外責任，保險人拒賠是對的。」從海事法院的判決詞中可見，船舶遭遇魚雷襲擊應該被確定為造成該船損失的近因，因為該船自被魚雷擊中後始終未脫離危險狀態，也就是說，被魚雷擊中這個原因一直起著支配作用。由於保險人僅僅投保了一般的船殼機器保險，而未投保戰爭險，保險人對不屬於船舶險承保責任的戰爭行為不必負責。

戴維森訴伯南德案（Davidson V. Burnand）

貨主的一批貨物要從甲港運往乙港，爲此他對這批貨物投保了航程保險。當貨物在甲港裝上運貨船舶以後，由於貨物重量的緣故，船上的排水管浸在水面之下，又由於船員疏忽，忘記及時關閉排水管的閥門，海水因而通過排水管倒灌進貨艙損壞了貨物。造成貨損的原因有兩個：一個是船員疏忽，另一個是海水進艙，哪一個是近因？海事法院支持了被保險人即貨主的觀點，判決海水進艙是近因，要保險人賠償屬於其承保責任範圍內的風險所造成的貨損。

漢密爾頓訴潘多夫案（Hamilton V. Pandorfs）

裝運著貨主一批貨物的船舶在海上航行途中，由於船上的老鼠把船舶的一條管道咬破，海水從管道的破洞處滲進來，浸濕了管道下貨艙內的貨物，造成損失。貨主向保險人索賠，爲保險人拒絕。拒賠的理由是：貨損的近因是鼠害，而不是海水進艙。船上老鼠給貨物造成的損害屬於承運人未管好貨物的責任，貨主應向承運人索賠。英國初審法院同意保險人的觀點，並作出相應判決。然而，上議院否定了初審法院的判決，認爲海水進艙才是造成貨損的近因，而海水進艙是保險人承保的風險，因此保險人應當賠償貨主損失。上議院的分析是：老鼠在航行於海上的船舶上咬壞管道，才會出現海水進貨艙濕損貨物的後果。如果在岸上的碼頭倉庫裏，老鼠咬破管道只有空氣從管道漏洞中進入倉庫的可能，貨物不會因此遭受損失。由此推斷海水進艙損壞貨物是海上固有的一種風險，是近因。

塞繆爾訴杜馬案（Samuel V. Dumas）

船東有意指使船員把一艘投了保險的船舶鑿沉，企圖謀取船舶全損的賠償。被保險人的這種惡意行爲屬於船舶保險的除外責任，保險人理所當然地拒賠。但是該船的抵押權人由於船舶沉沒使他無法從抵押人即船東那兒索回已貸給的款項，也無法處理作爲抵押物的船舶來保護自己的利益。於是，不甘心無辜遭受損失的船舶抵押權人向保險人提出索賠，要求得到相當於船舶價值的賠款。他在訴說自己索賠的理由時援用了上面所舉的老鼠咬壞管道造成貨損的那個判例：如果

船東指使他人在岸上倉庫裏挖洞，是絕不會發生海水進入倉庫損壞裡面置放的貨物的情況的，但是在船東的唆使和授意下，船員在船上鑿洞就可能使海水從破洞湧入而導致船舶沉沒。因此，他認爲船舶沉沒的近因應是海水進艙，而不是鑿船，海水進艙是保險人承保的風險、賠償船舶損失是保險人的責任。英國法院否定了這種推理，指出在此案中無視船東抱著罪惡的動機指使船員將船舶鑿沉的行爲是荒謬的，鑿船行爲正是船舶沉沒的近因，保險人對船舶損失不予負責。

第 5 章
海上保險與海上法規

第一節　海上保險與海上保險法

　　一般而言，工業、商業、國際貿易等經濟活動都是等價交換的，而海上保險則是以不等價或不等值為交換條件的交易，也就是說，作為個別海上保險契約，其雙方當事人各自為獲取契約權利而履行的義務在價值上是不相等的，因此是一種對價交易。除此以外，海上保險還是一種具有一定的信託性質，並涉及國際公眾利益的業務。因此，監督保險人的償付能力，防止保險人無力實踐保險契約的允諾，立法保護被保險人的權益，要比任何其他行業更為重要。只有在海上保險法規的規範和保障下，海上保險契約雙方當事人的利益才能得到保證，海上保險才能健康發展。

一、海上保險立法的產生和發展

　　現代形式的海上保險發軔於十二世紀義大利的北部，最早的保險立法也產生在那兒。義大利的《康索拉都海事法則》（ *Consolato del Mare* ）被認為是最早的保險立法。與《康索拉都海事法則》並稱歐洲中世紀三大海法的另外

兩部海法，即《奧列隆法》（*Lex Oleron*）和《維斯比法》（*Laws of Wisby*），也都已有關於海上保險的規定。十四世紀以後，地中海沿岸各國相繼公布了保險法規，這才出現了真正意義的海上保險立法。

1435 年西班牙頒布的《巴塞隆納法規》（*Laws of Barcelona*）對取締海上保險的弊端、防止欺詐、禁止賭博等作出了規定，其最有價值的部分被後來的海上保險立法吸取和繼承，因而有人稱它為世界上最古老的海上保險法典。1523 年在《巴塞隆納法規》基礎上制定的義大利的《佛羅倫斯法規》（*Law of Florence*）制訂了標準的海上保險單格式，即成為後來的英國勞合社 S. G. 保險單的範本。到了十七世紀，隨著海上保險業的發展，保險立法又得到進一步的充實與完善。1681 年法國路易十四王朝頒布的《海事條例》（*Ordonnance de la Marine*）對海上保險業務更作了明確的規定。由於它的有關保險的規定在當時已達到較為完善的地步，以至於後來許多國家的海上保險法，包括英國的《1906 年海上保險法》在內，皆以這個《海事條例》為藍本。

1906 年，英國《1906 年海上保險法》的頒布和實施，對世界各國的海上保險立法更是起了重要影響和推動作用。

二、英國的海上保險立法

最早的海上保險立法產生於義大利，但保險立法的成熟和完善還是在英國。英國的保險立法對世界各國的保險立法有很大的影響。

英國在傳統上素來不主張政府干預經濟活動，而是強調人們應該在法律和道德範圍內自由地經營，認為只要不影響到公眾利益，政府就無權干預企業和個人的經營。即使對保險業這個以風險為經營對象且與公眾利益有密關係的特殊行業，英國政府也是持同樣的態度。因此，與其他國家相比，英國對保險業的管理和監督顯得比較寬鬆。

英國對保險的管理是以法律為基礎的。它從取代義大利而成為世界海上保險中心起，在倡導契約自由原則的同時就十分重視海上保險立法，明確規定保險人和被保險人一經簽訂海上保險契約，雙方都必須遵守簽訂的保險條件和條

款，切實履行各自的義務和責任；同時還明確被保險人的利益受到法律的保護，而經營海上保險業務的保險人則按照法律規範自己的行為。

　　在世界各國法律分屬的兩大法系中，英國屬於不成文法國家，是習慣法法系的代表，一貫採用判例法。然而，英國唯獨對保險業是例外，在保險立法方面有許多成文法：1601 年伊麗莎白一世頒布了《關於商人使用保險單的法案》，這是英國第一部包含有海上保險內容的法律，規定在保險商會內設立仲裁法庭，解決日益增多的海上保險糾紛案件；1745 年英國政府通過了禁止投保人訂立對保險標的沒有可保利益的保險單，禁止賭博保險的《海上保險法議案》；1769 年勞合社保險交易所規章制度正式制訂出來，並在 1779 年公開使用勞合社的 S. .G. 保險單；1845 年英國制訂了旨在禁止對航海冒險下賭注的《防止賭博法案》；1868 年又制訂海上保險單法規；1871 年由勞合社會員在自願基礎上簽訂的，促使勞合社自我管理進入更為嚴密和完善階段的勞合社法即勞合社章程正式公布；1906 年英國政府通過了《1906 年海上保險法》，這部將海上保險正式法典化的法律是英國海上保險發展史上的一個重要里程碑。該法共 94 條，除明確規定了海上保險的定義，海上保險契約的訂立，海上保險的標的，海上保險的保險價值，海上保險的賠償責任和除外責任之外，還對海上保險損失處理原則，對權益轉讓、向第三者追償以及保險人在賠償後的權利等的處理原則作出了詳細的解釋和規定。其內容之完善，體系之精密，使它獲得了「海上保險的聖經」的美譽。《1906 年海上保險法》對英國成為世界海上保險中心所起的重要作用是明顯的。

　　我們知道，保險法是調整保險關係的法規的總稱，其核心內容是由保險契約法和保險業法組成。英國既重視規範保險契約雙方當事人即保險人和被保險人權利義務關係的海上保險契約法，也絲毫不放鬆對經營海上保險業務的保險企業和個人進行監督和管理的保險業法的制訂。由於英國政府 1720 年法令的頒布，在以後的長達一百零四年期間，英國海上保險基本上被勞合社和兩家特許保險公司——皇家交易保險公司和倫敦保險公司所控制，直至 1824 年在撤銷了關於限制建立團體性保險公司的法令以後，海上保險公司才紛紛開業。但因為勞合社在英國海上保險市場一直唱主角，在進入二十世紀六〇年代中期之

前，英國海上保險公司並沒有出現像壽險公司那樣的破產浪潮，政府制定的而且幾乎每隔一段時期就要修訂的保險公司法中對各類保險公司的管理和各項規定始終未擴展到海上保險公司上來。然而，二十世紀六〇年代出現了海上保險公司破產事件之後，英國政府遂通過保險業法即保險公司法加強了對海上保險公司的管理監督。

英國現行的保險公司法是《1982年保險公司法》，這是一部集以往頒布的所有有關管理保險公司的法規條例之大成的統一立法，對包括海上保險公司在內的各類保險公司在開業審批、帳戶及報表制度、承保和賠付上的財務能力、業務經營手段、業務轉移和停業，以及保險條款和保險費率，還有經紀人資格審查等方面實行嚴格的監督管理。至於勞合社的自我管理原則，是通過其章程事實上也就是勞合社的內部「保險業法」來實行的。前面提到的1871年制訂的勞合社章程，為適應不斷變化的形勢需要，曾作過五次修改，最後一次頒布的是《1982年勞合社章程》。勞合社章程使其成員擺脫了一般英國公司所必須接受的政府管理，卻在嚴密的自我管理下靈活地經營各項保險業務，特別是在海上保險領域裡，從保險條款到保險費率，乃至其業務方式，影響著世界海上保險市場，並長期維持著其卓著的聲譽和在承保技術上的權威。

三、美國的海上保險立法

美國的海上保險業發展比較晚，在殖民地時期當然不可能有自己獨立的海上保險市場，其海上保險業務皆由英國保險人承辦。在美國，迄今發現的第一張保險單就是由英國保險人簽發的海上保險單。1721年一個叫約翰‧科森普的美國人在費城開設了美國第一家海上保險機構，承保船舶和貨物保險業務。1792年北美保險公司成立，它是美國第一家股份保險公司，最初只辦理海上保險業務，不久便把經營範圍擴大到火險和壽險。以後，美國又陸續開設了不少經營海上保險業務的保險公司，包括股份形式的、相互形式的和股份與相互混合形式的都有，總數達幾十家。但直至二十世紀初，美國的船舶保險基本上仍為英國保險人所壟斷，大部分運輸貨物保險也被他們所控制，美國保險人承

辦經營的只占其中少部分。第一次世界大戰以後，美國的海上保險才真正進入了興旺時期，保險業務日益上升，保險公司大量湧現。經歷了三○年代經濟大蕭條等一系列災難的沉重打擊後終於走出困境的美國海上保險業，隨著第二次世界大戰後美國經濟的崛起，又很快發展起來。僅有二百多年保險發展歷史的美國之所以能在不長的時間內成為世界保險大國，除了其他多種因素以外，與它的包括海上保險在內的各類保險在「二戰」後的迅猛發展是密切相關的。

美國海上保險的發展，同樣離不開美國對保險的立法管理。美國與英國屬同一法系，也是不成文法國家，事實上，美國的保險立法主要就是繼受於英國的。但是，美國作為一個聯邦制國家，對保險業的管理自有其有別於英國和其他保險發達國家的特點。1850 年以前美國主要是通過立法中的特別規定及特殊的稅收法實施對保險業的管理的，其後各州相繼成立了自己的保險監督管理機構。各州政府對保險的管理權在 1868 年為美國最高法院所確認，1871 年美國又成立了全國保險監督官協會，負責協調各州的保險管理。從 1942 年起，美國開始對保險業實行聯邦政府和州政府一起管理的雙重管理體制。

美國並沒有制訂一部全國統一的保險法，而是由各州自行制訂保險法並由各自的保險監督官負責執行。由於各州都有自己獨立的立法權，因此對保險的立法管理，在範圍上和具體內容上存在比較大的差別。在各州制訂和實施的保險法中，1939 年的紐約州保險法被認為是較為完善的一部。儘管各州的保險法有差別，但基本上都規定了保險公司的設立、經營範圍、經營所需的最低資本和資本積累、保證償付能力的措施、投資資金管理、保險費率釐訂、保險單格式，還有保險代理人和經紀人的資格審查等內容。除了立法管理以外，美國各州還通過法院對保單條款的解釋及對保險糾紛的裁決來實施司法管轄。立法、司法，以及保險監督官行使的行政監督，是美國各州對保險著手管理的三個方面，加上由全國保險監督官協會負責在各州之間的協調，遂構成了頗具特色的美國保險管理體制即雙重管理體制。

以上介紹的僅是英美這兩個不成文法國家的海上保險立法情況，至於以成文法為主的大陸法系國家在海上保險立法上也都各有自己的特色，而且立法時間普遍較早。以它們中的代表法國和德國為例：法國的海上保險立法產生於

1681 年，即路易十四王朝的《海事條例》；而德國漢堡早在 1731 年便頒布了保險及海損條例。

綜觀世界上一些比較重視保險立法的國家，不論是屬於大陸法系抑或英美法系，它們的保險立法最早皆起源於海上保險，而且有許多成文法。這足以證明：海上保險制度的形成和完善，海上保險事業的發展，離不開海上保險立法的規範。

第二節　海上保險與海商法

一、海商法的概念和主要內容

海商法是調整海上運輸過程中船舶及其所有人與其他有關當事人之間的各種法律關係的法規總稱。制訂海商法的目的，是為了正確處理國際海上運輸中發生的並與船舶有關的法律關係，維護國家和有關各方的合法權益，以及促進海上運輸和對外貿易的發展。海商法究竟具有怎樣的性質？各國學者對此的觀點是不相同的。大陸法系中採取民商分立的國家一般將海商法作為商法的特別法而列入商法典，但未制訂商法或採取民商合一的國家則將其劃入民法的範疇，甚至還有些國家把海商法作為海法的一個部門法。與大陸法系國家不同，英美法系國家的海商法不歸屬於商法範疇，而以單行法的形式出現。

海商法又有廣義和狹義之分。廣義的海商法是海事、海運法規的總稱，內容包括港口管理、船舶登記、海上交通安全、海洋環境保護、外國籍船舶管理、船員職務等有關法律規定。狹義的海商法僅指海商法本身，主要的內容有海上貨物運輸、海上旅客運輸、海上拖航、船舶碰撞、海上救助、共同海損、船東責任限制、海上保險和海事爭議處理等。

二、海上保險是海商法的一個重要組成部分

　　海上保險是為海上貿易和海上運輸提供經濟補償服務的一種制度。透過對海上運輸生產活動中各種標的和利益的保險保障，海上保險積極參與了這些活動並積極介入到它們的各種關係中去，不少海事爭議也就因此不可避免地與海上保險發生直接或間接的關係。既然海商法是用來調整海上運輸中與船舶有關的各種關係，海上保險當然成為海商法的主要調整對象之一。世界各國的海商法中幾乎都有海上保險這一章，因為海上保險是海商法的重要組成部分。一位英國學者曾用過下面這樣的比喻來說明海上保險在海商法中的重要地位：「假如我們把海商法比作高樓大廈，那麼海上保險就是該大廈中不可少的一根支柱。」

　　各國的海商法對海上保險的各項原則都有明確的規定，就總體來說，內容基本上是一致的。主要有：

1. 明確海上保險契約的訂立、變更和有效性

　　指出海上保險契約是一種損害和責任賠償契約，必須以書面形式訂立。規定在簽訂海上保險契約時，被保險人若不知道其投保的標的已經發生保險責任內的損失，契約依然有效；但被保險人在投保時已知保險標的受損，則契約無效，保險人不負賠償責任。同時規定，如果在簽訂海上保險契約時，保險人不知道其承保的標的已安全到達目的港，契約也屬有效，不退還保險費；但保險人在承保時已知保險標的安抵目的港，則應退還保險費給被保險人。除此以外，對海上保險契約的轉讓與失效的原則也作出明確規定。

2. 確定海上保險標的的範圍

　　可以成為海上保險標的的有船舶、貨物、船舶租金、貨物運費、貨物預期利潤、船員工資和其他報酬、船舶和貨物的增值等等。根據契約應由被保險人負責的對因海損和各種事故引起第三者損失的賠償責任，以及用於海洋資源開發勘探的各項設備、利益和責任，還有其他有關航海的財產和利益，也都可以成為海上保險標的。

3. 對保險價值、保險金額和保險費作出明確規定

要求在訂立海上保險契約時，須由保險人和被保險人約定保險標的的保險價值，在雙方未約定的情況下則對船舶、貨物、運費和其他保險標的的保險價值計算辦法作出規定。同時，雙方在契約中應訂明保險金額，以及明確保險費支付和退還不同情況的規定。

4. 訂明保險責任和除外責任

從原則上對海上保險標的因發生保險事故損失而應由保險人承擔的賠償責任作出明確規定。除保險標的本身損失以外，保險人還承擔共同海損的分攤和費用、救助報酬、施救費用和其他合理費用的賠償。除外責任的規定包括貨物因自身的缺陷、自然損耗或其他自然特性、包裝不當、航行延遲、交貨延遲或行市變化，以及屬於發貨人責任等所引起的損失；船舶因不適航，其船東及其代表的疏忽或故意行為，船殼和機件的正常磨損、鏽蝕或保養不周等所造成的損失，以及它們的正常維修費用和油漆費用，還有清理航道費用，船舶的滯期損失和間接損失等；貨物或船舶因戰爭、罷工所造成的損失等等。

5. 規定損失處理的原則

明確實際全損和推定全損的條件，規定成立推定全損的前提即委付通知履行的要求，指出不屬於實際全損和推定全損的損失為部分損失。此外，還規定向第三者責任方追償的處理和不足額賠償原則等。

綜上所述，海上保險的補償原則是建立在保險人和被保險人之間的關係基礎上的。海商法是調整海上保險的主要法律，因此按照海商法的原則來簽訂海上保險契約，或以海商法的原則來處理海上保險事故是極其必要的。

三、各國海商法的差異和為求統一所作的努力

各國海商法在內容上的「大同」並不是說它們在某些具體規定上就不存在「小異」，由於各國的情況不同，差別的存在是很自然的。例如，在規定保險人的承保責任範圍這一點上，英國基本上是採用「列明風險」的做法，而中國

大陸、法國、日本、德國以及北歐諸國則實行「一切風險減去除外責任」的制度；在確定保險金額是保險人承擔賠償最高限額的含義上，英國、美國和挪威是把保險金額規定為保險人對每次海上災害和意外事故應負賠償責任的最高限額，而法國卻規定是保險人對在每個航程中的海上災害和意外事故應負賠償責任的最高限額；對保險人承保船舶碰撞責任而應負責賠付的金額，英國規定為四分之三；而中國大陸、法國、德國、美國和挪威則為四分之四。

　　除所舉的這些差別以外，各國對海上保險領域中某些條款涵義的理解和解釋也不完全一樣，這就不可避免地經常引起國與國之間海事法律的矛盾和衝突。因此，統一海上保險原則成為客觀需要，而各國在制訂海商法時相互參照，力求彼此的內容一致或接近，以及透過國內立法將有關的國際公約變為國內法等，也正是為適應這一需要而做的。不僅如此，聯合國貿易和發展會議還在 1960 年提出了海上保險條款國際統一化的議案，在 1981 年提出了船舶保險「一切險」條款綜合案文件和運輸貨物保險「一切險」條款綜合案文件等。這些都是各國為統一海上保險原則，避免和減少相互之間在有關的海上保險法律上矛盾的明顯反映。

第三節　海上保險與海上貨物運輸法規

一、海上保險與海上運輸和貿易的關係

　　海上保險是海上商品經濟發展的產物，一開始就是為發展海上貨物運輸和促進海上貿易服務的。作為一種有效的損失補償手段，海上保險對世界海上貿易和海上貨物運輸起很大的保障和推動作用。

　　我們知道，海上貿易是指通過海上運輸在不同國家之間進行貿易交往，貨物從賣方地點抵達買方地點，要經過遠距離且較長時間的海上運輸，以及裝卸、存儲等環節，在這一過程中它們就有可能因遇到各種風險而遭受損失。如

果貨物損失得不到應有的經濟補償,那麼投入了貿易資金的雙方,無論是賣方還是買方,均會遭到直接或間接損失。為了使受損的貨物及時得到補償,保證貿易活動的正常進行,海上貿易經營人便可透過投保把貨物在海上運輸途中可能遇到的風險轉嫁給海上保險人。

　　然而,海上貿易是透過海上運輸來實現的。海上貨物運輸就是承運人以船舶在海上將貨物從起運港運至目的港交給收貨人並向託運人收取約定運費的契約行為。海上貨物運輸契約的雙方當事人,一方是託運人即海上貿易經營人,另一方則是承運人即海上運輸經營人。從承運人接受託運人的貨物到把它們交給收貨人之前,貨物一直是處在承運人的管轄之下的,按理來說,承運人應對貨物在這期間遭到的風險損失負責。但是事實上,承運人並非要對所有的海上風險造成的貨物損失承擔責任,因為這樣要求他們不僅是勉為其難,有失公允,也不利於國際海運業的發展。根據國際上的有關海上運輸法規,承運人在對其承運的貨物必須負最低限度責任的同時,對有些原因乃至其過失導致的貨物殘損可以免責。這樣一來,海上貿易經營人一方面以託運人的身份把貨物託付給承運人運輸,另一方面他們又以被保險人的身份向海上保險人投保,把貨物在海上運輸過程中可能發生的風險損失,其中包括屬於承運人責任的風險損失和列入承運人免責範圍的風險損失,轉移給保險人。而保險人與承運人之間也就因此產生利害關係:對應由承運人負責的貨物損失,保險人在根據海上保險契約規定賠償給被保險人之後即取得代位求償權,藉以向承運人追償,要承運人根據運輸契約規定再償還。這種利害關係實際上就是債權和債務關係。當然,對屬於承運人免責範圍的貨損,保險人仍得自行負責賠給被保險人。

　　由此可見,在國際海上貿易和海上運輸活動中,由於海上保險的介入,海上貿易經營人、海上運輸經營人和海上保險人三者除了分別建立買方與賣方、承運人與託運人、保險人與被保險人這三對獨立關係外,彼此之間還存在密切聯係,他們相互依存卻又發生矛盾。

二、調整海上貨物運輸契約的國際公約

　　既然海上保險人、海上貿易經營人和海上運輸經營人三者之間存在著互為依存又相互矛盾的關係，那自然就需要有相關的海上貨物運輸法規來加以協調。海上貨物運輸法規就是調整上述三對矛盾之間商務關係的法律準則。除了各國國內的海運立法以外，目前國際上被廣為採用的海上貨物運輸法規，主要有《海牙規則》、《維斯比規則》和《漢堡規則》。這三個法規是國際統一的海上運輸立法，它們明確規定了海上貨物運輸中承運人與託運人之間各自應承擔的風險、責任和義務，以及可享有的權利，並透過兩種方式適用於運輸契約或提單：一是締約國政府經過立法手續把它們變成為國內立法後正式公布採用，對海上貨物運輸起強制的作用；一是非締約國用它們來規範中國大陸國際海上貨物運輸承託雙方的權利義務，也就是要求運輸契約當事人在提單上列明服從這些法規的規定，並作為該提單的一部分內容。採用第一種方式的國家如英國和英聯邦國家，而採用第二種方式的國家如中國大陸。

　　因為我們將在第八章詳細闡述分析這三規則，現僅簡略地介紹一下：

1. 《海牙規則》（ *Hague Rules* ）

　　全稱是《關於統一提單若干法律規定的國際公約》（ *International Convention for the Unification of Certain Rules of Law Relating to Bills of Lading* ），於 1924 年 8 月 25 日在比利時布魯塞爾召開的國際海事法律會議上通過，並於 1931 年 6 月 2 日正式生效。由於該規則最早是由國際法律協會於 1921 年在荷蘭的海牙起草的，故習慣稱之為《海牙規則》。

　　《海牙規則》共 16 條，明確規定了海上貨物運輸契約承運人的最低限度責任和義務，及其可享有的免責和賠償限額，並制止承運人利用契約自由原則單方面免除自己的義務與責任。它的制訂和實行使國際海上貨物運輸有了一個統一的法律規定，有利於國際海上貿易的發展。《海牙規則》作為國際海上運輸中最重要的國際公約之一，為包括中國大陸和其他不少非締約國在內的世界許多國家所接受。

2.《維斯比規則》（*Visby Rules*）

全稱為《關於修改統一提單若干法律規定的國際公約議定書》（*Protocol to Amend the International Convention for the Unification of Certain Rules of Law Relating to Bills of Lading*），於 1968 年 2 月 23 日在比利時布魯塞爾召開的國際海事委員會外交會議上正式簽訂，並於 1977 年 6 月 23 日起生效。由於該規則最初是由國際海事委員會於 1963 年在瑞典斯德哥爾摩召開的會議上擬訂的，並在與會代表訪問果特蘭島上一座中古時期著名的維斯比城時由會議主席簽署，因而被命名為《維斯比規則》。

《維斯比規則》是在國際海運形勢發生新的變化和海運技術迅速發展的情況下產生的，共 17 條。它對《海牙規則》中的若干條款進行了修改，並為適應貨櫃運輸發展的某些要求而作出了有關規定。

3.《漢堡規則》（*Hamburg Rules*）

全稱是《1978 年聯合國海上貨物運輸公約》（*United Nations Convention on the Carriage of Goods by Sea, 1978*），於 1978 年 3 月 6 日至 31 日在德國漢堡召開的聯合國海上貨物運輸公約外交會議上審議通過，並於 1992 年 11 月 1 日正式生效。由於該公約是在漢堡制訂的，因而又稱之為《漢堡規則》。

《漢堡規則》共 34 條，對《海牙規則》作了全面的修改，透過取消承運人過失免責條款，擴大承運人的責任，使承運人和託運人的權利義務基本達到平衡。它比《海牙規則》前進了一步，對新的國際經濟秩序在國際海運領域內的建立起了推動作用。

由於這三個國際海上貨物運輸法規對承運人責任所作的規範，海上保險人與承運人之間的責任事實上存在著重疊和交叉的現象，有的比較明顯，有的卻不那麼清楚。雙方對貨損的責任如果能截然分開的，問題較為好辦，麻煩的是雙方責任重疊、界限不易分清的情況。當發生這一類涉及保險人和承運人雙方責任重疊和交叉的貨損賠案時，託運人即被保險人通常先向保險人索賠，而後由保險人經過檢驗查明損因並核定責任歸屬，若貨損確實屬於承運人的責任，

保險人就在支付賠款給被保險人後取得權益轉讓，採用協商或法律訴訟手段向承運人追償。分清承運人對貨損的責任是保險人做好理賠和追償工作的重要一環，其依據則是這些國際海上貨物運輸法規。由此可見海上保險與海上貨物運輸法規之間關係的密切程度。

第四節　海上保險與有關船舶碰撞的國際公約

一、海上保險與船舶碰撞的關係

　　船舶在海上航行，尤其是在狹窄、擁擠的水域或者是在能見度極差的夜間或大霧中航行，都可能發生碰撞的風險。所謂船舶碰撞，即是指兩艘海船或海船與內河船在海上或與海相通的水域發生碰撞而使船舶或船上財產損失及人員傷亡的事故。它是常見的海上災害之一。

　　船舶碰撞事故發生以後，對相碰撞的兩艘船舶中的任何一艘來說，它都可能面臨以下三種事故後果中的一種：一是其自身遭受損失；二是與其相撞的那艘船舶受損；三是「兩敗俱傷」。不論是哪一種事故後果，必然牽涉到導致船舶碰撞發生的原因。引起船舶碰撞的原因很多，有可能是不可抗力或意外情況造成的，如狂風刮斷纜繩錨鏈，使停泊的船舶失控而撞上他船；也有可能歸咎於船舶的過失，或是單方過失，或是雙方互有過失，如在大霧中航行的船舶未按霧中安全航速行駛，致使與迎面駛來的船舶避讓不及而相撞。因過失而發生船舶碰撞導致自身損失，叫做「碰撞」或「碰撞損失」；因過失而發生船舶碰撞給被撞船舶造成損失，在法律上要負民事損害賠償責任的，因此稱作「碰撞責任」。

　　船舶碰撞作為海上保險承保的一種海上風險，因碰撞事故發生而造成被保險船舶自身的損失即碰撞損失，應由保險人負責賠償；但是對碰撞事故引起被保險人須承擔的賠償被撞船舶損失的責任即碰撞責任，保險人原先卻是不負責

的。後來保險人為適應被保險人在這方面的保險保障需要，同意擴大承保責任範圍，在船舶保險契約中加了船舶碰撞責任條款，於是也對被保險人的碰撞責任負責賠償。例如英國的船舶期間保險單上有四分之三碰撞責任條款，而美國的船舶保險單承擔四分之四的碰撞責任。船舶碰撞責任是船舶保險的一項附約，因此保險人對碰撞責任的賠償可在另一個保險金額限度內賠付，但不包括「浪拍」引起的責任和被保險人在法律上毋須承擔的碰撞責任。

　　船舶碰撞是一種非契約的侵權行為，應當受到法律的制約。這種侵權行為最初是受制於民法的侵權行為原則的。但是船舶碰撞所導致的問題相當複雜，一起碰撞事故的發生有時可能同時涉及貨損、共同海損、海上救助、海上保險及人身傷亡等一系列問題；而且，如果船舶碰撞事故是發生在不同國籍的船舶之間，情況就會變得更加複雜。它們往往成為國際性的海事衝突，由於各國法律制度上的差異，在判定碰撞責任和解決損害賠償時，必然會引起司法管轄和法律適用問題，也必然會具體地涉及船東責任、船舶扣押和海事仲裁或訴訟等問題。可見，船舶碰撞的複雜性，使得民法的侵權行為原則遠不足以調整因碰撞事故發生所引起的各種關係，因此圍繞船舶碰撞的種種問題不僅是各國的海商法，而且也成為有關船舶碰撞的國際公約調整的對象。

　　正確運用有關船舶碰撞的國際公約來判定引起碰撞事故的原因，判定碰撞責任，處理碰撞事故損失的賠償，以及選擇有利的仲裁或訴訟地點等，這與海上保險人是休戚相關的。

二、與船舶碰撞有關的國際公約

　　為了用統一的法律原則來處理因船舶碰撞而發生的一系列法律問題，包括船舶碰撞後的責任判定、損害賠償等，也為了統一海上避碰規則，一些國際組織曾先後制訂了許多與船舶碰撞相關的國際公約。它們主要是：

　　1.《關於統一船舶碰撞若干法律規定的國際公約》（ *International Convention for the Unification of Certain Rules of Law in Regard to Collisions* ）

簡稱《1910 年船舶碰撞公約》，於 1910 年 9 月 23 日在比利時布魯塞爾舉行的第三次海洋法外交會議上簽訂，並於 1913 年 3 月 1 日起生效。全文共 16 條，對本公約的適用範圍、船舶碰撞責任確定原則、訴訟時效和碰撞的救助責任等作了明確規定。其主要內容包括：

(1)**適用範圍**。該公約適用於海船之間或海船與內河船之間發生的碰撞。不論碰撞發生在任何水域，如果使船舶或船上財物遭受損失，以及造成人身傷亡，對由此而引起的賠償應按公約的規定處理。

(2)**船舶碰撞責任確定原則**。對由於意外或不可抗力，或不明原因造成的船舶碰撞損害，該公約規定應由遭受者自行承擔；若船舶碰撞損害是由於一艘船舶即單方的過失所引起，應由這艘有過失的船舶承擔；如果是兩艘船舶彼此互有過失引起的碰撞，損害賠償的責任則由每艘船舶按各自的過失程度比例分擔。

《1910 年船舶碰撞公約》是有關船舶碰撞方面最重要的國際公約，得到世界許多國家的承認和接受。一些主要的海運國家，除美國外，幾乎都批准或參加了該公約，從而在很大程度上統一了各國海商法中有關船舶碰撞的法律規定。有不少國家根據公約內容還制訂了自己相應的國內法。中國大陸雖然未參加公約，不受其約束，但在處理碰撞案件時所採用的按過失程度分擔責任的原則是與公約規定一致的。

2. 《關於統一船舶碰撞民事管轄權方面若干規定的國際公約》（*International Convention on Certain Rules Concerning Civil Jurisdiction in Matters of Collision*）

簡稱《1952 年船舶碰撞民事管轄權公約》，於 1952 年 5 月 10 日在比利時布魯塞爾舉行的第九次海洋法外交會議上正式通過。全文共 8 條，對起訴與反訴的管轄，以及適用範圍等作了規定。其主要內容包括：

(1)**對船舶碰撞案件擁有民事管轄權的法院**。根據該公約規定，具有管轄權的法院可以是被告居住地或營業所在地的法院，也可以是扣留過失船舶或依法扣留屬於被告的其他船舶的法院，或者是碰撞發生地的法院，聽憑原告在它們中間選擇一個起訴。

(2)**適用範圍**。該公約的適用僅限於海船之間或海船與內河船之間發生的碰撞。軍用船舶或為國家所擁有的船舶或為國家所使用的船舶不適用本公約規定，對這些船舶發生碰撞的管轄權問題則由各國根據自己的國內法解決。

《1952 年船舶碰撞民事管轄權公約》是為統一各國對船舶碰撞中民事管轄權方面的不同法律規定而制訂的。公約中一些具體規定，客觀地說，確是有助於具有管轄權的法院對船舶碰撞案件行使有效的管轄權，但由於迄今批准該公約的國家不多，所以並未達到預期的目的。

3. **《關於統一船舶碰撞和其他航行事故刑事管轄權方面若干規定的國際公約》**（ *International Convention for the Unification of Certain Rules Relating to Penal Jurisdiction in Matters of Collision or Other Incidents of Navigation* ）

簡稱《1952 年船舶碰撞刑事管轄權公約》，於 1952 年 5 月 10 日在比利時布魯塞爾舉行的第九次海洋法外交會議上正式通過。全文共 12 條，對刑事起訴的管轄和適用範圍等作了規定。主要內容包括：

(1)**對船舶碰撞或其他航行事故擁有刑事管轄權的法院**。規定船舶碰撞或其他航行事故的發生，凡涉及船長或船上任何其他工作人員的刑事或紀律責任時，有關刑事或紀律案件的訴訟按該公約規定，只能向當事船舶的船旗國司法機關或行政機關提出。

(2)**適用範圍**。公約不適用於在港區範圍內或在內河水域發生的船舶碰撞或其他航行事故。

《1952 年船舶碰撞刑事管轄權公約》是作為《1952 年船舶碰撞民事管轄權公約》的配套公約，由國際海事委員會擬訂並一起通過的。制訂該公約的目的，是為了謀求各國在船舶碰撞和其他航行事故刑事管轄權方面的不同法律規定獲得統一，但由於批准和加入公約的國家甚少，尤其未為一些主要的海運國家所接受，因而對船舶碰撞刑事管轄權問題實際產生的影響不大。

4. **《1972 年國際海上避碰規則》**（ *International Regulations for Preventing Collisions at Sea, 1972* ）

該規則是各國政府間海事協商組織於 1972 年召開的會議上對《1960 年國

際海上避碰規則》進行修改後擬定的，並於 1977 年 7 月 15 日生效。全文共由五章 38 條規則組成，另有四個附錄。其主要內容是：

(1)**適用範圍**。規則適用於公海和連接公海可供海船航行的一切水域中的一切船舶。

(2)**駕駛和航行規則**。為預防船舶發生碰撞，該避碰規則對保持正規瞭望、採用安全航速、分道航行、交叉相遇時互讓和採取有效避碰手段等作出了具體規定。

(3)**船舶燈號和聲號**。對各種船舶應安裝和使用號燈、號型、聲響和燈光信號等，也明確作出不同的技術規範和要求。

《1972 年國際海上避碰規則》是國際海運界長期以來為制訂一套切實可行的海上避碰規則而進行了不懈努力所取得的成果。從最早於 1886 年制訂的海上避碰章程，經過 1910 年、1929 年和 1948 年的多次修改後正式形成海上避碰規則，又在 1960 年由國際海上人命安全會議根據海運業發展的需要加以修改，1972 年再次修改後才成。該規則自公布生效後，已在國際上得到司法、海運、貿易和海上保險各界的廣泛承認，批准和加入的國家很多。雖然規則內容並不涉及船舶碰撞所產生的法律責任問題，但卻是船舶碰撞事故發生後判斷雙方責任的重要依據。中國大陸於 1980 年 1 月 5 日申請加入，成為該公約的締約國。

除上述的以外，與船舶碰撞有關的國際公約還有 1952 年和 1984 年的《關於扣留海運船舶的國際公約》、《1957 年船東責任限制國際公約》及《1976 年海事索賠責任限制公約》等。

第五節　海上保險與海上救助公約

一、海上保險與海上救助的關係

　　海上救助，是指對在任何水域遭遇海難且又無力自救擺脫危險的船舶、貨物和生命進行援救的行為。海上救助的目的，是為了盡可能使遇難的人員，遇難的船舶及其所載貨物，或水上浮動財產得到救助或者減少損害程度，以維護海上航行安全和促進海上運輸發展。世界各國的航海慣例和海上法規，都規定船舶有義務和責任救助其他遇難的船舶、貨物或人員，要求船長在收到呼救訊號或發現海上有遇難船舶、貨物或人員時，在自己的船舶、船員和旅客並無嚴重危險的情況下，應當盡一切可能給予救助。見危不救，不僅要受到輿論的譴責，有的國家還規定對船長採取吊銷證書或要他承擔刑事責任的處分。

　　雖然海上救助是在道義基礎上發生的一種自願行為，救助的目的不是為了獲得報酬，但由於救助人在進行救助時承擔著很大的風險，而且要消耗很大的人力和物力，為了鼓勵和嘉獎救助人的行為和補償其在救助中的損耗，各國的法律都有賦予救助人在救助成功後請求救助報酬權利的規定，而且普遍採用的是「無效果，無報酬」原則（No Cure, No Pay）。不過，這一原則僅適用於對遇難船舶、貨物的救助，對人命的救助則另當別論，也就是說是不適用的。救助人命是人道主義的行為，是任何人都應盡的道德義務，不存在向獲救者索取報酬的問題，這一點基本上都為各國的法律所接受。

　　救助報酬是海上保險承保的費用之一，因此海上救助與海上保險同樣有著密切的聯繫。海上保險人對被保險人支付給救助人的救助報酬，應根據承保責任風險的規定，在保險金額限度內予以負責。海上保險人承擔賠償責任的救助費用，就是指保險人和被保險人以外的第三者採取救助行為而由被救方即被保險人根據「無效果，無報酬」的原則支付給他的那部分救助報酬。在大多數情

況下，海上救助往往是為了船舶和貨物共同安全，因此救助報酬這時也就作為共同海損費用，應由受益的船貨各方共同分攤。海上保險人承擔被保險人所分攤的那一部分救助費用應以保險金額為限，通常是將對救助費用、共同海損犧牲和分攤的賠償與對保險標的本身損失的賠償放在一起計算，總和不能超過一個保險金額。

不能把救助費用與施救費用相混淆。施救費用是被保險人及其雇佣人員為避免或減少保險標的損失而進行搶救、保護、清理等所支出的合理費用，屬於單純費用性質。根據海上保險條款規定，保險人可以另一個保險金額限度承擔對施救費用的賠償。

此外，海上保險人在賠付救助費用時，應注意所承保標的的保險價值與保險金額是否一致的問題。哪怕被保險人採用的是定值保險，保險人發現保險金額低於保險價值，就應在確定承擔的救助費用時按比例扣減。

二、與海上救助有關的國際公約

海上救助是海商法中所特有的一項制度，如追本溯源的話，則源於羅馬的《萬民法》，可謂歷史悠久。在歐洲中世紀的《奧列隆法》中已經載有關於禁止對遇難船舶進行掠奪和占有，並對救助人給予報酬的判例；法國路易十四王朝的《海事條例》也採用了這個原則。此後，各國的海商法都對海上救助作了專門的規定。由於海上救助常常在不同國家的船舶之間發生，因此就需要有一個統一的海上救助公約來調整各國海商法中有關救助規定的差別，以避免法律衝突的產生，在國際海事委員會等組織的努力下，1910 年 9 月 23 日在比利時布魯塞爾召開的第三次海洋法外交會議上簽訂了《關於統一海上救助若干法律規定的公約》（*Convention for the Unification of Certain Rules of Law Relating to Assistance and Salvage at Sea*）。該公約簡稱《1910 年救助公約》，於 1913 年 3 月 1 日正式生效。全文共 19 條，對救助服務範圍、救助報酬、報酬的依據、報酬金額、訴訟時效等都作了具體規定。其主要內容是：

1. 獲得救助報酬的原則

規定凡取得效果的救助行為，救助人都有權獲得報酬；在沒有產生效果的情況下，就不應付給救助人報酬。如果遇難船舶明白和合理地拒絕救助，救助人仍參與救助活動，則無權要求獲得報酬。

2. 救助報酬確定的依據

考慮的因素包括：獲得效果的程度；救助人的努力和勞績；救助人所冒責任的風險和其他風險；救助工作所用時間、所耗費用和所受損失；獲救財產的價值等等。在任何情況下，所付報酬的金額都不能超過獲救財產的價值。

3. 對人命救助人報酬的規定

人命救助人不能向獲救者索取報酬。但如果在海事發生時救助人命與救助船貨財產同時進行且取得效果。他可以與財產救助人分享救助財產所得的報酬。

《1910 年救助公約》不僅體現了海上救助的傳統原則，而且統一了各國有關海上救助的法律和實踐，因而在國際上得到廣泛的承認。中國大陸不是該公約的締約國，但在處理海上救助問題時是按照公約的精神和規定的原則來辦理的。為了適應現代海運業發展的需要，尤其是針對超級油輪的出現及隨之而頻繁發生的海上油污事件，國際海事委員會於 1989 年又制訂了一個旨在取代《1910 年救助公約》的《1989 年國際救助公約》。有關該公約的內容，將在第十八章內敘述。

第六節　海上保險與共同海損理算規則

一、共同海損理算規則的產生

共同海損是伴隨著海運業而形成的一種古老的特殊制度，其起源可以追溯到西元前的古希臘時期，遠比海上保險早。由於共同海損制度能在公平合理的

基礎上兼顧船舶和貨物各方的利益，適應了海上運輸發展的需要，因而沿襲至今，為國際海運界普遍採用。但是，儘管共同海損制度為世界各國所公認，許多海運國家也都各自制訂了與共同海損有關的本國法律規定，由於這些法律規定之間存在的差異，在處理一些涉及幾個國家當事人利益的共同海損案件時就出現了究竟按哪國法律辦理的問題。對一項具體的共同海損事故，用不同國家的法律來理算，必然會出現差異懸殊的且引起當事人爭議的結果。這種導致法律適用上混亂的法律衝突勢必給共同海損理算帶來很大困難，進而影響國際海上運輸和海上貿易順利發展。面對這一情況，國際海運界、保險界和共同海損理算界很早以前便產生了統一共同海損理算立法的願望和要求。十九世紀中葉，歐美一些主要海運國家經過一番努力以後，終於制訂出一個國際性的共同海損理算規則，即《約克·安特衛普規則》，使各國在進行共同海損理算工作時有了一個可以共同遵循的依據。

二、共同海損理算規則

1. 《約克·安特衛普規則》（ *York-Antwerp Rules* ）

　　是在 1860 年由歐美一些主要海運國家有關行業的代表在英國格拉斯哥會議上制訂的「格拉斯哥決議」基礎上形成的共同海損理算規則。該決議經過 1864 年在英國約克城召開的會議和 1877 年在比利時安特衛普召開的會議先後兩次討論和修改，於 1877 年通過並以召開這兩次會議的城市名正式命名為《約克·安特衛普規則》。

　　嗣後，《約克·安特衛普規則》隨著海運業發展的需要，又先後於 1890 年、1924 年、1950 年和 1974 年數次進行重大修改，內容日臻完善。目前國際上普遍採用的是《1974 年約克·安特衛普規則》，它是於 1974 年 4 月 1 日至 5 日國際海事委員會在漢堡召開的會議上討論並通過的新規則。由於《約克·安特衛普規則》曾多次修改，但每次修改後產生的新規則卻並不代替前一個規則，所以雖然當前國際上廣為採用的是 1974 年文本，然而 1890 年、1924 年和 1950 年各年的文本並沒有廢除，而是四個文本並存，供運輸契約當事人通

過協商選擇一個文本使用①。

《1974 年約克‧安特衛普規則》全文共有 30 條規則，包括 7 條字母規則和 23 條數字規則。與前三個文本相比，該文本進一步明確了共同海損的概念和構成條件，規定了共同海損理算標準，以及簡化了共同海損理算的程序。其內容將在第二十二章詳述。

值得一提的是，《約克‧安特衛普規則》並不是由各國政府機構派出人員所締結的國際公約，就其性質而言，只是一個由各國海運、貿易和保險界、律師協會等民間團體派代表共同商討和制訂的民間協定。因此，它不具有普通的法律約束力，只有運輸契約雙方當事人自願採用它的時候，它才對訂約雙方有約束力。然而，《約克‧安特衛普規則》從 1877 年正式定名以來的一百多年歷史中幾經修改補充，不斷得到完善，被實踐證明是行之有效的，故而為國際海運、貿易、保險界普遍接受，形成國際慣例。目前國際上的大部分租船契約、提單、海洋船舶和運輸貨物保險的保險單大都規定按此規則來對共同海損進行理算，以契約的方式來約束各有關受益方，因而適用範圍比較廣泛。

2. 《北京理算規則》（ *Beijing Adjustment Rules* ）

前面我們已經提到過，《約克‧安特衛普規則》不是強制性的國際公約，運輸契約的當事人可以通過協商選用它的四大文本中的一個，也可以選擇其他的共同海損理算規則。中國大陸遠洋海輪的提單和海洋船舶保險單就規定，共同海損的理算以《北京理算規則》作依據，並由中國大陸國際貿易促進委員會共同海損理算處辦理共同海損理算工作。

《北京理算規則》是《中國大陸國際貿易促進委員會共同海損理算暫行規則》（ *China Council for the Promotion of International Trade Provisional Rules for General Average Adjustment* ）的簡稱。它是中國大陸參照國際上的習慣做法和結合中國大陸具體情況，由中國大陸貿促會制訂並於 1975 年 1 月 1 日正式公布的理算規則。它的問世和應用，改變了以往不得不聘請外國理算師，由他們根據《約克‧安特衛普規則》來對中國大陸載運進出口貨物的船舶所發生的共同海損進行理算的狀況。

三、海上保險與共同海損的關係

共同海損的理算是海上運輸中的一項特殊的損失補償制度，與海上保險的賠償性質不同。但是，由於共同海損與海上保險都具有賠償這一基本特性，因此海上保險從其一產生，就與共同海損存在著十分密切的聯係。從最早的海上保險記載中我們即可發現，共同海損就是海上保險契約內規定的由保險人承擔的責任。直至今天，不論是船舶保險還是海上運輸貨物保險，都承保有關的共同海損犧牲和費用。因此，可能分攤共同海損的各有關受益方皆可以透過投保來轉嫁負擔。一旦發生共同海損事故，各有關受益方應支付的共同海損分攤也往往先由海上保險人墊付。由於海上保險人實際上相應承擔了這些賠償責任，同時也為了簡化手續，保險人經常代表各自的被保險人即投保有關保險的船方或貨方，來出面辦理共同海損的分攤和補償工作。於是，他們慢慢地變成為進行共同海損理算的主角，而作為共同海損事故當事人的船方和貨方只是在共同海損理算結束以後，再同各自的保險人進行結算。保險賠償的計算也就成為共同海損理算中的一項主要內容。

因此，對理算師和審理共同海損案件的其他人員來說，他們只有熟悉和掌握海上保險條款才能做好共同海損的理算工作；而保險工作人員不掌握《約克·安特衛普規則》等共同海損理算規則的基本精神，不熟悉共同海損案件中船舶和貨物之間的權利義務關係，也是難以好好履行自己的保險責任的。共同海損與海上保險之間關係之密切是顯而易見的。

❖ 註　譯

① 約克·安特衛普規則於 1974 年後又經 1990 年、1994 年兩次修訂。

第 6 章
海上保險契約

第一節　海上保險契約的概念及其基礎

一、海上保險契約的概念

　　在海上保險中，保險人與被保險人之間是透過簽訂書面契約的形式來明確彼此的權利和義務的。這種書面契約形式就稱之為海上保險契約（Marine Insurance Contract）。

　　海上保險契約是保險契約的一種，屬於經濟契約範疇。它是根據海商法、海上保險法和契約自由原則的精神簽訂的契約。只要簽約的雙方當事人同意，有關內容都可以訂入契約，但一經簽約，雙方當事人都在法律上受到約束，並必須共同遵守。

　　我們在第一章闡述海上保險的定義時已經說過，儘管世界各國保險學者給海上保險下了各種定義，但一般都是聯係海上保險契約來解釋海上保險的定義的。例如，英國《1906 年海上保險法》第 1 條指出，「海上保險契約是保險人向被保險人允諾，在被保險人遭遇海上損失，即遭受海上冒險所發生的損失

時，依照約定的條款及數額負責賠償的契約」；中國大陸《海商法》第216條規定：「海上保險契約，是指保險人按照約定，對被保險人遭受保險事故造成保險標的的損失和產生的責任負責賠償，而由被保險人支付保險費的契約」。因此，海上保險契約的概念無需我們再加以贅述，應該是十分清楚明白的：海上保險契約就是保險人與被保險人之間訂立的在法律上具有約束力的協議，是旨在使被保險人按規定繳付保險費以取得保險人在保險標的遭遇約定的海上事故所引起的經濟損失和責任時給予補償的契約。

二、海上保險契約的基礎

根據上述海上保險契約的概念，我們可以確認海上保險契約主要是建立在以下五個基礎上的：

(1)所承保的風險必須與海上風險有關，發生的事故必須是與航海有關的事故；

(2)事故損失可以用貨幣來計算；

(3)保險的目的是為使保險標的在承保責任範圍內受到損失時能獲得經濟補償；

(4)構成保險賠償的事故必須是未來的，不確定的，是在保險期限內發生的；

(5)被保險人必須是對保險標的具有密切利害關係的人，在發生保險賠償時，保險利益必須存在。

除此以外，海上保險契約的基礎還表現在它是保險人已經接受被保險人投保的正式憑證，是保險人向被保險人收取保險費，以及被保險人向保險人索取賠款的依據，也是雙方發生爭議時進行仲裁或訴訟的法定文件。

第二節　海上保險契約的簽訂原則

　　海上保險契約是調整契約雙方當事人權利和義務的法律性協議。保險人和被保險人在簽訂海上保險契約時必須遵守以下基本原則。

一、平等自願原則（Principle of Equality and Voluntariness）

　　海上保險契約是投保人與保險人在平等自願的基礎上簽訂的契約。雙方平等地通過協商簽訂契約，投保人投保與否，以什麼條件投保，保險人是否承保，以什麼條件承保，完全自由協商決定。雙方在契約關係中的地位平等，除法律另有規定以外，任何一方不能把自己的意志強加於對方，任何人不能非法干預，一切違背契約當事人真實意願的行為都是無效的。

二、合法原則（Legal Principle）

　　海上保險契約是保險人與投保人或被保險人之間建立保險關係的法律行為。保險人必須是海上保險業務的合法經營者，被保險人在發生保險事故時對保險標的的權益必須存在，承保的對象必須是合法的海上運輸貿易經濟活動。海上保險契約的訂立，包括契約內容和訂立的程序必須符合國家有關的法律、法令和規定。否則，即使是由雙方自願訂立的，在法律上也是無效的，不僅如此，還要承擔由此產生的法律責任。

　　海上保險契約與其他保險契約一樣，是一種有意識的能引起一定法律後果的行為。保險人與投保人通過簽訂海上保險契約，彼此間形成一定的權利義務關係：投保人為自己或他人能在保險標的遭受損失後獲得經濟補償的權利，必須承擔繳付保險費和其他有關義務；保險人有權按規定收取保險費，同時履行損失補償的責任。合法的海上保險契約受到法律保護，由國家強制力量保證其

實現。

三、最大誠信原則（Principle of the Utmost Good Faith）

海上保險契約是建立在最大誠信原則基礎上的契約。投保人在海上保險契約訂立完成之前必須向保險人告知和正確陳述有關保險標的所有重要情況，不得作錯誤陳述和隱瞞。之所以如此要求，是因為作為海上保險承保對象的海上運輸貿易活動有其不同於一般生產活動的特點：投保人在投保時，保險標的即船舶或貨物往往可能已經離開港口，保險人無法對這些保險標的進行實地查勘。而且，保險人即使是作了可能的調查，事實上也很難了解得像投保人那樣清楚，最了解情況的只能是投保人。因此，投保人在誠信原則指導下的如實告知，成為保險人決定是否承保和確定保險費率的依據。英國《1906年海上保險法》第17條規定：「海上保險契約是建立在最大誠信基礎上的契約，如果任何一方不遵守這一原則，另一方可宣告契約無效。」

最大誠信原則是保證海上保險業務正常進行的不可或缺的前提條件。如實告知和履行保證是該原則的具體體現。

1. 告知（Disclosure）

告知是投保人在與保險人協商簽訂海上保險契約過程中必須承擔的義務。告知義務要求投保人做到兩點：一是簽訂契約前的主動申報，即應該把自己知道的有關保險標的的重要情況告知對方。例如，投保船舶保險的船東就應該把投保船舶的船齡、船級、國籍，以及是否有過海損紀錄等情況一一告訴保險人。由於不主動申報而引起的後果，保險人不承擔責任。二是簽訂契約時的如實陳述，即除了主動申報外，投保人還要回答保險人對保險標的有關情況的詢問。一般來說，保險人要詢問的情況是比較重要的，大多數是涉及或影響他們作出是否承保決定和確定收取多少保險費的關鍵性因素。投保人必須明確地回答保險人的詢問。不回答或回答時有遺漏，不管是故意隱瞞還是過失隱瞞，都被視為違反告知義務。不僅如此，投保簽約以後，一旦保險標的發生了變化，被保險人還得立即將變化情況如實通知保險人。保險人對投保人或被保險人違

反告知義務，包括虛假陳述或不實告知，非但不負賠償損失責任，也不退還已收的保險費。在這種情況下，保險人有權宣布海上保險契約無效。

2. 保證（Warranty）

保證是最大誠信原則的另一個重要內容。所謂保證是指保險人與投保人在海上保險契約中約定投保人擔保對一事項做或不做，或者擔保某一事項的真實性。保證不同於告知。英國著名的大法官曼斯菲爾德說過這樣一句話：「告知與保證不同，告知僅須實質上正確即可，而保證則必須嚴格遵守。例如，被保險船舶保證於 8 月 1 日開航，而延遲至 8 月 2 日才解纜，這即為違反保證條款。」保證在海上保險契約中有著十分重要的意義。保證是海上保險契約的基礎，投保人或被保險人違反保證，就使海上保險契約失去了存在基礎。各國司法對海上保險契約中的保證條款掌握得極為嚴格。被保險人違反保證義務，不論其是否有過失，也不管是否給對方當事人造成損害，保險人均有權解除契約，並在以後保險標的發生損失時不承擔賠償責任。

保證一般在海上保險契約中都有明確的書面規定。凡經過契約雙方當事人同意並寫進契約中的條款即為保證條款。採用書面形式，也就是在契約中明文規定或作為特約條款附加於契約的保證條款，叫明示保證（Express Warranty）。對列入契約的明示保證，不管保證的內容對風險是否重要，必須切實照辦。例如，某貨主將其所有的一批罐頭投保了海上運輸貨物保險的一切險，保險單上寫明全部罐頭由生產廠家打上出廠日期的號碼。後來在運抵目的港後，發現部分罐頭凸罐，貨主即被保險人遂向保險人提出索賠。保險人經過檢驗，察覺其所承保的這批罐頭有許多沒有出廠號碼，於是以被保險人違反罐頭號碼保證為由拒賠。罐頭號碼保證就是明示保證。雖然在契約中沒有明文規定，但按照法律和習慣，被保險人同樣應嚴格遵守的保證，叫默示保證（Implied Warranty）。船舶適航、不繞航和航行合法，是海上保險的三項默示保證。默示保證的法律效力同明示保證一樣，不能違反。例如，某船的船長進行走私活動，船東知道這一情況卻未加制止，後來該船在某國被扣留。由於船東即被保險人違反合法航行的默示保證，保險人對船舶被扣的損失不負責任。

明示保證和默示保證是按照保證存在的形式來劃分的。根據保證事項是否

已確實存在，保證又可分為確認保證和承諾保證。確認保證（Affirmative Warranty）是被保險人對過去或現在某一特定事實存在或不存在的保證。例如，被保險人投保其所擁有的一艘船舶，保險契約上明文列有船舶是美國財產的保證條款。其實，這艘船是在美國建造，被保險人從一個美國人手裏買下後帶到英國作為英國船登記的，儘管被保險人本人是娶了一個英國女人為妻並在英國居住的美國人，該船擁有的國籍應該是英國國籍。因此當這艘船被法國扣留後，保險人以被保險人違反船舶的國籍保證而拒絕他的索賠。船舶的國籍保證即為確認保證。被保險人對將來某一特定事項做或不做的保證則屬於承諾保證（Promissory Warranty）。例如，被保險人在保險契約中保證自己投保的船舶開航前按需要配備五十名船員，可是事實上該船從原停泊港開航時只有四十六名船員。雖然以後在途中有六名船員上船，使船員總人數不僅補足，甚至超過了規定的數額，但是保險人以被保險人違反上述承諾保證為由宣告契約無效，海事法院支持了保險人的做法。

　　英國《1906年海上保險法》對海上保險契約的最大誠信原則及被保險人根據該原則應承擔的告知和保證義務都作了具體規定。有關「告知」的內容集中在該法第18條至第20條，而第33條至第40條則詳細敘述了「保證」的要求。

四、補償原則（Principle of Indemnity）

　　海上保險契約是補償性契約，補償原則是海上保險契約最基本的原則之一。海上保險的目的就是補償損失，當被保險人因保險標的發生保險責任範圍內的事故而遭到損失時，保險人應按契約規定給予補償。規定補償原則是為了使被保險人不能利用其與保險人簽訂的海上保險契約獲得非法的或額外的利益，防止被保險人投機取巧、因禍得福等道德性危險。

　　補償原則在海上保險契約中的具體體現有以下幾個方面：首先，在保險標的發生保險責任範圍的損失時，被保險人對保險標的的保險利益必須存在，否則他就不能取得海上保險契約的賠償。海上保險契約有別於其他財產保險契約

的一個重要之處，是它允許被保險人在簽訂契約時對保險標的的保險利益尚不存在或即將取得而未取得，但在保險事故發生時，他必須取得保險利益。沒有保險利益的海上保險，不能根據海上保險契約獲得保險人的賠償。這是為了不讓那些對保險標的沒有利害關係，為圖謀保險賠款而投保的被保險人得逞。

其次，當海上保險標的發生屬於保險人承保範圍的事故損失是由第三者責任引起時，如若被保險人向保險人提出索賠，保險人可以採取「先賠後追」的做法，即先按契約規定賠償被保險人的損失，然後「代位」，以被保險人的身份向第三者追償。被保險人必須將他對第三者的索賠權益轉讓給保險人，同時積極協助保險人追償。這一要求，是為了防止被保險人重複索賠，獲得雙份賠款。

第三，海上保險標的遭受推定全損時，被保險人可以在要求保險人按全部損失賠償和按部分損失賠償兩種方式中選擇一種。如果被保險人選擇前者，那麼他就應當事先向保險人發出委付通知，把對該受損保險標的的一切權利和義務轉移給保險人。唯如此，而且一定要委付為保險人接受的情況下，被保險人才可獲得全部損失賠償。沒有這項規定，就會出現被保險人既得到全損賠償，又不放棄對受損保險標的的殘餘物的一切權利的情況，從而使被保險人獲得超出補償原則所許可範圍的利益。

最後，在被保險人重複保險或超額保險的情況下，保險人只按保險價值賠償保險標的遭受的損失。在海上保險實踐中，超額保險和重複保險的現象並不少見。法律禁止屬於惡意的即欺詐性質的複保險和超保，但因為被保險人無意，如由於是通過保險經紀人代理投保，聯繫上的疏忽而造成的複保險和超保，法律亦不是不加區別地一律視作欺騙行為。但在後一種情況下，一旦發生保險事故，被保險人因保險標的受損而提出索賠時，就必須向保險人說出實情，不能隱瞞自己就同一保險標的向數個保險人分別投保的情況，否則也屬於惡意的欺騙。如果複保險的保險金額總和超過了保險價值，則超過部分無效。不論是複保險或超保，被保險人的索賠和最終所得賠款都不能超過保險價值。因為作為補償性契約的海上保險契約貫徹損失多少賠多少的原則，不能讓被保險人通過索賠獲得不當得利。

五、保險利益原則（Principle of Insurable Interest）

　　保險利益原則是海上保險契約所特有的，由海上保險契約的補償性質所決定的一個重要原則。海上保險的保險利益是指被保險人與處於海上航行或運輸風險中的保險標的具有利害關係。該原則具體地說有兩重含義：

1. 對海上保險標的有利害關係的人都擁有保險利益

　　所謂有利害關係，就是說船舶或貨物等海上保險標的如果安全抵達目的港可以使它們的所有人和其他有關當事人得益獲利，如果在航行或運輸途中損壞或滅失則必然會使他們受到經濟損失。這種利害關係是客觀存在的。英國《1906 年海上保險法》第 5 條明確規定：「與海上冒險有利害關係的每一個人都具有保險利益。特別是一個對海上冒險中已處於風險中的保險財產有合法或正當關係的人來說，他對該海上冒險是具有保險利益的。正由於這個原因，保險財產的安全或及時運抵能使這個人受到益處，保險財產的滅失或損壞或扣留所產生的責任則影響到這個人的利益。」

2. 保險事故發生時被保險人必須具有保險利益

　　我們知道，國際貿易和航運在經營上有其特殊性，船舶或貨物的買賣契約一般需要經過一段時間後才能正式完成，而出於轉移風險的考慮，買主往往希望將尚未到手的船舶或貨物提前投保，以求得到保險保障。保險人為了滿足被保險人的需要，也願意承保，儘管後者此時對船舶或貨物等標的尚未取得保險利益。事實上，要求這些買主（船東或貨主）在與保險人訂立海上保險契約時就具有保險利益也是不現實的。所以海上保險契約不要求被保險人在簽訂契約時就一定具有保險利益。然而，海上保險契約是補償性契約，根據補償原則，被保險人不能利用保險契約獲得非法的或額外的利益。因此，當發生保險事故時，被保險人要向保險人提出索賠，就必須對受損的保險標的具有保險利益，否則保險契約無效。英國《1906 年海上保險法》第 6 條第 1 款規定：「被保險人在保險契約訂立時無須對保險標的具有保險利益，但當已承保的保險標的發生損失時，被保險人就必須對其具有保險利益。」該條第 2 款還規定：「倘

若保險標的發生損失時被保險人尚未取得保險利益，嗣後，則無論採用何種方法或手段都無法再獲得該項保險利益。」可見，海上保險保險利益原則強調保險事故發生時被保險人必須具有保險利益這一含義是具有實際意義的，是符合海上保險契約的補償性質的。

在海上保險契約中，哪些人對海上保險標的具有保險利益？概而言之，可分為兩類人：

一類是所有人。所有人對其所有的海上財產具有保險利益，例如船東對所有權屬於他的船舶有保險利益，貨主對他擁有的貨物有保險利益。運費所有人的情況稍微要複雜些。運費一般可分為普通運費和租船運費兩種。在普通運費中，貨物運到目的地後貨主才付給承運人的叫到付運費，其保險利益歸承運人即船東所有；在貨物運送之前就由貨主預付給承運人的叫預付運費，其所有人應是貨主，因此貨主對自己已支付的運費有保險利益。在租船運費中，以航程租船或定期租船方式租借船舶運貨，由租船人支付給出租人租金，因為船舶仍由出租人即船東經營，對租金具有保險利益的應是出租人；租船人按月向出租人繳付租金，租用既無裝備也不配備船員的光船由自己經營管理，這叫光船租賃，光船租金的保險利益則歸租船人所有。

另一類是其他權利人。對保險標的擁有其他各種權利的人也有保險利益，這些權利包括合法的保管、占有權、留置權、抵押權和租賃權等。例如，船舶或貨物的受押人對抵押人抵押給他們的船舶或貨物有保險利益；光船承租人在租船期間的身份如同船舶所有人，對其所租船舶具有保險利益；船東或貨主的代理人對委託他們代理經營的船舶或貨物也有保險利益。

六、代位求償權（Principle of Subrogation）

根據海上保險契約的補償原則，被保險人在其投保的標的由於第三者的責任而遭受保險責任範圍內的損失時，可以向保險人索賠，但必須將其原應享有的對第三者索賠權轉讓給保險人，由保險人出面向第三者追償。這項旨在防止被保險人重複索賠而獲取不當得利的規定，也就叫作代位求償原則，它對海上

保險契約來說同樣是必須遵循的基本原則之一。

　　眾所周知，屬於保險責任範圍內的海上損失，有相當一部分是由第三者的責任造成的。對於這類由第三者責任造成的，卻又屬於保險人承保責任的損失，被保險人可以直接向第三者索賠，但也可以要求保險人賠償。例如，一批投了保的貨物在海上運輸途中因承運人沒有謹慎管理好的過失而遭到沾污損失，這原本是承運人的責任，應由承運人負責賠償。貨主因為貨物已保了險，而且損失又在保險責任範圍之內，寧願向理賠主動及時的保險人索賠，而不願同承運人交涉，因為一般而言，對後者的索賠比較麻煩，往往要通過仲裁或訴訟才能索得賠款。貨主即被保險人在獲得保險賠款以後，便將其向承運人索賠的權益轉讓給保險人，由保險人取代被保險人，直接以自己名義（也可以被保險人名義）向承運人追償。英國《1906 年海上保險法》第 79 條第 1 款規定：「保險人在賠付了保險標的全損，不論是整體全損還是貨物中的可以分割的部分全損以後，便有權接受被保險人在該已賠付保險標的上可能留下的任何利益，並從造成保險標的損失的事故發生之時起，取得被保險人在該保險標的方面的一切權利和補償。」

　　海上保險中，涉及代位求償的情況比比皆是，如共同海損分攤，船舶碰撞引起的損失賠償，承運人責任引起的貨損賠償等，都要按照代位求償原則來處理，即先賠給被保險人而後代其位向第三者責任方追償。國際上對海上保險理賠和追償實務中的代位求償原則運用大致有以下幾個規定：一是保險人只有在賠償了保險標的損失後才可取得代位求償權；二是保險人從第三者責任方追償得的金額，僅以其付給被保險人的賠款為限，即追償額少於或等於賠款的全部歸保險人自己所有，超過賠款的則應將多餘部分歸還被保險人；三是在由於第三者責任引起的海上損失中，保險人只對屬於承保範圍的那部分損失負責賠償並行使代位求償權，對不屬於保險責任範圍而因此仍應由被保險人向第三者索賠的損失，保險人不履行賠償義務，當然也無代位求償權可言：四是只有在被保險人擁有對第三者索賠權的情況下，保險人才承擔保險賠償責任。如果被保險人在保險人賠付前放棄了對第三者的索賠權，他也就得不到保險人的賠款；同樣，他在獲得保險賠款後放棄該索賠權的行為也不為法律所允許，為此他要

喪失保留保險賠款的權利。不論在保險人賠付前或賠付後，被保險人放棄對第三者的索賠權，都將意味著保險人的利益會因無法行使代位求償而受到損害。

　　代位求償與海上保險中處理保險標的損失的委付手續都涉及被保險人的權益轉讓，因此在這點上兩者有相同之點。事實上，代位求償與委付是兩個不同的概念：代位求償是保險人賠償保險標的損失後可取得的一種向第三者責任方追償的權利；而委付是保險標的遭到推定全損時由被保險人向保險人申請作全損處理的一種程序，這是一。其次，代位求償必須遵循賠多少追償多少的規定，追償額超過保險賠款的部分應歸被保險人所有；而委付允許保險人在按全損賠付後處理保險標的的一切權益，如果保險人在接受委付後可以行使代位求償權向第三者責任方追償的，那麼追償額即使超過其賠付給被保險人的賠款，超過部分也歸保險人享有。第三，代位求償僅僅涉及對保險人的權益轉讓；而委付不僅把與保險標的一切權利轉讓給保險人，同時轉讓的還有相關的的義務和責任。

七、近因原則（Principle of Proximate Cause）

　　有關近因原則的內容已在本書第四章進行了詳細討論，這裡不再複述。

　　綜上所述，我們可以用這麼幾句話來歸納海上保險契約的基本原則：海上保險契約具有補償性質；被保險人與保險人雙方自願地，在平等基礎上協商訂立契約；契約的內容以及訂立過程都必須合法，雙方當事人通過契約而建立的權利義務關係為法律所承認；被保險人在契約訂立過程中及契約生效後必須具有最大誠信，履行告知和保證義務；被保險人對保險標的應具有保險利益，對因遭到保險事故而受損的保險標的沒有保險利益的被保險人不能得到保險人的賠償；保險人在確定是否屬於保險責任範圍的事故時，要找出造成保險標的損失的近因；保險人對保險標的因第三者責任而引起的損失，在賠償給被保險人以後可取得代位求償權，向第三者追償。

第三節　海上保險契約的當事人與關係人

　　海上保險契約的當事人和關係人是保險契約的主體，他們享有契約權利並承擔契約義務。當事人與保險契約發生直接關係，他們是保險人和投保人；與保險契約發生間接關係的則是關係人，他們是被保險人和受益人。與海上保險契約有關的還有保險代理人、保險經紀人和保險公證人等中介人，他們作為當事人之間的媒介，為海上保險契約的訂立和履行起著重要的輔助作用。

一、海上保險契約的當事人

1. 保險人（Insurer）

　　保險人是海上保險契約的一方當事人，是按照保險契約規定收取保險費並負責對保險標的遭受的損失履行經濟賠償義務的人，也就是經營海上保險業務的人。

　　在世界各國，保險人一般為法人，即是指按照有關法律登記註冊，並取得政府許可的獨立經營保險業務的各種經濟組織，如國家經營的保險公司、國際聯營的保險公司、私人經營的保險公司。絕大多數國家不允許個人經營保險業務，目前只有英國由於歷史傳統允許自然人（即勞合社的承保人）經營。不論是哪一種保險組織形式，各國法律都有關於保險人資格的種種規定，如經營保險業必須取得政府許可，只准在規定範圍內經營，非法人不能從事保險業，以及非保險業法人不能經營保險等等。即使是允許以個人名義經營保險業務的勞合社，對承保人的資格也有嚴格的限制規定。為了維護被保險人、受益人的保險利益，以及維護社會利益，各國都有專門管理監督保險人的法律。保險人必須依法從事保險業務，不得違反國家法律、法令和規定，不得損害被保險人的合法利益，否則就要受到經濟制裁，乃至被勒令停業。

2. 投保人（ Applicant ）

投保人是海上保險契約的另一方當事人，是向保險人申請訂立保險契約，並負有繳付保險費義務的保單持有人。投保人也可稱要保人。

投保人可以是法人也可以是自然人。海上保險契約的投保人一般都是保險財產的所有人或其他權利人。投保人必須具有行為能力，無行為能力或限制行為能力的人與保險人訂立的海上保險契約無效、海上保險契約不要求投保人在其與保險人簽訂契約時必須具有保險利益，這是海上保險契約對投保人應具備條件的要求不同於其他保險契約之處。投保人必須承擔繳付保險費的義務，即使海上保險契約已經轉讓，投保人對尚未繳納的保險費仍負有責任。

二、海上保險契約的關係人

1. 被保險人（ Insured ）

被保險人是受海上保險契約保障的人，是保險事故發生時遭受損害，因而有權按照保險契約向保險人取得賠款，享受賠償請求權的人。

在海上保險契約中，自然人與法人均可成為被保險人。當投保人是為自己利益而訂立海上保險契約時，他也就是被保險人。具體地說，就是在訂立契約時稱投保人，契約訂立後即為被保險人。但是如為他人利益而簽訂海上保險契約的投保人，與被保險人就不是同一個對象了。例如，在國際貿易中，若以到岸價格條件進行貨物貿易，賣方應為買方利益安排保險。賣方在貨物裝船前以投保人身份向保險人投保，但他投保的目是為了買方的利益。一俟貨物在起運港裝上船後，賣方即完成交貨任務，貨物風險便由買方承擔。倘使貨物在運輸途中發生保險事故而受損時，買方即以被保險人的身份向保險人索賠。可見在這裡，賣方即投保人與買方即被保險人是兩個對象。

2. 受益人（ Beneficiary ）

受益人通常是在人身保險契約中出現。在海上人身保險契約如船員和旅客的人身意外事故保險契約中，受益人作為保險契約關係人，是指在被保險人遭受意外事故而死亡後有權享受保險契約規定利益的人。受益人在保險契約中只

享有權利，不承擔任何義務。受益人應由被保險人指定並在保險契約中載明。如未指定受益人，被保險人死亡後則由其法定繼承人來享受契約規定的利益。此外，被保險人有權隨時更換受益人，只要通知保險人即可。

三、海上保險契約的中介人

1. 保險代理人（Insurance Agent）

保險代理人是根據代理契約或授權書，在指定地區以保險人的名義為保險人經營海上保險業務，並向保險人收取代理手續費的人。按照代理契約或授權書授與的不同權限，保險代理人可分為代表保險人承保業務的業務代理人，負責出險後在當地進行貨損查勘或船舶檢驗的檢驗代理人，以及在規定的權限範圍內代表保險人處理賠案的理賠代理人等。根據保險代理人是否還從事其他職業，他們可分為專職代理人和兼職代理人。根據保險代理人是為獨家還是多家保險公司服務，又可分為專門代理人和獨立代理人。

當前，世界上經營海上保險代理業務的機構很多，尤其是負責檢驗代理和理賠代理的更是遍布世界各地一些大港口和城市，業務代理人基本上是由對外經濟貿易機構，以及航空公司、外匯銀行兼任，如中國大陸涉外保險的業務代理人一般都由中國大陸對外經濟貿易單位兼任。至於檢驗、理賠代理人有專營此類代理業務的代理公司和代理人，也有兼營的保險公司。其中以勞合社代理人影響最大。這些代理人都是世界各國各自獨立的代理公司和代理人，他們在取得勞合社代理人身份後辦理檢驗、理賠代理業務。目前外國保險公司在中國大陸的保險理賠檢驗代理業務皆由「人保」公司辦理，而中國大陸保險公司在國外也有廣泛的理賠檢驗代理網，這些代理人分布在世界各主要港口和城市，代表中國大陸保險公司辦理檢驗、定損、理賠、追償和損餘處理等，以方便國內外保戶在出險時能就地得到處理，取得賠款。

保險代理人是保險人的代理人。在保險代理關係中，保險人應對保險代理人的越權代理行為承擔民事責任；保險代理人所知道或所應知道的事實，均可推定為保險人所知，保險人不能以代理人未告知對抗投保人或被保險人。這表

明，保險代理人行為所產生的權利義務後果都直接由保險人承擔。

2. 保險經紀人（Insurance Broker）

保險經紀人是受投保人委託，代其與保險人接洽海上保險契約事宜，並向接受該項業務的保險人收取佣金的人。保險經紀人從投保人的利益考慮出發，為投保人設計保險，進行諮詢和在保險市場上尋找合適的保險人，因此在保險人和投保人（或被保險人）之間扮演著中介人角色。

保險經紀人代投保人與保險人接洽辦理保險契約事宜，但並不代為訂立保險契約。如果代投保人與保險人訂立保險契約，保險經紀人的地位就成為投保人的代理人。除代訂保險契約以外，保險經紀人也可為投保人代繳保險費，代被保險人辦理索賠手續等。要注意的是，如保險經紀人代為索賠，被保險人應另付佣金給他。

保險經紀人在投保人或被保險人的授權範圍內行使權力，他的行為不能約束保險人，但可約束投保人或被保險人。保險經紀人因在工作中的疏忽或過失而使被保險人遭受損失，對此他應承擔民事責任，賠償後者的損失。

在一些保險業發達的歐美國家，保險人廣泛使用保險經紀人招攬業務。保險經紀人有專門的保險知識，經驗豐富，並且熟悉保險市場上的情況，因此能夠為投保人爭取到最好的保險條件。這使保險經紀人在保險市場上具有非常重要的影響，他們不僅招攬保險業務以賺取佣金，而且左右保險市場，對保險人施加種種影響。保險經紀人的作用在英國保險市場上反映得特別明顯，大量的海上保險業務是透過經紀人來辦理的。在勞合社，被保險人甚至不能與保險人直接接觸，保險業務的成交必須經過保險經紀人之手。中國大陸保險市場目前尚未實行經紀人制度，但已在醞釀之中，在有些經濟發達地區，保險經紀人已開始出現。在涉外的海上保險業務中，中國大陸保險公司常常接受國外的保險經紀人介紹的保險業務。

3. 保險公證人（Surveyor 或 Adjuster）

保險公證人是為投保人、被保險人或保險人辦理保險標的的查勘、鑒定、估價和保險賠款理算，並提供證明的人。不論是哪一方當事人，都有權委託保險公證人辦理保險查勘鑒定等事宜，包括公斷和證明，而且誰委託，誰支付酬

金。保險公證人對於自己工作中的過失而造成委託人的損失，應承擔賠償責任。保險公證人在中國大陸已經出現，1993 年 3 月 18 日在上海成立的東方公估行即為中國大陸第一家保險公證人。

第四節　海上保險的保險標的、保險價值和保險金額

一、保險標的（Subject Matter of Insurance）

在訂立海上保險契約時，必須明確投保的對象即保險標的。保險標的是指保險契約雙方當事人要求或提供保險保障的目標或對象，是構成保險關係的重要依據。保險標的作為保險事故發生的承受體，對投保人或被保險人來說，就是肯定他們所要轉嫁風險或需要取得保險保障的對象，對保險人來說則明確了他所要承擔責任的具體目標。

在海上保險契約中，保險標的可以是有形的財產，如船舶或貨物，也可以是與這些有形財產有關的無形的運費、租金、責任或利益等。

保險標的並不是保險契約的客體。因為保險標的作為保險事故發生的承受體，當它因保險事故發生而遭到損失時，被保險人可向保險人索賠，然而保險人承擔的責任不是保證保險標的不發生意外事故，而只是對被保險人因保險標的的滅失或毀壞所帶來的經濟損失承擔補償責任。可見，保險契約中雙方當事人權利義務所指向的對象即保險契約的客體不是保險標的本身，而是被保險人對保險標的的擁有的經濟利益即保險利益。保險利益才是保險契約的客體。要成為海上保險契約的標的，其前提是必須具有保險利益。沒有保險利益的海上保險契約是不合法的，即使簽訂了，在法律上也是無效的。

二、保險價值（Insured Value）

在訂立海上保險契約時，被保險人應對保險標的申明保險價值和保險金額。保險價值是指保險標的的實際價值。它是確定保險金額的依據。一般來說，財產保險中的保險標的實際價值應同市價一致，但對某些無法確定或難以準確確定價值的保險標的，被保險人與保險人在訂立保險契約時可以透過協商確定一個約定價值（Agreed Value），並以此價值為基礎來確定保險金額，這個約定價值就叫保險價值。例如，海上運輸貨物保險承保的標的是經常處於流動狀態的貨物，由於這一流動性的特點，在訂立貨運險契約時，雙方當事人必然會面臨許多不能確定的因素，如無法事先知道出險地點，也無法避免同一貨物在起運地和出險地不同地點的價格差異等。為此，被保險人與保險人雙方在簽約時對貨物約定一個價值，這個價值既不是貨物在起運地的實際價值，也不是在出險地的實際價值，而是在考慮各種因素的基礎上確定的，非常接近其實際價值的約定價值。雙方同意以這個約定價值亦即保險價值為保險金額投保並記載於貨運險的保單中，此保單稱作定值保險單。

不同的海上保險契約，其保險價值分別按下列方式計算：

(1)**貨物的保險價值**：是訂立運輸貨物保險契約時貨物在起運地的發票價格（如果是非貿易商品則以其在起運地的實際價值）加上運輸費用和保險費的總和。若採用的是到岸價格條件，那麼還可以將預期利潤包括在內。

(2)**船舶的保險價值**：是訂立船舶保險契約的船殼、機器、設備、燃料等的價值加上保險費的總和。

(3)**運費的保險價值**：是訂立運費保險契約時承運人應當收取的運費總額加上保險費的總和。

(4)**海上資源開發、勘探設備和其他有關航海的財產或者利益的保險價值**：是訂立海上石油勘探開發保險契約時上述設備、財產的實際價值加上保險費的總和，或者上述利益的實際金額加上保險費的總和。

保險價值是衡量保險金額的足額或不足額，以及確定損失賠款的計算基

礎。

三、保險金額（Insured Amount）

保險金額在海上保險契約中是保險人計算其向被保險人收取保險費的依據和承擔保險賠償責任的最高限額。保險金額與保險價值是兩個不同的概念。它不一定是保險人認定的保險標的的實際價值，也不一定是保險人在保險標的發生損失時應賠給被保險人的金額。

被保險人在保險利益的範圍內可以有兩種方式來確定其投保的金額：或是以保險標的的保險價值為保險金額，或是以自行對保險標的的估價為保險金額。如果被保險人與保險人約定，以保險標的的保險價值作為保險金額和保險賠償的標準，稱為定值保險。要是在簽訂保險契約時，雙方不對保險標的約定保險價值，只訂明保險金額，而是在保險標的發生損失後再來核算其保險價值，則稱為不定值保險。不論是定值保險還是不定值保險，保險人承擔的賠償責任都不能超過保險金額。定值保險的保險金額由於作為保險人在保險標的發生損失時賠款計算的依據，因而被視作相當於保險價值。如果保險標的全部損失，保險人按照保險金額全部賠償；對部分損失，則按照損失程度乘以保險金額賠償。不定值保險由於在發生損失時才核定保險價值，因此保險人是根據保險標的在損失時的實際價值，而且在保險金額範圍內來承擔賠償責任。目前在國際海上保險市場上，船舶保險也好，運輸貨物保險也好，還有運費保險，基本上都採用定值保險。

根據保險金額與保險價值的關係，在不定值保險中存在著足額、不足額和超額三種情況。足額保險（Full Insurance）是指保險金額等於保險價值。在足額保險條件下，被保險人可獲得充分的保障。保險人對保險標的發生保險責任範圍內的全部損失即按保險價值賠償，對部分損失則按實際損失計算賠款。不足額保險（Under Insurance）是指保險金額低於保險價值。在不足額保險情況下，保險金額與保險價值的差額部分視為被保險人自保，因為被保險人沒有把這部分的風險轉移給保險人，保險人對此當然不負責任。因此，被保險人

遭受保險責任範圍內的損失，也就得不到充分的經濟補償。如若保險標的全部損失，保險人按保險金額賠償；對部分損失則按保險金額與保險價值的比例計算賠款。超額保險（Over Insurance）是指保險金額高於保險價值。在超額保險情況下，保險標的如發生保險事故，保險人只按實際損失賠償。超過保險價值的那部分保險金額並無實際意義，是無效的。

　　保險金額涉及保險人與被保險人的權利和義務，確定適當的保險金額對於充分發揮海上保險的經濟補償職能具有重要的意義。

第五節　海上保險的保險期限

　　海上保險的保險期限（Period of Insurance）是海上保險人承擔保險責任時間的起訖規定，也稱保險有效期（Duration of Insurance）。對保險期限的規定，各國的保險中有不同的提法，其條款具體內容也各異，如「倉庫至倉庫條款」、「擴展責任條款」、「航程終止條款」和「駁運條款」等。事實上，儘管各自的規定叫法不一致，實質並沒有多大差別，基本上可分為期間保險和航程保險兩大類。

一、期間保險

　　期間保險是以時間作為保險人承擔保險責任的起訖期限，以船舶保險為主。保險期限一般為一年，也可少於一年。起訖期限以保險單上註明的日期為準，習慣上把起保日和期滿日都包括在內。由於期間保險是以時間為標準的，因此在保險單上也就要註明當地標準時間，如格林威治時間或北京時間，並註明從起保日何時起至期滿日何時止，如自中午十二時起至中午十二時止，以免發生在計算上可能出現的差錯。如果不註明具體起訖時間，通常按保險契約規定，從起保日午夜零時起至期滿日午夜二十四時止。

　　期間保險可以不受航程的制約，在規定的期限內，船舶每次航程不必通知

保險人。但船舶駛出保險單規定的航行區域，被保險人應事先徵得保險人的同意，必要時須加費。如果保險期限已滿，而被保險船舶尚在航行途中或處於危險之中，或在避難港、中途港停靠，經被保險人事先通知保險人並按日比例加付保險費後，保險期限可以延續到船舶抵達目的港為止。

二、航程保險

航程保險是以所規定的航程作為保險人承擔保險責任的起訖期限，以運輸貨物保險為主。此外，一些不定期航行的船舶和作為貿易物品進口或出口的新船也採用航程保險。這種保險不規定起訖日期，不受時間限制，但在保險單上必須註明起運港從什麼時候開始，目的港到什麼時候終止，以免造成保險人在責任承擔上的不明。保險期限根據航程的起訖，有單程、往返程和多程之分。

按照運輸貨物保險契約和船舶保險契約內容的不同，它們各自的保險期限起訖時間的規定也是有區別的：

(1)運輸貨物的航程保險期限，往往在保險單上以「責任起訖」來表明。根據不同的運輸方式和貨物的特性，保險的責任起訖也不相同。但海上運輸貨物的平安險、水漬險和一切險的保險期限是一致的，均採用「倉庫至倉庫條款」（Warehouse to Warehouse Clause, 簡稱 W/W）。

倉庫至倉庫條款是海上運輸貨物保險期限的基本條款。它規定了保險人對被保險貨物所承擔責任的空間範圍，即是從貨物運離保險單所載明起運港發貨人的倉庫時開始，一直到貨物運抵保險單所載明目的港的收貨人的倉庫時為止。中國大陸「人保」公司海洋運輸貨物保險條款的第 3 條第 1 款規定：「本保險負『倉庫至倉庫』責任，自被保險貨物運離保險單所載明的起運地倉庫或儲存處所開始運輸時生效，包括正常運輸過程中的海上、陸上、內河和駁船運輸在內，直至該項貨物到達保險單所載明目的地收貨人的最後倉庫或儲存處所或被保險人用作分配、分派或非正常運輸的其他儲存處所為止。」該條款規定了貨運險保險單承保的風險是從某地開始到另一地終止。也就是以航程起訖地點作為保險人承擔責任的起訖期限。

(2)船舶的航程保險期限，以在保險單上訂明的航程為準。不載貨船舶和載貨船舶的航程起訖時間是不同的。根據中國大陸「人保」公司船舶保險條款的第 5 條第 2 款規定：「①不載貨船舶，自起運港解纜或起錨時開始至目的港拋錨或繫纜完畢時終止。②載貨船舶，自起運港裝貨時開始至目的港卸貨完畢時終止。但自船舶抵達目的港當日午夜零時起最多不超過三十天。」

三、船舶建造保險

船舶建造保險主要是以船舶從開工建造、上船臺到建成下水這一過程作為保險人承擔保險責任的起訖期限，根據投保人的要求，也可以延伸到試航和交付使用為止。但與此同時，船舶建造保險又具體規定期限，在保險單訂明起保日和期滿日，目的是為了防止船舶建造過程中的時間拖得過久。上述兩種情況以先發生者為準。如果船舶在保險期限屆滿之前交付使用，保險責任在交付後即終止；倘若船舶交付時間延遲於保險期滿日之後，保險責任則在期滿日終止。不過，在事先徵得保險人的同意並辦理了必要手續的情況下，保險期限可以延長到船舶交付為止。

第六節　海上保險契約的訂立、變更和終止

一、海上保險契約的訂立

1. 海上保險契約訂立的程序

如同一般契約的訂立程序一樣，海上保險契約的訂立同樣可分成要約和承諾兩個階段。要約（Offer）是指投保人向保險人提出訂立海上保險契約的要求或建議。要約的方式是投保人填寫要保書並交給保險人。在要保書上要列明訂立保險契約所要求的內容和項目。要保書是海上保險契約的主要附件之一。

承諾（Acceptance）是保險人對投保人提出訂立海上保險契約的要求或建議表示完全接受。承諾的方式可以是保險人在要保書上簽章表示同意，也可以是按照法律規定向投保人出具暫保單、保險單或保險憑證等表示同意。訂立契約的雙方當事人經過要約與承諾，意見達成一致，海上保險契約即告成立。

在一般情況下，海上保險契約的投保人是要約人，保險人是被要約人。如果接受了要約，保險人便成為承諾人。但是，在某些情況下，保險人也可成為要約人。譬如，保險人在收到投保人提交的要保書以後，又另外提出附加條件要投保人接受，也就是說，保險人提出了新的要約，這時候保險人就成為新要約的要約人，而投保人相應變成為被要約人。一旦投保人接受保險人提出的附加條件，則表明他同意接受這一新要約，他也因此成為承諾人。在船舶保險業務中就有這樣的情況：由於某些水域存在著對船舶易構成損害的特殊風險，保險人在審核投保人提交的要保書後，便提出船舶在進入這些水域之前，投保人必須事先通知保險人。如果投保人承擔這一保證，保險人才予以承保。顯然，保險人在這兒是處於要約人的地位，而投保人卻變成為承諾人。要是投保人不承擔上述保證，海上保險契約也就因雙方當事人意見表示不一致而不能訂立。

為使承保的風險規範化，以及出於業務上的方便考慮，保險人往往事先擬定了統一的保險條款和保險費率，並把它們印載在要保書上。對保險人把這些事先按統一格式印製好的要保書提供給投保人讓他們填寫的行為，我們不能理解為是保險人向投保人提出簽訂保險契約的要約，而投保人在要保書上填寫和簽章即為承諾。在法律上保險人向投保人宣傳保險，歡迎投保人參加保險並向其提供要保書，這只是一種要約的邀請，而不屬要約行為。投保人在要保書上按所列的欄目一一填寫，不管是他自己主動填寫的還是在保險人邀請和指導下填寫的，並在填寫後將其交給保險人，才是具有法律效力的要約行為。

2. 海上保險契約訂立的形式

要保書雖然是一種書面要約，本身不是保險契約，但只要雙方在上面簽字蓋章，即表明已為保險人接受，它也就成為海上保險契約訂立的證明，成為契約的組成部分。

保險單是保險人接受投保人的要約，表示承諾而按照法律規定簽發的，用

以作為海上保險契約正式訂立的證明。保險單也是由保險人事先印就，有要保書的全部內容和保險條款。投保人可以把他在填寫要保書時遺漏的內容在保險單上補上，也可在上面註明他對保險條款的補充或更改。

在一定條件下，為了簡化手續，還可以採用保險憑證的形式來訂立海上保險契約。被稱之為「小保單」的保險憑證實際上是一種簡化的保險單。它上面所列的內容與保險單上的一樣，只是沒有載明保險條款，但具有與保險單同等的效力。所以保險憑證也是海上保險契約訂立的證明。

除上述幾種形式以外，暫保單也可以被用來作為海上保險契約訂立的證明。暫保單是在保險人簽發正式保險單或保險憑證之前出具的一種臨時保險憑證。出具暫保單不是訂立海上保險契約的必要程序，而只是為了業務上的需要。暫保單一般由保險代理人或保險經紀人出具，與保險單一樣具有同等效力，不過有效期通常為三十天。三十天內，如果保險人簽發正式保險單，暫保單隨即自動失效。

保險單、保險憑證和暫保單，乃至已為保險雙方簽過字蓋過章的要保書，都是海上保險契約的書面形式。

二、海上保險契約的變更

海上保險契約訂立以後，在契約有效期內，難免會因為各種情況發生變化而產生變更的要求。保險契約的變更既包括契約主體的變更，也包括契約內容的變更。契約主體的變更大都是由於保險標的權益發生轉移而引起的，因此實際上也就是契約的轉讓。關於海上保險契約的轉讓，我們將在後面闡述，現在先談契約內容即保險事項的變更。

1. 風險變更

保險契約的內容變更是指契約的主體不變，而其他保險事項發生變化所引起的變更。在所有保險事項的變更中，風險變更對保險人承擔責任的影響最大。我們知道，海上保險契約承保的是各種各樣的風險。保險人在承保海上風

險之前，對可能遭遇到的風險損失已經運用大數法則方法進行過預測，並在所預測出的損失概率基礎上制訂保險費率，因此風險的變更勢必影響保險人的經營。由於保險人承保風險的概率與保險費之間存在著有機關係，而這正是保險人經營管理的核心，為了在法律上維護保險人經營的特殊性，以及把保險利益約束在約定的風險範圍之內，所以當承保的風險在保險期內發生顯著變更時，海上保險契約在原則上就此喪失效力。換句話說，保險人有權解除保險契約，或者對風險變更後發生的保險事故損失不負責任。然而，海上保險有其風險大且易變的特點，造成風險變更的原因不一，不問緣由，不考慮實際情況地對風險變更一律採取不承認不負責的態度，這是有悖於實事求是的精神，有悖於情理的，在一定程度上還會損及被保險人的利益。因此，海上保險契約承認風險變更的實際情況，並允許契約在履行過程中有所變更。

風險變更的原因有主觀的風險變更和客觀的風險變更之分。主觀的風險變更是指被保險人及其雇佣人員的故意行為或過失行為所造成的風險變更。如果發生這種主觀的隨意的風險變更，不管變更的後果如何。一旦發生，海上保險契約通常當即失效。客觀的風險變更是指風險的變更或增加並非由於被保險人或其雇佣人員的責任所引起，而是某種不可抗力的緣由導致了風險變更，可以把它稱為不得已的風險變更。客觀的風險變更的發生在一般情況下使得保險人原來承擔的風險責任增加，保險人因而可以解除保險契約，但必須分清其中的變更原因，並有某些緩解的規定。

(1)**航程變更**。航程變更是指起運港變更或者是目的港變更，或者是兩者都變更。如果航程變更在保險人承擔的保險責任開始之前發生的，海上保險契約即告失效。如果航程變更發生於保險責任開始以後，保險人對航程變更後發生的保險事故不承擔責任。但由於被保險人無法控制的事由而引起的航程變更，例如被保險貨物在運輸中因目的港發生阻止船舶駛入或者阻止船舶駛離起運港的事件，包括港口擁擠或被封鎖，以及實施強制性檢疫等，根據國際運輸慣例，承運人即船方有行使自由變更航程的權利，把貨物卸在任何其他安全和便利的港口。對因此而引起的貨物損失，保險人仍予以負責。

(2)**中途偏航**。中途偏航是指起運港和目的港均不改變，只是改變航行路

線。被保險人改變原來的航線或航區，致使航程時間延長，必然給保險標的顯著增加風險。由於保險人在訂立海上保險契約時是根據契約規定的一定時間和一定航線來計算被保險人應繳付的保險費的，中途偏航以及隨之而產生的航程時間延長，不言而喻會改變原先的計算保險費的基礎。因此，一般來說，保險人對偏航這一段內發生的風險損失不負責任。但是如果導致偏航的原因是不可抗力或者是正當的理由，例如船舶在航行途中為營救海上遇難的人命和財產而偏航，或者因船上有人患急病需儘快駛入就近港口救治而偏航，保險人對因此而引起保險事故造成的保險標的損失仍得承擔責任。

(3)**船舶變更**。船舶作為海上運輸工具，在運輸貨物保險和運費保險中變更，一般也就被認為是風險變更或風險增加，保險人對船舶變更後發生的保險事故概不負責。但由於不是被保險人的原因而引起的船舶變更，如原先運載貨物的船舶在航行途中發生擱淺、碰撞等海損事故，施救搶卸下的貨物再由別的船續運到目的港，在這些情況下，保險人仍對貨物在船舶變更後所發生的保險事故承擔責任。

(4)**延誤開航和延誤續航**。延誤開航和延誤續航是指被保險人未能貫徹海上運務必須在合理的時間內迅速完成的原則，在沒有充足理由的情況下不按規定的日期開航和續航。不論是延誤開航還是延誤續航，都會使航程中的風險增加，保險人對因此而產生的保險事故損失不負責任。但是，若並非因被保險人負責的緣由而引起的延誤開航和延誤續航，例如為了船舶和貨物的共同安全而延誤，或者是為了使船上人員合理並及時地獲得必要的治療和藥物而延誤等，保險人是不能推卸其應承擔的保險責任的。

對上述有關風險的變更，英國《1906 年海上保險法》第 42 條至第 49 條作了原則性的統一規定，規定在延誤開航、變更起運港、駛往不同的目的港、變更航程、偏航、延遲航程等情況下，保險人可宣告終止保險契約。但如果風險變更是不得已的情況下發生的，只要被保險人在獲悉風險變更的各種情況以後立即通知保險人，必要時加繳一定的保險費，保險人依然對風險變更後的保險事故損失負責。

2. 其他保險事項的變更

　　除了明顯影響保險人承擔責任大小的風險變更以外，海上保險契約中的其他保險事項也常常因發生變化而引起變更，例如保險標的種類的變化，數量、價值的增減，投保險別和保險期限的變動等，都是有可能經常發生的，也是法律所允許的。它們的變化，毋庸置疑，必然要求海上保險契約發生相應的變更。因為海上保險契約這些內容的變更也同樣涉及保險人責任的擴大或減少，因此只有由被保險人提出變更的要求，也就是申請批改，經保險人審核同意後才產生法律效力。

3. 變更的手續

　　按照中國大陸法律規定，海上保險契約與其他財產保險契約一樣，其內容變更須經過以下主要程序：

　　①投保人或被保險人及時向保險人反映投保事項中變更的情況。

　　②保險人進行審核，如需要增加保險費時，投保人或被保險人應當按規定補繳；如需要減少保險費，他們同樣可以向保險人提出要求。無論保險費的增減或者維持原狀，均要雙方當事人取得一致意見。

　　③保險人簽發批單或加貼附加條款。通過這些程序，契約內容的變更手續便告完成，保險關係雙方權利和義務的確定即以變更後的契約作為依據。

　　需要強調指出的是，被保險人及時把風險變更和其他保險事項變更的情況通知保險人，是他申請更改海上保險契約的一項必須履行的義務。被保險人如果沒有做到這一點，就得承擔法律後果，保險人有權宣告保險單失效，更改契約一事也就無從談起。對被保險人的這項義務，英國和中國大陸的有關保險法規和條例都明確地作了規定。例如，英國 1982 年倫敦協會貨物保險條款第 8 條第 3 款規定：「在被保險人無法控制的運輸延遲、任何偏航，被迫卸貨、重新裝載、轉運以及船東或租船人運用運輸契約賦予的權限所作的任何航海上的變更的情況下，本保險仍繼續有效（但需按照上述有關保險終止期限和下述第 9 條的規定辦理）」。第 9 條的內容是：「……被保險人立即通知保險人並提出續保要求，並在必要時加繳保險費的情況下，本保險繼續有效。」中國大陸

「人保」公司海洋運輸貨物保險條款第 4 條第 3 款規定：「如遇航程變更或發現保險單所載明的貨物、船名或航程有遺漏或錯誤時，被保險人應在獲悉後立即通知保險人並在必要時加繳保險費，本保險才繼續有效」。中國大陸「人保」公司船舶保險條款第 6 條第 3 款規定：「當貨物、航程、航行區域、拖帶、救助工作或開航日期方面有違背保險單特款規定時，被保險人在接到消息後，應立即通知保險人並同意接受修改後的承保條件及所需加付的保險費，本保險仍繼續有效，否則，本保險應自動終止」。

　　可見，當海上保險契約簽訂後，由於情況發生變化而需要變更保險契約的內容時，被保險人必須履行及時通知保險人的這項義務。因未盡該義務而影響保險人的利益，保險人自然不會同意被保險人的變更要求，對風險變更或其他保險事項變更後發生的保險事故損失有權拒絕賠償。

三、海上保險契約的轉讓

　　海上保險契約的轉讓，主要是由轉讓保險標的所有權而引起的。也就是說，保險契約的保險標的沒有改變，而投保人或被保險人卻因保險標的的權益發生轉移而出現變更。投保人是海上保險契約的當事人，被保險人是關係人，他們屬於契約的主體，所以海上保險契約的轉讓其實就是保險契約主體的變更。契約主體發生變更的情況在海上保險中是屢見不鮮的。

　　海上保險契約不是保險標的的附屬物，不能隨同保險標的所有權轉讓而當然轉讓。由於保險條件的不同，海上保險中兩個最主要險種即運輸貨物保險和船舶保險，對它們的契約轉讓，規定是不一樣的。

1. 船舶保險契約的轉讓

　　被保險船舶在保險契約有效期內出售或轉讓，由於產權發生轉移，原被保險人已喪失保險利益，儘管保險期限尚未滿，原保險契約即告失效。如果被保險船舶的產權轉移發生在船舶航行途中，被保險人則可以通知保險人，使原保險契約的效力繼續到該航程結束為止。中國大陸「人保」公司船舶保險條款第 6 條第 2 款對船舶保險契約的轉讓作了如下規定：「當……船舶所有權……改

變，或轉讓給新的管理部門，除非事先書面徵得保險人的同意，本保險應自動終止。但船舶有貨載或在海上時，經要求，可延遲到船舶抵達下一個港口或最後卸貨港或目的港。」

在船舶保險契約的條款中，一般都訂有船舶出售或轉讓的通知條款，規定船舶在出售或轉讓前應及時書面通知保險人關於船舶產權轉讓情況；如果船舶產權的受讓人即新的產權持有人同意仍由原保險人承保，又取得了原保險人的同意，那麼就需要在原保險契約上批註受讓人的姓名、地址及轉讓開始的日期和時間，經保險人簽字認可，確認保險契約的正式轉讓後，原保險契約繼續有效。若不辦理產轉讓後的保險批註手續，或即使辦理了批註手續卻未獲得保險人的接受，則保險契約自船舶產權轉讓之時起失效。

2. 運輸貨物保險契約的轉讓

運輸貨物保險契約的轉讓與船舶保險契約不同，它屬於可轉讓的保險契約，即投保人一方主體的變更不需要徵得保險人同意的契約。中國大陸《財產保險契約條例》第 11 條規定：「……貨物運輸保險的保險單或者保險憑證可由投保方背書轉讓，毋須徵得保險方同意……」。

我們知道，在國際貿易中，貨物從一國港口裝船運到另一國港口卸貨交給收貨人為止。假如已投保了海上貨運險的貨物在運輸途中由提單持有人即貨物所有人背書轉讓，貨物所有權也隨之轉移，作為投保人的貨物所有人由於貨物所有權的轉移而失去保險利益，原保險契約也應當因此失效；與此同時，貨物受讓人即提單新的持有人因未向保險人辦理過同意轉讓的批註手續或向其他保險人訂立過保險契約，一旦貨物在這種情況下遭到保險事故損失，就不能向保險人索賠。倘若貨物每轉售一次都像船舶保險契約那樣，需向保險人辦理同意轉讓批註手續或重新投保，轉讓一次辦理一次，這不但給貨物買賣雙方造成許多不便，連保險人也同樣會感到不勝其煩。為了便利海上航運貿易的進行，保險人對運輸貨物保險契約的轉讓採取了一種照顧各方利益的通融簡化辦法：只要被保險人在保險契約上背書，就可不需徵求保險人的同意而轉讓給受讓人，換句話說，也就是在貨物所有權轉移時，運輸貨物保險契約可由被保險人背書後同時轉讓給受讓人，即保險契約背書轉讓與提單背書轉讓同步進行。保險契

約轉讓後，被保險人的權利義務也隨同轉移給受讓人，保險人對受讓人仍按原簽訂保險契約的各項條款負責。如果保險契約轉讓後發生貨損貨差，只要損失是在承保範圍內的，貨物受讓人有權憑原保險人轉讓給他的保險單要求保險人賠償，保險人不能因保險單已經過轉讓為由拒絕賠償。

運輸貨物保險契約經背書後，可隨同該貨物的提單在市場上作為有價證券流通，但其有效期以保險契約承保的貨物實際抵達目的港或保險契約規定的日期自行終止。

四、海上保險契約的終止

海上保險契約的終止是指保險契約確定的雙方當事人的權利和義務關係的消滅，有正常終止和特殊終止之分。

1.正常終止

所謂正常終止是指由於保險契約雙方當事人按照契約規定期限履行契約完畢的終止。包括：

(1)**自然終止**：這是海上保險契約效力消滅最常見的原因。一般有兩種情況：

　①保險契約規定的保險期限已屆滿，保險契約效力即終止。例如，一艘投保期間保險的船舶，保險期限為一年，契約訂立後的一年內未發生保險事故，保險人因而也未作任何賠償，但期限屆滿，保險契約的效力便告終止。

　②保險契約因非保險事故的發生而失去保險標的，保險契約效力終止。例如，一艘投保了船舶保險的船舶在航行途中被炮火擊中，船體粉碎，完全滅失，由於戰爭行為屬於船舶保險的除外責任，保險人不必承擔賠償義務，而保險契約因失去保險標的而自然終止。

(2)**完成履約義務終止**：這是指保險標的因保險事故發生而全部損失，保險人按照保險契約履行了全部保險金額的賠償責任以後，保險契約即告終止。例如，被保險貨物因翻船而沉入深海，保險人按契約所訂的保險金額作了全部賠

償，儘管保險契約尚未到期，但契約效力由於保險人完成了履約義務而終止。然而，要注意船舶保險中的船舶如若在契約有效期內連續發生數次部分損失，由於每次損失的賠款都未超過保險金額，即使各次賠款相加的總額可能已超過保險金額，保險人仍要承擔賠償責任，契約不終止，一直到保險期滿。之所以有這一特殊規定，是因為船舶在發生事故後必須進行修理，以保持繼續航行的能力，所以在修理費用少於保險金額的情況下，保險人賠付以後，保險契約仍以原保險金額繼續有效，直至保險契約自然終止。但要是一次保險事故的損失達到保險金額，保險人在按照保險金額賠付以後，由於履行完了義務，契約便告終止。

(3)**協議註銷終止**：是指按照保險契約雙方當事人在訂立契約時達成的協議規定，在契約有效期內如遇到某些特定情況可以隨時註銷終止契約。例如，中國大陸「人保」公司船舶戰爭、罷工險條款第3條規定：「保險人有權在任何時候向被保險人發出註銷本保險的通知，在發出通知後七天期滿時生效。」倫敦協會船舶戰爭罷工險條款第5條第1款也作了同樣內容的規定。

2. 特殊終止

特殊終止是指在保險契約期限內發生違反保險原則而導致的終止。包括：

(1)**無效終止**：即保險契約從訂立時起，由於違反法定或約定事項的原因而自始不發生法律效力的終止。又可分為以下幾種情況：

①因承保的風險並不存在或者已經發生，保險契約無效。風險是保險契約成立的要素之一，無風險即無保險。當保險契約訂立時，所承保的風險已不存在，而且保險人知道這一點；或者承保的風險已經發生，而且投保人對此完全知悉，保險契約無論在上述哪一種情況下均為無效。但雙方當事人如果不知情，則不在此限。

②因投保人或被保險人對保險標的沒有法律要求的保險利益，保險契約無效。

③投保人投保的是違法的風險，保險契約無效。

④投保人因重複保險而超保，保險契約無效。

無效的海上保險契約從訂立時起就沒有法律約束力，雙方當事人並不存在

基於契約的權利和義務的關係，一旦發生保險事故，保險人毋須承擔賠償責任。如果已履行了賠償義務，也有權從被保險人那兒索回已支付的賠款。但是要區別全部無效和部分無效兩種情況。所謂全部無效就是保險契約從訂立時起就全部不發生效力；若無效的原因只涉及契約效力的一部分，那麼保險契約的這部分無效，其餘部分仍有效力，這叫部分無效。在不定值保險中，投保人投保的金額超過保險標的實際價值的海上保險契約就屬部分無效的例子，就是說，該保險契約在保險標的的實際價值範圍內有效，超過保險價值的那部分因投保人對其無保險利益而無效。在保險標的因保險事故發生而遭到全部損失時，保險人雖不必按保險金額全部賠付，但對契約有效部分即保險標的實際價值部分仍要承擔賠償責任。又如，上面所說的重複保險如果投保人故意不把其所投保的保險人和保險金額告知各個保險人，甚至是企圖謀取不當得利而重複保險的，保險契約全部無效。至於善意的重複保險，則應作為部分無效來對待，即保險總金額超過保險標的實際價值的那部分無效。當保險標的因遭到保險事故而全部損失時，各保險人仍應對保險標的實際價值這一有效部分，按各自承保比例分擔賠償責任。

　　此外，當海上保險契約因以上原因而無效時，只要投保人或被保險人的態度是善意的即並不是故意行為，他們可以向保險人請求退還其已支付的全部或一部分保險費。

　　(2)失效終止：指保險契約訂立後，因違反法定或約定事項而在契約存續期間喪失其法律效力的終止。可分為以下幾種情況：

　　　①保險契約訂立後，因保險人所承保的風險已經消失而失去效力。

　　　②保險契約訂立後，因被保險人的保險利益已轉移給他人而失去效力。

　　　③保險契約訂立後，因為被保險人的緣由而使保險標的的風險顯著變更或增加，或者造成承保風險顯著變更或增加的原因雖不應歸咎於被保險人，但他們在獲悉情況後未及時通知保險人，保險契約皆從風險變更時起失去效力。

　　　④由於被保險人在保險單上未定船名，以及貨物裝船後未及時通知保險人等原因而導致保險契約的失效。

在被保險人違反海上保險契約基本條件的情況下，保險人有權自被保險人違約日起宣告契約失效，終止契約。

(3)**因解除而終止**：是指保險契約訂立後，因某一方當事人行使法定或約定的契約解除權而使保險契約自始無效，即恢復到契約未訂立前的狀態。海上保險契約的解除，有以下幾種況：

　①保險契約訂立後，保險人發現投保人在訂立契約時故意隱瞞重要事實，不如實告知或違反保證條款，就可以行使契約解除權。

　②保險契約訂立後，由於一方當事人違反了契約中的特約條款，另一方當事人有權解除契約。

　③保險契約訂立後，因保險人破產且無償付能力，被保險人亦可解除契約。

保險契約解除的原因如果在於被保險人一方，保險人不承擔向被保險人退還保險費的義務；相反，保險人應當將按日計算的未到期保險費退給對方。

第七節　海上保險單

一、海上保險單與海上保險契約的關係

海上保險單是海上保險契約的法定形式和主要書面憑證。當保險標的發生保險責任範圍內的風險事故時，海上保險單就是被保險人憑以向保險人請求賠償的證明文件。

根據不同的投保類型，海上保險單可分成許多種類，而且分類方法相當多。按保險期限來劃分，可分為航程保險單、期間保險單和混合保險單等；按保險價值來劃分，可分為定值保險單和不定值保險單；按保險標的來劃分，可分為船舶保險單、運輸貨物保險單和運費保險單等；按承保方式來劃分，可分為預約保險單、流動保險單、總括保險單和逐筆保險單。每一種保險單都有自

己的一套標準和條款規定，但一般都有以下內容：被保險人或代為投保人的姓名、保險標的和承保的險別、保險金額、保險費率、保險人的責任、除外責任、責任期限、索賠期限、賠償處理、爭議處理、保險人姓名。

海上保險單雖是海上保險契約的書面憑證，但是這並不意味著只有出具了保險單才表明保險契約的成立。事實上，只要完成了要約和承諾這兩個程序，即投保人的要約經保險人的承諾，保險契約即告成立。投保人的口頭要約與書面要約具有同等效力，而保險人的口頭承諾與書面承諾也同樣如此。然而，由於海上保險的情況比較特殊和複雜，保險期限又比較長，口頭要約和口頭承諾會使契約雙方當事人在保險契約訂立後各自的履約缺少書面文字的依據，容易產生爭議，因此在國際上，海上保險一般還是採用書面契約形式。海上保險單是海上保險契約的主要體現形式。

二、海上保險單的種類

在國際海上保險市場上，各國保險公司經營海上保險所採用的海上保險單都有自己的標準格式，其中影響最大的標準海上保險單當屬英國船貨保險單和現今已取代它的英國新的海上保險單。除了標準保險單以外，國際上還有一些格式與作法不盡相同的保險憑證，以及預約保險單等形式的海上保險單。

1. S. G. 保險單（The S. G. Form of Marine Insurance Policy）

S. G. 保險單即英國船貨保險單，係指勞合社標準海上保險單。S 表示船舶（Ship），G 表示貨物（Goods），所以該保險單是一種船舶保險和運輸貨物保險共同使用的保險單，既適用於承保貨物，也適用於承保船舶。當保險人僅承保貨物時，便在保險利益中列明貨物，那就表明船舶不是其承保對象。

S. G. 保險單是英國最早制訂的保險單格式，從 1779 年起就開始使用。由於產生和使用的時間很長，加上《1906 年海上保險法》又把它列為附件，作為標準格式的保險單推行，因此 S. G. 保險單在國際海上保險市場上有廣泛的影響，進而成為國際海上保險單的範本，許多國家的海上保險單就都是以它的格式為基礎制訂出來的。

　　S. G. 保險單有以下幾個特點，一是一切風險都保；二是保險起訖責任僅限於水上；三是一般都要加貼「戰爭險除外條款」、「罷工險除外條款」、「協會危險品條款」和「附註條款」等保護條款，以限制其責任。

　　S. G. 保險單在長達二百多年的使用過程中，直至其被正式取代之前，隻字都未改動一下。然而，幾百年前制訂的 S. G. 保險單，由於條款文字晦澀難懂，格式陳舊，甚至條理也不夠清楚，不但給被保險人帶來很多不便，而且事實上也不能適應現代國際貿易和海上運輸發展的需要。在許多國家一再提出的要求改革的呼聲中，英國倫敦協會於 1982 年正式對 S. G. 保險單進行大手術，先把貨物保險單改為 ABC 條款，次年又修改了船舶保險單條款。從 1982 年 1 月 1 日起，新格式的海上保險單開始使用，經過此後一年多時間的過渡階段，到 1983 年 3 月 31 日，新保險單正式取代了 S. G. 保險單。風行兩個世紀之久的 S. G. 標準海上保險單就此退出歷史舞臺，但它對國際海上保險市場的影響和所起的作用是不應當被忽視的。

2. 英國新的海上保險單（The New Marine Policy Form）

　　英國新的海上保險單，是指取代 S. G. 保險單的倫敦保險協會公司海上保險單。這是一種空白格式的保險單，內容簡潔、明確，不包括保險條件，這樣就使保險條款與保險單相一致。倫敦協會分別在 1982 年和 1983 年實施的兩個新條款，一為「協會貨物條款」（Institute Cargo Clause, 簡稱 I.C.C.），一為「協會期間船舶條款（Institute Time Clause, [Hulls]，簡稱 I.T.C.）。無論是 I.C.C. 新條款還是 I.T.C. 新條款，在結構上皆改變了原先依附於 S. G. 保險單的方式，以一種自成體系的方式出現。這份完整和獨立的簡略保險單，加上各自說明承保細節的條款，就成為英國新的海上保險單格式[①]。

　　英國新的海上保險單格式包括被保險人、船名、保險航程或期限、保險標的、保險價值、保險金額和保險費等幾項內容，把承保範圍、除外責任和索賠事項等實質性內容都納入 I.C.C. 新條款或 I.T.C. 新條款，而後再把新條款附貼在保險單上，因此顯得簡明清楚，有利於被保險人對保險單的理解和使用。

3. 保證憑證（Insurance Certificate）

　　保險憑證是保險人簽發給投保人的，表明已接受其投保的證明文件，是一

種簡化的保險單。保險憑證上不載明保險條款，其餘內容則與保險單完全相同。凡保險憑證上沒有列明的內容均以同類的保險單為準。儘管它與保險單具有同樣的效力，卻沒有像保險單那樣的法律地位，不能作為對保險人提出任何訴訟的依據，因而在國際海上保險市場上使用不多。在實務中，保險憑證一般由保險人，也可由保險經紀人簽發用以代替預約保險單。

中國大陸目前在運輸貨物保險中使用的保險憑證有別於國外保險市場上所採用的保險憑證。中國大陸的保險憑證是由外貿易公司既作為投保人，又以「人保」公司代理人的身份，按「人保」公司統一擬訂的格式和條款填寫簽發，視同正式保險單。例如，「人保」公司與中國大陸外貿公司商定採用的「聯合憑證」就是其中的一種。聯合憑證（Combined Certificate），也叫聯合發票（Combined Invoice），是附印在中國大陸外貿公司的發票上，只註明「人保」公司承保險別，保險金額，檢驗和理賠代理人名稱、地址等，其他項目均以發票上所列內容為準的一種簡化的保險憑證。實際上這是一種發票與保險單的聯合憑證，使用它的目的是為了簡化投保手續，加快出口貨運單據流轉，有利於及時辦理出口結匯。由於聯合憑證的內容十分簡單，只有熟悉中國大陸「人保」公司保險條款的商人才願意接受，因此迄今僅適用於對香港、澳門地區的出口貨物保險業務。

4. 預約保險單（Open Policy）

預約保險單是保險人或保險經紀人以承保條（Slip）形式簽發的，承保被保險人在一定時期內發運的以 CIF 價格條件成交的出口貨物，或以 FOB 或 CFR 價格條件成交的進口貨物的保險單。它載明保險貨物的範圍、承保險別、保險費率、每批運輸貨物的最高保險金額以及保險費的結算辦法。凡屬預約保險單規定範圍內的進出口貨物，一經起運，即自動按預約保險單所列條件承保，但要求投保人必須向保險人對所有的貨運發出起運通知書，也就是將每批貨物的名稱、數量、保險金額、運輸工具的種類和名稱、航程起訖地點、開航或起運日期等通知保險人，保險人則據此簽發保險單證。

在中國大陸海上保險實務中，預約保險單僅適用於中國大陸以 FOB 或 CFR 價格條件成交的進口貨物。但「人保」公司並不簽發進口預約保險單，

它與作為投保人的外貿公司雙方為簡化內部手續，保證進口貨物及時投保而在事先簽訂的預約保險契約（統保契約）就作為進口預約保險單。外貿公司在收到發貨人的「裝船通知」後，便填寫預約保險起運通知書，告訴「人保」公司。「人保」公司據此自動承保。至於中國大陸按 CIF 價格條件成交的出口貨物，「人保」公司在承保時則以簽發保險憑證來代替出口預約的保險單。

❖ **註　釋**

① 協會期間船舶條款於 1983 年後又於 1995 年有了新的修訂版。

海上運輸貨物保險

第 7 章
海上保險與國際貿易

第一節　海運是國際貿易的主要運輸方式

一、海上運輸的特點

國際貿易的運輸方式很多。就運輸途徑和運輸工具而言，可以分為海上運輸、鐵路運輸、公路運輸、管道運輸、航空運輸，以及多式聯合運輸等。鐵路運輸和公路運輸，加上管道運輸，統稱為陸上運瑜。這些運輸方式都各有自己的特點，都是國際貿易的最基本運輸方式，但如果加以比較，其中最主要也是採用得最為廣泛的，當屬海上運輸。現代國際貿易總量的 80％是靠海上運瑜來實現的。

海上運輸是利用貨船在國內和國外港口之間通過一定的航線和航區進行的。它的特點有以下幾個方面：

(1)海上運輸工具即船舶的載重量大。例如，一艘萬噸輪可抵 200 節 50 噸火車車皮的運量，或 1250 輛 8 噸卡車的運量，或 100 架 100 噸運輸機的運量。現代海上運輸中，有 50 萬噸、60 萬噸載重量的超級油輪，20 萬噸、30

萬噸載重量的散裝貨船，還有 3000-4000 個容積為 20×8×8×8 立方英尺、載重量為 20 噸標準箱（ TEU ）箱位的貨櫃船等，它們的運力更為巨大。

(2)**海上運輸不受道路和軌道的限制，具有級大的通過能力**。世界海洋的總面積共 3.6 億平方公里，占地球表面積的 71％，約等於 1.5 億平方公里陸地面積的 2.5 倍。除港口內和少數海峽以外，海上運輸船舶利用天然路線，幾乎到處可航行，而不受道路、軌道的限制。因此，海上運輸的通過能力遠優於陸上運輸中的公路運輸和鐵路運輸。

(3)**海上運輸的運費較其他運輸方式低廉**。如果運輸同樣數量的貨物，海上運輸所消耗的燃料和其他動力以及所需支出的費用要比其他運輸方式少。因此運費自然也低，而且路程越遠，運費相對地越低。

(4)**海上運輸易受自然條件和季節性方面的影響，如港口冰封、海上風暴**。海運船舶航行的速度一般比其他運輸工具慢，因而運輸時間長。除此之外，安全性相對也弱，容易遭遇海上各種風險的襲擊。這是海上運輸的缺點。

由於海上運輸的優點多，缺點少，而且缺點可以透過一定的科學方式予以克服，包括海上保險對運輸貨物在受損後的經濟補償在內，所以在國際貿易中，海上運輸的地位十分重要，絕大部分的進出口貨物都採用海上運輸的方式，中國大陸亦是如此。

中國大陸海岸線長達 1.8 萬公里，聯結十個省、市、自治區。中等的濱海城市有數十個，都是人口比較稠密、經濟比較發達的地區。重要的港口有大連、秦皇島、天津、煙台、青島、連雲港、南通、上海、寧波、溫州、福州、廈門、汕頭、廣州、黃埔、湛江、海口、北海等，有五百多個泊位，其中萬噸級深水泊位占 1/3。中國大陸絕大部分的進出口貿易都是經由這些港口，採用海上運輸方式完成的。

二、海上運輸的經營方式

海上運輸，從使用船舶的角度來說，有租船運輸和班輪運輸之分，這是國際上目前比較普遍採用的兩種主要的海上船舶運輸經營方式。不同的經營方式

對於船東與貨主的權利、義務以及風險承擔等當然也是有區別的。

1.班輪運輸

班輪（Regular Shipping liner，簡稱 liner），是指按照預定的航行時間表，在固定的航線和若干個固定的港口往返載貨物的船隻，又叫定期船，也叫郵輪。班輪運輸的特點是：

①具有「四固定」，即航線固定；起運港、目的港和沿途停靠的裝卸港固定；船舶到達和駛離各港的日期固定；班輪公司規定的運價表固定。

②在規定的停靠港口，不論貨物數量多少都可以接受裝運。

③根據航線、貨源的特點，班輪上配備有特殊設備，以適應冷凍貨、貴重物品、散裝植物油和重件貨等貿易貨物的需要。在一般情況下，班輪運輸對於目的港分散、貨物批量不大的小額貿易是比較適宜的。

由於班輪公司大都將船期表在報刊上公布，或印發給貨主，貨主可根據船期安排貨物，及時辦理訂艙手續。

按照班輪條件運輸貨物，由承運人即船方負責裝船卸船，承擔裝卸費用，具體地說，就是承運人在裝貨港船邊或從承運人自己的碼頭倉庫接運貨物，在卸貨港船邊或班輪公司碼頭倉庫交付貨物，承運人自行負責裝卸作業、理貨、堆垛等工作，並承擔費用；承運人對貨物的責任風險從接運貨物時開始，到在卸貨港船邊或承運人自己的碼頭倉庫交付貨物時為止，該期間貨物的滅失或損害均由承運人根據班輪提單上列舉的提單條款承擔賠償責任。

2.租船運輸

租船（Charter）是指租船人向船舶出租人租賃船舶用於運輸貨物的業務。租船包括租賃整船和租賃部分艙位兩種情況，但一般是指租賃整船。租船運輸不同於班輪運輸，它沒有預定的船期表、航線、港口，航行時間也不固定，租船人只根據自身的需要與船舶出租人商談條件並簽訂租船契約來安排運輸事宜。租船運輸也因此稱為不定期船運輸。在當前的國際貿易海上運輸中，租船運輸越來越占有重要的地位，這是因為國際貨運中的一些大宗商品如糧穀、礦砂、煤炭、油類、化肥等的運輸量日漸增加，無論是貨主還是船公司都

需要租用整船進行大批量商品的運輸；此外，也由於包租整船所需費用較班輪的運費低，這就造成了國際上租船市場的繁榮。可見租船運輸適用於貨物批量大、運費負擔能力較小的大宗貨物的運輸。

按照租船方式的不同，租船運輸又可分為航程租船、定期租船和光船租船三種：

(1)**航程租船**（Voyage Charter），簡稱程租船，是指租船人按航程租賃船舶以裝運約定的貨物，併向船舶出租人支付運費的租船方式。在程租條件下，船舶出租人將船舶按時開到租船人指定的裝貨港，裝上一定數量的貨物再開到租船人指定的卸貨港卸下貨物，完成整個航程的運輸任務；船舶的經營管理、船舶在航行中的一切開支，以及航行途中發生的貨損貨差，均由船舶出租人負擔；租船人按租船契約的規定交付運費。航程租船又可分租賃的船舶只裝運一個航程貨載的單程租船、裝運往返航程貨載的來回程租船和在同一去向的航線上連續裝運幾個航程或往返連續裝運幾個航程貨載的連續租船等。

(2)**定期租船**（Time Charter），簡稱期租船，是指租船人按一定期限向船舶出租人租賃船舶的方式。租期可長可短，短的幾個月，長的幾年、十幾年乃至二十年，用到船報廢為止。在租賃期限內，船舶交租船人調度和營運，租船人自行承攬貨物、安排停靠港，因此租船人負擔船舶航行所需的燃料、用水、港口費用、捐稅、貨物裝卸、船員加班費和獎金等項費用，並根據雙方約定的金額按月預付租金給船舶出租人。租船人所運的貨物數量對租金不產生影響。船員工資給養、船用物品、船舶保險費等則由船舶出租人負擔。至於航行途中發生的貨損貨差，當按定期租船契約的條款規定，由船舶出租人或由租船人負擔。

(3)**光船租船**（Bare Boat Charter），也叫空船租船，是指租船人向船舶出租人租賃無船員無裝備或船員和裝備不齊全的光船，由租船人自己配備船員和船上所需物料、燃料的供應，在約定的航行區域內獨立營運，並按期預付租金給出租人的租船方式。船舶出租後，其所有權屬出租人，但由租船人占有、使用和行使全部管理權，船員的更換、航線的選擇和運載貨物品種的決定等均由租船人負責，與出租人無關。租船人承擔租船期間的全部航行費用，同時承

擔貨損貨差。光船租船實質上是一種財產租賃，不屬運輸租賃的範疇，與航程租船和定期租船不同，所以在法律上一般把租船人在航運過程中的身份視同船舶所有人。

與班輪條件不同，按照租船條件運輸貨物，承運人（指航程租船和定期租船中的船舶出租人，或光船租船中的租船人）一般不負責裝船和卸船，或管裝不管卸，或管卸不管裝等，對裝卸過程中的風險也相應地不承擔或僅承擔一頭。說得具體些，有以下四種租船條件：

①船方（承運人）管裝不管卸（Free Out）條件，簡稱 F.O. 條件，是指船方不負擔卸船費用，也不承擔卸船過程中的風險；

②船方管卸不管裝（Free In）條件，簡稱 F.I. 條件，是指船方不負擔裝船費用，也不承擔裝船過程中的風險；

③船方不管裝不管卸（Free In & Out）條件，簡稱 F.I.O 條件，是指船方不負擔裝船與卸船費用，也不承擔裝卸船過程中的風險；

④船方不管裝卸、理艙和平艙（Free In & Out Stowed Trimmed）條件，簡稱 F.I.O.S.T. 條件，這是指對裝船費用、裝船後搬動整理貨物的理艙費用和平整調動貨物的平艙費用，以及在與之有關的作業中可能發生的風險損失或產生的責任，船方一概不負責。

第二節　海上保險是國際貿易的重要組成部分

一、國際貿易中的價格條件

海上保險是海上商品經濟發展的產物，從它最初以共同海損和船舶或貨物抵押借款制度這些雛形的出現到後來現代海上保險制度的形成和發展，始終是與海上運輸和海上貿易密切相關的。隨著海上運輸貿易的發展，貨主、船東和保險人彼此間建立了各自獨立而又相互依存的經營關係：從事生產和貿易的貨

主與從事運輸的船東需要將各自在運輸貿易過程中所承擔的有關風險轉移給保險人,而保險人則滿足他們在取得風險保障上的需求。這三者之間的密切聯繫和相互依存關係最集中地體現在國際貿易的價格條件上。

在國際貿易中,由於買賣雙方相距遙遠,貨物從起運地到目的地,要經過儲存、裝卸、運輸等許多環節,商品的價格就不僅是指貨值和賣方利潤,一般還包含著貨物交接過程中的裝卸、運輸、儲存和保險等費用,以及由於承擔辦理這些事務的責任和風險而產生的代價。用來表示商品價格的構成和買賣雙方在貨物交接過程中有關手續、費用和風險責任劃分的術語即稱為價格條件(Terms of Price)。這些來源於國際貿易慣例,概括了買賣雙方權利義務的價格條件,是在國際貿易長期的實踐中逐漸形成的,早在十九世紀初就已被使用。使用價格條件可以方便國際貿易,簡化交易磋商的內容,縮短磋商的時間和節省費用。價格條件既是貿易契約的核心,也是確定海上運輸貨物保險契約保險標的的金額和承保責任期限的起訖,以及與承運人區分責任等的法定依據。

目前在國際貿易中使用的價格條件已達五十多種,但國際上對各種價格條件並無統一的解釋。為了避免不同國家對同一價格條件作不同的理解,或者為了盡可能地使這些情況減少到最低程度,國際商會從國際貿易中普遍採用的價格條件角度出發,於 1936 年制訂一套具有國際貿易通則性質的規定和解釋,那就是《國際貿易價格條件解釋通則》(*International Rules for the Interpretation of Trade Terms*,簡稱 *INCOTERMS*)。該通則以後又於 1953 年、1967 年、1976 年、1980 年、1990 年先後進行了五次修訂和補充。1990 年《解釋通則》是經修訂後的最新版本。該通則對常用的十三種價格條件作了解釋,對貿易契約雙方當事人在每種價格條件下的權利和義務,以及價格、運費、風險、稅金、保險等都作了明確的具體規定。但通則不是國際公約,在法律上屬於國際慣例性質。它對各種價格條件的解釋不具強制性的規定,只供國際貿易契約的雙方當事人自願採用。若他們同意採用,就可在契約中註明。當契約與通則對同一事項的規定不一致時,以契約規定為準。當然,雙方也可通過協商改變通則中的某些解釋。

二、國際貿易最常用的三種價格條件

在當前為國際貿易普遍採用的，而且經過通則歸納和解釋的十三種價格條件當中，以 FOB、CFR 和 CIF 這三種價格條件最為流行。因此，熟悉它們的含義，特別是買賣雙方的責任劃分，以及它們與海上保險的關係是極其重要的。現將這三種價格條件分述如下：

1.FOB 價格條件（FOB.⋯Named Port of Shipment）

船上交貨價格條件，是裝運港船上交貨價格條件或船上交貨（指定裝運港）價格條件的簡稱，亦稱離岸價格。FOB 是 Free on Board 的縮寫，使用時必須在它的後面註明買賣雙方約定的裝運港名稱，如「每公噸 30,000 英鎊 FOB 上海」（At £ Stg. 30,000 per metric ton FOB Shanghai）。按照這一價格條件，買賣雙方的責任分別如下：

賣方的責任是：

　①負責在貿易契約規定的裝運港和規定的日期或期限內，將貨物裝上買方指定的船隻上，並及時通知買方；

　②承擔裝船前的一切風險和費用；

　③負責辦理出口手續，領取出口許可證，報關納稅，提供出口國政府或有關方面簽發的有關證件；

　④負責提供有關貨運單據。

買方的責任是：

　①負責租船或訂艙，支付運費，並將船名和抵達裝運港的船期及時通知賣方；

　②承擔裝船以後的一切費用和風險；

　③負責辦理保險和支付保險費，並辦理在目的港的進口及收貨手續；

　④接受賣方提供有關貨運單據，並按契約規定支付貨款。

按國際商會對 FOB 價格條件所作的一般解釋，買賣雙方各自所負擔的費用和風險應以裝船前後來劃分的。問題是何謂裝船？對此有不同解釋，歸納起

來，大致有四種情況：認為賣方將貨物運至吊鉤所及之處或掛上吊鉤，就算裝船；認為賣方將貨物起吊越過船舷，才算裝船；認為賣方將貨物裝到船甲板上，才算裝船；認為賣方將貨物裝入船艙內才算裝船。裝船的概念不僅關係到買賣雙方承擔風險界限的劃分，同時也涉及雙方的裝船費用（包括理艙費和平艙費）的分擔。因此，在 FOB 價格條件下磋商交易和簽訂貿易契約，必須明確規定裝船費用由誰負擔，以免發生糾紛或爭議。具體的做法是在 FOB 之後另列一些附加條件，從而產生了各種變形的 FOB 價格條件。常見的有：

FOB 班輪條件價格（FOB Liner Term）這是指賣方僅負責將貨物交到港口碼頭，而裝船費用按班輪辦法，應由支付運費的一方（即買方）負擔；

FOB 吊鉤下條件價格（FOB Under Tackle），是指賣方將貨物交到買方指定船隻的吊鉤所及之處或掛上吊鉤，以後的起吊、裝船、理艙與平艙均由買方負責並承擔費用；

FOB 帶理艙價格（FOB Stowed，簡寫 FOBS），指賣方負責將貨物裝入船艙並進行理艙（墊隔和整理）作業，支付包括理艙費在內的裝船費用；

FOB 帶平艙價格（FOB Trimmed，簡稱 FOBT），是指賣方負責將貨物（一般為煤炭、糧穀、礦砂等散裝大宗貨物）裝入船艙並進行平艙（平整、調動）作業，支付包括平艙費在內的裝船費用；

FOB 帶理艙和／或平艙價格（FOB Stowed and/or Trimmed），是指賣方負責將貨物裝入船艙並進行理艙和平艙，支付包括理艙費和平艙費在內的裝船費用。

2.CIF 價格條件（CIF…Named Port of Destination）

成本加保險費、運費價格條件，是成本加保險費、運費（指定目的港）價格條件的簡稱，亦稱保險費、運費在內價，或離岸加保險費、運費價格，或到岸價格。CIF 是 Cost、Insurance、Freight 的縮寫，使用時必須在它的後面註明目的港名稱，如「每公噸 10,000 馬克 CIF 漢堡」（At M.10,000 per metric ton CIF Hamburg）。此價格條件中的成本（Cost）相當於 FOB 價格，所以 CIF 價格條件的基本含義就是 FOB 價格加保險費，再加運費。按照這一價格條件，買賣雙方的責任分別是：

賣方的責任是：

①負責租船或訂艙，在貿易契約規定的裝運港和規定的日期或期限內，將貨物裝上船並支付至目的港的運費，裝船後通知買方；

②承擔裝船以前的一切風險和費用；

③負責辦理保險（通常以買方名義保險）和支付保險費；

④負責辦理出口手續，繳納出口稅，並提供契約規定的貨運單據，包括正式保險單，以及出口國政府或有關方面簽發的證件。

買方的責任是：

①接受賣方提供的有關貨運單據，並按契約規定支付貨款；

②承擔裝船以後的一切風險和貨物在運輸途中所發生的一切費用，以及在目的港的卸船費用，但不包括賣方已支付的保險費和運費；

③負責辦理在目的港的收貨和進口手續。

按國際商會對 CIF 價格條件所作的一般解釋，賣方應將貨物裝上運往雙方約定的目的港的船上，並負責支付運費，但對貨物運抵目的港所發生的卸船費用應歸何方負擔的問題存在著較大的異議。因此，在 CIF 價格條件下磋商交易和簽訂貿易契約，必須明確由誰支付卸船費用這一點，辦法是在 CIF 之後另列某些附加條件，從而產生了各種變形的 CIF 價格條件。常見的有：

CIF 班輪條件價格（CIF Liner Term）表明貨物是按班輪條件裝運的，即在運費中包括有卸船費用，也就是說，卸船費用由支付運費的賣方負擔；

CIF 卸到岸上價格（CIF Landed），指卸船費用，包括駁船費和碼頭費在內，均由賣方負擔；

CIF 艙底交貨價格（CIF Ex-Ship's Hold），是指貨物運抵目的港以後，由買方自行啟艙，並負擔從艙底卸到碼頭的卸船費用；

CIF 不管裝卸價格（CIF FIO），這裡，CIF 價格條件與 FIO 租船條件結合在一起使用，表明由賣方租船並支付運費，但所租船舶的出租人即船方不負責裝卸，賣方所付的運費中也不包括裝卸費用，因此裝卸費用應由賣方支付。

對 CIF 價格條件下的保險問題，必須注意以下幾點：

①由賣方負責辦理保險，其實是為買方代辦；

②貨物裝船後的一切風險轉由買方承擔，運輸途中若發生損失，應由買方向保險人或承運人索賠，與賣方無關；

③在投保險別上，賣方應按平安險投保，但要選擇信譽可靠的保險人；

④保險金額按 CIF 價格，另加 10％作為買方的預期利潤；

⑤買方需要加保其他險別，賣方應給予代辦，但保險費由買方支付；

⑥保險金額採用的貨幣一般應與貿易契約的交易貨幣一致。

3.CFR 價格條件（CFR…Named Port of Destination）

成本加運費價格條件，是成本加運費（指定目的港）價格條件的簡稱，亦稱離岸加運費價格，或運費在內價格。CFR 是 Cost and Freight 的縮寫，使用時要在它的後面註明目的港名稱，如「每公噸 5,000 美元 CFR 香港」（At US $5,000 per metric ton CFR HongKong）。

CFR 價格條件是由賣方負責租船或訂艙，並將貨物裝上船，支付運費，負擔裝船以前的一切風險和費用。它不同於 CIF 價格條件之處，僅在於價格構成中不包括保險費，而由買方自行投保並支付保險費。除此以外，這兩種價格條件買賣雙方的責任、費用和風險的劃分完全相同。

按照 CFR 價格條件成交一筆買賣，賣方需要特別注意在將貨物裝上船後立即向買方發出裝船通知。因為在這一價格條件下，雙方的責任劃分是由賣方租船訂艙，而買方辦理保險，如果賣方在貨物裝船後未能立即發出裝船通知，買方就無法及時辦理保險手續，甚至可能發生漏報情況，致使貨物遭受損失時，就會引起買賣雙方的糾紛，甚至要賣方來承擔貨物在運輸途中的風險損失。

這三種國際貿易常用的價格條件，根據通則的解釋，可以看到它們在買賣雙方風險的劃分上是一致的，主要區別在於雙方辦理的手續和支付的費用的不同。現將它們在對風險劃分、手續的辦理和費用的支付這三方面的主要異同點列表如表 7-1：

表 7-1　FOB、CFR 和 CIF 在風險劃分、手續辦理和費用支付上的異同比較

價　格 條　件	風　險	手　續		費　用	
	何方承擔 貨物裝船 後的風險	何方辦理 保　險	何方辦理 租船訂艙	何方支付 保險費	何方支付 到目的港 運　費
FOB	買方	買方	買方	買方	買方
CFR	買方	買方	賣方	買方	賣方
CIF	買方	賣方	賣方	賣方	賣方

　　對國際貿易常用價格條件的分析，有助於我們明確不論是哪一種價格條件，都離不開海上運輸貨物保險，不是規定賣方負責投保，就是規定買方辦理保險；此外，貨物如在運輸途中轉讓出售，也不論是採用哪一種價格條件，海上運輸貨物保險單還將與提單等一起成為國際貿易市場流通的有價證券。可見，保險是國際貿易重要組成部分的論點在這兒得到了充分的證實。

三、CIF 價格條件下的貨物報價和保險費計算

　　採用 CIF 價格條件成交的貨物買賣契約，賣方應如何向買方報價？作為 CIF 價格組成部分的保險費又應怎樣計算？這是我們在闡述海上保險（海上運輸貨物保險）與國際貿易的關係時必須搞清楚並掌握的。

㈠ CIF 價格的計算

　　我們知道，不論採用何種貿易價格條件，買方對貨物在運輸過程中的保險利益是相同的。在 CIF 價格條件下，其保險利益是貨物的成本、貨物的海上運輸保險費和貨物的海運運費，或者再加上貨物運抵目的港後的預期利潤。在 FOB 或 CFR 價格條件下，買方對貨物的保險利益也是成本加保險費、運費、或者再加上預期利潤。因此，買方投保海上運輸貨物保險的保險金額，即是其貨物的成本加保險費、運費、以及預期利潤的總和，也就是貨物的 CIF 價格

加上其預期利潤。問題在於，在 CIF 價格條件下，因賣方已從買方那兒收取了包括保險費和運費在內的貨款，貨物的託運和保險均由賣方代買方辦理；在 FOB 價格條件下，買方只向賣方支付了貨價（成本），貨款中不包括運費和保險費在內，所以貨物的託運和保險均由買方自己辦理；在 CFR 價格條件下，因買方支付了貨價和運費，但不包括保險費，因此除貨物託運由賣方代買方辦理外，貨物的保險則由買方自理。

採用 CIF 價格條件成交的貨物貿易，買方可以要求賣方按 CIF 總價（即發票金額）投保，也可以根據國際貿易與國際保險市場的習慣做法，要求賣方按 CIF 總價加上若干成數（一般加一成，即 10%，但也有加二成、三成的）作為預期利潤一起向保險人投保，而將有關的保險費加在 CIF 價格中，支付給賣方。由於在貨款中加入了保險費，保險金額增大了，這又要多付一些保險費。因此，在買方要求賣方按 CIF 價格不加成投保和按 CIF 價格加成投保的不同情況下，賣方向買方所報的 CIF 價格是不同的。在已知 C（成本）和 F（運費）的具體金額，即已確定 CFR 價格，還有已知 R（保險費率）的基礎上，計算不加成投保的 CIF 價格和計算加成投保的 CIF 價格公式分別如下：

1.不加成投保的 CIF 價格計算公式

所謂不加成投保，就是買方只要求賣方按 CIF 價格的 100% 辦理保險。在這種情況下，賣方對買方報的 CIF 價格計算公式為：

$$CIF = \frac{CFR}{1-R}$$

這個公式是賣方在買方不要求加成投保的情況下計算其貨物 CIF 價格的公式。按此公式算得出的結果既是貨物在 CIF 價格條件（不加成投保）下賣方對買方的報價，也是該批貨物投保海上運輸貨物保險的保險金額。

例 1：有一批貨物出口，其成本 90,000 元，運雜費為 6,700 元，保險費率為 3%，買方未向賣方提出加成投保的要求。問賣方應如何報 CIF 價格？

因為已知 C 和 F，R 亦已知，即可運用上述公式，代入數字計算：

$$CIF = \frac{CFR}{1-R}$$

$$= \frac{90,000 + 6,700}{1-3\%}$$

$$= 99,691 \text{（元）}$$

99,691 元即為賣方就這批貨物對買方報的 CIF 價格。

2.加成投保的 CIF 價格計算公式

如果買方根據國際慣例要求賣方加成投保，即按 CIF 價格的 110％辦理保險，在這種情況下，賣方計算 CIF 價格的公式為：

$$CIF = \frac{CRF}{1-（1+\text{加成率}）\times R}$$

這個公式是賣方在買方要求加一成投保的況下計算其貨物 CIF 價格的公式。按此公式計算得出的結果是貨物在 CIF 價格條件（加成投保）下賣方對買方的報價。

仍按例 1 中的 90,000 元(C)、6,700(F)和 3％（R）這些數字，計算那批貨物加一成投保的 CIF 價格：

$$CIF = \frac{CFR}{1-（1+\text{加成率}）\times R}$$

$$= \frac{90,000 + 6,700}{1-（1+10\%）\times 3\%}$$

$$= 100,000 \text{（元）}$$

必須注意的是。這個 CIF 價格並不是貨物加成投保海上運輸貨物保險的保險金額。如要計算保險金額,還須將這個 CIF 價格乘上(1＋加成率),即

$$CIF(保額)＝CIF×(1＋加成率)$$

所以,例 1 中貨物的保險金額應為 $100,000×(1＋10\%)＝110000$(元)。

(二)CIF 價格條件下的保險費計算

保險費的計算,取決於貨物價格和保險費率。因此,當 CIF 價格確定以後,保險費便可根據保險金額×保險費率的公式算出。

1.不加成投保情況下的保險費計算公式

因為不加成投保的 CIF 價格就是保險金額,保險費的計算公式為:

$$I＝CIF×R$$

式中的 CIF 價格即為保險金額。

仍以例 1 中的數字計算:

$$I＝CIF×R$$
$$＝99,691×3\%$$
$$＝2,991(元)$$

當然,我們也可用另一種算法:

$$I＝CIF－CFR$$

即　I＝99,691－96,700

　　＝2,991（元）

(1)與(2)式計算得出的 I 是一致的，都是 2,991 元。

2.加成投保情況下的保險費計算公式

因為加成投保的 CIF 價格並不是保險金額，保險費的計算公式為：

I＝CIF×（1＋*加成率*）×R

式中的 CIF×（1＋加成率）即為保險金額。

仍以例 1 中的數字計算：

I＝CIF×（1＋*加成率*）×R

　＝100,000×（1＋10％）×3％

　＝3,300（元）

當然，我們也可用另一種算法：

I＝CIF－CFR

即　I＝100,000－96,700

　　＝3,300（元）

(1)式與(2)式計算得出的 I 是一致的，都是 3,300 元。

㈢ CFR 價格改為 CIF 價格的保險費計算

採用 CFR 價格條件成交，按規定應由買方負責辦理保險，但在實際業務中也會出現買方要求賣方代為投保的情況，即將 CFR 價格改為 CIF 價格。此時，保險費的計算公式為：

$$I = CFR \times \frac{(1+加成率) \times R}{1-(1+加成率) \times R}$$

例 2：一批貨物出口新加坡，CFR 價格條件成交，貨價爲 1,025,000 美元。買方要
求在中國大陸保險，按 CIF 發票金額加一成投保水漬險、鉤損險和戰爭
險，總費率爲 1.04％。問應繳付多少保險費？

因爲已知 CFR，R 亦已知，即可運用上述公式，代入數字計算：

$$I = CFR \times \frac{(1+加成率) \times R}{1-(1+加成率) \times R}$$

$$= 1,025,000 \times \frac{(1+10\%) \times 1.04\%}{1-(1+10\%) \times 1.04\%}$$

$$= 11,861.7（美元）$$

㈣ FOB 價格改爲 C&I 價格的保險費計算

採用 FOB 價格條件成交，按規定應由買方辦理保險，但在實際業務中，
也有買方要求賣方代爲保險的情況出現，即將 FOB 價格改爲 FOB 價帶保險
費，也就是 C&I 價格。此時，保險費的計算公式爲：

$$I = FOB \times \frac{(1+加成率) \times R}{1-(1+加成率) \times R}$$

例 3：一批貨物運往法國，FOB 價格條件成交，貨價爲 10,000 法郎。買方要求在
中國大陸辦理保險，按其發票金額加一成投保一切險和戰爭險，費率合計爲
0.6％。問應繳付多少保險費？

因為已知 FOB，R 亦已知，即可運用上述公式，代入數字計算：

$$I = FOB \times \frac{(1 + 加成率) \times R}{1 - (1 + 加成率) \times R}$$

$$= 10,000 \times \frac{(1 + 10\%) \times 0.6\%}{1 - (1 + 10\%) \times 0.6\%}$$

$$= 66.43 \text{（法郎）}$$

四、CFR 價格改報 CIF 價格的速算

前面我們已經說過，CIF 價格是在 CFR 價格的基礎上計算出來的，但由於套用公式計算的繁瑣，稍一疏忽就會出錯，貿易商人和從事外貿的工作人員不勝其煩。為了簡化計算步驟，節省換算時間，中國大陸「人保」公司制訂了一份《保險費率常數表》。（參見中國人民保險公司 1991 年 1 月 1 日製印的《出口貨物保險費率表》）這是供外貿用 CFR 價格改報 CIF 價格的速算表，只要先查出出口貨物的檔次費率，而後用貨物的 CFR 價格乘以該檔費率的常數即能求出 CIF 價格。

$$CIF = CFR \times 費率常數$$

現以例 2 計算，因為 CFR 價格已知為 1,025,000 美元，總費率為 1.04％，第一步應先查出該費率的常數。具體方法是先在常數表中左邊的費率欄內找到 1.04 檔，而後在其右邊的常數欄內查出它的常數為 1.011572。查出了常數，第二步就可運用上述公式，代入數字計算：

$$CIF = CFR \times 費率常數$$

$$= 1,025,000 \times 1.011572$$

$$= 1,036,861.3 \text{（美元）}$$

同樣，我們可以運用保險費率常數表，迅速計算出 CFR 價格改為 CIF 價格應繳付的保險費，其公式為：

$$I = CFR \times（費率常數-1）$$

仍以例 2 中的數字計算，

即 $I = CFR \times（費率常數-1）$
$= 1,025,000 \times（1.011572-1）$
$= 11,861.3（美元）$

可見，其計算結果數字與按前述 CFR 價格改為 CIF 價格的保險費計算公式所算出的數字基本上相同，僅在尾數上稍有出入而已。

第三節　海上保險在國際貿易中的作用

海上保險是在海上運輸和海上貿易發展的基礎上產生和發展起來的，而海上保險的發展反過來又促進海上運輸和海上貿易的發展。幾個世紀以來，海上保險作為一種有效的損失補償機制，在國際貿易活動中始終保持著重要地位。它對國際貿易的作用大致體現在以下幾個方面：

1. 海上保險保證了海上貿易活動的正常進行

在主要是經由海上運輸來實現的國際貿易交往過程中，存在著各種複雜多變的風險。自然災害和意外事故的經常發生不可避免地會給貿易活動帶來危害，使交易的貨物遭受損失。如果貨物損失沒有獲得應有的及時補償，那麼貿易雙方投入的資金將化為烏有，貿易活動也就因為缺少資金而不可能再繼續進行下去。有了海上保險提供的保障，貨物損失就能及時得到補償，資金重又周轉起來，貿易活動在因災害事故造成的暫時中斷後又很快恢復正常進行。

2. 海上保險保障了貿易商人的預期利潤

經商是為了牟利，從事國際貿易的商人也無非是想透過國與國之間的商品交換活動來獲取預期利潤。所謂預期利潤，即是指貨主（商人）將貨物運抵目的地出售或轉讓以後預期可以獲得的利潤，也叫期得利潤。貨主不但可以透過投保海上保險，把貨物在海上運輸途中可能遭遇到的風險損失轉移給保險人，他們的預期利潤也同樣可以借助於海上保險保障機制而穩定獲取，因為他們被允許以貨物價格的一定比例作為預期利潤的保險金額投保。換句話說，海上保險提供的保障使他們應獲得的合理利益，以及在交易過程中所正常支出的各種手續費用，諸如申請進口許可手續費、開證手續費和經營管理費用等，不至於因交易貨物在運輸途中受到損失而得不到補償，進而使他們因虧損而無力再從事貿易或減弱他們在世界市場上的競爭能力。

3. 海上保險是國家非貿易外匯收入的重要來源

國際貿易按照交易商品的形式，可以分為需要組織有形商品進出口的有形貿易和透過提供與接受各種屬於無形勞務的非商品來創匯的無形貿易兩類。與運輸、金融、旅遊和技術一樣，保險是一種重要的無形貿易。任何一個國家在國際收支中透過無形輸出即上述非商品的輸出而帶來的各項收入稱之為非貿易收入。無形輸出是國家外匯收入的來源之一，非貿易收入是國際收支的一部分。同其他獲取外匯收入的非商品輸出形式相比，開展國際保險業務由於所需資金不多，在具備機構、專業人才和有可靠的信用保證等情況下，只要不發生重大賠案和大面積賠案，就是取得外匯收入最合算、最簡便的途徑。所以說，保險外匯收入是國際收支中非貿易收入的一個重要組成部分。海上保險作為國際保險業務的主要形式之一，在一個國家的保險外匯收入中占有很重要的比例，對平衡一國外匯收支，以及增強國際支付能力所起的作用是不容忽視的。

4. 海上保險是國際經貿活動中的重要環節

在國際貿易中，無論是進口貿易還是出口貿易，都必須辦理保險，因而保險同貨物運輸一樣，都是進出口貿易不可或缺的組成部分。保險費與貨物的成本價和運費一起構成國際貿易商品價格的三要素，保險單則與信用狀相結合，成為國際結算中的必備業務文件之一。根據國際貿易慣例，成交的商品價格中

是否帶有保險價格和應由誰負責投保，取決於貿易契約雙方採取什麼樣的價格條件。海上保險不僅涉及國際貿易中的買方和賣方。還關聯到海上運輸中的託運人和承運人，以及銀行結匯中的開狀行和付款行，與進口港、出口港、裝貨、卸貨等有關交接方也都相關。貿易商在洽談國際海上貿易價格條件時，既要考慮為本國節省保險外匯支出，為本國創造保險外匯收益，也要更仔細地考慮各個環節可能發生的風險的保障，力爭進口貿易議訂 FOB 價格條件，出口貿易議訂 CIF 價格條件，在派船、租船訂艙確實困難時則議訂 CFR 價格條件。

第 8 章
海上運輸貨物保險與海上貨物運輸契約

第一節　海上貨物運輸契約

　　一筆國際貿易業務成交，至少涉及三個契約，即貿易契約、海上貨物運輸契約和海上運輸貨物保險契約。貨物既是海上貿易和海上貨物運輸的對象，也是海上運輸貨物保險的標的。作為對保險標的承擔風險保障責任的保險契約一方當事人，海上運輸貨物保險人自然關注三個契約的六方當事人之間的直接和間接的契約關係。

　　貨物運輸是國際貿易中的一個十分重要的環節。在國際上，對貨物運輸有著一些統一的規定，國際貨物運輸契約是作為獨立的契約來簽訂的。由於國際貨物買賣大部分透過海上運輸，所以海上貨物運輸在國際貨物中占主要地位。

一、海上貨物運輸契約的概念

　　海上貨物運輸契約，是指承運人或船舶出租人負責用船舶將貨物從起運港經由海路運至目的港交給收貨人，而由託運人或租船人支付約定運費的契約。海上貨物運輸契約的當事人以承運人或船舶出租人為一方，託運人或租船人為

另一方。承運人或船舶出租人履行用船舶將貨物經由海路從起運港運抵目的港交給收貨人的責任，有權按契約從託運人或租船人那兒收取約定的運費；而託運人或租船人承擔按契約約定提供貨物和及時繳付運費的義務，享受在貨物裝船後取得提單並憑以在目的港提貨的權利。

二、海上貨物運輸契約的種類

　　海上貨物運輸一般可分為租船運輸和班輪運輸兩種，海上貨物運輸契約也基本上相應分成租船契約和提單兩類。

　　租船契約（Charter Party）是指租船人（即貨主）與船舶出租人之間訂立的載明雙方權利和義務的貨運契約。租船契約的內容根據租船方式和貨運種類的不同而有所區分，主要是指航程租船契約，即由船舶出租人將整船或部分艙位租給租船人，由出租人負責將約定的貨物裝船並運至目的港而由租船人支付約定運費的貨運契約。此外，還有船舶出租人向租船人提供船舶，在約定的期限內由租船人按照約定用途使用並支付租金的定期租船契約，以及船舶出租人將不配備船員的光船租給租船人，在約定的期限內由租船人配備船員和供應品，在約定航區內獨立營運並按期預付租金的光船租船契約。

　　提單（Bill of Lading，縮寫 B/L）是指班輪運輸中，承運人和託運人之間訂立的，規定雙方在貨物運輸過程中的權利、義務、責任和免責的契約。由承運人在港口船邊或承運人自己的碼頭倉庫收受和交付託運人託運的貨物，負責裝船卸船，承擔裝卸費用，而後按規定的運價表向貨方收取運費。提單運輸亦即班輪運輸是海上貨物運輸的主要方式，提單因而是一種重要的海上運輸契約的證明。

　　需要說明一下，提單作為一種運輸單據，從廣義上說，應當包括海運、陸運、空運和郵運等各種運輸方式的提單。但是，在習慣上，我們把鐵路運輸和航空運輸的提單稱為運單，郵政運輸的提單稱為郵單。提單通常是指海運提單而言的。

第二節　提單

一、提單的概念和性質

　　何謂提單？貨主將一批貨物委託航運公司運送到某個地點去，雙方簽訂貨物運輸契約，貨主和航運公司就構成了貨物運輸契約的雙方當事人：前者是託運人，後者則為承運人。貨物裝上船以後，承運人要開一張收據給託運人，表明他已收受了貨物，貨物現已在他的管理之下，他將負責照料貨物。等到貨物運到目的地，收貨人（或是託運人，或是持有這張收據的人）便憑該收據去提取貨物。這張收據即稱之為提單。所以提單就是用來證明海上貨物運輸契約已經成立，貨物已由承運人收受或裝上船並據以把貨物交付給收貨人的單證。

　　《1978 年聯合國海上貨物運輸公約》即《漢堡規則》第 1 條第 7 款給提單下的定義是：「提單是指證明海上運輸契約和貨物由承運人接管或裝船，以及承運人保證據以交付貨物的單據。單據中關於貨物應按記名人的指示或者不記名人的指示交付，或者交付給提單持有人的規定，即是這一保證。」

　　根據這一定義，提單具有以下的性質：

1.提單是承運人或其代理人出具給託運人的已收到貨物的收據

　　承運人簽發給託運人提單，即是確認他已收到提單上所記載的貨物並已裝船，或是已接管了貨物以待裝船。

　　提單正面記載的事項中有貨物品名、標誌、件數、重量或體積，以及貨物的表面狀況等，都是收據性的文字。提單是承運人按照提單上的這些記載收到貨物的初步證據，他在目的地也就按這些記載向收貨人交付貨物。對託運人來說，如果提單被託運人他自己轉讓給善意的第三者，提單便不是初步證據，而是終結性的收據。承運人對提單受讓人不能就提單上所記載的事項提出異議，提單持有人可以在目的地憑單提取貨物。

2.提單是承運人和託運人之間所訂立的運輸契約的證明

承運人與託運人為運輸貨物而訂立的契約稱為運輸契約。提單究竟是運輸契約還是運輸契約的證明？對此，學者們看法尚不一致。按照英國學者的觀點，提單應是運輸契約的證明。因為託運人為運輸貨物而在與承運人辦理託運手續時，貨物運輸契約即已成立，也就是說，運輸契約成立於簽發提單之前；而提單是在執行運輸契約以後即在裝船以後才簽發的，它只是運輸契約已經成立的證明。

提單背面印著具體的運輸條款，其中有承運人責任條款、免責條款、賠償金額限制條款等，它們反映了承運人在運輸中的權利和義務。如果這些條款與承運人和託運人雙方事先約定的一致，或者除提單外並無其他協議或契約，那麼提單就是承運人與託運人雙方同意的運輸條件和條款的證明。承運人有按照提單上所載條款完成運輸任務，將貨物交付給託運人或提單持有人的義務。但是，在提單轉讓給善意的受讓人或收貨人的情況下，提單就是他們與承運人之間的運輸契約。因為他們不是承運人和託運人雙方訂立契約的當事人，無法知道承託之間除提單以外的契約關係，他們只知道自己手中持有的提單，只能以此作為運輸契約。

3.提單是物權憑證

物權憑證，也就是貨物所有權憑證。提單直接代表貨物。誰持有提單，誰就有權占有貨物。提單持有人有權要求承運人交付貨物。承運人有義務將貨物交付給提單持有人，而無須查問後者的權利依據。雖然是真正的收貨人，但交不出提單，也不能提貨。如果承運人在不知情的情況下把貨物交付給實際上對貨物沒有占有權利的提單持有人，即憑提單交貨所產生的錯交，他對託運人不負責任。與此同時，承運人不能把貨物交付給非提單持有人，否則他要對託運人承擔由此而發生的一切責任。承運人若對提單持有人的收貨人身份有懷疑，可要求對方提供銀行擔保。

提單作為一種物權憑證，具有可轉讓性，只要不是記名提單，是可以轉讓的。比方說，賣方甲與買方乙簽訂了貨物買賣契約，甲取得提單後交付與乙，即完成交貨。乙可以透過背書提單的方式轉讓他的貨物所有權給受讓人丙，丙

同樣可以背書轉讓給丁，乃至繼續背書轉讓下去。提單代表貨物，因此轉讓提單也就轉讓了貨物所有權。但提單只有在貨物於運輸途中才能轉讓，一旦貨物運到目的地，承運人開始交付貨物，提單就不能再轉讓。

提單具有有價證券的性質。除了可以出售轉讓以外，提單還能被其持有人據以向銀行抵押取得貸款，以及被賣方憑以向銀行辦理押匯，即議付貸款，當然前提是在貨物運抵目的地之前進行。

因此，對上述提單的性質加以歸納，便可知提單是貨物裝上船的收據，是收貨人在目的地提貨的憑證，是承託雙方簽訂的運輸契約的證明，是物權證書，是可以轉讓和流通的有價證券，自然也是處理海事糾紛的法定文件，以及投保海上運輸貨物保險的憑證。

二、提單的種類

提單可以從各種不同角度來進行分類，主要有以下幾種：

1.按承運人收受貨物是否裝船來分類，可將提單分成已裝船提單和待運提單兩種

(1)已裝船提單（Shipped B/L 或 On Board B/L），是指貨物裝船後由承運人出立給託運人的提單。在這種提單上除載明其他事項以外，還必須註明裝貨的船名和裝船日期。提單正面有「已由某船裝運」的字樣。由於已裝船提單對收貨人按時收貨有保證，因此在國際貿易契約中，買方一般都要賣方提供已裝船提單。

(2)待運提單（Received for Shipment B/L），是承運人在收到貨物，等待裝船期間，簽發給託運人的提單。待運提單只不過是承運人出立的收到貨物的收據，說明貨物馬上要裝上即將到港口的某船。提單上有「收到待運」的字樣。對承運人來說，待運提單增加了他們的責任期限。然而，由於有些承運人擁有自己的碼頭和倉庫，簽發待運提單就有利於他們爭取貨載。但是，買方通常不願意接受待運提單，因為這種提單沒有肯定裝貨船的船名和日期，使買方

無法估計貨物到達卸貨港的日期，從而要冒貨物裝船前可能遭受損失的風險。

通常的情況是待運提單簽發後，貨物已經裝上船，託運人需將待運提單退回給承運人，換取已裝船提單；或者，由承運人在提單上加蓋「已裝船」圖章，加註船名和裝船日期，並簽字證明。簽字後，這種提單事實上就變成已裝船提單了。《海牙規則》承認這種提單與已裝船提單有同等效力。

2.按運輸方式來分類，提單可分為直達提單、轉船提單和聯運提單

(1)**直達提單**（Direct B/L），是指貨物在裝船後，中途不換船而從裝運港直接運往目的港的提單。在這種提單上要明確寫上裝運港、卸貨港的名稱，還要加上「不得在中途轉船」的批註。這是常用的一種提單，亦稱直運提單。

(2)**轉船提單**（Transhipment B/L），是指貨物在裝運港裝船後不直接運往目的港，而在中途其他港口換船，轉運至目的港的提單，亦稱轉運提單。在這種提單上一般註有「在××港轉船」等字樣。由於貨物在中途港轉船，不僅會增加費用和受損的風險，而且還會因等候換裝船舶而延誤到達卸貨港的時間，這顯然是不利於買方的。

(3)**聯運提單**（Through B/L），是指需要採用兩種或兩種以上運輸方式聯運的貨物，由第一程承運人在起運地簽發的運往最終目的地的提單。這種提單用於海陸聯運或海河聯運或海海聯運。簽發聯運提單的第一程承運人收取全程運費，但只對第一程運輸負責。貨物到達轉運地後，由第一程承運人負責代辦，將貨物交給第二程承運人繼續運往目的地。當貨物轉到第二程運輸工具上後，第一程承運人即處於發貨人的代理人的地位。第二程承運人在轉運地簽發第二程海運提單，交給第一程承運人作為分清兩個承運人之間運輸責任的依據，也就是說，他只對第二程運輸負責。收貨人仍憑第一程承運人簽發的聯運提單在目的地提貨。採用海海聯運方式，聯運提單與轉船提單沒有什麼兩樣。

3.按照提單是否可以流通來分類，提單可以分為記名提單、不記名提單和指示提單

(1)**記名提單**（Straight B/L），是指託運人在提單上的收貨人欄內填明指定的收貨人的提單，亦稱收貨人抬頭提單。這種提單由於規定只能由提單內指定的收貨人提貨，不能用背書方式轉讓，不能流通，所以又叫不可轉讓提單。

按照有些國家的慣例，記名提單的收貨人甚至可以不憑提單提貨，只要在「到貨通知單」上背書即可提貨。這樣，記名提單便失去了物權憑證的作用。因此，在國際貿易中，記名提單很少使用，通常在託運金、銀、珠寶、古玩一類的貴重物品，以及援助物品和展覽品時才使用。

(2)不記名提單（Open B/L），是指在提單上的收貨人欄內不填寫收貨人名稱而留空的提單，因而亦稱空白提單。這種提單無須背書即可轉讓，承運人只憑提單交貨，因此對收貨人無任何特殊保護。此類提單在國際貿易中也很少使用，因為風險較大。

(3)指示提單（Order B/L），是指按提單上載明的指示人的指示交付貨物的提單。這種提單可分記名指示和非記名指示兩種。記名指示根據發出指示人的不同，又可分為託運人指示、收貨人指示和銀行指示。非記名指示是在收貨人欄內未寫明按誰的指示交貨，只寫「憑指示」。指示提單經指示人背書可以轉讓給第三者提貨，因此又稱可轉讓提單。背書的方式有二：一種是空白背書，即僅由背書人在提單背面簽字，而不註明被背書人（提單受讓人）的名稱；一種是記名背書或叫指定背書，即背書人除在提單背面簽字外，還列明被背書人的名稱。目前在實際業務中，使用得最多的是「憑指示」並經空白背書的提單。

4.按提單上有無不良批註來分類，提單可分為清潔提單和不潔提單

(1)清潔提單（Clean B/L），是指貨物裝船時表面狀況良好，未被承運人加批任何有關貨損或包裝不良等批語的提單。承運人簽發清潔提單僅確認貨物裝船或待運時，憑目視所及的範圍，其表面上外觀良好，對其質量並不負責。在國際貿易中，一般都明確規定賣方提供的已裝船提單必須是清潔提單。賣方只有拿到清潔提單，才能到銀行結匯，提取貨款。

(2)不潔提單（Unclean B/L 或 Foul B/L），是指承運人對裝船時的貨物表面狀況或包裝加有不良批註的提單。對託運貨物的外表狀況不良，貨物件數、重量與貨運單裝船記載不符等，承運人可在提單上加註「包裝破裂」、「鬆捆」、「霉漬」等批語，以保護自己的利益。這些提單即為不潔提單。買方一般不接受不潔提單。

5.按提單內容繁簡來分類，提單可分為全式提單和略式提單

(1)全式提單（Long Form B/L），是指提單背面載有承運人和託運人雙方權利義務的詳細條款的提單。

(2)略式提單（Short Form B/L），是指提單上略去背面的全部條款，只列出正面的內容，包括船名、貨名、標誌、件數、重量或體積、裝運港、目的港、託運人名稱、收貨人名稱與地址、運費預付或到付等必要項目的提單。

6.按運費支付方式來分類，提單可分為運費預付提單和運費到付提單

(1)運費預付提單（Freight Prepaid B/L），指託運人將運費在提單簽發以前支付給承運人的提單。

(2)運費到付提單（Freight at Destination B/L），指託運人待其貨物運抵目的地後或在提貨前，即在提單簽發以後才把運費支付給承運人的提單。

7.其他情況

(1)艙面提單（On Deck B/L），是指對裝在艙面（甲板）上的貨物簽發的提單，又叫甲板貨提單或艙面貨提單。這種提單正面一般都書寫或打印「貨裝甲板」的字樣，也只有在提單上註有該字樣，才能構成艙面提單。由於艙面貨風險較大，《海牙規則》對其不適用，除非在提單條款內訂明，承運人對它們的滅失或損壞是不負責的。只有一些非裝在艙面不可的危險品、有毒品等物品才被允許裝在艙面上，但應在貿易契約上規定「允許貨物裝在艙面上」的條款。

(2)過期提單（Stale B/L），是指在信用狀條件下，賣方取得已裝船提單後，提交當地銀行議付或向開狀行收款的日期晚於信用狀規定的交單日期的提單。銀行一般拒收過期提單，因為若貨物先到而無人提貨，可能會造成損失，不利於買方。

(3)倒簽提單（Anti-Dated B/L），是指承運人應託運人的要求，在貨物裝船後簽發比實際裝船完畢日期較早日期的提單。提單是在裝船後簽發的，它的簽發日期一般可作為裝船日期的證明。提單日期不僅對買賣雙方有著重要作用，而且與銀行向收貨人提供墊款和向發貨人劃帳，與海關辦理延長進口許可證，以及與海上運輸貨物保險契約的生效密切相關。賣方為了出口貨物的結

匯，往往在裝船期限過後要求承運人倒簽日期。這種倒簽提單實際上是承運人與作為託運人的賣方串通一氣所作出的非法欺詐性提單。承運人簽發這種提單，應負法律責任。

　　(4)**預借提單**（Advanced B/L），指承運人應託運人的要求並在其出具保函後，在裝船期限已到，貨物卻未裝船的情況下，簽發已裝船提單，這種提單即為預借提單。預借提單與倒簽提單一樣，屬於託運人和承運人串通作弊的非法欺詐行為。

　　除了上面所介紹的各種以外，還有不同批量的貨物合併在一張提單上的併提單，同一張貨單上的一批貨物分在幾張提單上的分提單，以及由於貿易上的需要，在裝運港簽發提單後在中途港或中轉港另行換發的作為該批貨物自中途港或中轉港出運的交換提單等等。目前在國際航運中使用的提單達數十種之多。然而，作為可以轉讓、流通的有價證券，作為銀行結匯、銀行信貸的物權證書，作為海上運輸貨物保險投保的憑證，必須是已裝船的清潔提單。而已裝船的清潔提單，也只有在載貨船舶未駛抵目的港之前，才可以作為物權證書和有價證券在市場上轉讓和流通。

第三節　國際提單公約

一、提單的沿革

　　提單的起源，可以追溯到中世紀初。大約在十二世紀，當時經商的貨主一般是乘坐在載運他的貨物的船隻上，隨船押運貨物的。他並不要求承運人出立收據，只要船上的文書將船舶登記簿上有關其貨物託運的記載摘錄出來，作為他已將貨物交給船東的證明。因為船上的文書具有類似今天的公證人的地位，所以儘管這個證明並非由作為運輸關係一方的船東出立的，卻依然起了證明貨主已交付貨物的作用。這個能起貨物交付證明作用的摘錄，據認為就是提單的

起源。

　　到了十三世紀，船東或者作為船舶共有人的船長，在作為貨物交付證明的摘錄上加列運輸契約的內容，以及加列關於貨主放棄不提取貨物的抗辯等規定，從而使這一證明具有了提單的雛形。這類由船東或船長制訂並出具給貨主的證明被稱為馬賽文書。它除了成為船東或船長從貨主那兒收受貨物並在約定的目的港將貨物交付給貨主的憑證以外，還被用以作為解決他們與貨主之間海事糾紛的依據。

　　到了十七世紀，提單代表貨物，等於貨物，持有提單即等於持有貨物的觀點，已為貿易界所公認和接受。事實上，提單也已經從作為貨物的依據，作為提取貨物的憑證，作為運輸契約的證明，作為解決海事爭端的依據，發展成為具有物權證書和可以在市場上流通的有價證券性質的單證。隨著提單性質的變化，它在促進國際貿易發展上的作用進一步增大。與此同時，提單的內容也由簡變詳，日臻完善。

　　進入十九世紀以後，班輪運輸已成為一種被廣泛使用的國際貿易海上運輸的方式。除此以外，銀行信用狀制度進入國際貿易的結算，為適應商業和金融的需要，清潔的已裝船提單不僅可憑以支付貨款結匯，而且在期貨貿易中作為可轉讓的有價證券和物權證書，也在國際信貸中得到廣泛的使用。

　　提單，從貨物收據、提貨憑證，發展成為可轉讓的物權證書和有價證券，經歷了幾個世紀的漫長道路。可見，它是海上貨物運輸慣例的產物，它的產生適應了國際貿易發展的需要。

二、國際提單公約產生的背景

　　有關提單的國際公約，主要有三個。按制訂時間的先後，它們是《海牙規則》、《維斯比規則》和《漢堡規則》。對這三個國際公約，我們已在第五章簡略地進行了介紹。現就它們各自產生的時代背景再作進一步闡述，以強調這三國際公約在促使提單規範化，以及協調承運人和託運人之間關係上所起的作用，進而說明它們的產生同樣是順應了國際貿易和航運形勢變化與發展的需

要。

1.《海牙規則》

　　從提單最早出現的十一～十二世紀起，到《海牙規則》產生之前，各國有關提單的法律對提單制訂原則要求的變化大致出現過以下幾種情況。

　　⑴採用嚴格責任制：最早的提單，根據當時各國的航運立法規定，要求承運人對其所承運的貨物負絕對責任。也就是說，自收受貨物開始到交付貨物為止的整個期間，承運人對貨物發生的損失，除了是因天災、戰爭、貨物本身性質和固有缺陷、發貨人的過失等所造成的以外，都應負責。即使他事實上對貨損的發生並無過失，也難辭其咎。英國當時的《普通法》（*Common Law*）可說是各國這類航運立法的代表。這種嚴格責任制使貨主即託運人的利益能獲得較為充分的保障。這一時期大約到十八世紀結束。

　　⑵推行「契約自由」原則：英國立法對契約簽訂實行的契約自由原則，使承運人能夠通過單方面在提單上加列免責條款，擺脫其在航運過程中對貨物承擔的責任。1850 年前後，這種濫用契約自由原則和亂加免責條款的情況幾乎達到了使承運人除收取運費以外，對任何海上運輸風險概不負責，對託運人利益毫無責任可言的地步。這不但引起了英國國內外的貿易、保險和金融各界的不滿，也導致了國際航運資本與國際貿易資本之間的矛盾激化，嚴重地阻礙了國際貿易的正常發展。

　　⑶實施《哈特法》：站在激烈反對英國承運人肆意在提單上加列免責條款的各國貨主行列前面的是美國貨主。由於當時的美國出口貿易量大，靠自己薄弱的航運能力無法解決而不得不依賴擁有強大海上商船隊的英國，美國的大部分進出口貨物運輸是為英國承運人所控制的。為維護本國貿易商的利益，美國國會於 1893 年制訂了《哈特法》（*Harter Act*）。該法規定，凡在美國港口之間，以及美國與外國港口之間從事貨物運輸的承運人，不准在提單上自行規定任何旨在逃避因疏忽、過失而使貨物在裝卸、配載、堆放、保管和交付時所發生的滅失或損失的責任條款，否則便屬不合法。《哈特法》規定了承運人應負的最低限度責任，即必須克盡職責使船舶適航，以完成預定的航行任務，以及謹慎處理對貨物的裝卸、堆放和保管，並妥善將貨物交付給收貨人。承運人

的這些責任和義務，按《哈特法》規定，不准在提單上有任何的削弱、減輕或免除。

　　《哈特法》中的這些基本原則，先後為 1904 年澳大利亞的《海上貨物運輸法》、1908 年紐西蘭的《航運及海員法》和 1910 年加拿大的《水上貨運法》所採納。澳、紐、加等這些依賴英國航運的原英國殖民地國家，與美國站在一起對抗英國的提單免責條款。然而，英國面對這些對抗，卻我行我素，堅持「契約自由」，不願受各國海運法規的制約。此外，德國和法國的提單同樣沒有規定承運人的最低限度責任。作為航運國家代表的英國同代表貿易商利益的美國之間矛盾的加劇，各國提單條款的複雜化，必然給國際貿易、航運、保險、金融各界帶來許多矛盾和困難。

　　第一次世界大戰以後，一些航運國家的承運人濫用「契約自由」，擴大免責範圍的現象有增無減。在這種情況下，明確承運人的最低限度責任，對提單的免責條款加以限制，進而使提單規範化，成為當時國際貿易有關方的迫切要求，《海牙規則》正是在如此的背景下產生的。1921 年 9 月，國際海事法律協會在荷蘭海牙召開會議，採納《哈特法》的基本原則，制訂了提單規則草案；1924 年 8 月 25 日，在比利時布魯塞爾召開的會議上對規則草案進行修改後正式簽訂，正式名稱為《關於統一提單若干法律規定的國際公約》，簡稱《海牙規則》。

　　《海牙規則》於 1931 年 6 月 2 日起生效，成為國際航運中最重要的國際公約之一。英國、美國和加拿大等國先後將它變成為國內立法。中國大陸雖未加入該公約，但同許多非締約國一樣，也按照這一公約的規定，規範中國大陸國際海上貨物運輸承運人和託運人雙方的權利義務。

2.《維斯比規則》

　　1924 年制訂的《海牙規則》自 1931 年生效以後雖然被世界航運國家廣泛接受，但規則中有關承運人可享受的免責條款和對貨損賠償限額的規定一直受到貨主國家的指責，因為這些規定明顯地有利於承運人。第二次世界大戰後國際政治經濟發生了巨大的變化，此外航運技術的日益發展使得航運危險已能相應得到控制，而貨櫃運輸的出現改變了傳統的海上運輸方式，戰後英鎊貶值達

四分之一則又自然使得貨主們關注規則中規定的賠償限額的實際價值問題。由於《海牙規則》已不能適應發展和變化了的形勢的需要，國際貿易、航運和保險各界不得不考慮對它的修改。在許多國家，特別是新獨立的第三世界國家的強烈要求下，國際海事委員會於 1963 年在瑞典斯德哥爾摩召開會議，討論了修改《海牙規則》議定書草案。這份名為《關於修改統一提單若干法律規定的國際公約議定書》於 1967 年 5 月被提交在布魯塞爾召開的海洋法外交會議上審議，但未能取得一致意見，經 1968 年 2 月再次在布魯塞爾開會審議，方獲通過，簡稱《維斯比規則》。

不能否認，《維斯比規則》對《海牙規則》作了一些有益的修改，在一定程度上有利於承託雙方的利益趨於均衡，故而在 1977 年 6 月 23 日生效後，不但有許多國家和地區加入，還被阿根廷、聯邦德國等國以國內立法方式採用。中國大陸雖未參加，但 1992 年 11 月頒布的《海商法》卻基本上體現了該規則的精神，以此表明了對它的態度。

3.《漢堡規則》

《維斯比規則》從簽訂到正式生效經過了十年時間，在這十年的實施期間，發展中國家在聯合國中的地位不斷得到加強。這些國家不滿《維斯比規則》未對《海牙規則》進行實質性修改，不滿在承運人的運輸責任方面仍然保持著《海牙規則》體系。它們認為在衛星導航和先進通訊手段被應用於航海，貨櫃運輸組織管理有新的突破的情況下，海上運輸和貿易的安全因素明顯增加，承運人不應當繼續再享受那兩個國際提單公約中規定的那些特殊免責權利，即航行或管理船舶過失可以免責的規定，因此要求建立國際經濟新秩序，全面徹底地修改《海牙規則》，以維護廣大第三世界國家在海運領域中的合法和正當利益。

經過發展中國家不懈的鬥爭，聯合國貿易和發展會議於 1971 年組織了由三十二個國家組成的國際航運立法工作組，著手調查研究，先後召開了六次會議，最後在 1976 年 5 月制訂了《聯合國海上貨物運輸公約》草案，並提交 1978 年 3 月由聯合國在漢堡主持召開的海上貨物運輸公約外交會議審議通過。

這一被稱為《漢堡規則》的新的國際提單公約對《海牙規則》和《維斯比規則》動了較大手術，不但擴大了適用範圍，延長了訴訟時效，提高了承運人的責任限額，而且重訂了賠償責任的基礎，廢除了異議最多的航行或管理船舶過失免責條款。由於《漢堡規則》透過擴大承運人責任來使承託雙方的權利義務達到基本平衡，因而觸動了航運資本傳統的既得利益，自 1978 年被審議通過後，經十餘年，方於 1992 年 11 月 1 日湊足二十個法定批准國數，正式生效。但是，在海上航運貿易中認真貫徹實施這一新規則，將是一個漫長而又複雜的過程。

第四節　承運人責任與海上保險人責任

提單是承運人和託運人之間簽訂的海上貨物運輸契約的憑證；提單條款則是規定承運人和託運人雙方的權利、義務、責任和免責的依據，是處理和解決貨運契約海事糾紛的法定文件。保險單是保險人和被保險人之間簽訂的海上運輸貨物保險契約的憑證；保險條款則是規定保險人和被保險人雙方的權利、義務、責任和除外責任的依據，是保險人據以理賠亦即被保險人據以索賠的法律根據。

海上運輸貨物保險的保險責任與海上貨物運輸的承運人責任有著非常密切的關係。雖然在國際提單公約和提單條款中有許多關於承運人對其所承運貨物發生的損失可以享受免責的規定，除極少數以外，託運人都可以將它們作為保險危險，透過投保而轉嫁給保險人。然而承運人是否能免責，從《海牙規則》實行的不完全過失責任制到《漢堡規則》推行的完全過失責任制，都是按照不同賠案的具體情況來進行分析的。貨物損因經過分析並確定以後，在審定責任時常常會出現保險責任和承運人責任之間的爭執。因為絕大部分明確屬於承運人責任的風險，海上運輸貨物保險幾乎都有條款可以承保，這就導致了保險責任與承運人責任的交叉重疊。有不少海上運輸貨物保險賠案，由於保險責任範圍內的損失是由承運人責任所引起的，保險人可以在被保險人辦妥必要的追訴

手續後，根據保險契約規定先予賠付，而後取得被保險人向其轉讓的權益，再代位向承運人追償。因此，明確海上貨物運輸承運人的責任不僅涉及維護託運人合法權益的問題，也關係到保險人做好理賠工作，同時透過追償來維護自身利益的問題。

一、《海牙規則》規定的承運人責任

承運人的責任是指承運人在件雜貨班輪運輸中應負的最低限度責任。這是提單中最主要的條款。目前世界上大多數國家的航運公司都是根據《海牙規則》制訂相應的提單條款。中國大陸的《中國大陸遠洋運輸公司提單條款》第3條和《中國大陸遠洋運輸公司聯遠提單條款》第7條都明確規定：「有關承運人的義務、責任、權利和豁免適用《海牙規則》。」這表明中國大陸如同其他許多並未加入《海牙規則》的國家一樣，採用了在提單上列明遵守它的規定，並作為該提單一部分內容的方式，用這個國際提單公約來規範中國大陸國際海上貨物運輸承託雙方的權利義務。儘管這一方式與締約國通過立法手續將其變成國內法後正式公布實施的方式不同，但中國大陸為適應國際海上運輸的習慣做法而承認與接受《海牙規則》的態度是十分明確的。

㈠承運人的最低限度責任

根據《海牙規則》，承運人的最低限度責任，概括來說，共有兩項：一是提供適航船舶，二是妥善管理貨物。

1.提供適航船舶

《海牙規則》第3條第1款規定：「承運人有義務在開航前和開航時克盡職責，以便：①使船舶適航；②妥善地配備船員、裝備船舶和配備供應物品；③使貨艙、冷凍艙和該船其他載貨處所適宜而安全地收受、載運和保管貨物。」

何謂適航？所謂適航（Seaworthiness）是指船舶在各方面都適合預定航程。這是個古老的概念。早在《海牙規則》之前，保證船舶適航就已被人們接

受為是承運人對託運人應承擔的一項絕對義務,這在英國的普通法中可找到反映。《海牙規則》吸收了這一原則,並在內容上給予補充。船舶適航具體體現在以下四個方面:

(1)**船舶的結構要適於航行**。這是要求船舶在開航前和開航時的結構必須具有足以抵禦海上可以預見的一般風險的能力。為此,船舶應由法定的驗船機構對船殼、機器、鍋爐和其他航行設備進行檢驗。如果檢驗結果顯示船體堅固,水密性能良好,屬具及設備完善,且未發現明顯的缺陷,驗船機構便出具檢驗合格的適航證書,以證明船舶已具有適航條件,適於航行。

未具備適航條件的船舶出海,當然不能認為適航。舉個實例:有艘外輪滿載橡膠等貨物運往中國大陸上海,因該船污水管原先已爛穿,途中發生海水倒灌入艙,致使橡膠遭損約四十萬人民幣。該船為堵漏修理,繞道去新加坡,並以途中遇颱風,污水管被打斷而使海水進艙為由宣布共同海損。中國大陸「人保」公司經調查並取得爛穿的污水管實物,證明水管是嚴重鏽蝕而爛穿的,迫使船方在事實面前不得不撤銷共同海損,承認船舶未在開航前保持適航狀態,最終同意承擔貨損的賠償。

(2)**船員配備要齊全**。這是要求船舶應根據航行的需要,配備合格的船長和足夠數量的有各種技術執照的船員,以適於航行的營運能力。沒有做到這一點,即被視為不適航。舉一些這方面的不適航例子:某船的輪機長因患病無法上船,船東便聘用了一個並無持有合格證件的人臨時頂職。孰料在航行途中機器發生故障,正係該人缺乏工作能力所致,由此造成的貨損就是不適航的後果。另有一船的船長和輪機長在開航前喝醉了酒,而後上船下令起錨出海。船舶開航後不久遭到浮冰襲擊,船頭被撞一大洞,海水從洞口湧入導致船舶沉沒。法院對此判決:在開航時,船舶因船長和輪機長酒醉未能處於適航狀態。再如,一艘橫渡大西洋的貨輪,由於輪機員不具備應有的工作能力,結果造成燃料油被水污染,使機件發生故障,航行無法繼續,船舶面臨傾覆的危險。船長在此情況下不得不請求救助,由拖船拖行,從而發生共同海損。然而,貨主對共同海損分攤拒絕承擔。法院判決輪機員缺乏應有的工作能力是配備船員不適當,即屬船舶不適航。

(3)**燃料和供應品要備足**。船舶航行前帶足燃料、食品、淡水等必要的供應，包括規定的備用量在內。這裡的帶足，不是指整個航程的供應品要在起運港一次全部帶足，而只要求配備足以能抵達第一中途港的需用量，便認為是適航。以後再依次分段在中途港配備這些供應品，直到規定的航程結束。若未做到這一點，應同樣被看作不適航。例如，有條船在沒有帶足燃料的情況下開航，誰知途中遇到惡劣氣候在海上漂浮三天，燃料用盡，不能繼續航行。最後是依靠他船救助，被拖帶進港方擺脫危險。這筆救助費用也不能作為共同海損處理，而是由承運人負擔。

(4)**貨艙要適貨**。承運人承接了貨主的託運，就必須提供具有適貨能力的船舶來載運貨物。適貨，是指船舶的貨艙、冷凍艙和該船裝貨的其他處所要具備能夠收受、載運和保管貨物的能力。未做到適貨的情況，如冷凍艙冷度不足，通風設備開關失靈，艙蓋板的橡皮圈老化或未將貨艙打掃乾淨等都是。不具備適貨能力的船舶也屬不適航。

達到了上述四項要求，方能被認為是船舶適航。至於為什麼不要求船舶在整個航程中都適航，而只要求在開航前和開航時保證適航？這是因為船舶在開航後可能遇到的各種各樣風險，是承運人既不能預見也無法控制的。要求船舶在裝貨完畢，起錨開航後也保證處於適航狀態，對承運人來說，顯然是不切實際的。此外，對開航前這一概念，應當如何理解？通常把開航前理解為裝貨開始時。也就是說，裝貨開始時船舶的貨艙要適貨，當時的船員卻有可能到不齊，燃料供應品也有可能尚未備足，然而在開航時則一定要船員齊全，供應物品備足，達到適航要求。

還有一點要指出的是，在《海牙規則》之前的英國普通法，規定承運人提供適航船舶是他對託運人應承擔的一項絕對義務，而《海牙規則》在繼承該原則的同時又對其作了修改，即改「絕對」為有條件地承擔，也就是只要求承運人「克盡職責」使船舶適航。克盡職責，意思是盡力盡責，努力去做。如果承運人做到了這一點，縱然貨物依舊受損，他也毋須承擔責任；倘若承運人未做到，他就得為自己的過失行為負責。那麼究竟怎樣才稱得上是克盡職責？這實際上涉及法院對事實的判斷。一般來說，法院往往根據船舶的缺陷是不是潛在

的來判斷承運人克盡職責與否：缺陷是潛在的，就認為承運人已克盡職責；反之則未盡力盡責。例如，船舶上的一個水閥有裂隙，雖經肉眼檢查卻因裂隙不明顯，難以察覺，致使在航行途中淡水從裂隙裡漏出，造成貨損。對此，不能歸咎承運人沒有使船舶達到適航要求，因為這是潛在的缺陷，承運人已克盡職責。

2.妥善管理貨物

《海牙規則》的第3條第2款規定：「承運人應適當而謹慎地裝載、收受、配載、運送、保管、照料和卸載所運貨物」。

承運人接受了託運人交付的貨物之後，貨物就處於承運人的管轄之下，他應在貨物運輸期間管理好貨物，對貨物的安全負責。貨物運輸期間，按照《海牙規則》的第1條解釋，包括自貨物裝上船時起至卸下船時止的期間。這就是說，承運人對貨物的義務和責任適用於這一期間。

(1)適當而謹慎地裝載。承運人管理貨物的責任開始於貨物裝上船，裝船以前發生的貨損，承運人不負責任。但貨物什麼時候才被認為是裝上船？對此，一般可理解為：託運人把貨物運至碼頭船邊，承運人如果使用船上吊杆裝貨，吊鉤鉤住貨物，便算是開始了裝貨，這就是所謂：「鉤至鉤」（Tackle to Tackle）原則中的前一個「鉤」；承運人如果使用岸上吊杆或起重機裝貨，則以貨物吊越過船舷為裝貨開始，亦即所謂「舷至舷」（Side to Side）原則中的前一個「舷」。

一旦船吊把貨物吊起，或岸吊將貨物吊越過船舷，即已被認為是裝上船，此時若鉤裂繩斷，貨物跌落下來造成損失均應由承運人負責。承運人對為裝貨而由港口配備的裝卸工人因工作疏忽所造成的貨損，也得負責。貨物一經吊裝，應連續不斷作業，如果因為修理吊裝工具而延誤裝貨，由此產生的額外開支，由承運人承擔。但要是託運人自己裝貨並發生貨損，承運人當然不負責。

(2)適當而謹慎地收受和配載。承運人收受貨物並將它們搬運進艙後，應根據貨艙容積和貨物的性質，合理安排堆放和裝載的位置。配載是承運人必須做好的一項組織工作。科學而合理的配載關係到船舶穩性的保持和適航，關係到貨物運送的安全和裝卸速度的加快。因此在配載時要注意：重貨、遠途貨堆放

底層，輕貨、近途貨堆放上層，以免重貨壓輕貨和翻艙時造成貨損；怕串味的貨物不能混裝，易發生沾污的貨物要分開堆放；堆放散裝貨物要進行平艙，以使船身保持平衡，不致出現一側過重，導致船體傾斜；貨物堆放要整齊，要用繩索捆扎牢固，以防船在途中遇風浪時發生倒垛等。對因配載不當而發生的貨損，承運人不能推卸自己的責任。

(3)**適當而謹慎地運送**。承運人將貨物裝上船，並合理配載後封艙開航，此時應做好運送工作，以使貨物安全地抵達目的港交付給收貨人。除非遇到承運人無法控制的災害事故，如戰爭、封鎖、海盜、瘟疫、檢疫、冰凍、罷工、港口擁擠和其他原因及風險，或運輸契約雙方同意將貨物卸在非目的港，或為救助海上人命或財產等其他合理的原因之外，承運人不能繞道航行，離開航線，也不得無故拖延開航時間。對由於偏航或延遲開航所產生的貨損，承運人須承擔責任。

(4)**適當而謹慎地保管和照料**。在運輸途中，承運人對貨物，應當克盡職責，保管和照料好。舉運送糧食為例：在途中，承運人要注意適時地進行艙內通風，以防糧食發熱受損；若遇暴風雨，必須在其來臨之前及時關閉通風設備，以防海水和雨水進入貨艙，使糧食遭濕損；暴風雨一過，又應及時打開通風設備通風，以不致使糧食發熱受損。如果該打開通風設備時卻不開，該關閉時又不關，糧食因此而受損，承運人就推卸不了自己應擔負的責任。其他如留意對冷凍食品所需溫度的保持，做好對艙內貨物被竊的防範等等，都是承運人應對貨物盡到的保管和照料責任。

(5)**適當而謹慎地卸載**。船舶抵達目的港，停靠碼頭或繫泊浮筒，承運人應指導和監督裝卸工人開艙並按配載圖卸貨。配載圖亦稱積載圖，即是船上各貨艙室貨物堆裝的實況圖。在卸貨時必須做到謹慎，因為承運人對貨物所承擔的責任要到貨物卸下船時才告終止。由於卸貨不當造成貨損，承運人應負責賠償。至於貨物什麼時候才被認為是卸下船？有兩種情況：一種是船舶停靠碼頭而將貨物卸到碼頭上，如果是使用船吊，貨物脫離吊鉤便算是結束了卸貨，這就是「鉤至鉤」原則中的後一個「鉤」；如果是使用岸吊，以貨物吊越過船舷為卸貨結束，即「舷至舷」原則中的後一個「舷」。另一種是船舶繫泊於浮筒

而在船邊向駁船卸貨，在這種情況下，一般規定船吊將貨物掛上吊鉤，而後卸在駁船上，即算是卸貨完畢。倘若託運人自行安排卸貨並發生貨損，承運人也就不必負賠償責任了。

(二)承運人的免責規定

《海牙規則》實行的是不完全過失責任制。所謂不完全過失責任制，就是承運人對貨損負責的前提是要有過失，即使有過失，對某些過失所造成的貨損還可以免責。《海牙規則》第4條第2款規定了承運人可以享受的十七項免責事項。承運人對其承運的貨物是因這十七項中的任何一項所致的損失，可以不負賠償責任。現分述如下：

1.航行或管理船舶的過失，即船長、船員、引水員或承運人的雇佣人員在航行和管理船舶上的行為、疏忽或過失

航行過失，是指船舶開航後，船長、船員等人由於駕駛或操縱上的判斷錯誤，或因疏忽使船舶發生了原來可以避免的擱淺、碰撞等事故，所引起的貨物損壞或滅失；管理船舶過失，是指船長、船員等人在航行過程中，由於疏忽而沒有盡責地管理好船舶，如船上的水管破裂、排水管堵塞、壓水艙的水溢出等，致使貨物遭受損壞或滅失。

凡因航行或管理船舶過失而引起的貨物滅失或損壞，承運人可以免除賠償責任。但要注意區別管理船舶的過失和管理貨物的過失，因為對前者引起的貨損，承運人可以免責，而對後者導致的貨損，承運人則應負責賠償。如何判斷某個過失行為是屬於前者還是後者，關鍵就是看行為的最初目的是針對船舶還是針對貨物。如因判斷失誤而使船舶觸礁，造成貨損，即屬於管理船舶過失；暴風雨來臨之前未及時關閉通風設備而使海水進艙濕損貨物，則屬於管理貨物過失。在現實中，這兩種過失容易混淆，不易分清，因此在處理賠案時，要仔細進行調查研究和具體分析，找出致損原因並正確地加以判斷，確定責任。

2.火災，但由於承運人的實際過失或私謀所引起的除外

火災造成損失的範圍，包括火災直接燒毀貨物的損失，以及因救火而使用滅火器具或材料，還有水和煙霧給貨物造成的損失。

　　凡因火災引起的貨損，承運人可以免除賠償責任。但由於承運人的實際私謀或自身過失所引起的火災，就不能卸脫其對由此而產生貨損的責任。不過，這通常需要貨主的舉證，證明是承運人的實際過失或私謀即故意行為。承運人的過失，並非指承運人的代表或其僱佣人員的過失。對後者引起火災並導致的貨損，承運人不負責任。

3.海難，即海上或其他通航水域的災難、危險和意外事故

　　海難，是指在海上航行時遭遇到不能預見和無法抵禦的災難，包括自然災害和意外事故，致使貨物受損或滅失。例如，船舶在航行途中連續十餘天遭狂風巨浪襲擊，艙口蓋因此受損，導致海水進入貨艙，損壞貨物；又如船舶遭遇狂風巨浪，船長下令關閉通風設備，由於風浪長時間不斷，通風設備只得長時間關閉，最後因關閉時間過長，空氣不流通，致使貨艙中的貨物（如糧食）發熱而損壞。這兩種情況下的貨損均是海難造成的直接後果。

　　凡因海難引起的貨損，承運人可以免除賠償責任。但須注意的是船舶不適航不能構成海難，管理貨物過失亦不是海難。比如船舶結構本身有缺陷，如船殼不堅固、艙蓋板因橡皮圈老化而蓋不嚴密等，以至於不能承受一般風浪而造成貨損，屬於船舶不適航；因為在配載貨物時堆裝不妥，捆綁不牢固，待船舶開航出海後遇到巨浪襲擊，貨物發生倒垛而造成損失，屬於管理貨物過失。承運人對這兩種情況下的貨損，皆不能以海難作藉口來逃避責任。

4.天災

　　天災，是指由於自然力量直接引發的，非人力所能預防和抗拒的意外災難事故，如海嘯、暴風雨和雷電引起的火災等所致的貨損。

　　凡因天災導致的貨損，承運人可以免除賠償責任。

5.戰爭行為

　　戰爭行為包括承運人與貨主雙方所屬國家之間進行的戰爭，以及雙方中的任何一方所屬國家與第三國之間進行的戰爭，還有一國的內戰。

　　凡因戰爭或類似戰爭行為所致的貨損，承運人可以免除賠償責任。

6.公敵行為

　　公敵行為，包括承運人所屬國家的內外敵人和海盜掠奪行為，亦稱敵對行

動。

凡因公敵行為而引起的貨損，承運人可以免除賠償責任。

7.政府扣押，即君主、統治者或人民實行的扣留、管制或依法扣押

君主、統治者通常是指憲法政府或國家的統治者，人民指共和國政權。政府扣押，包括國家、政權機關對船舶強行干預，如禁止或限制某種貨物進出口，或對某個國家實行禁運，以及戰爭時期對船舶和貨物實行非常管理，也包括法院在審理涉及契約、侵權行為、損害責任或財產所有權等問題的訴訟案件時，應原告的請求，按照法律程序扣留船舶或貨物。

凡因政府扣押，或是承運人為了避免船舶被扣押而不得不偏航或不在目的港裝卸，由此所引起的貨損，承運人可以免除賠償責任。

8.檢疫限制

檢疫，是指為防止人、畜或作物傳染病從國外傳入國內的預防措施。如檢疫機關對來自流行某種傳染病的地區或港口的貨物或船舶進行強制性檢查和消毒，或者採取隔離措施，只許船舶停在港口外。不准其進港卸貨，均為檢疫限制。

凡因檢疫限制所造成的貨損，承運人可以免除賠償責任。

9.託運人或貨主的行為、過失，即託運人或貨主、其代理人或代表的行為或不行為

行為或不行為，也叫作為或不作為，這是法律用語，可以解釋為主體根據法律規定而做出的或沒有做出的舉動、行為。託運人或貨主，或者是他們的代理人或代表的行為或不行為，就是他們按照有關法律規定如《海商法》或者《海牙規則》，應該做的而沒有做，或者是不該做的卻做了。例如，他們應當向承運人正確申報所託運貨物的數量或重量，但卻沒有做到；應當在託運時恰當地說明所託運貨物的性質和保管方法，但卻沒有這樣做。

凡由於託運人或貨主的行為、過失而引起的貨損，承運人不負賠償責任。

10.罷工或停工，即不論由於任何原因所引起的局部或全面罷工、關廠、停工或限制工作

凡由於罷工或停工，不管其發生的原因如何，使得貨物不能在港內裝卸，

或者船舶被迫改靠其他港口，貨物因此遭到損壞或滅失，承運人不負賠償責任。

11.暴動和騷亂

暴動，按英國法院的解釋，是指至少有三人或三人以上非法聚集在一起，用暴力破壞或毀損財產，以達到自己某一目的的行為；騷亂，一般是指限於某一地區的秩序混亂、動盪不安，但有別於叛亂。

凡由於暴動和騷亂使貨物不能正常裝卸而受損，或者貨物直接被破壞所致損失，承運人不負賠償責任。

12.救助，即救助或企圖救助海上人命與財產

根據各國航海慣例和國際海上法規，在海上航行的船舶都有義務和責任救助海上遇難的人命和財產。在救助過程中，或為救助而改變航線，就都有可能使本船所載運的貨物受損或滅失。

凡因救助而導致貨物損失，承運人不負賠償責任。

13.貨物的性質或固有缺陷，即由於貨物的固有缺點、性質或缺陷引起的體積或重量虧損，或任何其他滅失或損害

貨物的性質或固有缺陷，如鐵製品易受潮生鏽；茶葉因吸收力強而易串味；袋裝的糧食因含有一定水分，經過長途運輸，水分會蒸發而導致減量；散裝的礦砂可能因裝卸灑漏、散失而造成短重等等。清潔提單並不能否定貨物的固有缺陷。

凡由於這些原因而導致貨物損失或重量短缺，承運人可以不負賠償責任。

14.包裝不固

貨物的包裝可分為外包裝和內包裝：外包裝的目的是為了防止貨物受外力碰撞、擠壓、跌碎、散失和便於裝卸運輸，而內包裝的作用則在於防止貨物受潮和吸收異味等。包裝堅固是託運人應盡的責任。

凡因包裝不固而引起貨物的損失，承運人可以不負賠償責任。但要注意的是，承運人對包裝不固必須在提單上予以適當批註，如果未加批註而簽發了清潔提單，就等於承認貨物包裝良好。這說明，承運人對包裝不固要負責舉證。在提單上不加批註，也就無法舉證以證明包裝不固，承運人對貨損就免不了

責。

15.標誌不清或不當

標誌，是在貨物或貨物包裝上書寫、壓印、繪製的標示文字或符號。標誌符號要與提單上所載的保持一致。

凡由於標誌錯誤或模糊不清，致使相同貨物混淆而無法正確交貨或造成貨損，承運人可以不負賠償責任。

16.潛在缺陷，即克盡職責亦不能發現的潛在缺陷

這裡的潛在缺陷，是指船舶的缺陷，而不是貨物的缺陷。通常指的是船舶結構上的缺陷，也就是具有熟練的技術加上謹慎認真的態度，也難以發現的潛在缺陷，如動力設備、船殼和附屬設備的潛在缺陷。正常的磨損和鏽蝕，不能作為潛在缺陷。

凡潛在缺陷造成的貨損，承運人可以不負賠償責任。

17.不列明的承運人無過失，即非由於承運人的實際過失、私謀，或是承運人的代理人或雇傭人員的過失或疏忽所引起的其他任何原因

凡不屬於前述十六項的免責事項，都可以包括在本項內。但承運人如要援用本項免責，應負舉證責任，證明有關的滅失或損害既非由於承運人本人的實際過失或私謀，也非承運人的代理人或雇傭人員的過失或疏忽所造成。英國有許多海事判例將貨物被竊的損失按照該項規定免除承運人的賠償責任。不過，須注意「竊」是指從包裝完整的整件貨物中竊取一部分，不同於將整件貨物偷走的「偷」。

歸納《海牙規則》所規定承運人可享受的這十七項免責事項，可以按性質把它們分成兩類：一類是過失免責，另一類是無過失免責。

過失免責，就是第1項的航行或管理船舶過失的免責。這項規定在作為重要國際提單公約之一的《海牙規則》中受指責抨擊最多。它反映了《海牙規則》對承運人利益的偏袒，對受損貨主的不公平，故而一直成為貨主國家強烈要求廢除的目標。

無過失免責，又可分為以下四種情況：①由於不可抗力或承運人無法控制的免責，共8項，包括第3項的海難、第4項的天災、第5項的戰爭行為、第

6 項的公敵行為、第 7 項的政治扣押、第 8 項的檢疫限制、第 10 項的罷工或停工、第 11 項的暴動和騷亂。②由於託運人或貨主的行為或過失的免責，共 4 項，包括第 9 項的託運人或貨主的行為和過失、第 13 項的貨物的性質或固有缺陷、第 14 項的包裝不固、第 15 項的標誌不清或不當。③特殊免責，共 3 項，包括第 2 項的火災、第 12 項的救助、第 16 項的潛在缺陷。④不列明的無過失免責，就是第 17 項。

(三)承運人的責任限制

責任限制，是指承運人在貨物發生滅失或損壞時依法承擔的賠償限額。《海牙規則》第 4 條第 5 款規定：「不論是承運人或是船舶，對貨物或與貨物有關的滅失或損害，於每包或每計算單位超過 100 英鎊或與其等值的其他貨幣時，在任何情況下都不負責任。但託運人於貨物裝運前已將其性質或價值加以說明，並在提單上註明的，不在此限。」

承運人對其無法脫卸責任的貨損，按兩種情況賠償：一種是託運人在貨物裝運前已對貨物的性質和價值作出說明並在提單上註明的，承運人應按註明的價值予以賠償；另一種是託運人未申報價值的，承運人則以每件每單位的賠償不超過 100 英鎊或其他等值貨幣為限額。

《海牙規則》第 9 條規定：「凡是不以英鎊作為貨幣單位的締約國，得保留其將本公約中所指英鎊數額以四捨五入方式折合為本國貨幣的權利。」

例如，美國、加拿大、日本和法國等國使《海牙規則》生效的國內立法規定，每件或每單位貨物的賠償限額分別為 500 美元、500 加元、10 萬日元和 1,000 法郎。中國大陸遠洋運輸公司提單規定的每件貨物賠償限額為 700 元人民幣。

(四)索賠和訴訟時效

《海牙規則》第 3 條第 6 款對通知貨損的期限和訴訟期限作出了規定。

1.通知貨損的期限

規定收貨人應在提貨前或提貨時將貨損通知書提交給承運人或其代理人，

否則就可被視為貨物在交付時是完好的。如果貨損不明顯，一時不易察覺，收貨人應於提貨三天內提交貨損通知書。若貨物用貨櫃運輸，則應在貨櫃交付後七天內提交貨損通知書。倘若貨物在交付時已經聯合檢驗，就無須提交書面通知。

2.訴訟時效

規定從貨物交付之日或應交付之日起的一年內，收貨人未就貨物滅失或損壞賠償提出訴訟，承運人在任何情況下都已解除了對貨損貨差所負的一切責任，也就是說，他可以時效已過為由拒賠。

二、三個國際提單公約在承運人責任規定上的比較

由於中國大陸目前是按照《海牙規則》來規範承運人的義務、責任、權利和豁免的，我們理應很好掌握它的內容。然而，與此同時，我們也必須了解對該規則進行了不同程度修改的另外兩個重要國際提單公約的內容，特別是注意它們對《海牙規則》主要內容的修改。

1.《維斯比規則》對《海牙規則》的主要修改

(1)提高賠償限額和採用雙重限額。《維斯比規則》將《海牙規則》規定的承運人對貨損的賠償限額為每件每單位 100 英鎊，改為每千克（毛重）30 金法郎或每件每單位 10,000 金法郎，二者取其較高者賠償。一個金法郎是指「一個含有純度為 900‰ 的黃金 65.5 毫克的單位」，與紙幣法郎無關。雙重限額的賠償計算顯然對貨主有利。由於金法郎作為記帳單位不能直按換算成各國貨幣，1979 年又將金法郎改為特別提款權（Special Drawing Rights，簡稱 SDR）。特別提款權是國際貨幣基金組織規定的一種由黃金保值的記帳單位，也稱「紙黃金」。按當時 15 個金法郎等於 1 個 SDR 作計算標準，每千克貨物（毛重）的賠償限額為 2SDR，每件貨物賠償限額為 666.67SDR，以高者為準。

(2)明確貨櫃運輸貨物的賠償單位。《維斯比規則》規定以提單上具體載明裝在貨櫃（或托盤）內的貨物件數或單位作為計算賠償限額的件數；如果沒有

在提單上註明件數，則以貨櫃（或托盤）為一件計算。

(3)延長訴訟時效。《維斯比規則》將《海牙規則》規定的一年訴訟時效改為經雙方當事人協商同意可以延長。

2.《漢堡規則》對《海牙規則》的主要修改

(1)推行完全過失責任制。《漢堡規則》規定，一旦貨損發生，便先推定承運人有過失，除非他能夠舉證，證明他本人或其代理人或雇佣人員沒有過失，否則不能免責，這就是所謂推定過失與舉證責任相結合的原則。此外，《漢堡規則》廢除了航行或管理船舶過失的免責規定和其他免責規定。

(2)延長承運人責任期限。《漢堡規則》規定承運人的責任期限包括貨物在裝運港、運輸途中和卸貨港處於承運人掌握管理之下的期間，也就是說，承運人要對貨物從裝運港到卸貨港期間發生的損失承擔責任。這樣，《海牙規則》採用「鉤至鉤」或「舷至舷」原則變成了《漢堡規則》的「港至港」原則。

(3)提高賠償限額。《漢堡規則》將每千克（毛重）貨物的賠償限額提高成 2.5SDR（相當於 37.5 金法郎），每件每單位貨物的賠償限額提高到 835SDR（相當於 12,500 金法郎），以高者為準。與《維斯比規則》規定的標準相比，《漢堡規則》將賠償限額提高了 25％左右，增幅不可謂不大。

(4)延長訴訟時效。《漢堡規則》將《海牙規則》規定的一年訴訟時效擴展為二年。

3.三個國際提單公約在主要內容上的比較

現將《海牙規則》、《維斯比規則》和《漢堡規則》在承運人的責任、責任期限、責任限制和訴訟時效等主要內容，以**表 8-1** 列示，作為比較。

三、海上保險人的責任

1.保險人承擔的貨損責任

在《海牙規則》給予承運人享受的十七項免責事項中，除第 9 項的託運人或貨主的行為和過失、第 13 項的貨物的性質或固有缺陷、第 14 項的包裝不固和第 15 項的標誌不清或不當這四項以外，其餘各項所造成的貨損，託運人均

表 8-1　三個國際提單公約的主要內容比較

國際公約名稱	承運人責任	責任期限	責任限制	訴訟時效
《海牙規則》	以不完全過失責任制為原則，規定兩項最低限度責任和17項免責事項。	採用「鉤至鉤」或「舷至舷」原則。	每件每單位賠償限額為100英鎊或其他等值貨幣。	從交貨之日或應交貨之日起算的一年。
《維斯比規則》	同上	同上	採用雙重限額：每千克（毛重）為30金法郎（2SDR）或每件每單位為 10,000 金法郎（666.67SDR），以高者為準。	一年，但可協商延長。
《漢堡規則》	推行完全過失責任制，廢除包括航行或管理船舶過失在內的所有免責規定。	採用「港至港」原則。	採用雙重限額：每千克（毛重）為 2.5SDR 或每件每單位為835SDR，以高者為準。	二年

可將它們作為保險危險，透過事先投保海上運輸貨物保險以及附加的戰爭險和罷工險，轉嫁給保險人承擔。

　　概括地說，海上運輸貨物保險對承運人所承運貨物發生的損失負賠償責任的大致有以下幾種情況：

　　①由於承運人提供的船舶不適航或沒有管理好貨物所引起的貨損；

　　②由於承運人的過失所造成，按《海牙規則》的規定卻又可予免責的貨損；

　　③由於承運人以外的其他第三者責任方的原因造成的貨損；

　　④由於非承運人和其他第三方負責的自然災害和意外事故所引起的貨損。

　　對①類貨損，保險人根據海上保險契約的規定負責賠償給作為被保險人的

貨主以後，取得代位求償權，向承運人進行追償；對③類貨損，保險人同樣在賠償以後取得代位求償權，向其他第三者責任方追償；對②、④兩類貨損，保險人只能自己承擔賠償責任，不存在代位求償問題。

2.保險人與承運人的責任交叉

　　按理說，貨主在其託運的貨物發生承運人應負責的損失，即上述的①類貨損後，應根據貨物運輸契約先向承運人索賠，但由於承運人利用他們與保險人在這類貨損上存在責任交叉這一實際情況，往往鑽《海牙規則》中管理船舶過失和管理貨物過失界限不易區分的漏洞，把明明應屬於①類管理貨物過失導致的貨損硬說成是屬於②類管理船舶過失造成的貨損，以此推卸自己應負的責任，使得貨主補償落空。有一個很典型的賠案可作為例子說明：1976 年一艘名為「新熊號」的貨輪從上海港裝 6,000 箱凍雞運往阿聯酋的杜拜港後，貨主發現凍雞全部變質不能食用。經調查後，貨主知悉貨損是因船上冷卻器凍結，冷氣打不進冷凍艙所致，遂向作為承運人的船方索賠。船方竭力以管理船舶過失抗辯，試圖免責，也就是把賠償責任推給保險人。幸而由於貨主據理力爭，指出對冷凍貨物未注意保持所需要的溫度，致使發生損失，乃屬於船方管理貨物過失，船方最後在事實面前才不得不承認，並負責對貨主 13.2 萬美元損失的賠償。

　　除了混淆管理船舶過失和管理貨物過失以外，還有承運人把管理貨物過失所致貨損推諉給海難的，或把船舶結構不適航所致貨損說成是潛在缺陷造成的等，不一而足。

　　還有必要提及另一種情況。我們知道，在②類貨損中，有些貨損儘管承運人可以透過免責規定拒絕對貨主的賠付，但是他們被要求負責舉證。由於運輸途中的貨物在承運人的管轄之下，貨主很難了解發生在航行於茫茫大海的船舶上的實際致損原因，承運人他們因而一般能輕易地經由舉證達到免責的目的。例如，造成貨損的火災有可能是承運人自身的過失或私謀所引起的，如果是這樣，他們就免不了責，然而他們憑藉自己控制著貨物這一優勢，不難做到把起火原因歸咎於其雇佣人員的過失上去。

　　此外，即使承運人無法拒絕其對所承運貨物損失應負的責任，他們還是可

以利用《海牙規則》中的責任限制規定，按遠遠低於貨物實際價值的賠償限額賠付給貨主，使後者的損失不能得到足夠的補償。

由於上述種種原因，投保了運輸貨物保險的貨主在運輸貨物發生損失後，往往以被保險人的身份直接向保險人索賠，而保險人只要被保險貨物的損失是屬於保險責任範圍之內的，就會按照保險條款實足補償給被保險人。目前在實際業務中，極大多數貨主僅僅向承運人發一份例行的索賠通知後，便將整套索賠單證提交給保險人。在從保險人那兒獲得賠償以後，這些貨主按習慣簽一份代位書，表明已把向承運人索賠的權益轉讓給保險人，讓保險人以貨主的名義或直接出面，代替貨主的地位向承運人追償。保險人在履行了自己的賠償責任以後，即可憑據被保險人即貨主轉讓的權利，經由認真調查，掌握確鑿的證據，有理有據地向承運人追償。追償中對責任劃分的爭議，雙方可通過協商、仲裁或訴訟方式解決。

在涉及承運人責任的貨損追償中，保險人與承運人，以及貨主即被保險人三者之間的關係，可用**圖 8-1** 顯示。

3. 《漢堡規則》的實施對海上保險的影響

《漢堡規則》自 1978 年在德國漢堡召開的聯合國海上貨物運輸會議上通過以後，經過十四年，終於隨著贊比亞成為第二十個簽約國而達到規定的生效條件，於 1992 年 11 月 1 日正式生效。這個雖被某些人稱之為是發展中國家與航運大國進行鬥爭和妥協產物的國際提單公約，在一定程度上確實體現了貨主的要求，維護了發展中國家合法的和正當的權益，與《海牙規則》相比，不能不說是一個進步。然而，也有人擔心該規則的正式實施，將與目前被廣大航運國家採用的《海牙規則》發生對抗，從而引起現行的國際航運秩序混亂，不僅如此，還會對海上保險產生強烈的影響。他們的理由是《漢堡規則》廢除《海牙規則》中的十七項免責規定，尤其是航行過失或管理船舶過失免責的取消，勢必加重承運人的責任，換句話說，對以往可以免責的許多貨損，承運人如今必須承擔起賠償責任來。這樣一來，既然託運的貨物可以從承運人那兒獲得比以往多得多的保障，貨主自然會減少對保險保障的需求。對此，大多數專家學者所持的觀點是：《漢堡規則》的實施不可避免地會對海上保險產生影響，但

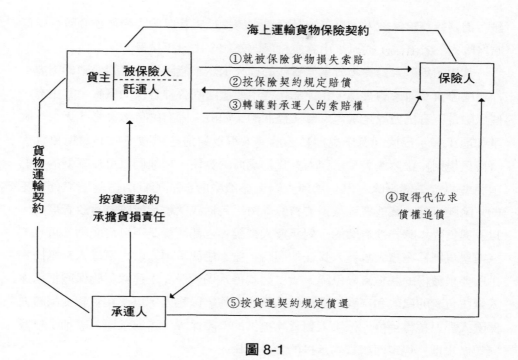

圖 8-1

影響不會過大，國際海上保險市場並不會因此而出現大的變動。這是因為：

首先，客觀存在的海上風險依然需要轉移給保險人。不論是《海牙規則》還是《維斯比規則》都是透過規定承運人可享受的十七項免責事項來保護承運人的利益的，而貨主面對這種情況，不得不透過投保海上運輸貨物保險，把承運人不負責的海上風險轉嫁給貨物保險人。與此同時，承運人也將他們按照這兩個國際提單公約仍須承擔的貨物運輸風險透過保賠保險轉移給保賠保險人。取消了承運人十七項免責規定的《漢堡規則》實施以後，承運人對其所承運貨物的責任擴大了，貨主原來轉移給貨物保險人的一部分風險現在要由承運人來承擔。雖然如此，承運人還是可以透過保賠保險把這部分風險也轉嫁給保賠保險人負責。風險還是那些風險，只是承擔的保險人變動了而已。何況，保賠保險人再可把風險分散到國際海上保險市場上去。因此，客觀存在的這些海上風險不會因為《漢堡規則》的推行實施而失去保險保障的必要，它們仍舊需要保

險，需要轉移給保險人，只不過是從原來轉移給貨物保險人變為如今轉移給保賠保險人，或者說，從原來由貨主投保改為如今由船東投保。

其次，承運人對貨物所承擔責任的擴大依然不能滿足貨主對保障的需要。作為國際貿易對象的貨物，在運輸過程中要遭遇到各種各樣的風險，其中有一些風險是不可抗力或是承運人無法控制的，如海上固有的自然災害、天災、戰爭和罷工等。根據《海牙規則》，承運人可以對這些風險造成的貨損免責。《漢堡規則》雖然擴大了承運人對貨物承擔的責任，把他們原可以享受的十七項免費規定全部廢除，但是承運人對上述風險所造成的貨損仍舊是不負責任的。除此以外，某些導致貨損的特殊風險，包括涉及政治或國家行政管理的，以及與貨物本身特性有關的，對承運人來說，也都同樣是不可接受的。可見，《漢堡規則》在擴大承運人責任的同時，並不能使承運人取代保險人來承擔貨主所要求獲得的各種風險保障。貨主還是得透過投保海上運輸貨物保險把承運人無法負責的風險和不願接受的特殊風險轉移給保險人，以便在貨物受損時從保險人那兒獲得補償。保險人對貨物提供的保險保障，遠非承運人哪怕是根據《漢堡規則》規定而對貨物承擔的責任可比。

第三，承運人的賠償限額與貨損實際價值的差額依然需要保險人來補償。《漢堡規則》加重了承運人的賠償責任，但仍舊保持著《海牙規則》原有的責任限制制度。《漢堡規則》規定承運人對貨損的賠償限額與《海牙規則》相比，儘管提高了許多，但事實上還是低於貨物的實際價值的，尤其是與價值高的貨物相比更相差懸殊，因此一旦這類貨物受到損失，根本不能指望得到足額賠償。既然《漢堡規則》也無法滿足託運高價值貨物的貨主希望在貨物受損後獲得足額賠償的要求，貨主當然還是願意向保險人投保，因為保險是他們指望得到充分保障的最佳選擇方式。

最後，保險人對貨損的主動及時補償依然是貨主正常進行貿易活動的重要保證。當貨主交付承運人運輸的貨物發生了由於承運人的過失所造成的，但同時卻又屬於保險責任範圍內的損失時，貨主可以作為託運人向承運人索賠，也可以被保險人的身份要求保險人賠償。通常，他們還是願意向保險人提出賠償要求的，其緣由就在於保險人對貨損賠償的處理要比承運人主動及時。眾所周

知，做好理賠工作，對貨物保險人來說，既是履行保險補償職能，保障被保險人即貨主應得利益的具體表現，也是對外樹立良好形象，進而推進業務的一個重要經營環節，意義重大。因此，一般來說，保險人在接到被保險人的損失通知後，只要保險人辦理了必要的向承運人索賠的手續，亦即維護了保險人的追償權利，就都能及時對貨損進行檢驗，確定保險責任，迅速賠付給被保險人。與能迅速從保險人那兒獲得賠償相比，貨主向承運人的索賠則要麻煩得多。在實際上，協商固然是貨主解決其與承運人爭議的一種方法，但對他們來說，往往只有通過仲裁或訴訟方能從對方索得賠款。耗費精力、增加法律費用支出不說，拖延時日更使他們頭疼，有的賠案一拖數年，甚至十餘年。沒有一個貨主在自己投入的大量貿易資金遭到損失之後，不迫切希望儘快獲得補償，而相反願意這些應得到補償的資金在曠日持久的訴訟中被擱置的。因此，他們自然需要保險，自然在發生貨損後選擇向保險人索賠，以此來保證貿易資金周轉的不中斷。《漢堡規則》實施以後，由於保賠協會作用的增強，作為協會會員的承運人在處理其對貨損應負責任上的態度或許會變得主動積極些，但是可以斷言，貨主對保險保障的需求絕不會因此而有所降低，及時的保險賠償依然是他們正常進行貿易活動的重要保證。

　　上面所談的只是幾個主要原因，還可以舉出一些。總之，我們不否認《漢堡規則》的生效和實施將給海上保險帶來的影響，尤其是隨著保賠保險作用的增大，保賠協會在其與勞合社和海上保險人三者中的地位將會發生變化。但是由於貨主對貨物保險所提供保險保障的客觀需要，新的國際提單公約的推行不會引起當前國際海上保險市場格局的重大變動，也不可能給現行的國際航運秩序造成混亂。因為已批准和加入《漢堡規則》的巴貝多、波扎那、布吉那法索、智利、埃及、幾內亞、匈牙利、肯亞、黎巴嫩、賴索托、馬拉威、摩洛哥、奈及利亞、羅馬尼亞、塞內加爾、獅子山、坦尚尼亞、突尼西亞、烏干達和尚比亞等二十國目前在國際航運界的地位都比較弱，一些主要航運國家還是採用《海牙規則》。當然，在國際海上貨物運輸領域同時存在著以《海牙規則》和《維斯比規則》為基礎的航運法律與以《漢堡規則》為基礎的航運法律，客觀上是不利於航運業的協調發展的，也必然會給保險業帶來麻煩。對

此，國際海事委員會和國際海事組織已加以注意，也已經在著手解決國際海上
貨物運輸法的統一問題。

第 9 章
海上運輸貨物保險的標的

第一節　貨物的定義和範圍

一、貨物的定義

海上運輸貨物保險的標的是貨物，說得確切些，是運輸過程中的貨物。在承保貨物的同時，海上運輸貨物保險還把運費、保險費和預期利潤一起作為標的承保。

貨物，作為海上運輸的對象和海上運輸貨物保險的標的，有其特定的涵義。

英國 1924 年《海上貨物運輸法》的附則第 1 條第 3 款、美國 1936 年《海上貨物運輸法》第 1 條第 3 款和《海牙規則》第 1 條和 3 款對貨物下的定義是一致的：「貨物，包括各種貨物、製品、商品和任何各類的物件，但活的動物和在運輸契約中載明裝於艙面上且已照裝的貨物除外。」

《漢堡規則》第 1 條第 5 款關於貨物的定義規定如下：「貨物，包括活動物；如果貨物是用貨櫃、貨盤或類似裝運工具集裝，或者貨物帶有包裝，而此

種裝運工具或包裝係由託運人提供，則貨物應包括這些裝運工具或包裝。」

中國大陸《海商法》第 42 條第 5 款則規定：「貨物，包括活動物和由託運人提供的用於集裝貨物的貨櫃、貨盤或者類似的裝運器具。」

二、貨物的範圍

綜合上述那些定義，我們可以這樣來確定海上運輸貨物保險中作為承保標的的貨物的範圍：一是指除船舶，以及船上的物料、備件和燃料以外的一切有形動產，包括貨幣、有價證券、文件等在內，但不包括船員的私有財物和旅客隨身攜帶的行李；二是指裝在船上的或處於運輸過程中的，包括由岸上發送到船上，由船上發送到岸上，或由起運港的倉庫發送到船上，由船上發送到目的港的倉庫等過程中，以運送到目的地為目的的貨物；三是艙面貨和活動物，在《海牙規則》中不被視為海上運輸的貨物，而《漢堡規則》並不將它們排除在貨物之外；四是由託運人提供的，用來集裝貨物的貨櫃、貨盤等裝運工具，以及貨物的外包裝也包括在貨物的概念中。

在海上貨物運輸中，貨物大多數是屬於國與國之間的貿易商品。因此，要研究海上運輸貨物保險，必須懂得商品學，了解貨物的包裝，熟悉貨物的標誌，掌握貨物的性質，學會分析造成貨物殘損的因素。

第二節　貨物的包裝和標誌

一、貨物的包裝

國際貿易貨物在海上運輸中，一般有散裝貨物、裸裝貨物和包裝貨物三種形式。

(1)散裝貨物（Bulk Cargo），是指大宗的、廉價的、成粉粒塊狀的貨

物，以及不必要包裝或不值得包裝的貨物。煤炭、礦砂、食鹽、糧食、石油等疏散地裝載在運輸工具內，它們就是散裝貨物。裝運這些散裝貨物的有專門的散裝貨船，裝卸這些散裝貨物的有散裝專用碼頭和散裝裝卸機械。

(2)裸裝貨物（Nude Cargo），是指一些自然成件，能抵抗外在影響，不必要外包裝的貨物，它們在儲存和運輸中可以保持原有狀態。裸裝貨物如圓鐵、鋼板、木材等，為了便於裝運，常用繩索、箍、夾等捆扎為束、疊、捆、堆等狀態。為了適應機械化裝卸，鋁錠、錫塊等一些裸裝貨物也常被固定在托盤上，成為托盤組合，這就更適合當前的國際運輸條件。

(3)包裝貨物（Packed Cargo），是指外面加包裝成為包、箱、桶、袋、罐、捆等形狀的貨物。只有包裝貨物才涉及包裝。

1.包裝的種類和作用

貨物包裝的目的，主要是保護貨物質量和數量上的完整，便於裝卸、搬運、堆垛和理貨工作，對某些危險品還有防止貨物本身危害和擴散污染的作用。包裝是實現商品價值和使用價值的重要手段之一。

貨物的包裝通常可分為運輸包裝和銷售包裝兩大類：

(1)運輸包裝，又稱外包裝，是在儲存和運輸過程中使用的。主要作用在於保護貨物，便於裝卸運輸，減少運費，便於儲存，節省倉租等。

(2)銷售包裝，又稱內包裝，是在貨物銷售和使用過程中使用的。它除了保護貨物之外，還具有美化、宣傳、便於銷售和使用的作用。

貨物的包裝材料種類很多，常用的有紙張、紙板、金屬、木材、塑料、棉麻織品、玻璃、陶瓷、草、藤、竹、柳等。貨物的包裝容器外形五花八門，有箱、桶、盒、袋、包、簍、筐、籮、籠、甏、壇、罐、瓶、缸等。選用什麼材料進行包裝，包裝容器採用什麼樣的結構造型，要根據不同貨物的性質、形式、國際市場的需要和運輸條件來具體考慮確定。此外，作為包裝重要組成部分的襯墊物也形形色色，一般有紙屑、紙條、木屑、稻草、乾草、棉絮和各種塑料襯墊物。襯墊物對貨物起了防震、防碎、防潮、防鏽等作用。用什麼襯墊物，同樣不能馬虎，得注意貨物發往國家有否特殊規定。

2.對運輸包裝的要求

保護貨物在儲存和運輸中不受損失，是對包裝的最基本要求。根據《海牙規則》，因包裝不善而造成貨物的毀損，承運人可以不負賠償責任。因此，好的運輸包裝要使用相宜的包裝材料，要有結構牢固的容器，要有適當的重量大小。具體地說，一是選用包裝材料應注意材料承受力大小及其性質是否適宜。如大型機械應當選用抗壓性能強、負荷量適當的材料；易鏽的金屬製品應當選用防鏽材料；食品應當用無異味、不吸濕的材料等。二是包裝容器的結構要科學，造型要依照貨物性質和形狀來考慮。如價值較高、容易受損的貨物最好用箱裝；可緊壓而品質不受損壞的貨物可以機壓打包；液體、半液體及粉狀貨物常用桶裝；農產品和化工原料多用袋裝。三是包裝的重量和體積必須適合國內外堆垛、搬運，以及節省包裝費用和運輸費用的要求。如大型機械可採用拆裝；對形狀規則的貨物可採用套裝；特殊形狀的貨物通過合理排列以縮小體積。

運輸包裝要適應國際海上運輸條件，注意沿途自然條件，並與各地裝卸運輸的機械化程度相適應，對運往港口運輸設備差的地區或者需要轉口的，包裝容器要更牢固。在國際上，運輸包裝現今正日益朝著輕便、集合裝運的方向發展，因此對運往裝卸設備好的地區，機械化程度高的地區，要推廣使用托盤、貨櫃或袋裝運的方式。

運輸包裝一定要注意符合貨物發往國家當地的國家，因為很多國家對進口貨物的包裝都訂有特殊規定，若包裝與規定不符，或課以罰款，或不准進口。例如，有些國家對採用某些包裝材料作為容器，如玻璃瓶、陶器等的貨物，嚴格限制進口；日本、加拿大和歐美諸國禁用稻草、乾草、紙屑作為包裝襯墊物；埃及不准用原棉、葡萄樹枝、舊材料或易於孳生害蟲、寄生蟲的植物材料作為包裝襯墊物；澳大利亞、紐西蘭、伊拉克禁用稻草、乾草作為外包裝或襯墊物；阿爾及利亞對某些貨物規定必須使用一次性包裝。各國對包裝重量和體積也有不同的規定，如超過規定，要加收超重、超大或超長附加費，對危險品則規定使用一定標準的防爆、防毒、防腐蝕包裝容器。

運輸包裝必須牢固，能適應長途運輸的需要。託運人對其交付給承運人運輸的貨物沒有按規定進行包裝而造成包裝不固，情況嚴重的，承運人應拒絕裝

運，情況較輕微的，可以在收受貨物時在提單上加以適當批註。承運人如果簽發了加註有某些有關貨物包裝不固批語的提單即不潔提單，他就可以對包裝不固所引起的貨物損失不負賠償責任。

二、貨物的標誌

1.標誌的重要性

凡是海上運輸的貨物，除散裝貨物以外，必須具有適合於海上運輸的包裝，以及清晰可見的標誌。

標誌，是用顏料或烙印的方法在貨物包裝上塗刷的文字、圖形和記號。它在貨物包裝中占有重要的地位。包裝再完善，沒有標誌或標誌不全，都被視為不合規定。貨物標誌的作用，一是便於識別貨物，有利於裝卸、分票、清點等理貨工作，也便於查找錯發錯運；二是保證貨物的完整，告示裝卸作業人員注意操作；三是保障人身和運載工具的安全，促使人們對危險品的搬運、裝卸、存放和保管等保持謹慎和警惕。

2.標誌的區分

貨物標誌主要有運輸標誌和指示、警告性標誌兩種：

(1)**運輸標誌**，亦稱裝船標誌，即運輸包裝的外部標誌，是國際貿易貨物包裝條件不可缺少的內容，一般有出產國名、生產廠、發貨港、目的港、收貨人、貨名、規格、嘜頭，還有有關貨物的體積、重量、性質、儲運方法等。運輸標誌習慣上稱作嘜頭，實際上，嘜頭只是運輸標誌的一部分。運輸標誌必須繪製清楚醒目，色澤鮮明，大小適中，以使收貨人在提貨時易於辨認。

(2)**指示、警告性標誌**，是指根據貨物的性質而印在貨物包裝上，有指示、提醒、警告作用的圖形和文字，包括表示應在貨物儲運過程中予以注意的注意標誌和表明貨物危險性質的危險標誌。如「保持乾燥」、「小心輕放」、「有毒品」和「易燃物品」等。

從事海上貨物運輸業務的航運公司通常在簽發的提單中，有專門為貨物包裝和貨物標誌規定的條款，要求貨物在裝船前必須具有完好的、適合海上運輸

的包裝和標誌。如果由於標誌不清，包裝不合適而引起的罰款或費用，概由貨主負責。

　　海上運輸貨物保險人同樣要求被保險人按照提單條款的規定，安排貨物的包裝，塗刷貨物的標誌。貨物的包裝也就是保險標的的包裝，貨物的標誌也就是保險標的的標誌。貨物標誌清不清，或貨物標誌是否與保險標的的標誌相符是涉及該貨物是不是貨運保險單承保標的的原則問題。包裝、標誌問題還涉及發貨人是否按貿易契約的規定和國際慣例，履行其應對貨物所承擔的責任，保險人當然是必須關注的。

第三節　貨物的性質

　　貨物的性質極為複雜，每一種貨物都有自己的特性。研究貨物的性質，了解每一種貨物的特性，對成交一筆國際貿易業務所涉及的貿易契約、海上貨物運輸契約和海上運輸貨物保險契約這三個契約的當事人來說，意義都很大。譬如，貨物的賣方只有了解貨物的性質，才能提高貨物的品質，採用科學的包裝，把貨物完好地交付給承運人運送，完成交貨任務；賣方只有了解貨物的性質，才能結合對貨物在運輸途中遭損可能性的考慮，選擇合適的投保險別，根據與賣方商定所採取的貿易價格條件，直接或由賣方出面向保險人投保；承運人只有了解貨物的性質，才能結合航程特點、氣候條件來正確受載、管理、堆放、配載、承運、保管和卸載貨物，履行提單規定的承運義務；海上運輸貨物保險人只有了解貨物的性質，才能在審理貨損賠案時，正確分析損因、判明責任，以最後審定保險責任和掌握有關責任方，包括承運人、港方或貨方自己的責任，做好保險賠償及追償工作。可見，研究貨物性質對貿易、航運和保險任何一方來說都是大有必要的。

一、貨物的一些主要性質

　　貨物有各種物理機械性質和化學性質，我們僅擇其中幾種涉及應當在儲運保管中了解和掌握的介紹於下：

　　(1)**吸濕性**。是指貨物在乾燥的條件下放出水分，而在潮濕的條件下又能吸收水分的性質。棉、麻、毛、絲等紡織品，茶葉，煙葉和穀物等都是強吸濕性貨物，吸濕後易發霉變質。因此，各國有關政府部門或國際上的標準化組織所頒布的標準中，對這類貨物均規定有最高含水量，如中國大陸對出口糧穀的含水量規定一般不超過 15％。

　　(2)**吸收異味性**。是指貨物吸收周圍環境中的異味氣體的能力很強，吸附後難以除去。茶葉、煙葉和糧食都是吸收異味性較強的貨物。它們如果吸收了不利於其品質的氣味，就會發生變味，嚴重的甚至會失去食用價值。

　　(3)**韌性和脆性**。韌性是指貨物在一定條件下能承受外力的作用而不破裂的性質。皮革、橡膠、針錦織品等都具有一定韌性，遭到一般的碰、撞、摔，影響不大，但不能拉扯和過大的外力衝撞。脆性恰好相反，是指貨物在一定外力作用下易於破碎的性質。如陶瓷、玻璃等製品受到碰、撞、摔和重壓，就會「粉身碎骨」。

　　(4)**化學穩定性**。是指貨物受空氣、日光、熱、水、酸和鹼等外界因素的作用，在一定範圍內，不易分解、氧化或其他變化的性質。化學穩定性不高的貨物，如橡膠和橡膠製品在熱、光等因素的影響下發生氧化，變硬變脆，老化變質；油脂與空氣接觸，或油脂含有水分並在光或熱的作用下發生氧化或水解而酸敗；水泥遇到硫酸銨、硝酸銨，由於氨的作用會產生很快的凝固性。

　　(5)**毒性**。是指有些貨物能侵入人體內部，與人體某部分組織發生化學和物理化學的作用，從而破壞人體正常的生理機能的性質。如某些劇毒農藥和汽油、甲醇等化工產品都是有毒性的危險品。

　　(6)**腐蝕性**。是指有些貨物接觸人體能發生腐蝕、灼傷以至潰爛，或接觸其他物品發生腐蝕破壞作用的性質。硫酸、硝酸就屬於腐蝕性貨物，傷害人體、

破壞有機物和腐蝕金屬等。

　　(7)**燃燒爆炸性**。是指有些貨物在與氧發生劇烈的氧化反應時，伴隨著產生光和熱，這種反應稱之為燃燒。汽油、酒精和油漆都是可燃物。在極短時間內完成化學反應，並在化學反應過程中產生大量的氣體和熱量，因氣體體積急劇膨脹，發生巨大的響聲和衝擊力，這種現象稱為爆炸。炸藥、鞭炮、汽油等都是易爆物。

二、貨物在儲運中的質量變化及其防護

　　作為貿易和航運對象，同時又可成為海上保險標的的貨物，種類繁多。由於各自的性質不一，並受外界因素的影響，它們在儲存和運輸期間會發生各種各樣的質量變化。不同類型的貨物發生的質量變化也不同。這些變化有物理、化學和生理生化等變化形式。

1.貨物的物理變化及其防護

　　貨物的物理變化形式主要有：

　　(1)**揮發**。液體貨物如汽油、酒精等的揮發，不僅會使數量減少，還嚴重影響貨物的品質，甚至危及人體健康，發生爆炸、燃燒事故。因此，在儲運過程中，應對它們採用密封的包裝容器，要注意存放在溫度較低的庫房和專門貨艙內，嚴格控制艙內溫度，以防它們揮發。

　　(2)**溶化**。食糖、食鹽以及化肥中的尿素都是易於吸濕溶化的貨物。為此，在儲運過程中，要注意它們的包裝，保證倉庫和貨艙內的良好通風，保持適宜的溫度和濕度，防止它們吸濕。

　　(3)**滲漏**。香水、酒精、油漆和某些液體貨物往往由於包裝不良等原因而發生滲漏。對這類貨物，除改進包裝容器外，還應加強入艙前的驗收、檢查和溫濕度管理，並注意輕搬輕放，防止它們在儲運中發生滲漏損失。

　　(4)**串味**。茶葉、煙葉和糧穀等被有腥味、臭味或其他氣味的貨物發出的異味污染後都不易散失，影響食用價值，甚至完全不能食用。因此，在儲運過程中，要注意運輸工具的衛生，不能將這些食品與有腥臭味的貨物同艙存放和一

起運輸，以免降低質量或無法食用。

(5)**沾污**。絲綢、呢絨、服裝由於包裝不良，搬運中不慎或貨艙不清潔等原因會沾上污物，從而降低外觀質量。因此，在儲運中，除了保證貨物的良好包裝外，不能忽視倉庫、貨艙的環境衛生。

(6)**機械變化**。破璃、陶瓷製品在搬運中受到碰、撞、擠、壓和拋擲而破碎；琺瑯製品會脫瓷、凹癟；鋁製品會被劃傷、壓膣而變形；粉狀化肥如堆垛過高，會因貨垛壓力加大而結塊等。因此，在儲運中要注意包裝質量完好，易碎物品要小心輕放，怕壓商品不宜堆垛過高，粉末狀貨物的堆垛高度不應超過一定壓力的限度。

由於貨物某些形式的物理變化，加上在儲運過程中一定的自然條件影響下，不可避免地會產生貨物在重量和數量上減少的情況。如含水分多的貨物由於長時間暴露在空氣中而揮發、乾耗；液體貨物因包裝容器滲漏而減量；粉狀和粒狀貨物易通過包裝空隙散失。只要減少的重量和數量在國際公認的標準之內，即被稱作貨物的自然減量，俗稱途耗。自然減量的大小，還與貨物裝卸方式、裝卸次數、運輸時間長短等其他因素有關。當然，化學變化也會造成貨物自然減量。凡在國際上公認的自然減量範圍內的貨物短量，承運人免責，也不屬於海上運輸貨物保險的承保範圍。

2.貨物的化學變化及其防護

貨物的化學變化形式主要有：

(1)**氧化**。纖維織品、橡膠製品、油脂類商品及某些化工原料易於氧化，不僅會降低質量，有的甚至會在氧化過程中產生熱量，發生自燃及至爆炸。所以，在儲運中一定要注意存放倉庫、貨艙內的環境因素，包括溫度、空氣中的相對濕度等，防止日光的直射。

(2)**鏽蝕**。金屬製品在潮濕空氣或酸鹼等的影響作用下，發生被腐蝕現象，不僅重量減少，且質量受到影響。因此，對金屬製品、機器設備等在儲運過程中，要注意盡量不採用裸裝，不讓它們遭雨淋和海水浸泡，保持貨艙內空氣的乾燥。

3.貨物的生理生化及其防護

　　糧食、蔬菜、鮮肉、鮮魚、鮮蛋、水果等有機體貨物在儲運過程中，受外界條件的影響，往往會發生各種各樣的生理生化變化，像糧食、果蔬因呼吸作用，分解出水分來，發生腐爛、霉變；鮮肉、鮮魚、鮮蛋因微生物作用，引起腐敗、發臭。要防止這些食品在儲運中因發生生理生化而腐爛、霉變，就必須注意減少外界條件對它們的影響，如存放在空氣乾燥和通風條件良好的倉庫和貨艙，經過降溫、降濕，採取抑制微生物繁殖和防治害蟲的措施，對新鮮果蔬和魚肉蛋則一定要在保持冷藏溫度的條件下運輸。

三、危險品在儲運中的保管

　　具有毒性，或腐蝕性，或燃燒爆炸性的貨物，統稱為危險品，其中大多數是化工產品。危險品由於具有上述各種不同的性質，要求我們對它們在儲運過程中的保管必須比對一般性貨物的防護更加嚴格。

　　由於國際海上運輸中的危險品越來越多，各國對危險品的進出口批准及其在儲運中的保管要求也越來越嚴。聯合國海事組織也專門編纂了《危險品裝載規定》，對危險品的包裝、裝卸、配載堆放、運輸管理等作了詳細的規定，要求各國承運人切實嚴格執行。例如對危險品所貼的標誌，規定至少為 10×10 厘米的面積，並須說明其主要危險性和附帶說明其他危險性。有些國家還把危險物品分級，規定託運人必須明確把所託運的危險品的性質及其分級告訴承運人，並在包裝、標誌上按要求作好處理，否則承運人可拒絕承運。以英國為例，把危險物品分成以下九級：一級，指爆炸物品；二級，指可燃氣體，包括被壓縮的、加壓而液化或溶解的；三級，指易燃液體；四級，指易燃固體、自燃物品或因受濕而能引起燃燒的物品；五級，指氧化物和有機過氧物質；六級，指有毒物品；七級，指放射性物質；八級，指腐蝕性物品；九級，指其他各種危險物品。託運人若違反分級規定，或沒有做到包裝標誌要求，就要受到嚴厲的處罰。

　　《海牙規則》對託運人在危險品運送上的責任作出了明確的規定，第 4 條

第 6 款規定：「承運人、船長或承運人的代理人對於事先不知其性質而裝載的具有易燃、爆炸或危險性的貨物，可在卸貨前的任何時候將其卸在任何地點，或將其銷毀，或使之無害，而不予賠償；該項貨物的託運人，應對由於裝載該項貨物而直接或間接引起的一切損害或費用負責。如果承運人知道該項貨物的性質並已同意裝載，則在該項貨物對於船舶或貨載發生危險時，亦得同樣將該項貨物卸在任何地點，或將其銷毀，或使之無害，而不負賠償責任，但發生共同海損時除外。」這就是說，如果託運人事先沒有明確地把危險貨物的性質告知承運人，並得到其同意，他們就不可能將這些貨物付運。承運人在不知和未同意情況下承運了危險貨物，便有權將它們卸下、銷毀或讓其無害，而不必承擔任何責任。即使承運人知道並同意承運，但在危險貨物危及船舶或其他貨物的安全時，也可以同樣那麼處置，同樣不負賠償責任。

危險品在海上運輸中，通常都被存放在特別貨艙內，而貨櫃由於有簡化搬運工作，與非搬運人員隔開，以及搬運裝卸不用吊機等優點，越來越被航運界人士看作是運送危險品最理想的海上運輸工具。現在國際上運送危險品的規定，也大都是參照貨櫃收貨裝運的辦法來制訂的。

在海上運輸過程中，貨物處於承運人的控制和保管之下。從簽發出了提單以後，承運人就要對其承運的貨物承擔一定責任。由於未能掌握承運貨物的性質，沒有根據它們不同的特性作好有效的防護和照料，或者在配載和管理上出現疏忽過失，致使貨物受損或短缺，承運人是不能推卸自己的責任的。海上運輸貨物保險人對由自己承保卻在保險期內為承運人所掌管的貨物，理所當然地要關注這些標的的性質，關注承運人對它們在儲運過程中的防護和保管。

第四節　海運過程中造成貨物殘損短少的因素

貨物在海上運輸過程中發生殘損、短少是經常的現象，但是造成殘損的原因卻是多種多樣的，有自然災害和意外事故造成的損失，也有人為因素造成的損失。在人為因素造成的貨損中，又有屬於發貨人責任的，屬於承運人責任的

和屬於港方責任的等等。

一、致損因素分析

常見的致損因素有以下各點：

(1)**裝卸作業中的因素**。包括裝卸作業人員違章操作、搬運裝卸不慎、使用裝卸工具不當而造成貨物的碰損、鉤損及破碎等；或是在雨雪天氣裝卸而使貨物遭雨淋受潮等。

(2)**配載不當的因素**。包括承運人對承運貨物未能盡職地進行合理配載、隔墊而造成的碰損、破碎、污染、串味等，如將忌混裝的貨物裝在同一貨艙內，將重貨壓在輕貨上，將怕熱易燃貨物堆放在靠近鍋爐房等熱源的貨艙裡；或是未按卸港次序配載而使翻艙倒載；或是未在貨物堆放後用繩索捆扎牢固，致使貨物在船遇風浪時發生倒垛等等。

(3)**貨艙條件不良的因素**。包括承運人沒有使貨艙、冷凍艙和該船裝載貨物的其他部位具備裝貨條件，如貨艙通風不良，致使貨物在艙內發汗受潮；艙內管道漏水、線路漏電，致使貨物受損；未將貨艙打掃乾淨，以致上一航程裝貨的殘留物沾污本航程承運的貨物或使其串味變質；對貨艙未加清洗或熏蒸，致使蟲害孳生、老鼠猖獗，貨物遭鼠齧、蟲蛀損失等等。

(4)**貨物包裝不固和標誌不清的因素**。包括託運人選用包裝材料不當，或是未按要求包裝貨物，致使貨物因包裝不固而在裝卸搬運時發生跌碎、散失、短量、碰撞、擠壓等損失；或是未按契約或國際慣例規定刷嘜，注意標誌或危險標誌模糊不清，由此造成貨物混票而錯發、錯運或發生裝卸事故損失等。

(5)**運送過程中的因素**。包括船舶在裝貨完畢，封艙開航後，在航行中遇到惡劣氣候、海嘯、雷電等自然災害，或是發生觸礁、擱淺、碰撞等意外事故，以及火災，致使所載運貨物因船身震動、搖晃、顛簸而碰損、破碎，因海水浸入船艙而濕損，因大火而被焚燒、煙熏、烘烤致損等等。

(6)**貨物自身特性的因素**。包括貨物的自然滲漏、自然損耗或自然磨損所造成的貨損，如糧穀類貨物均含有一定水分，經過長途運輸，水分蒸發，導致短

量；或是貨物的本質缺陷或性質造成的損失，如糧食的霉變、水果的腐爛、煤炭的自燃、鋼鐵製品的生鏽、瓷器和玻璃的破碎等。

貨物在運輸過程中經常會因為上述一種或多種因素而發生殘損或短少。貨損一旦發生，那就必須以查勘、檢驗的結果為依據，按照與運輸全過程有關的貿易、運輸、裝卸和保險等契約的條款，對導致貨損的因素進行具體分析。如若致損原因不止一個，還得在綜合分析基礎上找出導致貨損的近因。總之，分析貨損原因是一項相當複雜細緻的工作。

二、責任歸屬劃分

損失確定以後，就得透過舉證來分清過失，明確應由誰來承擔責任。除了對貨物自身特性因素造成的殘損、短少，各契約關係方均可免責以外，其餘各類貨損的責任歸屬一般可作如下劃分：

1.貨物包裝不固和標誌不清因素造成的貨物殘損，如舉證充分，一般由發貨人負責

這類貨物殘損，稱為「原殘」，即是因發貨人沒有按照貿易契約的質量交貨而造成的，理當由作為賣方的發貨人承擔責任。「原殘」包括以下幾種情況：

(1)在生產、製造、加工、裝配、整理和包裝過程中造成的貨損；

(2)在裝運港裝船前堆存、轉運過程中造成的貨損，即在提單、艙單或大副收據上已作批註的殘損；

(3)雖是清潔提單，但發貨人向船方開具保證函，申明貨物的短少與承運人無關的這部分損失；

(4)裝運港理貨人出具的例外單（Exception List）上批明的短少損失；

(5)貨物品質、包裝和標誌不符合契約規定或國際慣例，以及不適合遠洋運輸造成的殘損。

對於各種「原殘」，收貨人應及時向檢驗機構申請檢驗，要求鑒定出證，

並據以向發貨人索賠。如果收貨人事先投保了海上運輸貨物保險，「原殘」即使是發生在保險承保期內，保險人也不負責，因為「原殘」屬於保險的除外責任。

2.裝卸作業中因素造成的貨物殘損，一般由港方承擔責任

這類貨物殘損稱為「工殘」，是因港方或其他第三者未按裝卸等有關契約規定而造成的，理應由作為契約當事人一方的港方承擔責任。「工殘」有以下幾種情況：

(1)裝卸作業工人明顯違章操作、裝卸不慎、粗暴搬運、使用裝卸工具不當等造成的貨損；

(2)在碼頭、倉庫、堆場等處因運輸、堆存和保管不善等造成的貨損。

對於各種「工殘」，收貨人必須取得有關責任方出具的貨運記錄，作為向其索賠的憑證。如果收貨人事先投保了海上運輸貨物保險，只要「工殘」是發生在承保期內的，就也屬於保險責任。若收貨人作為被保險人直接向保險人索賠，保險人便得負責賠償，賠償後取得收貨人轉讓的權益，向有關責任方追償。

3.配載不當因素和貨艙條件因素造成的貨物殘損，船方一般都不能推卸其作為承運人的責任

這類貨物殘損稱為「船殘」，是因船方未履行海上貨物運輸契約而造成的，理應由作為承運人的船方承擔責任。「船殘」包括以下幾種情況：

(1)船舶不適航、船舶設備不良或船艙設備條件不適宜載貨等直接造成的貨損；

(2)船方對載運貨物未能克盡職責進行合理配載、積載、捆扎、墊隔而造成的貨損；

(3)船方已簽發清潔提單，並在卸貨港由理貨人出示的貨物殘損單上簽認的殘損；

(4)船方已簽發清潔提單，並在卸貨港由理貨人出示的貨物溢短單上簽認的貨物整件短少，這亦叫「短卸」。

對於各種「船殘」以及「短卸」損失，收貨人均應及時向檢驗機構申請檢

驗，要求鑒定出證，並據以向船方索賠。如果發現貨損嚴重，涉及金額很大，除及時取得船方簽證外，還要求船方提供銀行或船東保賠協會擔保。倘若船方拒絕提供這種擔保，收貨人就要向當地法院申請扣船，採取訴前保全措施。要是收貨人事先投保了海上運輸貨物保險，只要「船殘」是發生在承保期限內，便也屬於保險責任。若收貨人作為被保險人直接向保險人索賠，保險人就應負責賠償，賠償後取得收貨人轉讓的權益，向船方追償。

4.運送過程中因素造成的貨物殘損，由於這些因素大多數是屬於《海牙規則》給予承運人享受的 17 項免責規定，承運人因此可以無須承擔責任

　　如果收貨人事先投保了海上運輸貨物保險，只要所發生的貨損是在保險責任範圍內和在保險有效期內的，就由保險人負責。在運送過程中發生的且屬於保險責任的貨物殘損，包括以下幾種情況：

　　(1)由於非承運人和其他責任方負責的自然災害和意外事故，如海難、天災、火災等所引起的貨損；

　　(2)由於承運人的過失即航行或管理船舶過失所造成的，卻又為《海牙規則》規定所免責的貨損。

　　對這些屬於保險責任的損失，收貨人必須及時向保險人或其代理人申請檢驗，保險人經檢驗並審定後負責賠償。

中國大陸海上運輸貨物保險條款

第一節　海上運輸貨物保險的主險及其承保責任

　　何謂主險？主險是指可以獨立投保，不必附加於其他某一險別項下的基本險別，又稱基本險。根據中國大陸人民保險公司 1981 年 1 月 1 日修訂的《海洋運輸貨物保險條款》規定，中國大陸海上運輸貨物保險的主險有平安險、水漬險和一切險三種。現將這三種主險的含義及其承保的責任範圍分述如下。

一、平安險（Free From Particular Average，簡稱 F.P.A.）

　　平安險，不能從字面上把它理解為保險人對投保了這一險別的貨物負責平安運抵目的地，如果貨物在運輸途中不平安，也就是因遭遇事故而發生損失，被保險人就能得到保險人的賠償。平安險按其英文原意應是「不負責單獨海損」，中文譯名顯然不確切，但在中國大陸保險行業中習慣沿用至今。平安險對單獨海損不承擔賠償責任，而單獨海損屬於部分損失，因此早先也有人就此把該險別的責任範圍局限於對全部損失的賠償，部分損失不賠。經過國際保險界長期以來在實踐中的不斷修訂和補充，平安險的承保責任已經超出僅對全損

賠償的範圍，保險人對某些原因造成的部分損也負責賠償。

按照中國大陸「人保」公司的保險條款，平安險負責因下列原因所造成的貨物損失：

(1)被保險貨物在運輸途中由於惡劣氣候、雷電、海嘯、地震、洪水自然災害造成整批貨物的全部損失或推定全損。

(2)由於運輸工具遭受擱淺、觸礁、沉沒、互撞、與流冰或其他物體碰撞，以及失火、爆炸意外事故造成貨物的全部或部分損失。

(3)在運輸工具已經發生擱淺、觸礁、沉沒、焚燬意外事故的情況下，貨物在此前後又在海上遭受惡劣氣候、雷電、海嘯等自然災害所造成的部分損失。

(4)在裝卸或轉運時由於一件或數件整件貨物落海造成的全部或部分損失。

(5)被保險人對遭受承保責任內危險的貨物採取搶救、防止或減少貨損的措施而支付的合理費用，但以不超過該批獲救貨物的保險金額為限。

(6)運輸工具遭遇海難後，在避難港由於卸貨所引起的損失，以及在中途港或避難港由於卸貨、存倉以及運送貨物所發生的特別費用。

(7)共同海損犧牲、分攤和救助費用。

(8)運輸契約訂有「雙方過失碰撞」條款，根據該條款規定應由貨方償還船方的損失。

在上述八項規定的承保責任中，前七項的意思都比較明白，唯有第 8 項須作解釋說明。

雙方過失碰撞條款（Both-to-Blame Collision Clause），是倫敦協會貨物保險新條款中訂有的一條有關貨物運輸責任的條款。該條款（即第 3 條）規定：「本保險負責賠償被保險人根據運輸契約訂有『雙方過失碰撞』條款規定，由被保險人應負的比例責任，視作本保險單項下應予補償的損失。如果船東根據上述條款提出任何索賠要求，被保險人同意通知保險人，保險人有權自負費用為被保險人就此項索賠進行辯護。」

根據《1910 年船舶碰撞公約》，船舶碰撞雙方互有過失責任時，兩船上的貨物損失由過失船舶各按過失程度的比例賠償。然而，《海牙規則》卻又規定，由於船長、船員、引水員在航行或管理船舶中的疏忽或過失造成本船所載

貨物的損失，船方即承運人對其所承運貨物的損失不負賠償責任。因此，在這種情況下，貨主只能向對方船舶索得該方按其過失比例應承擔的那部分賠款。美國沒有參加《1910 年船舶碰撞公約》，它對船舶碰撞責任的確定和損害賠償原則與其他國家完全不同。首先，它提出「對半責任原則」，規定因互有過失而造成船舶碰撞的雙方，不論誰過失大誰過失小，都各負 50％的責任。這就是說，即使某一方在船舶碰撞中實際上只有 10％的過失責任，另一方應承擔 90％的過失責任，但雙方依然對碰撞賠償責任各負一半。其次，美國提出「貨物無辜原則」，規定因互有過失而造成船舶碰撞的雙方，對碰撞造成船上貨物的損失負連帶責任。這就是說，任何一方船舶的貨主就其貨物在碰撞事故中的損失，有權向非載其貨物的對方船舶索取 100％的賠償；而非載貨船舶一方則有權以船舶碰撞責任劃分的比例向載貨船舶一方追回它付給載貨船舶的貨主的賠償額一半。這樣一來，就使得承運人與託運人關於航行或管理船舶中的過失可以免責的規定失去了效力，原來載貨船舶（承運人）對本船貨損可以不賠貨主（託運人）變成為要賠了。

針對美國保護貨主利益的「貨物無辜原則」，各國承運人利用自己可以單方面制訂簽發提單的權力，凡運送貨物去美國，在其與貨主簽訂的提單或租船契約上加上了「雙方過失碰撞」條款，規定如本船與他船發生碰撞，其原因是由於他船的過失，同時也因本船船長、船員、引水員在航行或管理船舶中的疏忽、過失或不履行職責而與他船碰撞，則本船貨主應就他船即非載其貨物的船舶在賠付給自己所受貨損的賠款以後又向本船承運人提出的一部分索賠，償還給本船承運人。說得簡單些，雙方過失碰撞條款就是要求貨主補償本船承運人原來可以免責卻又被迫承擔他船應對本船貨物損失所負賠償責任中的那部分賠款。不言而喻，承運人在提單或租船契約中加上雙方過失碰撞條款的目的，是為保護他們按《海牙規則》所取得的權益。

下面舉個例子加以說明：有 A、B 兩條船舶各載運著貨物在航行途中不慎相撞，雙方互有過失，各負一半責任。相撞的後果是 A 船船身損失 2 萬元，A 船所載貨物（下稱 A 貨）損失 4 萬元，B 船船身損失 6 萬元，B 船所載貨物（下稱 B 貨）損失 8 萬元。其理算方法如下（用＋表示獲得賠償，－表示

賠付給他人或自身承擔損失）：

A船：承擔自身損失	2萬元（一）
B船賠給它的船身損失	1萬元（＋）
賠給B船船身損失	3萬元（一）
賠給B貨損失	8萬元（一）
B船償還它給B貨賠款的一半	4萬元（＋）
償還B船給A貨賠款的一半	2萬元（一）
A貨根據「雙方過失碰撞」條款償還	
其獲得B船賠款的一半	2萬元（＋）

結果，A船實際承擔損失為自身損失1萬元、賠給B船船身損失3萬元和賠給B貨損失4萬元，共計8萬元。

B船：承擔自身損失	6萬元（一）
A船賠給它的船身損失	3萬元（＋）
賠給A船船身損失	1萬元（一）
賠給A貨損失	4萬元（一）
A船償還它給A貨賠款的一半	2萬元（＋）
償還A船給B貨賠款的一半	4萬元（一）
B貨根據「雙方過失碰撞」條款償還	
其獲得A船賠款的一半	4萬元（＋）

結果，B船實際承擔損失為自身損失3萬元、賠給A船船身損失1萬元和賠給A貨損失2萬元，共計6萬元。

A貨：B船賠給它的損失	4萬元（＋）
根據「雙方過失碰撞」條款將B船	
給它的賠款一半償還給A船	2萬元（一）

結果，A貨實際承擔自身損失2萬元。

　　B貨：A船賠給它的損失　　　　　　　　　　　　　　　　　　　8萬元（＋）

　　　　根據「雙方過失碰撞」條款將 A 船

　　　　給它的賠款一半償還給B船　　　　　　　　　　　　　　　4萬元（－）

結果，B貨實際承擔自身損失4萬元。

　　在上面的例子中，A 船所載貨物的貨主（例中所稱的 A 貨）把他從 B 船承運人（即 B 船）那兒獲得的貨損全部賠款 4 萬元的一半即 2 萬元退還給 A 船承運人（即 A 船），以及 B 船所載貨物的貨主（例中所稱的 B 貨）把他從 A 船承運人（A 船）那兒獲得的貨損全部賠款 8 萬元的一半即 4 萬元退還給 B 船承運人（B 船），就是根據「雙方過失碰撞」條款的規定所做的。A 船貨主和 B 船貨主在這次船舶碰撞事故中仍舊分別承擔了各自貨物損失的一半，即 2 萬元和 4 萬元。如果他們都投保了海上運輸貨物的平安險，作為被保險人，他們退還給各自承運人的賠款，也就是要他們自己承擔的那部分貨損──2 萬元和 4 萬元，就由保險人負責賠償。這是保險人根據平安險規定的這項承保責任應對被保險人承擔的義務。

　　與承擔義務的同時，保險人也擁有相應的權利，那就是：一旦載貨船舶承運人按照運輸契約中的「雙方過失碰撞」條款向本船貨主（託運人）提出索賠要求時，貨主作為被保險人應當及時通知保險人，使得保險人可以被保險人的名義對承運人的索賠進行抗辯來保護自己的利益，有關費用由保險人自負。之所以作出給予保險人對承運人進行抗辯權利的規定，是與美國對「雙方過失碰撞」條款所持的態度有關。從 1951 年以來，凡是運送貨物去美國的船舶，其承運人都在其提單或租船契約上訂有「雙方過失碰撞」條款，但是，長期以來，美國法院對租船契約中所訂的這一條款承認是有效的，對提單中所列這一條款的效力則不予承認。這樣，保險人對承運人進行抗辯就有可能取得成功，也就不必把他按承保責任規定應承擔的，由作為其被保險人的貨主償還船舶承運人的損失賠款交付給後者。

　　中國大陸的《海洋運輸貨物保險條款》，同樣把負責賠償根據運輸契約中訂有的「雙方過失碰撞」條款所規定的應由貨方償還船方的損失這一條作為一

項承保責任範圍。只是規定得比較籠統，也沒有提及保險人在承擔該項義務上的權利。但在實務中，一般也是按照國際慣例來處理的。

　　另外，附帶要說明的一點是，美國對船舶碰撞的損害賠償的態度現已開始變化。已經沿用一百多年的關於互有碰撞過失各負一半的規定即「對半責任原則」，在 1975 年美國最高法院對美國訴信任運輸公司一案（United States V. Reliable Transfer Co.）的判決中沒有被採用，此案的判決採用了國際上盛行的按過失程度比例承擔過失責任的做法；規定互有過失的船舶對船上所載貨物的損失負連帶責任的「貨物無辜原則」，在 1979 年美國路易斯安那州東區法院在阿拉莫化學運輸公司訴 M/V 瓦爾德斯一案（Alamo Chemical Transportation Co. V. M/V Valdes）中也被否定，此案判決貨主只能向非載貨船舶按其過失比例索賠貨物損失，可見，至今尚未加入《1910 年船舶碰撞公約》的美國，在船舶碰撞責任的確定和損害賠償處理上的做法已逐漸與其他國家趨於一致。

　　平安險承保責任範圍的特點，我們認為較為明顯地體現在前三項責任上。歸納它們的內容，就是平安險負責賠償被保險貨物由於海上自然災害所造成的全部損失；由於海上意外事故所造成的全部損失或部分損失；在海上意外事故發生前後，由於海上自然災害所造成的部分損失。試舉一例以說明，有批玻璃製品出口，由甲乙兩輪分別載運，貨主投保了平安險。不料甲輪在航行途中與他船發生碰撞事故，玻璃製品因而發生部分損失；而乙輪卻在途中遇到惡劣氣候，在暴風雨襲擊下，船舷激烈顛簸，玻璃製品相互碰撞也發生部分損失。事後，貨主向保險人提出索賠，那麼保險人應如何處理呢？我們可以根據平安險承保的前三項責任對貨主的索賠作出以下分析：

　　在第一種情況下，造成玻璃製品部分損失的原因是船舶即運輸工具在航行途中與他船相撞，這一碰撞意外事故導致的分損屬於平安險的承保責任範圍，保險人應當賠償貨主。在第二種情況下，造成玻璃製品部分損失的緣由不是船舶發生意外事故，而是暴風雨襲擊船舶，使之顛簸的結果，暴風雨屬於自然災害，自然災害導致的分損不在平安險的承保責任範圍內，保險人也就無須承擔賠償責任。當然，如果船舶在遭遇暴風雨以前或以後發生了碰撞、擱淺、沉

沒、觸礁或焚燬等意外事故，由此造成玻璃製品的分損，貨主還是能夠從保險人那兒獲得賠償的。

　　掌握了平安險的這三項責任，我們能夠很容易地比較出該險別與另一個險別即水漬險在承保責任上的大小和異同來。

　　與國際海上保險市場上有些國家的運輸貨物平安險條款相比，中國大陸「人保」公司的平安險條款有兩個特點：一是對推定全損所作的說明比較明確，指出「推定全損是指被保險貨物的實際全損已經不可避免，或者恢復、修復受損貨物以及運送貨物到原訂目的地的費用超過該目的地的貨物價值」。有些國家的規定則是「保險標的總損失已達保險金額的四分之三時，可視作推定全損」。兩相比較，不難判定中國大陸的規定要明確得多。二是規定對貨物在裝卸或轉運時由於一件或數件整件落海造成的全部或部分損失都負責賠償。這裡的「部分損失」係指整件貨物落海，經努力搶救，撈起一部分，損失一部分。雖未達到全損，但為鼓勵打撈搶救，減少貨損而作出此規定，顯然是具有積極意義的。其他國家的平安險條款均無此規定。

　　由於平安險原則上對單獨海損不負賠償責任，所以在實際業務中投保該險別的情況不多。平安險一般適用於低值、裸裝的大宗貨物，如礦砂、鋼材、鑄鐵製品等。

二、水漬險（With Particular Average，簡稱 W.A.）

　　水漬險也是中國大陸保險界長期使用的叫法。我們同樣不能簡單地從字面上去解釋它的含義，認為凡投保該險別的貨物在運輸途中發生水漬損失，就都由保險人負責賠償。水漬險按其原意當為「負責賠償單獨海損」，也就是平安險不賠償的部分損失，它予以負責。

　　根據「人保」公司條款規定，水漬險除承保上列平安險的各項責任外，還負責被保險貨物由於惡劣氣候、雷電、海嘯、地震、洪水等自然災害造成的部分損失。說得簡單些，水漬險的承保責任範圍就是在平安險的全部責任範圍基礎上，加上被保險貨物由於海上自然災害所造成的部分損失。如上述那個因遭

遇暴風雨襲擊致使玻璃製品相互碰撞而發生分損的例子，若貨主投保的是水漬險，那麼由於造成玻璃製品分損的是海上自然災害，屬於該險別的承保範圍，保險人就應當負責賠償。

雖然水漬險承擔賠償部分損失的責任，然而對被保險貨物因某些外部因素所導致的分損如碰損、鏽損、破碎等不予負責。一般來說，水漬險適用於不大可能發生碰損、破碎，或者容易生鏽但不影響使用的貨物，如鐵釘、鐵絲、螺絲等小五金類商品，以及舊汽車、舊機床、舊設備等二手貨。

三、一切險（All Risks，簡稱 A.R.）

一切險的含義基本上如其字面原意。它承保的責任，按「人保」公司條款規定，除包括上列平安險和水漬險的各項責任外，還負責被保險貨物在運輸途中由於外來原因所致的全部或部分損失，即不論損失程度如何，均負賠償責任。但我們不能因此便得出一切險承擔貨物運輸途中一切外來風險所造成的損失這樣的結論，因為一些特殊外來風險所造成的損失並不在該險別的承保範圍，當然它更不會對其除外責任中規定的原因所造成的損失負責。為便於進行比較，可以把一切險承保的責任範圍概括為是在水漬險的全部責任範圍基礎上，加上十一種一般附加險所承保的責任。

由於一切險提供了充分的保險保障，各類貨物都能適用，特別是一些糧油食品、紡織纖維類商品以及新的機械設備投保一切險更有必要。中國大陸大多數的進口貨物皆選擇投保保障最大的一切險。

四、三種主險責任範圍比較的圖介

現將中國大陸海上運輸貨物保險三種主險承保的責任範圍以圖 10-1 列出，以方便讀者進行比較。

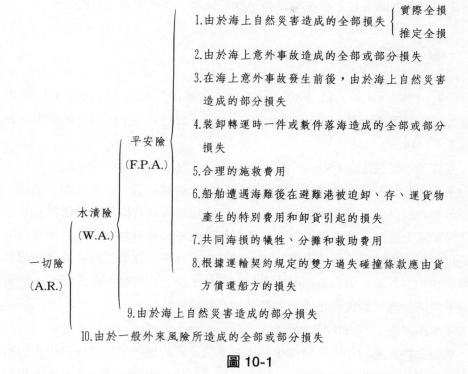

圖 10-1

第二節　海上運輸貨物保險的附加險及其承保責任

　　附加險是指不能單獨投保，必須在投保了主險以後方被允許根據實際需要加保，也就是依附於主險項下的險別。貨物在海運途中除發生因遇到海上自然災害和意外事故所致的損失以外，還可能遭受其他一些損失，這些損失是由於各種外來原因所造成的。為了取得更多更充分的保障，貨主就有必要為自己的貨物加保附加險。

　　附加險有一般附加險、特別附加險和特殊附加險之分，但是在國際上對後兩種附加險卻未加細分，而是統稱為特殊附加險。為使闡述方便，也為有利於

讀者了解三者之間事實上存在的差異,我們採取了將附加險三分的分法。

一、一般附加險

　　一般附加險（General Additional Risk）承保一般外來原因所引起的貨物損失,亦可稱普通附加險。中國大陸「人保」公司目前承保的一般附加險包括以下十一種:

1.偷竊及不能送達險（Theft, Pilferage and Non-Delivery）

　　主要承保在保險有效期內,被保險貨物由於偷竊行為,以及貨物運抵目的地後,整件未為收貨人提取所造成的損失,由保險人負責按保險價值賠償。要注意保險單上偷與竊種行為的區別:偷,一般是指整件貨物被偷走,而竊則一般是指包裝完整的整件貨物中僅一部分被竊去。此外,還要注意區分偷竊行為與搶劫和劫盜行為:偷竊多指暗中進行的小偷小摸,而搶劫則是公開的、使用暴力手段的劫奪。對後者,該附加險是不負賠償責任的。

2.淡水雨淋險（Fresh Water Rain Damage）

　　承保貨物在運輸途中直接遭雨淋或淡水所造成的損失。雨淋所致損失包括雨水,還有冰雪融化給貨物造成的損失,淡水所致損失則包括因船艙內水汽凝聚而成的艙汗、船上淡水艙或水管漏水給貨物造成的損失。注意區分淡水與海水損失（Sea-Water Damage）很重要,因為平安險和水漬險只承擔海水損失的賠償,不負責淡水損失。當貨物上或其包裝外部出現水漬斑損時,就要弄清楚這是遭雨淋浸損的結果還是被海水泡濕的結果。如果是前者,而貨物僅投保了水漬險,未加保淡水雨淋險,保險人就不必負責。

3.短量險（Risk of Shortage）

　　承保貨物因外包裝破裂或散裝貨物發生數量散失和實際重量短缺的損失。區分有包裝的貨物是原來短少還是外來原因造成的短少,關鍵就是看外包裝是否有破袋、裂口、脫線等異常情況。如果有上述情況存在,便可作為是外來原因所致短少的證明。至於散裝貨物是否有短少,一般是取決於其裝船重量與卸船重量之間出現的差額,但在計算差額時要考慮到正常途耗的因素,不能把正

常途耗當作重量短缺。

4.混雜、沾污險（Risk of Intermixture and Coutamination）

承保貨物在運輸過程中因混進雜質或沾染油漬、泥污或顏色所造成的損失。某些貨物，特別是散裝的糧穀、礦砂和粉粒狀化工產品，容易混進泥土、碎石，致使質量受到影響；而紙張、布匹、服裝以及食品等卻有較多可能因接觸到油脂或帶色物質而產生沾污的損失。加保此附加險後，保險人對混雜、沾污損失予以負責。

5.滲漏險（Risk of Leakage）

承保液體、流質貨物由於容器損壞而引起的滲漏損失，以及用液體儲裝的貨物因儲液滲漏而發生腐爛、變質的損失。所謂用液體儲裝的貨物，如用鹽漬盛裝在木桶內的腸衣、濕牛羊皮和壜裝的醬菜、乳腐一類醃製食品，一旦發生儲液滲漏，鹽漬腸衣、獸皮變質敗壞，醃製食品則不能食用。所以這類貨物有必要加保滲漏險，為在發生上述損失時能獲得保險人的賠償。

6.碰損、破碎險（Risk of Clash and Breakage）

承保貨物在運輸途中因震動、碰撞、受壓或搬運不慎引起的破碎、折裂、裂損和發生彎曲、凹癟、變形等損失。易發生碰損的主要是一些金屬製品、漆木製品，如機器、儀器、儀表、搪瓷器皿、漆木器用具和家具等，而破碎損失最集中在那些易碎物品上，如玻璃和玻璃製品、陶瓷製品、大理石板，以及玉、石、牙、木、竹器雕刻和貝殼製品等觀賞性工藝品。由於這類貨物在保險期內因海上自然災害或運輸工具發生意外事故所造成的碰損、破碎損失，已被平安險和水漬險這兩種主險列入其承保責任範圍，所以作為一種一般附加險，碰損、破碎險主要是對一切外來因素所致碰損、破碎損失承擔賠償責任。

7.串味險（Risk of Odour）

串味險，又叫變味險（Risk of Change of Flavour），承保貨物因受其他物品的影響而引起串味、變味的損失。易發生串味、變味的多為食品、飲料、茶葉、中藥材、香料等，它們在運輸途中若與皮革、樟腦和有腥味或異味物品存放在同一貨艙內，就極有可能被串味而使本身品質受損。保險人對加保此附加險的貨物所發生的串味損失負責賠償，不過，如果造成這種串味損失的

原因在於船方的配載不當，那麼保險人有權向負有責任的船方追償。

8.受潮受熱險（Damage Caused by Sweating and Heating）

　　承保運輸途中的貨物因在貨艙中受潮濕或高溫所造成的損失。導致潮濕、高溫的原因，或是由於氣溫突然變化，或是由於船上通風設備失靈，使得貨艙內水汽集聚凝結，引起貨物受潮、發熱而最終發霉變質。

9.鉤損險（Risk of Hook Damage）

　　承保貨物在運輸、裝卸過程中，因使用吊鉤一類工具而本身直接被鉤破的損失，或外包裝被鉤壞造成貨物外漏的損失。捆裝棉布、袋裝糧食發生鉤損的情況較為常見。

10.包裝破裂險（Loss for Damage Caused by Breakage of Packing）

　　承保貨物因裝運或裝卸不慎、包裝破裂造成的短少、沾污、受潮等損失，以及旨在保證運輸過程中續運安全需要而對包裝進行修補或調換所支付的費用。由於貨物因包裝破裂所造成的損失，在短量險、沾污險、滲漏險等一般附加險的責任範圍內也可相應得到保障，所以，包裝破裂險主要是用來解決對因修補或調換包裝所支付費用的補償。

11.鏽損險（Risk of Rusting）

　　承保貨物在運輸過程中因生鏽而造成的損失。會生鏽的貨物當然是指金屬或金屬製品。凡在原裝時未存在，確實是在保險期限內發生的鏽損，保險人都予以負責。但是保險人從便於掌握或控制責任的角度出發，對那些極易生鏽的鐵絲、鋼絲繩、水管零件等，以及生鏽不可避免的裸裝金屬條、板、塊等，往往拒絕承保；即使對那些由於體積長、大，習慣裝載於艙面而加保了艙面險的大五金，也往往將鏽損責任除外，因為保險人如果承擔了這一必然發生的鏽損賠償責任，那麼幾乎筆筆都要賠。這顯然與保險人不承保事先已能確定要發生的風險損失這一原則相悖。

二、特別附加險

　　特別附加險（Special Additional Risk）承保一些涉及政治、國家政策法

令和行政措施等的特殊外來因素所造成的風險損失。一般有下面幾種：

1.艙面險（On Deck）

艙面險對裝載在艙面的貨物，除按主險的保險條款負責以外，還承保因被拋棄或被風浪沖擊落水所造成的損失，又叫甲板險。

海上運輸的貨物一般都是裝載在艙內的，裝載在艙面的貨物，以及活牲畜、活家畜，按國際海運慣例，不能被視作貨物，保險人對它們在運輸過程中的損失是不負責的。但是，在實際業務中，有些貨物或是因為體積龐大，或是因為含有毒性或酸性，有污染性，乃至是易燃易爆的危險品，必須裝載於艙面。為了滿足這些貨物保險保障的需要，就產生了附加艙面險。至於活牲畜、活家禽則另有專門的活牲畜、活家禽保險（Livestock Transit Insurance）來解決它們在運輸途中死亡的損失補償問題。

裝載在艙面的貨物，極易遭受海水浸漬、雨淋和生鏽的損失，因此保險人一般只願意在平安險的基礎上，而不是在一切險的基礎上加保艙面險，主要是為了防止責任過大。當然，通過協商，經保險人同意並加付保險費，在一切險基礎上加保該特別附加險的情況還是有的。

由於貨櫃運輸進入海運，裝於艙面的貨櫃貨物提單已為國際貿易界普遍接受，銀行也已把它視作清潔提單而接受結匯，所以國際保險界也都將裝載在艙面上的貨櫃內貨物當作普通裝載在艙內的貨物一樣對待，允許它們根據需要選保適當主險，不限於只投保平安險，也不需另加保險費。

2.進口關稅險（Import Duty）

進口關稅險承保已經遭受保險責任範圍內損失的貨物，不論該損失是在進口前或進口後發生的，根據進口國的規定仍須按完好價值完稅所造成的關稅損失。

對在運輸途中受到水損、沾污、發熱變質或短量等的貨物如何徵收進口稅，各國有不同的規定。有的規定可以對貨物短少、殘損部分按其價值申請減免稅；有的規定要區別對待發生在進口前還是進口後的貨損，前者可以減免稅，後者則不能；還有的規定，不管貨物是否短少殘損，也無關貨損發生在進口前後的時間，一律按完好價值完稅。進口關稅險就是承保因上述情況所引起

的關稅損失，也就是說，貨物遭受損失，不論是在進口前抑或進口後發生的，
如進口國要求仍須按全額繳納進口稅的，保險人對被保險人就貨物損失部分所
繳納的關稅予以賠償，關鍵是貨損必須是保險責任事故所引起的。

　　進口關稅險的保險金額，由被保險人根據他的國家即進口國所制訂的進口
關稅稅率來確定，一般是按照發票金額的幾成加保。加保進口關稅險的保險金
額，在保險單上應與貨物的保險金額分開載明，以便在發生關稅損失時在該保
險金額限度內賠付，與主險即貨物險的保險金額不能串用。

3.拒收險（Rejection Risk）

　　拒收險承保貨物在進口時，不論何種原因而被進口國政府或有關當局拒絕
進口或沒收所造成的損失。保險人一般按貨物的保險價值賠償。如果貨物在發
運後尚未抵達進口港，進口國在此期間宣布禁運或禁止，保險人只負責賠償將
貨物運回出口國或轉口到其他目的地而增加的運費，但所賠金額不能超過這批
貨物的保險價值。如果在貨物發運前，進口國即已宣布禁運或禁止，保險人則
不承擔賠償責任。

　　加保拒收險的貨物主要是與人體健康有關的食品、飲料和藥品等。加保
時，被保險人必須持有進口所需的特許證和進口限額。由於世界上大多數國家
對這類貨物的進口基本上都規定有衛生檢驗標準，一旦違反了進口國規定的標
準，就會被拒絕進口乃至被銷毀。因此這種風險比較大，一般情況下保險人都
不願承保。即使同意承保，其加保的費率也相當高。也有些保險人採取先高收
費，若不發生事故，再按一定比例退還部分保險費的辦法來處理。

4.黃麴霉素險（Aflatoxin）

　　黃麴霉素險承保某些含有黃麴霉素的食物因超過進口國對該毒素的限制標
準而被拒絕進口、沒收或強制改變用途而遭受的損失。

　　黃麴霉素是致癌毒素，發霉的花生、油菜籽、大米等往往含有這種毒素，
各國衛生當局對這種有毒菌素的含量都有嚴格的限制標準，如超過限制標準，
就會拒絕進口，或予以沒收，或強迫改變用途。被保險人因此而遭受的損失，
若加保了黃麴霉素險，就可以從保險人那兒獲得不超過貨物保險價值的賠償。
就其性質而言，這種特別附加險實際上是專門承保一種原因的拒收險。要指出

的一點是，被保險人經保險人要求，有義務處理被拒絕進口或強制改變用途的貨物，有責任對因此而引起的爭議申請仲裁。

5.交貨不到險（Failure to Deliver）

交貨不到險承保不論由於什麼原因，已裝上船的貨物不能在預定抵達目的地的日期起六個月內交貨的損失。保險人對這一損失按全部損失賠償。

交貨不到損失，既有由於運輸上的原因引起的，也有由於某些政治上的原因所造成的，而且往往以政治上的原因居多，如禁運、在中途港被強迫卸載造成交貨不到等。顯然，其責任範圍要比屬於一般附加險的不能送達險大，因為後者只對運輸上的原因導致整件不能送達的損失負責。

由於交貨不到險承保的責任與不能送達險的責任範圍有時會重複，與戰爭險的承保責任也有可能出現重複情況，因此按規定，對可以在運輸險（即指包括不能送達險責任的一切險，以及加保不能送達險的平安險或水漬險）和戰爭險項下獲得賠償的損失，交貨不到險不予負責。此外，加保交貨不到險時，被保險人應當持有進口所需要的一切許可證，以免因無證而不准進口發生交貨不到。還有一點要強調的是，一旦發生了交貨不到，保險人在按全部損失賠償以後，就有權取得對被保險貨物的全部權益，也就是說，被保險人必須將其對貨物的全部權益轉讓給保險人。之所以作出此規定，是因為交貨不到也有可能如上述是因禁運或中途被強迫卸載的緣由造成的，貨物實際並未遭受全部損失。

6.出口貨物到香港（包括九龍在內）或澳門存倉火險責任擴展條款（Fire Risk Extension Clause for Storage of Cargo at destination Hongkong, including Kowloon, or Macao）

該附加險承保中國大陸出口到港澳地區並在其駐港澳銀行辦理押匯的貨物在存放倉庫期間因火災而遭受的損失。

在進出口業務結算中有一種叫「押匯」（Negotiation），又做「議付」的辦法，其做法是貿易契約的賣方把運送給買方的貨物裝船並取得貨運單據以後，就將貨運單據作為抵押品，開出以買方為付款人的匯票，即以此匯票向出口方銀行貼現，先期取得貨款。這種辦法在國際貿易業務中俗稱押匯，對買入賣方（出口商）的匯票和單據的出口方銀行來說，就是議付。在買方（進口

商）未向出口方銀行歸還貨款之前，貨物的權益屬於銀行，因此在保險單上必須註明貨物過戶給放款銀行即出口方銀行。即使這些貨物已運抵目的地，買方因未歸還貨款，也無權提貨。在這種情況下，貨物往往存放在過戶銀行指定的倉庫裡。如果在運輸貨物保險單上加貼了這一條款，保險人就對貨物在存倉期間因發生火災而造的損失負責賠償。保險責任期限有兩種方式可選用：一種是從運輸責任終止後，貨物運入過戶銀行指定的倉庫時開始，到銀行收回押款，解除對貨物的權益時終止；另一種從運輸責任終止時開始，滿三十天為止。不難看出，附加這一保險條款是為了保障過戶銀行的利益的。

這一條款是中國大陸「人保」公司設計的，專門適用於中國大陸出口到港澳，而且在中國大陸駐港澳銀行辦理押匯的運輸貨物保險。在上述兩個條件中，如果缺少其中任何一個，也就是說，或者貨物到達目的地是在港澳地區，但未在我港澳銀行辦理押匯的，或者雖由我港澳銀行開證，但貨物並不以港澳地區為運抵目的地的，均不能附加該保險條款。

三、特殊附加險

特殊附加險（Specific Additional Risk）與特別附加險一樣，所承保的責任都超出一般外來原因所造成的事故損失，不屬於一切險的承保範圍之內。要說二者有什麼不同的話，與主要承保政治、國家政策法令和行政措施等所致損失的特別附加險相比，特殊附加險承保的風險主要是戰爭和罷工等。一般有以下幾種：

1.戰爭險（War Risk）

戰爭險承保貨物由於戰爭、敵對行為、武裝衝突或海盜行為，以及由此而引起的捕獲、拘留、扣押和禁制等所造成的直接損失。

2.罷工險（Strikes Risk）

罷工險承保貨物因罷工者，被迫停工工人，參加工潮、暴動和民眾鬥爭的人員採取行動而造成的直接損失。

　　由於戰爭險和罷工險這兩種特殊附加險的保險條款內容較多，我們將在本章的第七節加以詳述。

第三節　海上運輸貨物保險的除外責任

　　保險人對不屬於保險責任範圍內的風險事故所造成的保險標的的損失或由此產生的費用自然不承擔責任。在保險單上列明的保險人不負責賠償責任的範圍就叫除外責任。列明除外責任的目的，是為了在已經列明保險責任的前提下使保險人承擔的責任範圍進一步明確，以防止保險契約雙方當事人之間產生不必要的糾紛。

　　一如其他險種一樣，中國大陸海上運輸貨物保險除外責任中所列的各項致損原因皆為非偶然的、非意外的，或者是比較特殊的風險，它們包括人為的道德風險、未按貿易契約履約的風險、被保險貨物本身特性所產生的風險，以及市價跌落或運輸延遲等。明確規定對這些原因所造成被保險貨物的損失或費用不負責任，旨在劃清保險人與被保險人、承運人、發貨人、託運人等在貨物發生損失時各自應該承擔的責任範圍，使保險人對貨物確是因遭遇保險事故而發生的損失按保險契約規定履行賠償義務，也促使貨物運輸契約的當事人和有關諸方各盡其責。可見海上運輸貨物保險除外責任的列明比起其他險種來，其作用更加明顯。

　　海上運輸貨物保險的三種基本險別，不論是哪一種——平安險、水漬險還是一切險，保險人對下列原因所造成的貨物損失都不負責賠償：

　　(1)被保險人的故意行為或過失行為所造成的貨損；

　　(2)被保險貨物的潛在缺陷和貨物本身的性質所造成的損失，包括貨物已存在的品質不良、包裝不善、標誌不清所造成的損失，以及因發貨人責任所造成的損失；

　　(3)被保險貨物的自然損耗、自然滲漏和自然磨損所造成的損失；

　　(4)被保險貨物因市價跌落或運輸延遲所引起的損失或費用；

(5)屬於戰爭險條款和罷工險條款所規定責任範圍和除外責任的貨損。

第四節　海上運輸貨物保險的責任起訖

保險期限，即責任起訖（Commencement and Termination of Cover），在中國大陸「人保」公司的海洋運輸貨物保險條款中，對保險期限就規定為責任起訖。在第六章第五節中已經簡單提及海上運輸貨物保險的保險期限，現再作詳述，主要是區分正常運輸情況下和非正常運輸情況下海運貨物險責任起訖的不同。

一、正常運輸情況的責任起訖

正常運輸是指按照正常的航程、航線行駛並停靠港口，包括途中正常的延遲和正常的轉船，其過程自被保險貨物遠離保險單所載明的起運地發貨人倉庫或儲存處所開始，直至貨物到達保險單所載明的目的地收貨人倉庫或儲存處所為止。

在正常運輸情況下，海上運輸貨物保險的責任起訖以倉庫至倉庫條款為依據。

倉庫至倉庫條款規定保險人對被保險貨物所承擔的保險責任，從貨物遠離保險單所載明的起運港（地）發貨人的倉庫時開始，一直到貨物運抵保險單所載明的目的港（地）收貨人的倉庫時為止。一俟貨物進入收貨人的倉庫，保險責任即行終止。保險人對貨物在倉庫中發生的損失不再予以負責。但是，在實際業務中，貨物運抵目的港（地）的情況常常不一樣，有的是目的地即在卸貨港，有的是目的地不在卸貨港而在內陸。由於情況的不同，對保險責任的終止也就有以下不同的規定：

(1)被保險貨物運抵卸貨港並全部卸離海輪，但未被收貨人立即運入自己的倉庫，保險責任可以從貨物卸離海輪時起算滿六十天終止。

第 10 章 中國大陸海上運輸貨物保險條款　221

(2)被保險貨物運抵卸貨港，卸貨港就是目的地，收貨人提貨後並不將貨運往自己的倉庫，而是當即對貨物進行分配、分派或分散轉運，那麼保險責任就從開始分配時終止。

(3)被保險貨物運抵卸貨港，卸貨港不是目的地，目的地是在內陸，收貨人提貨後運到內陸目的地倉庫，保險責任即行終止。要是收貨人提貨後並沒有將貨直接運往自己在內陸目的地的倉庫，而是在內陸運輸途中將貨物進行分配、分派或分散轉運，哪怕其中有一部分貨物確實是運往保險單上所載明的內陸目的地最後倉庫的，保險責任在開始分配時即行終止。

後兩項規定也都要受保險責任在被保險貨物卸離海輪後滿六十天終止這一規定的限制，換句話說，貨物全部卸離海輪以後，在根據這兩項規定而使得保險責任終止的情況發生以前，時間就已滿六十天，保險責任則先行終止。為說明在上述各種不同情況下保險責任的終止，我們舉個例子：上海某進出口公司將一批工藝品出口到比利時的布魯塞爾，為取得保險保障而投保海上運輸貨物保險中的一切險，保險責任起訖採用倉庫至倉庫條款。載運貨物的海輪於 10 月 3 日到達比利時的安特衛普港，貨物在 10 月 5 日全部卸離海輪，堆放在碼頭貨棚內。假定以後出現了下面幾種情況：一是貨物未被運往保險單上所載明的目的地即布魯塞爾收貨人倉庫；一是貨物被收貨人通過水路（運河）於 11 月 20 日運抵布魯塞爾收貨人倉庫；一是被收貨人於 10 月 15 日分散轉運各地，其中三分之一的貨仍被運往布魯塞爾收貨人倉庫。那麼，在第一種情況下，保險責任到 12 月 4 日便告終止；在第二種情況下，保險責任於 11 月 20 日終止；在最後一種情況下，保險責任則在 10 月 15 日開始分散轉運時即終止。

二、非正常運輸情況的責任起訖

所謂非正常運輸，是指在運輸過程中由於遇到被保險人無法控制的一些情況，沒有按照正常的航程、航線行駛或停靠港口。如貨物在保險單所載明的目的港以外的某個港口卸下，發生運輸契約終止、偏航、運輸延遲、被迫卸貨、

重新裝載或轉運等情況。

　　在非正常運輸情況下，海上運輸貨物保險的責任起訖一般以「擴展責任條款」和「航程終止條款」為依據。

　　(1)擴展責任條款（Extended Cover Clause）規定，被保險貨物在運輸途中，由於被保險人無法控制而發生的海輪偏航、被迫卸貨、重裝或轉運等，只要被保險人及時將獲知的情況通知保險人，並在必要時加繳保險費，保險人對此仍繼續負責。

　　(2)航程終止條款（Termination of Adventure Clause）規定，由於被保險人無法控制的原因，被保險貨物在運抵保險單載明的目的地之前，運輸契約在其他港口或地方終止，或者航程在保險責任終止以前先告終止，同樣，只要被保險人及時將獲知的情況通知保險人，並在必要時加繳保險費，保險人仍繼續負責，直到被保險貨物在非保險單所載明的目的地卸載出售或交貨時為止。但是，不論哪一種情況，保險人繼續負責的時間最多不能超過貨物在卸載港全部卸離海輪後的六十天。

　　如果被保險貨物在卸載港全部卸離海輪後的六十天期限內，仍舊被運往保險單所載明的原目的地或其他目的地時，保險責任的終止仍按倉庫至倉庫條款規定處理。

　　除了上面二項用以作為海上運輸貨物保險責任起訖依據的保險條款以外，還有一項明確規定保險人對被保險貨物在駁運過程中所發生的損失應予負責的「駁運條款」這個條款也是為海上貨運險責任起訖期間可能產生的一種情況作出規定的形式之一。

　　駁船條款（Craft Clause）是為適應在海上貨物運輸過程中，貨物因海輪無法靠岸，須經由駁船改載駁運而在貨運保險單內附加有關駁運的保險條款。

　　海上運輸貨物的裝卸方式一般有兩種：一種是直接裝卸，即直接將貨物從碼頭裝到海輪上，或從海輪上卸到碼頭上；另一種是經由駁運，即用駁船將貨物從碼頭裝到海輪上，或用駁船將貨物從海輪卸到碼頭上。如果海輪停靠在碼頭邊，直接裝卸貨物當然可行；但如果海輪是繫泊在海面的浮筒旁，則不得不採用駁運。貨物在駁運過程中難保不會發生損失，在保險單上加上駁船條款就

表明保險人對駁運過程中的貨物損失負責賠償。該條款除明確保險效力及於駁運中的貨物之外，還規定每一條駁船均可視作一單獨保險。所謂單獨保險，就是說每一條駁船裝運的貨物儘管在保險單所承保的全部貨物中只是一部分，然而保險人把這部分貨物作為一個單獨的整體來看待。因此當一條駁船的貨物在駁運過程中全部損失（事實上，從保險單所承保的貨物數量來看，僅是部分損失），保險人便作為全損處理予以賠償，哪怕被保險人投保的險別是不承擔海上自然災害所致分損的平安險。駁船條款的另外一個重要內容是被保險人的權益並不因為與駁運人訂有任何免費協議而受到影響。我們知道，海輪運輸貨物有提單來規定承運人的責任，但駁船駁運貨物不同，它往往是採取由貨主與駁運人簽訂協議來明確駁運人的責任，保險人對作為被保險人的貨主與駁運人簽訂有豁免駁運人責任的協議不表示異議，也不會因此而影響被保險人應享有的保險權利。

在前面已經指出，對保險期限的規定，各國自行其是，以不同的條款形式來加以規定。例如，中國大陸海洋運輸貨物保險條款用責任起訖來規定，倫敦保險協會在 1982 年實施的貨物保險條款即 I.C.C. 新條款以運輸條款、運輸契約終止條款和航程變更條款形式出現，而美國保險協會貨運險條款則透過「倉庫至倉庫／運輸條款」、駁船條款等來明確。雖然提法不一，具體內容有異，但基本上都對海上運輸貨物保險期限的起訖和在起訖期間所可能產生的包括非正常情況在內的各種情況作了明確規定，而倉庫至倉庫條款、擴展責任條款、航程終止條款和駁船條款這四項條款的內容也基本上把這些規定包括了進去。

第五節　海上運輸貨物保險中被保險人的責任

海上運輸貨物保險契約如同其他險種的契約一樣，是契約雙方當事人即保險人和被保險人的法律行為，他們相互承擔義務，同時享有權利。保險人承擔在貨物因發生保險事故而遭到損失時支付賠款的義務，被保險人則履行繳付保險費的義務，一方的義務恰好是另一方的權利。然而被保險人的將其擁有保險

利益的貨物投了保並繳付了保險費以後，不能認為就萬事大吉，因為他在保險契約中的義務不僅僅局限於繳付保險費，他還被要求根據契約有關條款規定，承擔其他責任和義務。如果由於被保險人未能履行好這些義務而使保險人的利益受到損害，保險人有權對有關損失拒絕賠償。

根據中國大陸「人保」公司海洋運輸貨物保險條款的規定，被保險人除按約定繳付保險費以外還應承擔下列責任：

1.及時提貨，儘快報損，保留向有關責任方追償權利

當被保險貨物運抵保險單所載明的目的港後，被保險人必須及時提貨。海上運輸貨物保險是為被保險貨物在運輸途中可能遭遇到的風險損失提供保險保障的，因此，一俟貨物隨載貨船舶抵達目的港，被保險人應當儘快地憑提單從承運人那兒提取貨物。這是保險人對被保險人規定的一項義務。被保險人不能利用海上運輸貨物保險採用的倉庫至倉庫條款，以各種藉口不及時提取已卸離海輪但尚存放在海關或碼頭倉庫內的貨物。理由很清楚：貨物在未進入收貨人最後倉庫之前，保險人就不能結束自己的責任，還得繼續為貨物在海關或碼頭倉庫存放期間有可能發生的風險損失負責，存放時間越長，發生風險損失的可能性必然越大。可見，保險人的責任期限長短取決於被保險人提貨時間的遲早，保險人有權要求被保險人儘快提貨，以終止自己的保險責任。

如果在提貨時發現被保險貨物已遭受損失，被保險人應當立即向保險人報損，申請對貨損進行檢驗。這是被保險人就其貨損向保險人索賠而首先要辦的一項重要實務。之所以這樣規定，理由在於保險人按到報損後，要採取各種措施防止損失擴大，要透過檢驗來確定損失是否在保險有效期限內發生，要判定損失程度，找出致損原因，以最後核定保險責任和掌握有關責任方的責任。被保險人延遲報損，勢必會使保險人有關理賠的一系列工作受到影響。因此，規定被保險人承擔此項責任不但關係到保險人處理好保險理賠，正確履行補償職能，而且對提醒被保險人不要因為延遲報損而喪失索賠時效也有很大幫助。保險人規定，凡因被保險人延遲報損和檢驗，致使已經受損的貨物又擴大損失的，保險人有權對擴大的那部分損失拒絕受理，或在賠償時作適當的扣減。

如果在提貨時發現被保險貨物整件短少或包裝上有明顯殘損痕跡，被保險

人必須立即向承運人、受託人或海關、港務當局索取貨損貨差證明；在貨損貨差涉及這些第三者責任的情況下，還應當以書面方式向他們提出索賠，並保留追償權利，必要時須申請延長索賠時效。貨損貨差證明既是被保險人向保險人索賠而必須提交的單證之一，要是貨損貨差是承運人等有關責任方所造成的，這些證明也就成為今後向他們追償的依據。按照運輸契約和貿易契約等有關規定，收貨人不在提貨當時提出索賠，即表明他承認貨物完好，事後就不能再與承運人或有關責任方交涉。當收貨人作為被保險人向保險人索賠時，保險人可因其未向承運人等有關責任方提出索賠要求而喪失追償權利，對這部分損失拒絕承擔賠償責任。要求被保險人這樣做，正是為了使他們免遭不應有的損失。

2.合理施救，積極處理，防止貨損擴大既利己又利人

當被保險貨物在保險期內由於保險事故的發生而遭受損失時，被保險人必須迅速採取合理的施救措施，防止或減少損失。被保險人不能因為自己投了保，已經把涉及貨物安全的風險責任轉移給了保險人，因而認為一旦發生貨損，就應由保險人來承擔全部責任。如果他們這樣來理解保險和對待受損的被保險貨物，那是對保險的曲解。須知被保險人有義務對受損的被保險貨物採取必要的施救措施。這樣做，一來可防止損失擴大，對保險人和對被保險人自己都是有好處的；二來被保險人對被保險貨物的性能、用途等的了解比保險人熟悉，自然也比保險人更為妥然地對受損貨物進行施救和處理。被保險人如果不履行這項義務，保險人有權拒絕賠償，或至少對因此而擴大的那部分損失在賠款中扣減。

為了鼓勵被保險人積極承擔對受損貨物的施救責任，保險人規定，對貨物本身損失的賠償和施救費用的賠償各以一個保險金額計算，也就是說，對貨損和施救費用二者賠償的總額最多可達到兩個保險金額。此外，我們知道，委付是被保險貨物發生推定全損時，被保險人將其對貨物的一切權利和義務轉移給保險人，而要求保險人按全部損失賠償的行為。保險人不把被保險人搶救受損貨物的舉動與放棄委付相提並論，被保險人在採取了施救措施以後，依然可以向保險人發出委付通知。保險人之所以這樣規定，其意圖還是在於促使被保險人施救以減少貨損。

3.立即通知，加繳保費，不使保單因內容變更而失效

當遇到航程變更或者發現載明於保險單上的貨物、船名或航程有遺漏和錯誤時，被保險人一旦獲悉這些情況應當立即通知保險人，必要時加繳保險費以保持保險單的效力。航程變更發生於保險人承擔的保險責任開始以後，按規定，保險人對變更後發生的保險事故是不承擔責任的，但如果導致變更的原因是被保險人無法控制的緣由，保險人可以接受這一變更，並仍對因變更而引起的貨物損失負責，其先決條件是被保險人必須在知情後立即通知保險人。同樣，被保險人因疏忽而在保險單上誤填船名、漏報保品，乃至錯寫航程等，只要在發現自己的疏漏之後，迅速通知保險人並同意接受修改後的承保條件和所需加繳的保險費，保險單也不會就此失效。可見，當由於發生風險變更而需要申請批改保險單的內容時，被保險人立即把情況通知保險人，是他必須履行的一項義務，也是使保險人能夠同意保持保險效力的關鍵。由於未盡該項義務而影響保險人的利益，保險人有權宣布保險單效力終止。

4.備全單證，辦妥手續，以利於保險人定損核責結案

當就受損的被保險貨物向保險人提出賠償要求時，被保險人必須備全必要的單證，以供保險人確定損失原因、審核保險責任和賠償金額。通常，需要提供的單證包括：

(1)證明貨物承運狀況，對判斷責任有重要參考價值的提單或其他運輸單據；

(2)便於核對到貨和計算損失數額的發票；

(3)以確定保險責任和賠償金額的保險單（正本），若經批改的，應附上批單；

(4)為查明貨物是否因遭遇海難而受損所必需的海事報告和航海日誌摘錄；

(5)在貨損涉及承運人和其他有關責任方的責任情況下，用來證明被保險人已為維護保險人日後追償權利而向他們發出索賠的函電和其他文件；

(6)作為向承運人和其他有關責任方追償依據的貨物溢短單或貨物殘損單等貨損貨差證明；

(7)供保險人在審定保險責任和應賠金額時作主要依據的檢驗報告；

(8)詳細列明要求賠償項目的索賠清單；

(9)根據審理賠案需要而須提供的其他有關單證，如裝箱單、重量單、受損貨物出售帳單、共同海損理算書等等。單證提供不及時或不全，表明被保險人未辦妥索賠手續，這必然會延遲保險人對貨損的審理，所以被保險人應將備全單證、辦妥索賠手續作為一項義務來承擔。

5.船舶互撞，通報責任，相助保險人抗辯護自身利益

當獲悉有關運輸契約中「雙方過失碰撞」條款的實際責任後，被保險人應當及時通知保險人。根據運輸契約中的雙方過失碰撞條款，載貨船舶的承運人被迫賠給非載貨船舶承運人的本船貨物損失，可從貨方那兒索還，而海上運輸貨物保險的三種險別卻又把作為貨方的被保險人對承運人的這一償還列入承保責任範圍，即由保險人負責。保險人在履行對被保險人賠償責任的同時，不忘自己可以被保險人的名義對承運人的索賠進行抗辯的權利，來保護自身的利益。為此，保險人要求作為貨方的被保險人承擔如下義務：一旦載貨船舶的承運人向他提出索賠，他由此而得知船舶互撞的實際責任後，必須及時通知保險人，以有利於保險人採取必要行動保護自身利益。

第六節　海上運輸冷凍貨物保險和 海上運輸散裝桐油保險

一、海上運輸冷凍貨物保險

海上運輸冷凍貨物保險（ Ocean Marine Insurance Frozen Products ）是海上運輸貨物保險的一種專門保險，可以單獨投保。它承保海運冷凍貨物因遭到海上自然災害、意外事故或外來原因而造成的損失和腐敗損壞。眾所周知，一些新鮮的貨物如蔬菜、水果，以及已經冷凍處理的雞、鴨、魚、肉等在

運輸途中必須保持冷凍溫度,如果不採取冷凍措施或冷凍設備失靈,這些貨物就不可避免地會變質或腐爛。此外,它們與其它一般貨物一樣,在運輸過程中也會因可能發生各種海上災害事故而有遭受損失之虞。海上運輸冷凍貨物保險就是根據海上運輸冷凍貨物的特性來為貨主提供保險保障服務的。

1.險別及其承保責任

中國大陸「人保」公司舉辦的海上運輸冷凍貨物保險分冷凍險和冷凍一切險兩個險別。

(1)冷凍險(Risks for Frozen Products)承保的責任範圍基本上與海上運輸貨物保險的水漬險相同,即對被保險冷凍貨物在運輸途中由於海上自然災害或意外事故造成的腐爛或損失承擔賠償責任,此外還負責賠償由於冷凍機器設備停止工作連續在二十四小時以上所造成的腐敗或損失。

(2)冷凍一切險(All Risks for Frozen Products)承保的責任範圍,是在冷凍險的責任範圍基礎上,加上被保險冷凍貨物在運輸途中由於外來因素所造成的腐敗或損失。

2.除外責任

海上運輸冷凍貨物保險的除外責任與海上運輸貨物保險基本相同。除此以外,針對運輸冷凍貨物的特點,還又增加兩項規定,即保險人對被保險冷凍貨物在運輸過程中的任何階段,因未存放在有冷凍設備的倉庫或運輸工具中,或輔助運輸工具沒有隔溫設備所造成的貨物腐敗不予負責;對被保險冷凍貨物在保險責任開始時因未保持良好狀態,包括整理加工和包扎不妥,冷凍上的不合規定及骨頭變質所引起的貨物腐敗和損失,也同樣不承擔賠償責任。

3.責任起訖

海上運輸冷凍貨物保險的責任起訖也與海上運輸貨物保險基本上相同,但又有一些為適應冷凍貨物特點而作出的具體規定:

(1)保險人對被保險冷凍貨物所承擔的保險責任,從貨物遠離保險單所載明的起運地冷凍倉庫裝入運送工具時開始,直至貨物運到保險單所載明的目的港三十天內全部卸離海輪並轉入岸上冷凍倉庫,從貨物卸離海輪時起算滿十天終止。

(2)被保險冷凍貨物在卸離海輪後不存入冷凍倉庫，保險責任至卸離海輪時立即終止。

(3)被保險冷凍貨物在全部卸離海輪並存入岸上冷凍倉庫的十天有效期內，一經移出冷凍倉庫，保險責任即行終止。

(4)在由於非正常運輸情況而使被保險冷凍貨物運到非保險單所載明的目的地時，只要被保險人及時將獲知的情況通知保險人，並在必要時加繳保險費，保險人仍繼續負責。保險責任在貨物到達卸載港三十天內全部卸離海輪並存入岸上冷凍倉庫後，仍以貨物卸離海輪後滿十天終止。在上述期限內，如果貨物在該地出售，保險責任至交貨時終止。

二、海上運輸散裝桐油保險

海上運輸散裝桐油保險（Ocean Marine Insurance Woodoil Bulk）也是海上運輸貨物保險的一種專門保險，同樣可以單獨投保。它承保海輪運輸的散裝桐油不論任何原因造成的短量、滲漏、沾污和變質的損失。桐油是中國大陸的特產，它作為油漆的重要原料，也是中國大陸大宗出口商品之一。桐油具有與其他運輸貨物不同的特性，在運輸過程中容易受到污染、滲漏、短量和變質等損失，為此，它既如同其他運輸貨物，需要有海上運輸貨物保險向它提供災害事故損失的補償，又需要獲得一些其他特殊的保險保障。海上運輸散裝桐油保險就是為滿足這種貨物的特殊保障要求而舉辦的。

1.承保責任
除了負責海上運輸貨物保險所承擔的保險責任以外，海上運輸散裝桐油保險還承保不論何種原因所致被保險桐油的短量、滲漏超過免賠率部分的損失，以及承保不論何種原因所致被保險桐油的沾污和變質損失。

2.責任起訖
按海上運輸散裝桐油保險的條款規定，保險人對被保險桐油所承擔的保險責任從桐油運離保險單所載明的起運港的岸上油庫或盛裝容器開始，直到安全交至保險單所載明的目的港的岸上油庫時為止。這與海上運輸貨物保險採用的

倉庫至倉庫條款基本上相同。此外,該險種還另有一些具體規定:

(1)如果被保險桐油運至保險單所載明的目的港後不及時卸離海輪或未交至岸上油庫,保險責任以海輪抵達目的港後十五天為限。

(2)在由於非正常運輸情況而使被保險桐油運到非保險單所載明的目的港時,只要被保險人及時將獲知的情況通知保險人,並在必要時加繳保險費,保險人仍繼續負責。保險責任在桐油到達該港口十五天內卸離海輪後,從卸離海輪後起算滿十五天終止。在上述期限內,如果桐油在該地出售,保險責任至交貨時終止。

3.特別約定

海上運輸散裝桐油保險針對其承保標的的特性,還向被保險人提出了一些特別的約定:

(1)被保險人在起運港必須取得幾份檢驗證書,否則保險人不負責桐油品質上的損失,分別是:檢驗人上船對船上油艙在桐油裝船前的清潔工作進行檢驗並出具的合格通過證書;檢驗人對桐油裝船後的容量或重量,以及溫度進行詳細檢驗並出具的證書,證書上的裝船重量即作為保險人負責的裝運量;檢驗人對裝船桐油的品質進行抽樣化驗,證明在裝運時確無沾污、變質或「培他」(Beta,桐油損失專門名詞)等現象後出具的合格證書。

(2)被保險桐油如由於非正常運輸情況而必須在非目的港卸船,在卸船前必須對其進行品質鑒定並取得證書;對接受所卸桐油的油駁、岸上油庫或其他盛裝容器,以及重新裝載桐油的船舶油艙也都須由當地合格檢驗人進行檢驗並取得證書。

(3)被保險桐油運抵保險單所載明的目的港後,被保險人必須在卸船前通知保險單所指定的檢驗、理賠代理人,由該代理人指定的檢驗人進行檢驗,以確定卸船時油艙中的溫度、容量、重量和量尺等,並由該代理人指定的合格化驗師一次或數次抽樣化驗,出具確定當時品質狀況的證書。若抵港後由油駁駁運,那麼油駁在裝油前也同樣須經檢驗人檢驗出證。

保險人之所以與被保險人作出上述這些特別約定,主要是從桐油易受污染和變質的性質考慮出發,避免自己所負責任過大。

第七節　海上運輸貨物戰爭險和罷工險

海上運輸貨物戰爭險和罷工險，是海上運輸貨物保險的兩種特殊附加險。與其他附加險一樣，它們不能單獨投保，只有在投保海上運輸貨物保險任何一種主險的基礎上，才能加保戰爭險或罷工險。

一、海上運輸貨物戰爭險

海上運輸貨物戰爭險（Ocean Marine Cargo War Risk）承保被保險貨物由於戰爭、類似戰爭行為和敵對行為、武裝衝突或海盜行為所造成的直接損失。各國的海上運輸貨物戰爭險條款在承保範圍、除外責任和其他內容上都存在些許差異。根據中國大陸「人保」公司制訂的保險條款，中國大陸海上運輸貨物戰爭險的內容如下：

1.承保責任

(1)直接由於戰爭、類似戰爭行為和敵對行為、武裝衝突或海盜行為所造成被保險貨物的損失。

(2)由於上述第(1)款引起的捕獲、拘留、禁制、扣押所造成被保險貨物的損失。

(3)各種常規武器，包括水雷、魚雷、炸彈所造成被保險貨物的損失。

(4)本條款（即戰爭險條款）責任範圍引起的共同海損犧牲、分攤和救助費用。

需要說明的是如何理解類似戰爭行為（Warlike Operation）的含義。所謂類似戰爭行為，是指一種實際的或已有企圖的交戰行為，也可以是上述行為之前的準備行動或者是上述行為以後的行動。例如，在戰爭時期或在戰爭時期前後，軍艦的行為幾乎都是類似戰爭行為；戰爭期間普通民用船舶受軍方之命載運戰爭物資，也是一種類似戰爭行為。此外，中國大陸海上運輸貨物戰爭險

條款把海盜行為列為承保的風險，這與有些國家如英國把海盜行為（ Piracy ）列入海上運輸貨物保險條款，而不是海上運輸貨物戰爭險承保責任的規定是不相同的。對此，我們也應注意。

2.除外責任

(1)被保險貨物由於敵對行為使用原子或熱核武器所造成的損失和費用。

(2)根據執政者、當政者，或其他武裝集團的扣押、拘留引起的承保航程的喪失和挫折而提出的任何索賠。

規定這兩項除外責任的理由不難明白，因為沒有一家保險公司有能力承擔破壞性極大的原子、熱核武器所造成的無法估計的巨大損失；同樣，對第(2)款中所提及的這類間接損失，保險人自然也不願列入自己的承保範圍。

3.責任起訖

(1)保險人對被保險貨物所承擔的保險責任起訖採用「水面負責」的原則，即從貨物裝上保險單所載明起運港的海輪或駁船時開始，到卸離保險單所載明目的港的海輪或駁船時為止。可見，戰爭險的責任期限僅以水上風險和運輸工具上的風險為限，對貨物運抵目的港後在陸上發生的損失不負責任，這與海上運輸貨物保險負責倉庫至倉庫的責任是不同的。如果被保險貨物因港口擁擠、裝卸困難等原因不能及時卸離海輪或駁船，保險責任最多延長到從海輪抵達目的港當日午夜起算滿十五天為止。海輪抵達目的港的含義是指海輪在目的港的港區內某一個泊位或地點拋錨、停泊或繫纜。要是沒有這種泊位或地點，則指海輪在原卸貨港或卸貨地或附近第一次拋錨、停泊或繫纜。

(2)如果在中途港轉船，不管貨物在當地是否卸載，保險責任以海輪抵達該港或卸貨地點的當日午夜起算滿十五天為限。

(3)如果貨物運輸契約在保險單所載明的目的地以外的地點終止時，該地即被視為本保險目的地，保險責任仍按貨物抵達保險單所載明的目的地的有關規定終止；如果貨物需運往原目的地或其他目的地時，只要被保險人於續運前把情況通知保險人並加繳保險費，保險責任可自裝上續運的海輪時重新有效。

(4)在運輸發生偏航、改變航程或承運人運用運輸契約賦予他的權限所作的任何航海上的改變等情況下，只要被保險人及時將獲知情況通知保險人並在必

要時加繳保險費，保險人仍繼續負責。

在國際海上保險市場上，一般都規定有戰爭險註銷條款。中國大陸「人保」公司參照國際慣例，在海上運輸貨物戰爭險中也採用這種協議終止的做法，規定保險人和被保險人均有權在本保險生效前向對方發出註銷本保險的通知，在發出通知後七天期滿時，該通知生效。

還有必要指出的一點是，戰爭險只承保戰爭或類似戰爭行為等引起被保險貨物的直接損失，至於戰爭險後果所引起的附加費用是不在戰爭險的承保範圍內的。這些附加費用，主要是指因戰爭險責任內的風險發生導致航程中斷或挫折，以及由於承運人行使運輸契約中有關戰爭險條款規定所賦予他的權利，把貨物卸在保險單規定的以外的港口和地點，因此而產生的應由被保險人負擔的包括卸貨、上岸、存倉、轉運、關稅和保險費等各種費用。如果被保險人希望保險人對這些附加費用也予以負責，就必須再加保戰爭險的附加費用（Additional Expenses Ocean Marine Cargo War Risks），否則是不能得到保障的。戰爭險的附加費用實際上是戰爭險責任範圍的擴展，外國通常將其列為戰爭險條款中的一條，稱作「附加費用條款」。中國大陸「人保」公司和其他保險公司目前尚未制訂戰爭險的附加費用條款。

二、海上運輸貨物罷工險

海上運輸貨物罷工險（Ocean Marine Cargo Strikes Risk）承保被保險貨物因罷工者，被迫停工工人，參加工潮、暴動、民眾鬥爭的人員採取行動所造成的直接損失。在罷工險的承保責任範圍內還有：由於任何人在罷工期間的惡意行為所造成被保險貨物的損失，以及前面述及的行動和行為所引起的共同海損犧牲、分攤和救助費用。

有必要對罷工險所承保的罷工的概念作些說明。罷工有各種類型，有為加工資而進行的罷工，有為改善勞動條件和環境而進行的罷工，也有為增加福利待遇而進行的罷工等，這些都是屬於涉及勞資糾紛的經濟性罷工。此外，還有為抗議政府某項政策措施或針對國內外發生的某一重大事件而舉行的政治性罷

工，以及為表示對某人、某事的支持或聲援而舉行的同情性罷工。一般來說，罷工險承保的罷工主要是指與勞資糾紛有關的經濟性罷工。對於政治性罷工和同情性罷工是否歸在罷工險的承保責任範圍，外國是有視具體情況來確定的做法的。中國大陸對此目前則沒有加以區分。

不過，罷工險只負責被保險貨物因罷工而造成的直接損失，間接損失則屬於它的除外責任。例如，由於罷工而引起勞動力缺乏，致使堆放在碼頭上的貨物因未能及時運入倉庫或罩蓋上油布，遂遭雨淋受到損失；因為港口工人罷工，裝運貨物的海輪無法在原定港口卸貨，不得已改駛其他港口卸貨，由此而使運輸費用增加。這些損失或費用皆屬於間接損失，保險人對它們是不負責的。

罷工險的責任起訖與海上運輸貨物保險一樣，不同於戰爭險條款中對責任起訖的規定。這一點須加留意。

在外國，如果投保人在投保海上運輸貨物保險某一主險的基礎上已加保了戰爭險，如再需加保罷工險，保險人一般不再要他加繳保險費。若僅要求加保罷工險，則按戰爭險費率繳付保險費。中國大陸「人保」公司也採用了這一國際習慣做法。

第八節　中國大陸陸空郵運輸貨物保險

國際貿易按照貨物運輸的方式來劃分，可分為陸路貿易（Trade by Roadway）、海路貿易（Trade by Seaway）、空運貿易（Trade by Airway）和郵購貿易（Trade by Mail Order）四種。所謂陸路貿易，是指陸地相鄰國家之間的貿易，通常採用陸上運輸貨物的方式；海路貿易，也就是我們平時所稱的海上貿易，是指透過海上運輸方式來實現的國際貿易；空運貿易，是不同國家之間採用航空運輸手段來進行的商品交換活動；郵購貿易則是主要以郵政包裹寄送方式來完成國與國之間的貨物交易。不論採用哪一種運輸方式來進行國際貿易，都需要依靠保險來解決運輸過程中的風險損失補償。海上運

輸有海上運輸貨物保險來「保駕護航」，陸上運輸、航空運輸和郵政包裹運輸也同樣需要有相應的貨運險形式來提供保險保障。陸上運輸貨物保險、航空運輸貨物保險和郵包保險就都是這樣應運而生的。這些貨運險的基本原則和條款與海上運輸貨物保險相差不多，事實上都是以海上運輸貨物保險作為基礎，再根據各自運輸方式的特點制訂出來的。為此，我們把這些形式的貨運險條款內容也放在第八章內來闡述。

一、陸上運輸貨物保險

陸上運輸貨物保險（Overland Transportation Cargo Insurance）以使用火車、汽車運輸的貨物為保險標的，承保貨物在運輸途中因遭遇災害事故而造成的損失。

1.險別及其承保責任

按照中國大陸「人保」公司制訂的保險條款，陸上運輸貨物保險分為陸運險和陸運一切險兩種主險。

(1)陸運險（Overland Transportation Risks）承保的責任範圍與海上運輸貨物保險的水漬險相似。主要承保被保險貨物在運輸途中遭受暴風、雷電、洪水、地震等自然災害，或由於運輸工具遭受碰撞、傾覆、出軌，或在駁運過程中因駁運工具遭受擱淺、觸礁、沉沒、碰撞，或由於遭受隧道坍塌、崖崩或失火、爆炸等意外事故所造成的全部或部分損失。此外，還負責賠償被保險人因對遭受承保責任內風險的貨物採取搶救、防止或減少損失的措施而支付的合理費用，但以不超過這批被救貨物的保險金額為限。

(2)陸運一切險（Overland Transportation All Risks）承保的責任範圍與海上運輸貨物保險的一切險相似。除承保陸運險的各項責任外，還負責被保險貨物的運輸途中由於外來原因所造成的全部或部分損失，即在陸運險的責任範圍基礎上加上海上運輸貨物保險的十一種一般附加險的責任。

2.除外責任

陸運險和陸運一切險的除外責任與海上運輸貨物保險的除外責任相同。

3.責任起訖

陸上運輸貨物保險的責任起訖也採用倉庫至倉庫條款,與海上運輸貨物保險基本相同。具體的規定是:保險人對被保險貨物所承擔的保險責任,從貨物運離保險單所載明的起運地倉庫或儲存處所開始運輸時起,包括正常運輸過程中的陸上和與其有關的水上駁運在內,直至該項貨物運抵保險單所載明的目的地收貨人的最後倉庫或儲存處所或被保險人用作分配、分派或非正常運輸的其他儲存處所為止。

根據陸上運輸的特點,陸上運輸貨物保險還規定,如果被保險貨物未運抵收貨人倉庫或儲存處所,保險責任以貨物運抵最後卸載的車站滿六十天為限。此外,陸上運輸貨物保險對在非正常運輸情況下的責任起訖沒有什麼規定,沒有擴展責任條款或航程終止條款等內容。

4.與海上運輸貨物保險的比較

陸上運輸貨物保險與海上運輸貨物保險在基本原則和條款上大致是相同的,但如果加以比較,也不難找出二者的一些不同點:

(1)承保風險和責任有所不同。陸上運輸貨物保險承保的風險中沒有海嘯、浮冰這類海上固有的自然災害,卻列入了運輸工具傾覆、出軌,以及隧道坍塌、崖崩等陸上可能發生的意外事故。此外,海上運輸貨物保險的責任範圍內列有共同海損犧牲和分攤一項,而陸上運輸貨物保險承保的貨物若單一採用陸上運輸方式,就不會出現承擔該項責任的問題。但是,貨物的運輸方式是採用水陸聯運的,則同樣要把共同海損犧牲和分攤列為承保責任。

(2)險別多少不一。陸上運輸貨物保險的險別比海上運輸貨物保險少,僅有陸運險和陸運一切險兩種。它們分別相當於海上運輸貨物保險的水漬險和一切險。

(3)責任起訖的差異。陸上運輸貨物保險對被保險貨物沒有抵達收貨人倉庫或儲存處所情況下的保險責任,規定以貨物運抵最後卸載車站後六十天為限。這一點與海上運輸貨物保險對此情況作出的以貨物卸離海輪後六十天為限的規定相比,在時間上要少一些。

5.陸上運輸冷凍貨物保險

陸上運輸冷凍貨物保險（Overland Transportation Insurance Frozen Products）是陸上運輸貨物保險的一種專門保險，可以單獨投保。它承保陸上運輸工具冷凍設備裝運的冷凍貨物因運輸途中遭到自然災害、意外事故而造成的損失和腐敗損壞。具體的保險責任範圍，除負責陸上運輸貨物保險所列舉的自然災害和意外事故所造成的全部或部分損失以外，還對被保險冷凍貨物在運輸途中由於冷凍機器或隔溫設備的損壞，或由於車廂內貯存冰塊的溶化所造成的解凍溶化而腐敗的損失承擔賠償責任。

陸上運輸冷凍貨物保險的除外責任與海上運輸冷凍貨物的相同。

陸上運輸冷凍貨物保險規定，保險人對被保險冷凍貨物所承擔的保險責任，從貨物運離保險單所載明的起運地冷凍倉庫裝入運送工具時開始，包括正常運輸過程中的陸上和與其有關的水上駁運在內，直至該項貨物運抵保險單所載明的目的地收貨人倉庫時為止。如果沒有運抵收貨人倉庫，保險責任以貨物到達目的地車站後十天為限。

6.陸上運輸貨物戰爭險（火車）

陸上運輸貨物戰爭險（火車）（Overland Transportation Cargo War Risks "by Train"）是陸上運輸貨物保險的特殊附加險，只有在投保了某種主險的基礎上，並經與保險人協商方可加保。在外國，私營保險公司大都不承保陸上運輸貨物戰爭險。中國大陸「人保」公司為適應外貿業務需要，接受加保，但目前僅限於火車運輸，若使用汽車運輸則不能加保。它承保被保險貨物在火車運輸途中直接由於戰爭、類似戰爭行為和敵對行為、武裝衝突所造成的損失，以及各種常規武器包括地雷、炸彈所造成的損失。

陸上運輸貨物戰爭險的除外責任與海上運輸貨物戰爭險相同。

陸上運輸貨物戰爭險的責任起訖與海上運輸貨物戰爭險相似，以被保險貨物置於運輸工具時為限。也就是說，保險人對被保險貨物所承擔的保險責任，從貨物裝上保險單所載明起運地的火車時開始，到卸離保險單所載明目的地的火車時為止；如果被保險貨物不卸離火車，保險責任最多延長到從火車到達目的地的當日午夜起算滿四十八小時為止。如果在運輸途中轉車，不論貨物在當

地是否卸載,保險責任以火車到達該中途站的當日午夜起算滿十天為止;如果
貨物在此期限內重行裝車續運,保險仍恢復有效。如果貨物運輸契約在保險單
所載明的目的地以外的地點終止時,該地被視為本保險的目的地,保險責任到
貨物卸離火車時為止;如果貨物不卸離火車,則以火車到達該地當日午夜起算
滿四十八小時為止。

　　陸上運輸貨物保險的附加險,除戰爭險外,還有罷工險。與海上運輸貨物
保險一樣,投保人在投保陸上運輸貨物保險某種主險的基礎上加保戰爭險以
後,再加保罷工險,便不須再加繳保險費。若僅加保罷工險,則按戰爭險的保
險費率繳費。陸上運輸貨物罷工險的承保責任範圍與海上運輸貨物罷工險相
同。

二、航空運輸貨物保險

　　航空運輸貨物保險（Air Transportation Cargo Insurance）以飛機運輸
的貨物為保險標的,承保貨物在運輸途中因遭受災害事故而造成的損失。

1.險別及其承保責任

　　按照中國大陸「人保」公司制訂的保險條款,航空運輸貨物保險分為空運
險和空運一切險兩種主險。

　　(1)空運險（Air Transportation Risks）承保的責任範圍與海上運輸貨物
保險的水漬險大致相同。主要承保自然災害和意外事故,包括被保險貨物在運
輸途中遭受雷電、火災、爆炸,或由於飛機遭受惡劣氣候或其他危難事故而被
拋棄,或申於飛機遭受碰撞、傾覆、墜落或失蹤等所造成的全部或部分損失;
此外,還負責賠償被保險人因對遭受承保責任內風險的貨物採取搶救、防止或
減少損失的措施而支付的合理費用,但以不超過被救貨物的保險金額為限。

　　(2)空運一切險（Air Transportation All Risks）承保的責任範圍與海上
運輸貨物保險的一切險相似。除承保空運險的各項責任外,還負責被保險貨物
在運輸途中由於外來原因所造成的全部或部分損失,即在空運險的責任範圍基
礎上加上海上運輸貨物保險的十一種一般附加險的責任。

2.除外責任

空運險和空運一切險的除外責任與海上運輸貨物保險的除外責任相同。

3.責任起訖

航空運輸貨物保險的責任起訖也採用倉庫至倉庫條款，與海上運輸貨物保險基本相同。具體的規定是：保險人對被保險貨物所承擔的保險責任，從貨物遠離保險單所載明的起運地倉庫或儲存處所開始運輸時起，包括正常運輸過程中的運輸工具在內，直至該項貨物運抵保險單所載明目的地收貨人的最後倉庫或儲存處所或被保險人用作分配、分派或非正常運輸的其他儲存處所為止。

根據航空運輸的特點，航空運輸貨物保險還規定，如果被保險貨物未運抵收貨人倉庫或儲存處所，保險責任以貨物在最後卸載地卸離飛機後滿三十天為限；如果在上述三十天內貨物需轉送到非保險單所載明的目的地時，則以該項貨物開始轉運時終止。在由於非正常運輸情況而使被保險貨物運到非保險單所載明的目的地時，只要被保險人及時將獲知的情況通知保險人，並在必要時加繳保險費，保險人仍繼續負責；若被保險貨物在非保險單所載明的目的地出售，保險責任至交貨時終止。但不論何種情況，保險人繼續負責時間最多不能超過貨物在卸載地卸離飛機後的三十天。如果被保險貨物在卸載地卸離飛機後的三十天期限內，仍舊被運往保險單所載原目的地或其他目的地時，保險責任的終止仍按倉庫至倉庫條款規定處理。

4.與海上運輸貨物保險的比較

航空運輸貨物保險與海上運輸貨物保險在基本原則和條款上大致相同，但是航空運輸的特點決定了航空運輸貨物保險在某些具體規定上必然不同於海上運輸貨物保險：

(1)承保的風險和責任有所不同。航空運輸貨物保險承保的風險中沒有海嘯、地震、洪水、浮冰等海上自然災害，也沒有運輸工具擱淺、觸礁、沉沒等海上可能發生的意外事故，卻列入了飛機傾覆、墜落或失蹤等風險。此外，航空運輸貨物保險把海上運輸貨物保險承保的共同海損犧牲、分攤和救助費用這一項內容從自己的責任範圍內刪除。

(2)險別多少不一。航空運輸貨物保險不像海上運輸貨物保險有三種險別，

它只有空運險和空運一切險兩種，而沒有平安險。

(3)責任起訖上的差異。航空運輸貨物保險對被保險貨物沒有抵達收貨人倉庫或儲存處所情況下的保險責任，規定以貨物在卸離地卸離飛機後三十天為限。這與海上運輸貨物保險對此情況作出的以貨物卸離海輪後六十天為限的規定相比，時間顯然要短得多。

5.航空運輸貨物戰爭險

航空運輸貨物戰爭險（Air Transportation Cargo War Risks）是航空運輸貨物保險的特殊附加險，只有在投保了某種主險的基礎上，並經與保險人協商方可加保。它承保被保險貨物在航空運輸途中直接由於戰爭、類似戰爭行為和敵對行為、武裝衝突所造成的損失，以及由此而引起的捕獲、拘留、扣留、禁制、扣押所造成的損失，還有由於各種常規武器，包括炸彈所造成的損失。

航空運輸貨物戰爭險的除外責任與海上運輸貨物戰爭險相同。

航空運輸貨物戰爭險的責任起訖與海上運輸貨物戰爭險相似，也以被保險貨物置以運輸工具即飛機時為限，也就是說，保險人對被保險貨物所承擔的保險責任，從貨物裝上保險單所載明起運地的飛機時起，到卸離保險單所載明目的地的飛機為止；如果被保險貨物不卸離飛機，保險責任最多延長到從飛機飛抵目的地當日午夜起算滿十五天為止。如果被保險貨物在中途轉運，保險責任則從飛機飛抵轉運地當日午夜起算滿十五天為止；若貨物在此期限內裝上續運的飛機，保險責任再恢復有效。

航空運輸貨物保險的附加險，除戰爭險外，還有罷工險。與海上運輸貨物保險和陸上運輸貨物保險相同，投保人在投保航空運輸貨物保險某種主險的基礎上加保戰爭險以後，也可再加保罷工險，而且不必另外繳付加保罷工險的保險費。如果僅加保罷工險，則按戰爭險的保險費率繳費。航空運輸貨物罷工險的承保責任範圍與海上運輸貨物罷工險的相同。

三、郵包保險

郵包保險（Parcel Post Insurance）以透過郵局採用郵包運送的貨物為保險標的，承保郵包在運送途中因遭受災害事故而造成的損失。

1.險別及其承保責任

郵包運送所使用的運輸工具可以是海運，也可以是陸運或空運。各國郵政包裹業務的實際情況不可能相同，因此對郵包保險採用的險別名稱也就有異，規定它們的承保責任範圍也就不一。例如有的國家依照海上運輸貨物保險的做法，分設郵包平安險、郵包水漬險和郵包一切險三種險別，也有國家把郵包保險險別分為郵包險和郵包一切險兩種。中國大陸「人保」公司制訂的郵包保險條款就是採用後一種分法的。這兩種險別在承保責任範圍上，對不論採用何種運輸工具運送的郵包，包括海運、陸運和空運聯運的，都予以負責。

(1)**郵包險**（Parcel Post Risks）承保的責任範圍類似海上運輸貨物保險的水漬險，主要承保郵包在運送途中遭到惡劣氣候、雷電、海嘯、地震等自然災害，或由於運輸工具遭受擱淺、觸礁、沉沒、碰撞、傾覆、出軌、墜落、失蹤，或遭受失火、爆炸等意外事故所造成的全部或部分損失；此外，還負責賠償被保險人因對遭受承保責任內風險的貨物採取搶救、防止或減少損失的措施而支付的合理費用，但以不超過這批被救貨物的保險金額為限。

(2)**郵包一切險**（Parcel Post All Risks）承保的責任範圍與海上運輸貨物保險的一切險相似。除承保郵包險的各項責任以外，還負責被保險郵包在運送途中由於外來原因所造成的全部或部分損失，即在郵包險的責任範圍基礎上加上海上運輸貨物保險的十一種一般附加險的責任。

2.除外責任

郵包險和郵包一切險的除外責任與海上運輸貨物保險的除外責任相同。

3.責任起訖

郵包保險的責任起訖同樣採用倉庫至倉庫原則。根據郵包運送的特點，具體的規定是：保險人對被保險郵包所承擔的保險責任，從郵包離開保險單所載

明起運地點寄件人的處所運往郵局時起，直至該郵包運抵保險單所載明的目的地郵局，自郵局簽發到貨通知書當日午夜起算滿十五天終止。但在此期限內郵包一經遞交至收件人的處所時，保險責任即行終止。

4.與海上運輸貨物保險的比較

郵包保險與海上運輸貨物保險在基本原則和條款基本上一致，但也存在一些區別：

(1)**承保的風險和責任範圍不一。**郵包保險承保的責任範圍內既有海上運輸中可能遭遇到的災害事故，也有陸上運輸和航空運輸中所特有的災害事故。具體承保的風險得取決於採用何種運輸方式。如果運輸方式不只一種，涉及海運和其他另外一種，乃至另外兩種運輸，那麼郵包保險承保的風險就要比海上運輸貨物保險廣泛得多。

(2)**險別有多有少。**郵包保險的險別有郵包險和郵包一切險兩種，與之相應的海上運輸貨物保險的險別是水漬險和一切險。海上運輸貨物保險的另一種險別即平安險，在中國大陸郵包保險條款中是沒有的。

(3)**責任起訖的差異。**郵包保險對被保險郵包在運抵目的地郵局後的保險責任，規定以郵局簽發到貨通知書當日午夜起算滿十五天終止，大大短於海上運輸貨物保險規定的六十天擴展期限。

5.郵包戰爭險

郵包戰爭險（Parcel Post War Risks）是郵包保險的特殊附加險，只有在投保了某種主險的基礎上，並經與保險人協商方可加保。它承保被保險郵包在運輸過程中直接由於戰爭、類似戰爭行為和敵對行為、武裝衝突或海盜行為所造成的損失；以及由此而引起的捕獲、拘留、扣留、禁制、扣押所造成的損失；由於各種常規武器，包括水雷、魚雷、炸彈所造成的損失；此外，還負責所承保責任範圍所引起的共同海損犧牲、分攤和救助費用。

郵包戰爭險的除外責任與海上運輸貨物戰爭險相同。

郵包戰爭險的保險責任是從被保險郵包經郵局收訖後自儲存處所開始運送時起，直至該項郵包運達本保險單所載明的目的地郵局送交收件人為止。

郵包保險的附加險除戰爭險外，還有罷工險。與前面介紹的各種形式的貨

運險相同，投保人在投保郵包保險某種主險的基礎上加保戰爭險以後，也可再加保罷工險，而且不必另外繳付加保罷工險的保險費。如果僅要求加保罷工險，則按戰爭險的保險費率繳費。郵包罷工險的承保責任範圍與海上運輸貨物罷工險的相同。

第 11 章
英美海上運輸貨物保險條款

第一節　英國倫敦協會貨物保險新條款

一、協會貨物新條款的產生及其特點

㈠I.C.C. 新條款的產生

英國自十七世紀以來就一直是海上保險的中心，在國際海上貿易、航運和保險業中占有重要的地位。許多國家的海上保險業經營都與英國海上保險市場保持密切的往來聯繫。勞合社的 S.G. 保險單被英國的《1906 年海上保險法》列為附件以後，逐漸成為國際海上保險單的範本，其保險條款長期為世界各國奉為經典。為適應現代國際海上貿易航運業發展的需要，以及補充 S.G. 保險單提供保障的不足，倫敦保險協會的「技術與條款委員會」（ Technical and Clauses Committee ）從 1912 年起開始制訂「協會貨物條款」（ 即 I.C.C. ）將其作為 S.G. 保險單的附加條款。經過多次修訂後，在 1963 年終於形成了包括平安險、水漬險和一切險三套條款在內的完整的海上運輸貨物保險標準條款，

即 I.C.C. 舊條款。雖然 I.C.C. 舊條款被倫敦協會使用以後又很快為世界各國和地區採用和模仿，中國大陸「人保」公司現行的海上運輸貨物保險條款也是參照 I.C.C. 舊條款而制訂成的，然而由於它仍舊依附於格式陳舊、文字古老、詞意難懂的 S.G. 保險單，遭到不少國家貿易、航運和保險界的批評。在客觀形勢的要求下，倫敦協會決定在 1982 年 1 月 1 日實施新的「協會貨物條款」，即 I.C.C. 新條款，並從 1983 年 3 月 31 日開始停止使用 S.G. 保險單和 I.C.C. 舊條款。

　　I.C.C. 新條款的實施，是英國保險史上一次空前的巨大變化，是在其他許多國家，主要是廣大第三世界國家的強大壓力下，為適應時代潮流的需要而對現行國際保險秩序所作的一次深刻的改革，同樣對包括中國大陸在內的世界各國海上運輸貨物保險業務產生很大影響。目前，在中國大陸企業以 CIF 價格條件對外出口時，有些外商也常會要求按 I.C.C. 新條款投保，中國大陸出口企業和「人保」公司一般都予接受。因此，我們有必要全面掌握 I.C.C. 新條款的內容，了解 I.C.C. 條款的變化以及新舊條款險別之間的差異。

㈡I.C.C. 新條款的特點

　　I.C.C. 新條款與舊條款相比，有以下一些變化和特點：

1. 採用英文字母命名主險，每種主險都形成獨立的保險單

　　I.C.C. 新條款用(A)險、(B)險和(C)險取代了舊條款的一切險、水漬險和平安險，而且每種主險都形成獨立的保險單。這是新條款一個最令人注目的變化，也是其主要特點。它不但改變了舊條款把三種主險的責任範圍同列在一張保險單背面所載的保險條款內，再在正面註明投保險別的做法，而且避免了舊條款的主險命名與內容不一，易使人誤解的弊病。新條款因此亦被稱為 ABC 條款。

2. 合理劃分險別，允許戰爭險和罷工險可作為獨立險別投保

　　I.C.C. 新條款一共有六種險別，它們是協會貨物(A)險條款〔Institute Cargo Clauses A，簡稱 ICC(A)〕、協會貨物(B)險條款〔Institute Cargo Clauses B，簡稱 ICC(B)〕、協會貨物(C)險條款〔Institute Cargo Clauses

C，簡稱 ICC(C)〕、協會貨物戰爭險條款（Institute War Clauses－Cargo）、協會貨物罷工險條款（Institute Strikes Clauses－Cargo）、惡意損害險條款（Malicious Damage Clauses）。除(A)險、(B)險、(C)險分別取代舊條款的一切險、水漬險和平安險外，新條款的戰爭險和罷工險分別取代了舊條款的戰爭險及罷工、暴動和民眾騷擾險。在新條款裡，戰爭險和罷工險雖然也作為特殊附加險，但是不必如舊條款要求的那樣必須在投保主險後才能投保，在被保險人需要時，它們也可作為獨立險別進行投保。惡意損害險則是一個附加險，它屬於(A)險條款的承保範圍，在(B)險和(C)險條款卻被列為一般除外責任。因此，在投保(B)險或(C)險時可以加保此險。

3. 統一各種險別的結構，每種險別條款又自成體系

I.C.C. 新條款糾正了舊條款條理不清的毛病，把除惡意損害險以外的五種險別條款的結構都統一劃分為八個部分，共十九條，另加一個附註。八個部分具體為承保範圍（Risks Covered）、除外責任（Exclusions）、保險期限（Duration）、索賠（Claim）、保險權益（Benefit of Insurance）、減少損失（Minimising Losses）、防止延遲（Avoidance of Delay）、法律與慣例（Law and Practice）。三種主險條款除承保範圍與除外責任的內容不同以外，其餘六個部分和附註完全相同。每種險別條款在結構上是統一的，體系是完整的，這也是新條款的一個顯著特點。

4. 明確各種險別承保範圍，以便於被保險人選擇投保

I.C.C. 新條款的各種險別承保範圍規定得十分明確肯定，毫不含糊，方式有兩種：(B)險、(C)險、戰爭險和罷工險在規定各自的承保範圍時，都採用「列明風險」的方式，即將所承保的風險和損失一一列明，讓人一目了然；而(A)險由於承保的範圍較廣，不便把全部承保的風險逐項舉出，因而採用「列出除外責任」的方式，即承保除條款中規定除外責任以外的一切風險所造成保險標的損失，也就是承保減去除外責任的一切風險。不論採用哪一種方式，各種險別承保的責任範圍都是明確的、具體的。

新條款刪除了舊條款中的「負責單獨海損」和「不負責單獨海損」等保險術語。文字淺顯，層次分明，這無疑有利於被保險人在投保時選擇險別條款。

5. 取消按全損與分損區分險別的有關規定和計算免賠率的規定

I.C.C. 新條款的各種險別只按保險標的遭受損失原因（風險）的不同來確定它們的承保範圍。凡是發生在每種險別承保範圍內的風險和損失，不論是全部損失還是部分損失，都一律予以賠償，賠償金額按損失的程度來確定。此外，新條款的各種險別也都取消了計算免賠率的規定。這兩點同樣反映了新條款區別於舊條款的明顯變化，其作用是給保險人的賠償處理帶來很大方便。

6. 在內容上增加了五個條款，以適應貿易、航運的發展與變化

I.C.C. 新條款共有十九條，另加一個附註，比起僅有十四條，另加一個附註的舊條款來，又是一個變化。從內容上來看，新舊條款的異同有以下幾種情況：

(1)新條款的十九條中，有十條內容與舊條款相同，即運輸條款，運送契約終止條款、航程變更條款、共同海損條款、推定全損條款、雙方過失碰撞條款、戰爭除外責任條款、罷工除外責任條款、不得受益條款、合理處置條款；

(2)新條款有四條內容與舊條款基本相同，僅稍有變動，它們是風險條款、不適航不適運除外責任條款、一般除外責任條款、被保險人義務條款；

(3)新條款有五條是新增加的，它們是保險利益條款、轉運費用條款、增值條款、放棄條款、法律與慣例條款。新條款對舊條款內容或是保留，或是改動，或是增加，目的都是出於適應不斷發展的國際貿易和航運對海上運輸貨物保險業務的客觀需要。

二、協會貨物(A)險條款的內容

I.C.C. 新條款的(A)險取代了舊條款的一切險，儘管(A)險採用了一切風險減去一一列出的除外責任方式來規定責任範圍，其實它的承保責任與一切險幾乎等同，其餘內容的差異也甚微。

㈠承保範圍

這一部分共包括三個條款，即風險條款（Risks Clause）、共同海損條款

（General Average Clause）和雙方過失碰撞條款（Both-to-Blame Collision Clause）。它們表明(A)險承保：

(1)除規定的除外責任以外的一切風險所造成的貨物滅失或損壞；

(2)保險責任範圍內的共同海損和救助費用；

(3)根據運輸契約中訂有的雙方過失碰撞條款所規定應由被保險人承擔的賠償責任。

這三條中的雙方過失碰撞條款，我們在第十章第一節敘述中國大陸海上運輸貨物保險的主險及其承保責任時已作解釋，其餘的內容都很清楚。

㈡除外責任

這一部分共包括四個條款，即一般除外責任條款（General Exclusion Clause）、不適航不適運除外責任條款（Unseaworthiness and Unfitness Exclusion Clause）、戰爭除外責任條款（War Exclusion Clause）和罷工除外責任條款（Strikes Exclusion Clause）。因為(A)險對承保的風險是採用列出除外責任的方式，所以我們有必要對這部分內容稍加詳述，以顯示(A)險實際承保的範圍。

1. 一般除外責任條款，規定不負責：

(1)被保險人的故意不法行為所造成的損失或費用；

(2)貨物的自然滲漏、重量或容量的自然損耗，或自然磨損；

(3)貨物由於包裝不固或不當所造成的損失或費用；

(4)貨物由於自身的固有缺陷或特性所造成的損失或費用；

(5)直接由延遲引起的損失或費用，即使延遲是由於承保的風險所致；

(6)由於船東、經理人、租船人或經營人破產或不履行債務償還所造成的損失或費用；

(7)由於使用任何原子或熱核武器等所造成的損失或費用。

可見，(A)險雖然承保一切風險所造成的損失或費用，但是其所承保的「一切風險」的含義僅指意外風險或外來風險，對可以確定的風險、預期的風險、正常的風險，以及戰爭風險仍舊是排除在保險責任範圍之外的。

2. 不適航不適運除外責任條款，規定不負責：

(1)被保險人或其雇佣人員在貨物裝船時已經知道船舶不適航，以及船舶、運輸工具、貨櫃或大型海運箱不適運的情況，由此而引起的損失或費用；

(2)被保險人或其雇佣人員已經知道承運人違反船舶適航適運的默示保證，即使保險人放棄提出關於船舶違反適航適運默示保證的權利，由此而引起的損失或費用。

僅對比較費解的第二點作一下解釋。我們知道，船舶必須適航是海上運輸貨物保險契約中一項重要的默示保證，保險人可以船舶不適航為由取消保險契約。然而，船舶適航是承運貨物的船東即承運人的義務，作為託運人的被保險人對船舶是否適航的情況一般是不知，更無法控制的。因此，保險人放棄提出關於船舶違反適航適運默示保證的權利，使被保險人作為託運人在船舶不適航情況下對承運人擁有的索賠權不受影響，但前提是被保險人必須不知情。如果被保險人是知情的，那麼保險人對貨物因船舶不適航不適運而遭受的損失不負賠償責任。規定這一點，旨在防止知情的被保險人仍把貨物託付給承運人承運，乃至與承運人串通，作出有損於貨物或船舶保險人利益的舉動等現象出現。

3. 戰爭除外責任條款，規定不負責：

(1)戰爭、內戰、革命、叛亂或由此引起的內亂，或由交戰力量引起的敵對行為所造成的損失或費用；

(2)捕獲、拘留、扣留、禁制、扣押（海盜行為除外）所造成的損失或費用；

(3)遺棄的水雷、魚雷、炸彈或其他遺棄戰爭武器所造成的損失或費用。

在戰爭除外責任條款中，(A)險沒有把海盜行為作為不保的戰爭風險來對待，而是將它劃入了保險責任範圍。這一點明顯區別於舊條款，因為舊條款中有一條戰爭除外不保條款（Free of Capture and Seizure Clause，簡稱 F.C. & S. Clause）把海盜行為作為戰爭行為，明確規定不保，也不同於中國大陸海上運輸貨物保險條款將海盜行為放在貨物戰爭險條款下承保的規定。對此，我們應加以注意，因為在實際保險業務中，有些被保險人由於沒有掌握好這一

點，在投保海上運輸貨物保險時採用中國大陸貨運險條款（海盜行為除外不保），同時又選用英國協會貨物戰爭險條款來投保海上運輸貨物戰爭險（海盜行為同樣不屬於承保範圍），結果一旦發生海盜行為造成的貨損，既得不到前一種保險條款的賠償，而後一種保險條款也不予負責。

4. 罷工除外責任條款，規定不負責：

(1)罷工者，被迫停工工人或參與工潮、暴動或民眾騷擾人員直接造成的損失或費用；

(2)罷工、被迫停工、工潮、暴動或民眾騷擾間接造成的損失或費用；

(3)任何恐怖分子或出於政治動機而採取行動的人所造成的損失或費用。

㈢保險期限

這一部分包括三個條款，即運輸條款（Transit Clause）、運送契約終止條款（Termination of Contract of Carriage Clause）和航程變更條款（Change of Voyage Clause）。這三個條款的內容，我們在第十章第四節敘述中國大陸海上運輸貨物保險的責任起訖時已經提及。都是有關正常運輸情況下和非正常運輸情況下海上運輸貨物保險期限的具體規定，因此不再復述。

㈣索賠

這一部分包括四個條款，即保險利益條款（Insurable Interest Clause）、轉運費用條款（Forwarding Charge Clause）、推定全損條款（Constructive Total Loss Clause）和增值條款（Increased Value Clause）。

這四個條款中，推定全損條款的內容是熟悉的，無須更多的解釋，而其餘三條則是新增加的。

1. 保險利益條款

該條款是根據原 S.G. 保險單格式中「無論滅失與否」條款的內容和英國《1906 年海上保險法》的第 6 條規定而制訂的。它規定：

(1)在保險標的發生損失時，被保險人必須對保險標的具有保險利益；

(2)即使保險標的在保險契約簽訂之前已經發生損失，但被保險人並不知

道，他就有權要求保險人對發生的損失予以賠償。

無論滅失與否條款（Lost or Not Lost Clause），亦稱滅失或不滅失條款，其含義是簽訂保險契約時，不論保險標的（包括船舶和貨物）是否已經滅失，此契約屬於有效契約。它包括兩種情況：一是雙方在簽訂保險契約時，保險標的實際上已經滅失（造成滅失的原因當然是屬於承保的風險），事後才被發現，保險人仍負責賠償，但前提是被保險人事先不知情；二是雙方在簽訂保險契約時，保險標的事實上已經安全到達目的港，事後才知道，保險人不退還已收的保險費，但前提是保險人事先不知情。無論滅失與否條款反映了過去海上交通運輸緩慢，通訊聯絡不便，船舶出海後保險標的（貨物或船舶）在途中是否發生滅失，船東貨主不一定知道的特殊情況。正是為保障被保險人的利益，才制訂這個條款的。

I.C.C. 新條款新增加了保險利益條款，目的就在於一方面強調保險利益是構成保險契約的要素之一，當保險標的發生損失時，對保險標的沒有保險利益的人無權向保險人索賠；另一方面則明確《1906 年海上保險法》第6條所述及的內容，即「如果保險標的是按『無論滅失與否』條件投保，被保險人即使在保險標的發生損失後才獲得保險利益，也有權獲得賠償。」

2. 轉運費用條款

該條款是對(A)險、(B)險和(C)險都適用的一個共同性條款。它規定在上述三種主險險別的承保範圍內，由於承保的風險造成運輸航程在非保險單所載明的港口或處所終止，被保險人為將貨物卸下、存倉和轉運至保險單所載明的目的地所支出的運費及其他任何額外費用，均由保險人負責賠償。不過，被保險人能否獲得保險人的賠償，取決於是否具備以下條件：

(1)航程終止的原因必須屬於承保風險；

(2)發生的費用必須正當和合理；

(3)這些費用必須不是由於被保險人及其雇佣人員的過失、疏忽、破產或不履行債務所引起的。

有關轉運費用條款的規定，在 I.C.C. 舊條款的平安險、水漬險和一切險中原本也是有的，現在新條款用轉運費用條款單獨列出，其意是使這方面內容規

定得更加明白。

3. 增值條款

該條款是根據貨物貿易的特點，採照船舶保險中的增值條款而制訂的。在敘述該條款的內容之前，有必要先解釋一下「增值」的概念。一筆成交的貨物，賣方按其保險價值投保的金額有可能低於買方期望在出售後得到的金額，二者之間的差額就叫做「增值」（ Increased Value ）。在這種情況下，買方往往希望將增值部分以與先前賣方投保時同樣的條件加以投保。這種按保險標的的保險價值投保後，再增加保險金額的保險，即為增值保險。

I.C.C. 新條款為適應買方的上述需要列入這一增值條款，規定保險人可以同樣條件對增值部分進行承保；在發生損失索賠時，以先前賣方投保的金額與買方就增值部分投保的金額相加作為計算賠款的基數，也就是說，保險人按增值保險的保險金額與兩者相加的全部保險金額的比例來計算賠款。

㈤保險權益

這一部分只有不得受益條款（ Not to Inure Clause ）一條。該條款是 I.C.C. 舊條款原有的，內容未加任何變動。它規定承運人或其他受託人不得享受本保險的權益，目的是為了不讓承運人或其他受託人對其應負責的貨物損失由於有本保險存在而享有權益，以免保險人在賠付被保險人的損失以後喪失代位求償權。

㈥減少損失

這一部分包括二個條款，即被保險人義務條款（ Duty of Assured Clause ）和放棄條款（ Waive Clause ）。

1. 被保險人義務條款

該條款規定被保險人及其雇員和代理人對保險項下的索賠承擔以下義務：一是為避免或減少損失而應採取合理措施；二是保證保留和行使對承運人、受託人或其他第三者追償的權利。保險人對被保險人因履行這些義務而支出的任何適當或合理費用給予補償。

　　這個條款與 I.C.C. 舊條款中的「受託人條款」（Bailee Clause）內容基本上相同，但把承擔減少損失義務的人的範圍從被保險人擴大為被保險人、其雇佣人員和代理人。鼓勵被保險人及其雇佣人員對貨損積極施救和確保保險人對造成貨損的有關責任方的追償權利，無疑是協會在新條款中保留該條款的目的。

2. 放棄條款

　　該條款是個新增添的條款，它把 S.G. 保險單中的有關內容再次確定下來。具體規定：當保險標的發生損失時，被保險人或保險人為施救、保護或修復保險標的所採取的措施，不應視為放棄或接受委付，或影響任何一方的利益。

　　這一規定明確了保險雙方中的任何一方對受損保險標的進行施救以後，另一方不能因此而認為對方已放棄了保險契約所規定的固有權利，也就是保險人不能把被保險人的施救行為看作是放棄委付權利，被保險人不能把保險人作出的減少保險標的損失的措施看作為已接受委付，亦即放棄了以後拒絕接受委付的權利。這個新增條款的意圖很清楚，就是解除被保險人對搶救受損貨物會影響自身權利的顧慮，促使他們好好履行自己應積極施救的義務。

㈦防止延遲

　　這一部分只有合理處置條款（Reasonable Despatch Clause）一條。該條款也是 I.C.C. 舊條款中原有的，規定被保險人對其所投保的貨物在發生事故後，必須在其力所能及的情況下，以合理的方式迅速處理。保留此條款的目的是為了提醒被保險人不能因為投了保險而故意延遲。

㈧法律與慣例

　　這一部分就是一個新增加的條款，即英國法律與慣例條款（English Law and Practive Clause），規定：本保險適用英國法律和慣例，也就是說 I.C.C. 新條款受英國法律和慣例管轄。

(九)附註

附註（Note）是 I.C.C. 舊條款中原有的，它規定被保險人在獲知發生本保險「另議」（Held Cover）的事件時，必須立即通知保險人，其對本保險的權利取決於是否履行上述義務。

三、協會貨物(B)險條款的內容

I.C.C. 新條款的(B)險取代了舊條款的水漬險。如果加以比較，兩者的內容基本上相似，當然差別也是存在的。

(一)承保範圍

與(A)險一樣，(B)險的這一部分也一共包括風險條款、共同海損條款和雙方過失碰撞條款等三個條款。我們只談它的風險條款內容。由於(B)險對承保的風險是採用列明風險的方式，其責任範圍顯然比舊條款的水漬險明確：

(1)火災或爆炸；

(2)船舶或駁船發生擱淺、觸礁、沉沒或傾覆；

(3)陸上運輸工具傾覆或出軌；

(4)船舶、駁船或運輸工具與除水以外的任何外界物體碰撞；

(5)在避難港卸貨；

(6)地震、火山爆發或雷電；

(7)共同海損犧牲；

(8)拋貨或浪擊落海；

(9)海水、湖水或河水進入船舶、駁船、運輸工具、貨櫃、大型海運箱或貯存處所；

(10)貨物在裝卸時落海或跌落造成整件的全損。

凡上述所列的任何一種風險引起的貨損，保險人都予以負責。

與 I.C.C. 舊條款的水漬險相比，(B)險所承保的風險中，屬於陸上風險的陸

上運輸工具傾覆或出軌，屬於特殊風險的地震、火山爆發或雷電，以及可稱之為水浸風險的海水、湖水或河水進入船舶、駁船、運輸工具、貨櫃、大型海運箱或貯存處所這三種風險是新增加的。此外，(B)險僅承保貨物在裝卸時落海或跌落造成整件的全損，也有別於水漬險承保由此而造成的全損或分損的規定。但就總體看，(B)險承保的風險與水漬險無實質性差別。

(二)除外責任

(B)險的除外責任基本上與(A)險的相同，只是在兩點上有異：

(1)在一般除外責任中，(B)險增加了一條「由於任何個人或數人非法行動故意損壞或故意破壞保險標的或其任何部分」的損失或費用不保的規定，而(A)險中僅規定被保險人的故意不法行為所造成的損失或費用除外。這說明(A)險對被保險人以外的其他人的故意不法行為所造成的損失或費用是負責的，(B)險卻將被保險人以外的任何其他人，包括船長和船員的故意行為所造成的損失，排除在承保範圍之外。如果被保險人需要得到這方面的保險保障，可加保惡意損害險。

(2)在戰爭除外責任中，(B)險規定，「捕獲、拘留、扣留、禁制、扣押以及這種行動的後果或這方面的企圖」所造成的損失或費用不保，而(A)險在相同的規定內卻加上了「海盜行為除外」幾個字，也就是把海盜行為從這條不保條款中劃出。這表明(A)險是把海盜行為作為承保風險的，對海盜行為所造成的損失承擔賠償責任，(B)險雖然沒有在這條除外規定中列出海盜行為，但也沒有強調海盜行為除外，因此就如同 I.C.C. 舊條款的水漬險一樣，仍將海盜行為列為除外責任，對海盜行為所造成的損失自然也就不予負責。

我們只介紹(B)險的承保範圍和除外責任兩部分內容，其餘的六個部分和附註與(A)險完全相同，故無複述必要。

四、協會貨物(C)險條款的內容

I.C.C. 新條款的(C)險取代了舊條款的平安險。就兩者的內容來看，差別也

不大，但是前者藉由逐一列明風險，清楚明白地劃定責任範圍，從而糾正了後者對某些承保的風險未特別加以明確的缺點。

㈠承保範圍

(C)險的這一部分如同(A)險和(B)險，同樣包括風險條款、共同海損條款和雙方過失碰撞條款，我們只談它的風險條款內容。(C)險承保的風險包括：

(1)火災或爆炸；

(2)船舶或駁船發生擱淺、觸礁、沉沒或傾覆；

(3)陸上運輸工具傾覆或出軌；

(4)船舶、駁船或運輸工具與除水以外的任何外界物體碰撞；

(5)在避難港卸貨；

(6)共同海損犧牲；

(7)拋貨。

(C)險的承保範圍明顯地小於(B)險，既沒有列入地震、火山爆發或雷電這種特殊風險，以及海水、湖水或河水進入船舶、駁船、運輸工具、貨櫃、大型海運箱或貯存處所這種水浸風險，同時又把浪擊落海，還有貨物在裝卸時落海或跌落造成整件全損這兩種風險排除在外。

如果與它所取代的 I.C.C. 舊條款中的平安險相比，(C)險承保的風險中多了一種陸上風險即陸上運輸工具傾覆或出軌。但是，由於(C)險不承保惡劣氣候、雷電、海嘯、地震、洪水等自然災害造成貨物的全損，也不對一件或數件貨物落海造成的全損或分損負責，其責任範圍顯然不如平安險大。

㈡除外責任

(C)險的除外責任與(B)險的完全相同，因此，在(C)險項下，被保險人若需要保險人對其貨物由於任何個人或數人的惡意行為而造成的損失提供保險保障的話，他也必須加保惡意損害險，原因就在於(C)險明確地將這種風險損失列為除外不保；同樣，(C)險對海盜行為所造成的損失也是不負責的，這一點我們在敘述(B)險的除外責任時已作解釋。

(C)險除承保範圍和除外責任以外的內容，與(A)險完全相同。

五、協會貨物戰爭險條款、貨物罷工險條款和惡意損害險條款

㈠協會貨物戰爭險條款

I.C.C. 新條款的戰爭險同樣由八個部分組成，我們主要介紹承保範圍、除外責任和保險期限這三個部分的具體內容。

1. 承保範圍

這一部分包括風險條款和共同海損條款。概括地說，I.C.C. 新條款的戰爭險承保的風險如下：

(1)戰爭、內戰、革命、叛亂，或由此引起的內亂，或由交戰力量引起的敵對行為所造成的損失；

(2)由於上述第(1)款引起的捕獲、扣押、拘留、禁制及其後果或這方面的企圖所造成的損失；

(3)遺棄的水雷、魚雷、炸彈或其他遺棄的戰爭武器所造成的損失；

(4)由於所承保的風險引起的共同海損犧牲、分攤和救助費用。

分析 I.C.C. 新條款的戰爭險所列明的承保責任，可看出有兩點需要我們加以注意：

一是沒有把海盜行為所造成的損失列入承保範圍，這與承保海盜行為的中國大陸海上運輸貨物戰爭險條款是一個很大的區別。事實上，海盜行為已被新條款的(A)險作為一種風險承保，因為它並未在(A)險的戰爭除外責任中列出。不過，(B)險和(C)險仍舊是不承保海盜行為的。

二是在指出對水雷、魚雷、炸彈和其他戰爭武器造成的損失予以承保時，著重強調它們是「遺棄的」，而並非像中國大陸海上運輸貨物戰爭險條款那樣，用「常規的」一詞作泛指。之所以用遺棄的，其意是表明不管是在戰爭年代還是和平時期都存在這類戰爭武器可能給貨物造成損失的風險，而一旦發生了這種風險損失，保險人都承擔責任。

2. 除外責任

I.C.C. 新條款的戰爭險，其除外責任與(A)險一樣，也包括(A)險所列的一般除外責任，即被保險人的故意行為、貨物自然損耗、貨物固有缺陷、延遲、船東破產和核武器等，以及不適航不適運除外責任。

3. 保險期限

I.C.C. 新條款的戰爭險在保險責任期限方面主要有以下一些規定：

(1)貫徹「水面負責」原則，規定在一般情況下，保險責任從貨物裝上起運港的海輪開始，到卸離目的港海輪至岸上為止，或者自海輪到達目的港當日午夜起算滿十五天為止；

(2)如果在中途港轉船，不論貨物是否在當地卸載，保險責任以海輪抵達該港或卸貨地點的當日午夜起算滿十五天為止，以後再裝上續運海輪時恢復有效；

(3)在遭遇到由於浮在水面或沉在水下的遺棄水雷、魚雷所造成的危險情況下，保險責任可延長到貨物被裝上駁船運往海輪或從海輪卸到駁船上為止，但最長不超過從海輪卸下後起算的六十天；

(4)保險責任開始後，被保險人如果變更目的地，只要及時通知保險人並另行商定保險費和保險條件，保險人仍繼續負責。

㈡協會貨物罷工險條款

I.C.C. 新條款的罷工險規定承保的風險是：

(1)罷工者，被迫停工工人，參加工潮、暴動或民眾騷擾人員造成的損失；

(2)恐怖主義者或出於政治目的採取行動的人造成的損失。

除外責任與新條款的戰爭險基本上一樣，也包括一般除外責任、船舶不適航不適運除外責任。在一般除外責任中，增加了兩條：

(1)由於罷工、停工、工潮、暴動或民眾騷擾造成勞動力缺乏、短少和扣押所引起的損失或費用；

(2)由於戰爭、內戰、革命、叛亂或由此造成的內亂，或由交戰力量引起的敵對行為所造成的損失。

可見，I.C.C. 新條款的罷工險僅承保由於罷工引起的直接損失，對間接損失是不負責的；另外，把屬於戰爭險承保範圍的風險所引起的損失也除外不保。

保險期限與 I.C.C. 新條款的貨物險完全一致

🗀惡意損害險條款

I.C.C. 新條款的惡意損害險條款，是用於(B)險和(C)險的附加條款。該項附加條款針對(B)險和(C)險的一般除外責任中列明的「由於任何個人或數人非法行動故意損壞或故意破壞保險標的或其任何部分」的損失或費用不保的規定，在被保險人為獲得這方面的保險保障需要而加保的情況下，承保上述的損失或費用。因為(A)險對被保險人以外的其他人的故意不法行為所造成的損失或費用是負責的，所以沒有必要再加保惡意損害險。

第二節　美國協會貨物保險條款

美國是世界上最大的保險市場，它的海上保險業在國際海上保險業中也具有舉足輕重的地位。從 1721 年 5 月 25 日由約翰‧科普森在費城市場街自己的寓所裡開設一個承保船舶和貨物業務的保險所，亦即美國第一家海上保險機構起，美國的海上保險業在不長的時間裡迅速發展起來。先後於 1794 年和 1798 年創建，至今在美國依舊頗具實力的北美保險公司（美國第一家股份保險公司）和紐約市聯合保險公司都是從先舉辦海上保險業務起家的。1921 年成立的三個海上保險聯營的辛迪加加快了美國海上保險業的發展步伐。隨著第二次世界大戰後美國經濟的崛起，包括海上保險業在內的整個保險業更加興旺發達。

美國的海上保險條款是由創立於 1898 年的美國海上保險人協會（American Institute of Marine Underwriters）制訂的。美國協會制訂的貨物保險條款不同於英國倫敦協會貨物保險條款。美國經營海上運輸貨物保險業

務的保險公司並未在英國協會於 1982 年推出新的協會貨物條款以後也隨之「改弦易轍」，而是堅持使用自己條款不變。美國協會制訂的貨物保險條款在應用上因而也具有獨特性，值得我們加以研究並透過其與英國協會條款，主要是新條款的比較進行分析。

一、美國協會貨物條款的特點

美國協會貨物條款（American Institute Cargo Clauses）最近的一次修訂是在 1966 年 4 月 1 日。如果將它與英國協會貨物新條款和其他不少國家現行的貨物保險條款作一番比較，我們可以發現大致有以下一些特點：

1. 結構比較鬆散自由，各條款之間相互獨立

與結構統一、嚴謹的英國協會新條款相反，美國協會條款在結構上相對顯得鬆散些。它由十三個條款，外加一個附註構成，看來比較簡單，不像英國協會新條款那樣有一套包括六種險別，各險別（除惡意損害險外）又統一由八個部分，共十九條組成的完整的體系。它的十三個條款每條都有自己獨立的內容，儘管如此，若仔細分析一下，仿照英國協會新條款劃分內容的方式，我們還是能將它們歸納成幾個部分：

(1)有關保險期限的部分，有倉庫至倉庫／運輸條款一條；

(2)有關保險責任的部分，有駁船條款、平安險條款、共同海損條款、雙方過失碰撞條款和海損保證條款等五條；

(3)有關索賠的部分，有標籤條款、機器條款和推定全損條款共三條；

(4)有關減少損失的部分，有被保險人義務條款一條；

(5)有關保險權益的部分，有承運人條款一條；

(6)有關除外責任的部分，有戰爭、罷工、延遲保證條款一條；

(7)至於提單條款這一條，似乎可作為一條保證條款另外列出。

由此可見，美國協會條款內容框架雖說有些鬆散，但其脈絡還是清楚的，布局結構有其獨特性。

2. 個別條款的內容十分龐雜，適用範圍也廣得多

美國協會條款的具體條款數少，但有些條款的內容含量相當大，可說是一條抵幾條。例如倉庫至倉庫／運輸條款一條就幾乎把英國協會新條款的運輸條款、運送契約終止條款、航程變更條款和合理處置條款四條的內容都包括了進去。前三條是涉及保險期限的，而後一條是有關防止延遲的，因此倉庫至倉庫／運輸條款一條就相當於英國協會新條款的兩個部分共四條。又如海損保證條款一條內，實際上包括了岸上條款，爆炸條款，存倉、轉運條款和疏忽條款四條，涉及多方面的保險責任內容。

除此以外，美國協會條款中的某些條款，適用範圍也較英國協會新條款的相應條款廣。倉庫至倉庫／運輸條款即為一例，它雖然是保險人對海上運輸貨物承擔保險責任時間的規定，但同樣也可用來規定航空運輸貨物保險的有效期。

3. 突破傳統保障的風險範圍，承保廣泛的陸上風險

美國協會條款透過駁船條款、平安險條款和共同海損條款等，列出了所承保的各種海上風險，不僅如此，它又借助海損條款中的岸上條款，把其承保的陸上風險一一載明。在這些陸上風險中，既有英國協會新條款的(B)險和(C)險同樣予以負責的陸上運輸工具傾覆或出軌的風險，還有它們發生碰撞和其他意外事故，以及在陸上運輸期間因火災、雷電、噴淋滲漏、龍捲風、颶風、地震、洪水或船塢、碼頭倒塌或下陷引起的損失。廣泛承保陸上風險，反映了美國協會條款並不囿於海上運輸貨物保險應承保海上固有風險的舊有概念，而是確定了旨在適應貿易和航運對保險保障實際需要的保險範圍。

二、美國協會貨物條款的內容

1. 倉庫至倉庫／運輸條款

倉庫至倉庫／運輸條款（Warehouse to Warehouse/Transit Clause）的內容可以分成四個方面：

(1)規定保險人對被保險貨物在正常運輸情況下所承擔的保險責任，即從貨

物運離保險單所載明的倉庫或儲存處所開始，直至貨物交付給保險單所載明的目的地收貨人倉庫或其他最終倉庫或儲存處所為止；如果貨物運抵保險單所載明的目的地後未進入收貨人倉庫，而是運往其他倉庫或儲存處所被分配、分派或作為正常運輸過程以外的儲存，或是在抵達目的地之前就在中途某個倉庫或儲存處所被分配、分派或作為正常運輸過程以外的儲存，保險責任均就此終止；如果貨物從目的港卸離海輪時起算滿六十天，或從目的地卸離飛機時起算滿三十天，不論是否進入收貨人倉庫，保險責任亦即告終止。以上三種情況以先發生者為準。

如果由於被保險人無法控制的原因，貨物自卸離目的港（地）海輪（或飛機）後滿六十天（或三十天），仍未進入收貨人倉庫，只要被保險人及時通知保險人並加繳保險費，保險責任可繼續延長三十天，但無論如何最多只能延長三十天。

(2)規定保險人對被保險貨物在非正常運輸情況下所承擔的保險責任，即承保貨物因船東或承運人根據運輸契約賦予他們的權利變更航程，或偏航、延遲、被迫卸貨、重裝和轉運等所遭受的損失；在貨物運抵保險單所載明的目的地之前，由於船東或承運人行使運輸契約賦予他們的權利而在其他港口或地點終止了運輸契約，保險責任也並不因此終止，而是繼續有效，直至貨物在這些港口或地點出售及交付時為止，或者貨物未被出售，仍被轉運到保險單所載明的目的地或其他目的地，進入收貨人倉庫或儲存處所為止。

如果在保險責任因上述原因而繼續有效期間，貨物在最後卸貨港卸離海輪後被重新出售並轉運至非保險單所載明的目的地，保險人仍負責在此以前貨物在卸貨港儲存期內的風險，但以貨物在該卸貨港卸離海輪當日午夜起滿十五天內為限。

(3)規定在發生風險變更時的緩解辦法，即在出現航程變更或漏報、誤報被保險貨物，漏報、誤報載運貨物的船舶乃至航程的情況下，只要被保險人加繳保險費，保險繼續有效。

(4)規定被保險人在防止延遲上的義務，即要求被保險人在其所能控制的一切情況下應當迅速合理地處置所發生的事，不讓運輸中斷或終止。

　　歸納上述內容，可以看出倉庫至倉庫／運輸條款實際上是一條主要涉及運輸貨物保險責任期限的條款，但包含的內容遠比英國協會新條款中有關保險期限的運輸條款、運送契約終止條款和航程變更條款這三條的內容多。除了上述內容以外，它還規定了類似英國協會新條款的合理處置條款內容，以及其他內容。

2. 駁船條款

　　駁船條款規定，保險人負責被保險貨物在用駁船運往或運離海輪的過程中因發生保險事故而遭受的損失，同時明確每一條駁船應作為一個單獨的保險單位，而且並不因為被保險人與駁船方訂有任何免責協議而解除保險責任。

　　該條款就其內容來看，與中國大陸海上運輸貨物保險條款對平安險所規定的承保責任中的一項，即「被保險貨物用駁船運往或運離海輪的，每一條駁船所裝的貨物可視作一個整批」有些類似。這項規定使得每條駁船在駁運時所裝的貨物被作為一個單獨的整體來對待，儘管它們在保險契約所承保的全部貨物中只是一部分。駁船條款對被保險人的意義是，一旦一條駁船所裝貨物受到損失，便可被當作全損而獲得保險人的賠償。

3. 平安險條款

　　平安險條款規定了平安險承保的責任範圍，即負責被保險貨物因火災，船舶觸礁、沉沒、碰撞，包括與除水以外的任何外界物體的碰撞所造成的損失，以及在避難港時由於卸貨所引起的損失。

　　不難看出，美國協會條款規定的平安險的承保範圍，不論是與英國協會舊條款中的平安險或中國大陸海上運輸貨物保險條款的平安險相比較，都要小得多。它既不把貨物因爆炸所造成的損失，以及在船舶發生意外事故前後又遭遇自然災害而受到的部分損失列入責任範圍，也不承擔貨物在避難港由於卸載、存倉或轉運所產生的特別費用。

4. 共同海損條款

　　共同海損條款規定保險人負責賠償，根據運輸契約，按照美國法律和習慣，或按照外國規則，或按照《約克‧安特衛普規則》理算的共同海損和救助費用。

此條款與英國協會新條款中(A)險、(B)險和(C)險各種主險都承保保險責任範圍內的共同海損和救助費用的規定是一樣的。

5. 雙方過失碰撞條款

雙方過失碰撞條款規定，對被保險人根據運輸契約中訂有的雙方過失碰撞條款規定而應支付給承運人的那部分損失，保險人作為保險責任負責賠償，但要求被保險人履行通知義務以維護保險人就此項索賠自費為被保險人抗辯的權利。

該條款與英國協會新條款中的雙方過失碰撞條款毫無差別。

6. 海損保證條款

海損保證條款（Average Warranty）一共包括四個條款，即岸上條款（Shore Clause），爆炸條款（Explosion Clause），存倉、轉運條款（Warehousing and Forwarding Clause）和疏忽條款（Inchmaree Clause）。

(1)岸上條款規定，對被保險貨物在船塢、碼頭或海岸上其他地方，或陸上運輸期間因發生運輸工具碰撞、出軌、傾覆或他意外事故，或因遭遇火災、雷電、噴淋滲漏、龍捲風、颶風、地震、洪水（指航行水域的水位上漲），或船塢、碼頭倒塌、下陷等災害事故而造成的損失，保險人都予以負責。

把陸上風險列入海上運輸貨物保險所承保的風險範圍並非是美國協會條款獨有的，英國協會新條款的(B)險和(C)險同樣承保陸上運輸工具的傾覆或出軌的風險，然而根據美國協會條款中的這一岸上條款規定，美國運輸貨物保險承保的陸上風險之廣，顯然是英國協會新條款不可企及的。

(2)爆炸條款規定，保險人承保被保險貨物在保險期限內任何地點因各種爆炸而造成的損失，但不包括戰爭險和罷工險保證條款中提及的爆炸。

爆炸作為一種意外事故，英國協會新條款也好，中國大陸海上運輸貨物保險條款也好，無不將其列入承保的風險，而且都是與火災放在一起，不單獨列出。美國協會條款卻專門規定一個爆炸條款來表明保險人負責賠償爆炸造成的貨損，這是一種甚為突出的做法。

(3)存倉、轉運條款規定，保險人對被保險貨物因屬於保險責任範圍的原因

而卸載、存倉、續運所支出的費用及特別費用負責賠償，對在裝載、轉運和卸載過程中發生的一件或數件整件貨物的滅失也同樣承擔賠償責任。

　　該條款的內容有點類似中國大陸海上運輸貨物保險條款中的平安險對「在裝卸或轉運時由於一件或數件整件落海造成的全部或部分損失」，以及「運輸工具遭遇海難後，……在中途港、避難港由於卸貨、存倉以及運送貨物所產生的特殊費用」負責賠償的規定。但是，中國大陸條款的平安險僅對裝卸、轉運過程中整件貨物落海造成的損失負責，而美國協會條款的存倉、續運規定則負責任何原因造成的貨物滅失，兩者一比較，很容易發現後者承保的責任範圍明顯大於前者。

　　(4)疏忽條款。疏忽條款規定，保險人特別承保被保險貨物因鍋爐爆炸、桅杆斷裂或船殼、機器設備的潛在缺陷，以及因船長、船員、大副、工程技術人員或引水員在航行或管理船舶上的疏忽、過失而造成的損失。

　　在《海牙規則》規定承運人對其承運的貨物可以免責的事項中有兩項，即船長、船員在航行和管理船舶上的過失、疏忽，以及克盡職責仍不能發現（船舶）的潛在缺陷。前一項為過失免責，後一項為特殊免責，它們正是美國協會條款的疏忽條款規定由保險人負責的內容。這條因 1887 年英國「印區瑪瑞」號貨輪的索賠案而命名的「疏忽條款」最早在賠案處理後的第二年就被列入英國倫敦保險協會的船舶保險單，至今也仍被英國倫敦協會期間船舶保險條款作為承保的內容。美國協會條款出於與船舶保險條款中有關規定保持一致的目的，在運輸貨物保險條款內也列入了疏忽條款。

7. 提單條款

　　提單條款（Bill of Lading and C Clause）規定，保險人不能因為提單中的某些規定而剝奪被保險人根據保險契約應享有的正當權益，具體地說，對因不適航造成的貨損，因承運人及其雇佣人員的錯誤或不當行為造成的貨損，以及因船舶無領航行駛、拖帶他船或被他船拖帶，或幫助他船造成的貨損，保險人均予以負責。

　　該條款實際上表達了一個思想：被保險人在其貨物因承運人及其雇佣人員的過失或錯誤行為而遭受損失的事實中是無辜者，保險人不能因此推卸自己對

貨損應負的賠償責任。為此，有人把此提單條款看作是保險人向被保險人明示的一項承諾保證。

8. 標簽條款

標簽條款（Labels Clause）規定，保險人對被保險貨物的外包裝損壞、標簽損壞承擔賠償責任，但以包裝物、標簽本身的置換或修復費用為限；在任何情況下，這方面的賠償都不能超過受損貨物的保險價值。

該條款顯然是要表明，保險人只能承擔貨物外包裝和標簽本身損壞的直接損失，對由此而引起的種種後果，諸如因標簽損壞影響貨物使用，包裝損壞造成貨物難以出售等間接損失，理所當然地拒絕負責。

9. 機器條款

機器條款（Machine Clause）規定，由各個零件組裝而成的機器，如果機器中有部分零件發生保險責任範圍內的損失，保險人只能按那些受損零件占整台機器保險價值的比例來承擔賠償責任；或者根據被保險人的選擇，負責賠償重置或修復那些受損部件的費用，包括施救費用和轉運費，但不論哪一種情況，保險人的賠款不能超過整台機器的保險價值。

規定該條款的意圖很清楚，是為了使被保險人不能因為機器零件損壞而要求保險人按整台機器的價值賠償。

10.推定全損條款

推定全損條款規定，只有在被保險貨物的實際全損已不可避免，或者為避免實際全損所支出的費用將超過貨物價值的情況下，保險人才能接受被保險人為要求作推定全損賠償而提出的委付。

該條款與我們已闡述過的推定全損條款內容是一樣的。

11.被保險人義務條款

被保險人義務條款規定，被保險人及其雇傭人員應採取合理措施來避免或減少損失，並保證保留和行使對承運人、受託人或其他第三者追償的權利。被保險人應當履行這兩項義務。

在英國協會新條款中也有同樣的條款，所規定的內容完全相同。

12.承運人條款

承運人條款（Carrier Clause）規定，承運人或其他受託人不得直接或間接享受本保險的權益。

該條款與英國協會新條款中的不得受益條款其實內容相同，僅名稱不一而已。

13.戰爭、罷工、延遲保證條款

戰爭、罷工、延遲保證條款由戰爭不保條款（Free of Capture and Seizure Warranty）和罷工、暴動、民眾騷擾和惡意行為除外條款（Strikes, Riots and Civil Commotions Warranty）及延遲除外條款（Delay Warranty）三個條款組成。

(1)戰爭不保條款，亦稱捕獲和扣押除外條款，具體規定了運輸貨物保險的戰爭除外責任，包括：無論是在和平時期或戰爭時期發生的合法或非法的捕獲、扣押、拘留、禁制、扣留、沒收、徵購、徵用或國有化及其後果所造成的損失；不論是在和平時期或戰爭時期由於使用原子或熱核武器，或使用水雷和魚雷所造成的損失或費用；由於敵對行為或類似戰爭行為所造成的損失；由於內戰、革命、叛亂、顛覆或由此引起的內亂，以及海盜行為所造成的損失。

在上述戰爭除外責任中，美國協會條款把海盜行為是作為戰爭行為來對待的，同樣除外不保。這與中國大陸海上運輸貨物保險條款的規定是一致的，但有別於英國協會貨物新條款，因為後者把海盜行為從不保的戰爭風險中劃出而予以負責。在其餘的內容上，美英兩國的協會條款基本上一樣，唯用詞略有區別。

(2)罷工、暴動、民眾騷擾和惡意行為除外條款規定，由於罷工、停工、工潮、暴動、民眾騷擾或參與這類事件或騷亂的個人或數人的行為所造成的損失，不屬於保險人承保的範圍。

該條款規定大體上也就是英國協會貨物條款中的罷工除外責任的內容。

(3)延遲除外條款規定，凡因延遲引起的市場損失或其他間接費用損失，不論該延遲是承保風險還是非承保風險造成的，保險人都不負責。

該條款規定對因延遲引起的間接損失不承擔保險責任，實際上是各國海上

運輸貨物保險條款普遍列入除外不保責任中的一項。

14.附註

附註規定，被保險人必須履行下述一項義務，即在獲知發生本保險「另議」的事件時應立即通知保險人。該附註的內容與英國協會貨物新條款的附註相同。

三、美國協會貨物戰爭險和罷工險條款

美國協會制訂的貨物戰爭險條款是依附於貨物預約保險單項下的，即保險人只有在被保險人採用預約保險方式投保的情況下才承保戰爭風險。

美國協會貨物戰爭險條款承保的基本上是一般戰爭風險，也就是被該協會貨物保險條款在其戰爭不保條款中所列明的那些內容，除了把海盜行為作為戰爭行為予以承保這一點以外，其他方面與英國協會貨物戰爭險條款沒有多大區別。然而，美國協會貨物戰爭險條款承保的範圍中有一項關於保險人對因政府當局為減少環境污染而造成的貨損負責賠償的規定，是值得我們注意的。這項規定的具體內容是：對裝載在運輸工具上的被保險貨物處於水面期間，由於政府當局採取旨在避免或減輕環境污染（主要是指油污）危險的措施而直接遭到的損失，保險人承擔賠償責任，但前提是這些污染危險如果給貨物造成的損失也可在本保險單項下獲得賠償。把政府為減輕環境污染而採取強制性措施所致損失當作戰爭風險來承保，這是美國協會貨物戰爭險條款的一個特點，它擴大了英國協會貨物戰爭險承保的範圍。由於當前海洋污染事件的增多，以及各國政府對環保的重視，為適應對因政府當局防污治污而可能給運輸貨物帶來的損失提供保險保障的需要，這正是在戰爭險條款中列入上述規定的意義所在。

美國協會沒有制訂專門的罷工險條款，而是採用批單的方式來滿足被保險人這方面的保險保障需要，也就是說，被保險人可以在貨物預約保險單上加貼罷工、暴動、民眾騷擾和惡意行為險批單（S.R. & C.C. Endorsement）來達到投保罷工險的目的。該批單承保的風險基本上是貨物保險條款在其罷工、暴動、民眾騷擾和惡意行為除外條款中所列明的內容。

第 *12* 章

海上運輸貨物保險費率

第一節　海上運輸貨物保險費率的制訂

一、制訂海上運輸貨物保險費率的依據

1. 保險費率是計算保險費的根據

保險費率（Rate of Premium）即保險價格，是保險人為承擔約定的保險賠付責任而向被保險人收取保險費的標準。

保險費是保險人用來履行對被保險人的賠付義務和建立各種基金，以及彌補保險業務在經營上的費用支出的主要來源。保險費只有科學而合理地計收，保險人才能穩定經營，使建立的保險基金足以應付災害事故的賠償，並維持保險業務經營所必需的全部費用，最終獲得預期的經濟效益。計算保險費的因素有保險金額、保險費率和保險期限等。但在諸種因素中，真正對保險費計算起重大影響作用的是保險費率，所以保險費率是計算保險費的根據。

保險費率是根據承保標的的風險大小、保險賠款和保險經營的業務費用支出等情況來制訂的。它的制訂，必須建立在科學而合理的基礎之上，不能偏高

偏低。保險費率訂得過高，會加重被保險人的經濟負擔，損害被保險人的利益，令潛在的保險客戶望而卻步，特別是當保險市場上的競爭劇烈時，更會使業務大量流失；保險費率訂得偏低，固然可以招徠業務，但勢必影響保險人的核算，不利於保險基金的積累，不利於保險業務的再保險，不僅使風險集中，而且削弱了保險人對災害事故的補償能力，最終也使被保險人得不到充分保障。可見，制訂保險費率，對保險人來說，是一項技術性很強的重要的業務工作。

2. 影響海上運輸貨物保險費率的因素

海上運輸貨物保險費率是海上保險人為承保運輸貨物而制訂的收取保險費的標準。在制訂海上運輸貨物保險費率時，當然要考慮貨物的性質及其包裝、運輸方式、船程和投保險別等各種因素，但是與制訂任何其他險種的保險費率一樣，必須以保險標的即貨物的損失率和保險賠付率為基礎；此外，由於海上運輸貨物保險承保的貨物是國際貿易貨物，因此還應當注意國際因素，參照國際保險市場的費率水平並結合該國對外貿易的需要來制訂。

在準確、合理確定保險損失率的前提下，影響海上運輸貨物保險費率高低的基本因素有以下幾個：

(1)貨物的性質。被保險貨物的性質不同，保險人承保的責任也就不同，因此保險費率自然會有高有低。對一些容易丟失或損壞的貨物，以及冷凍貨物、危險品等特種貨物，保險人制訂的保險費率不言而喻要高於一般貨物。

(2)運輸方式。被保險貨物的運輸方式有海運、陸運和空運等數種。貨物在運輸途中可能遭遇到的風險狀況和發生損失的程度因採用的運輸方式不同而必定會有所差別。不僅如此，即使是同一種運輸方式，也會由於採用直達、轉船或聯運等不同的貨運組織方式而使貨物遭受的風險損失情況不一。不同的運輸方式和貨運組織方式適用於不同的保險條款和投保項目，它們的保險費率也就不會相同。

(3)投保險別。在海上運輸貨物保險的三個主險中，平安險承保的範圍最小，責任最輕，因此保險費率也最低；水漬險承保的範圍略大於平安險，因此保險費率也要較前者高一些；一切險承保的範圍最廣，責任最重，因此保險費

率也相應最高。各種附加險也因保險人承擔的風險責任不一，它們的保險費率同樣或高或低。

(4)**航程和裝卸港口**。航程距離遠近以及承保期限長短，與保險費率的高低均密切相關。比方說，同一種貨物運往加拿大溫哥華的保險費率要比運往菲律賓馬尼拉的高，承保一年期限的保險費率要比承保半年期限的高。此外，裝卸港口的條件差、設備不好、裝卸不安全或管理混亂無序也是使保險費率提高的因素。

(5)**船齡**。載運貨物的船舶按建造年份來確定船齡，船齡在十五年以上的視為老船，保險人對用老船載運的貨物要按加費費率計收保險費；同樣，用小噸位船舶載運的貨物投保，也需另行加費。老船、小噸位船出險的概率大，貨物受損的可能性當然也大，這是保險人規定加費的理由。

二、海上運輸貨物保險費率的構成

海上運輸貨物保險費率由純保險費率和附加保險費率兩部分構成。

1. 純保險費率（Net Rate）

純費率是保險費率的基本部分，也叫基本費率。按純費率計算出來的那部分保險費就叫純保險費，是用來建立賠付基金以保證保險人履行保險賠付責任的。

純費率是根據一定範圍內的保險標的在一定時期內的保險賠款總額與總保險金額的比率，即保險損失率來確定的。由於保險損失率是運用大數法則，將以往若干年度的損失統計資料，在平衡年度間的風險的基礎上整理計算出來的算術平均數，從概率論角度看，只是損失率的期望值。為防止各年度實際保險損失率背離保險損失率期望值，以保證保險人的財務穩定性，還需要在保險損失率的基礎上附加一定的穩定系數。保險損失率加上穩定系數構成純費率。

海上運輸貨物保險的純費率既然是以被保險貨物的損失率為依據計算出來的，因而具有一定的客觀性。保險人不能脫離客觀的損失統計數據，不能想當然地隨意從事，否則制訂出來的純費率就不可能準確。

2.附加保險費率（Additional Rate）

附加費率是保險費率的次要部分。按附加費率計算出來的那部分保險費就叫做附加保險費，是用於保險人在經營上的費用開支的。

附加費率是在一定時期內保險人經營業務所需支出的各項費用與保險費收入總額的比率。各項費用支出主要包括業務費用、處理賠案費用、宣傳費用、員工工資、代理人和經紀人的手續費和營業稅等。附加費率反映了保險人的經營管理水平，也就是說，它的確定往往與保險人對保險業務的經營管理水平有關，因而具有主觀性。保險人要使保險費率在總體上下降，雖有在節約費用支出、降低附加費率上下功夫，藉由降低附加費率來開展保險業務和提高競爭能力。

以上的純費率和附加費率共同組成總費率，也叫毛費率，這就是海上運輸貨物保險費率的構成。

海上保險人要科學、合理地制訂保險費率，就是既要使根據客觀的保險損失率制訂出來的純費率水平與保證保險人的償付能力以提供充分保險保障的要求相適應，又要讓在主觀地努力加強和完善經營管理的前提下制訂出來的附加費率水平能滿足保險人的實際營業支出需要，同時不使被保險人的經濟負擔加重。

三、海上運輸貨物保險費率的國際因素

海上運輸貨物保險與國際貿易經營活動密切相關，具有明顯的國際性質。它的保障範圍、保障風險和保障對象都涉及包括貿易、航運、金融和保險等在內的國際市場。任何一個經營海上運輸貨物保險業務的保險人在制訂保險費率時，不但不能單純以本國保險業的損失統計資料為依據計算純費率，就是對附加費率的計算也要結合國際市場情況來考慮。

不僅如此，由於海上運輸貨物保險的風險轉嫁或承保往往超越一國的範圍，海上保險人為了保證其業務經營的穩定性，對承保風險的平衡和控制必然要與國際海上保險市場結合起來，透過運用再保險手段把自己承保的一部分或

大部分風險責任轉嫁給國際再保險人。海上運輸貨物保險的再保險業務基本上都是在國際再保險市場上進行交換的，對每一個海上保險人來說，既有分出的也有分入的業務。在這種情況下制訂保險費率，如果不考慮、不研究國際再保險市場的因素和費率的行情，不可避免地會造成向國際保險市場分出業務的困難，從而影響風險分散。

　　因此，海上保險人在制訂海上運輸貨物保險費率時，除了要遵循國內保險一般所要求的「公平合理」、「保證保障」、「相對穩定」等原則以外，還必須做到以下兩點：一是使保險費率水平能適應國際市場的行情，以增強自身在國際市場上的競爭能力；二是使保險費率水平能為國際再保險人所接受，以順利安排所承保風險在國際範圍內的分散。

　　海上運輸貨物保險，就其性質而言，當屬於財產保險，但是與其他財產保險種類相比，各國保險管理機關對海上保險人制訂的保險費率的管理要寬鬆得多。在外國，火險、汽車保險的費率通常由保險同業公會制訂，而水險的費率則大多是各保險人自訂的。之所以會出現這種現象，緣由就在於海上運輸貨物保險具有的國際性質，迫使每一個海上保險人在制訂保險費率時都不得不考慮各種國際因素，並自動地參照國際保險費率水平。讓海上保險人自行決定保險費率，有利於促進他們在國際市場上的競爭能力。

　　英國勞合社，由於其歷史地位，遍及世界各大港口的情報系統和國際範圍內的精確的保險統計數據，它所制訂的包括海上運輸貨物保險費率在內的各險種費率，在國際保險市場上享有權威性，不但能為保險經紀人、再保險分入人等所接受，而且因其有很高的參考價值而被各國保險人廣為採用。尤其在海上運輸貨物戰爭險這類特別的險種方面，勞合社憑藉其能及時獲得可靠情報，迅速掌握各種統計數據等有利條件所制訂出來的保險費率，在國際海上保險市場上更是起著主導作用。

第二節　中國大陸的進出口貨物保險費率

中國大陸的進出口貨物保險費率是按照不同貨物、不同目的地、不同運輸方式和不同險別分別制訂的。

一、出口貨物保險費率的確定

目前，中國大陸出口貨物保險費率大體上分為四類：

1. 一般貨物費率

一般貨物費率，適用於所有貨物。凡未被列入「指明貨物加費費率表」中的貨物，全部歸屬一般貨物費率的範圍。

一般貨物費率按不同運輸方式，分海運、陸運、空運和郵運四種。海運的一般貨物費率按險別分為平安險、水漬險和一切險三種。陸運、空運和郵運的一般貨物費率按險別各分為本身險（即陸運險、空運險和郵運險）和一切險（即陸運一切險、空運一切險和郵運一切險）二種。此外，投保同一種運輸方式和險別的一般貨物費率，又按貨物運抵目的地所在洲、國家和港口的不同而有所區別。

2. 指明貨物加費費率

指明貨物加費費率僅適用於特別訂明的貨物，也就是分別屬於按大類劃分的八種貨物類別中的貨物。這些貨物由於損失率高，因而從一般貨物費率中被剔出來，另規定一個較高的費率。八種貨物大類是糧油食品及土畜產類、輕工品類、紡織品類、五金礦產類、工藝品類、機械設備類、化工品類和危險品類。需要加費的貨物一律在指明貨物加費費率表上的貨物欄內明確，並在備註欄內註明扣免賠率或貼條款等有關規定。

凡屬於指明貨物加費費率表中所列的貨物投保一切險，不論採用哪一種運輸方式，在計算它們的保險費率時，都應在一般貨物費率的基礎上，再按指明

貨物加費費率表的規定另行加費。

3. 貨物戰爭、罷工險費率

　　貨物戰爭、罷工險費率實際僅規定戰爭險費率一種，按目前規定，不區分海運、陸運、空運和郵運。罷工險如果與戰爭險一起加保，只按戰爭險費率計收，不另加收；如果單加保罷工險，也按戰爭險費率計收。在被保險貨物航程所經過地區的戰爭或罷工形勢發生變化的情況下，保險人有權隨時調整原規定的戰爭、罷工險費率。

4. 其他加費規定

　　這是根據貨物特性、航程和附加險別等一些具體的、特殊的情況所制訂的另行加費規定。主要有下面幾種：

　　(1)一般附加險加費。一般附加險不能單獨投保，必須在平安險或水漬險的基礎上加保。費率按一切險費率另外加收，但實際加收多少，視加保的附加險是不是所保貨物的主要風險而有所區別。

　　(2)特殊附加險加費。投保一切險範圍以外的特殊附加險，須另行加費。加費多少根據具體加保的特殊附加險別有不同的標準。

　　(3)艙面險加費。艙面貨只能在平安險或水漬險的基礎上加保艙面險，費率按這兩種主險的費率另外加收。

　　(4)國內外內陸運輸加費。凡有海岸的國家，被保險貨物的起運地或目的地在港口以外的內地時，投保一切險須按不同國家內陸的不同情況加費，投保平安險或水漬險的均不加費。

　　(5)延長保險期限加費。在保險單規定的保險期限內還需要求延長保險期限的，平安險或水漬險每月按相同標準加費，一切險每月則按較高標準加費，不滿一個月的按一個月計算。

　　(6)聯運計費。被保險貨物在運輸過程中如採用兩種以上運輸方式聯運，應以聯運中費率最高的一種運輸方式的費率為準。投保一切險的，除需按指明貨物加費費率表的規定加費外，還要另收聯運加費。

　　(7)降低或增加免賠率的加減費。凡指明貨物加費費率表對其表內所列的貨物規定有免賠率的，如果投保人要求降低免賠率的，就須另收相應的加費；如

果投保人要求增加免賠率的，則給予相應的減費，但最低不能低於一般貨物的一切險費率。

除上面提及的幾種情況以外，其他加費規定中還包括轉運計費、貴重貨物保險加費和國內運輸加費等規定。

總之，在計算出口貨物保險費率時，必須把四類費率都考慮進去。計算出口貨物保險費率應採用下列公式：

總保險費率＝一般貨物費率＋指明貨物加費費率＋戰爭險費率
＋其他規定的加費費率

具體的計算程序如下：

(1)按被保險貨物的運輸方式、運往目的地和承保的險別，在一般貨物費率表上查出應收的費率；

(2)查明被保險貨物是否屬於指明貨物加費費率表上所列的貨物，如果是被列入的，須加上規定的加費費率；

(3)如果要加保戰爭險或罷工險的，再加上戰爭險費率；

(4)如果承保條件涉及其他加費規定中的情況，還得按這些規定所要求的具體加費標準加費。

舉個實際例子：有一批燈具採用海運方式出口到西班牙的巴塞隆納，投保一切險加罷工險，最後目的地為馬德里。在計算保險費率時，首先在海運一般貨物費率表上查出歐洲欄西班牙的一切險費率為 0.50％；由於燈具在指明貨物加費費率表上被列為輕工品類的指明貨物，須按表內的規定加收 2.00％；接著，加上海運戰爭、罷工險費率 0.03％；最後，因為還要從巴塞隆納港轉運到馬德里，故按轉運內陸加費規定另外加收 0.15％。結果，這批出口燈具的總保險費率應為 2.68％（即 0.50％＋2.00％＋0.03％＋0.15％）。

二、進口貨物保險費率的確定

中國大陸進口貨物保險費率同樣分為四類：

1. 一般貨物費率

一般貨物費率按不同運輸方式，分險別和地區制訂，但不分貨物，即除在指明貨物加費費率表中列明的貨物以外，適用於一切貨物。按險別分：海運的一般貨物費率分為平安險、水漬險和一切險三種；陸運、空運和郵運的一般貨物費率各分為本身險和一切險二種。

2. 指明貨物加費費率

指明貨物加費費率雖不像出口貨物保險那樣按大類劃分貨物類別，但亦具體列明需加費的貨物。凡屬於指明的貨物投保一切險，都要在一般貨物費率的基礎上再按指明貨物加費費率表的規定另行加費。採用海運與採用別的運輸方式（陸運、空運和郵運之間不分）的，規定加費標準有所不同。如有特殊承保規定，加費費率另議。

3. 其他加費規定

其他加費規定同樣是為解決進口貨物一些特殊承保條件的加費而制訂的。主要有：

(1)**一般附加險加費**。一般附加險須在平安險或水漬險基礎上加保，加保的附加險如果是所保貨物的主要風險，其費率按一切險費率另外加收；若不是，則按原主險險別費率另外加收。

(2)**特殊附加險加費**。投保一切險範圍以外的特殊附加險，須另行加費。

(3)**艙面險加費**。艙面險一般只能在平安險或水漬險的基礎上加保，費率按原主險險別費率另外加收；若經申請被同意在一切險基礎上加保，則按一切險費率另外加收。

(4)**貨櫃運輸加費**。從起運地到目的地全程用貨櫃運輸的貨物，其費率按一切險費率另外加收。

除上述幾種情況以外，其他加費規定中還有擴展責任加費、貴重貨物保險加費等規定。要注意的是，這些加費項目內均包括戰爭險，在正常情況下就不另加費；若航程經過戰爭區域，費率另議。在這些加費項目上加保罷工險，則須加費。

4. 老船加費費率

老船加費費率是針對用船齡在十五年以上的老船所載運的進口貨物而制訂的。規定凡以 CFR 價格條件進口並用老船載運的貨物,須按老船加費費率表所訂的標準加費。加費多少取決於船齡長短。

計算進口貨物保險費率,同樣要把上述四類費率包括進去,就是:

總保險費率＝一般貨物費率＋指明貨物加費費率＋其他規定的加費費率
　　　　　　＋老船加費費率

第 *13* 章

海上運輸貨物保險的理賠

第一節　理賠的意義和作用

一、理賠的意義

　　保險理賠（Claim Settling of Insurance）是指對保險賠償的處理。海上運輸貨物保險所承保的貨物，如果在保險責任有效期內發生屬於保險責任範圍內的損失，保險人從接到被保險人的損失通知起即著手包括查勘檢驗、調查研究、審定責任、計算賠款和支付賠款，以及責任追償，直至最後結案等一系列工作，完成賠案全過程的處理，這就是海上運輸貨物保險的理賠。

　　理賠是海上運輸貨物保險業務中的一項重要工作，也是海上保險補償職能的具體體現。海上保險的主要職能是對海上保險財產的損失提供經濟補償，被保險人之所以投保海上運輸貨物保險，目的就是為在貨物受到保險事故損失後能及時獲得保險賠償。保險賠償與經濟契約的賠償雖然都是賠償，但兩者性質不同；後者屬於違約賠償，是經濟契約有過失的一方當事人透過經濟賠償來承擔其向對方當事人的違約責任；而前者是履約賠償，是保險人作為保險契約的

一方當事人透過經濟賠償來履行其對被保險人所承擔的義務。理賠就是具體辦理保險賠償。處理好理賠不僅有關被保險人應得保險權益的保障，也涉及保險補償職能作用的發揮，意義重大。

二、理賠的作用

理賠對保險人的作用，可以概括在以下幾個方面：

1. 處理好理賠，有利於提高保險人在國內外市場的信譽

保險人是透過理賠來履行自己的保險責任的，理賠工作的好壞直接關係到保險補償職能有否得到正確的發揮。保險人要想取得被保險人的信任，可以說，在相當大的程度上是取決於他的理賠工作質量，因為被保險人往往是以理賠質量來衡量保險人是否很好履行其應承擔的保險賠償義務的。尤其是海上運輸貨物保險由於業務具有國際性的特點，理賠工作除了必然會涉及國外客戶以外，還不可避免地要和海外的檢驗理賠代理人、船方、港口、律師和法院等發生聯繫。處理好理賠，不但使被保險人應享受的保險權益得到保護，而且有利於保險人在國際保險市場上樹立良好形象和提高信譽，進而推動展業。

2. 處理好理賠，有利於促進保險人有效地開展防損工作

理賠是對保險承保質量的檢驗。保險人透過理賠可以發現承保工作中存在的問題，從而對承保管理的質量作出評價。與此同時，理賠又是對保險防損成效的考查。理賠與防損作為保險風險處理過程中的首尾兩個環節，密切相關。眾所周知，風險發生前的防損、風險發生後的搶救和損失產生後的經由理賠來實現的經濟補償構成了保險風險處理的全過程，三個環節次第相扣，緊緊聯結在一起。事後補償固然不可少，事前防損卻也同樣重要。由於海上運輸風險大，既是運輸對象又是保險標的的貨物發生差損的經常的事，海上運輸貨物保險賠案的數量正因為如此而高居各險種之上，對保險人來說，海上防損工作的重要性也就更為突出。保險人藉由理賠過程中的損因分析和責任審定，能夠找出防損工作中的疏漏，總結經驗，吸取教訓，提出改進措施，以防止或避免今後防損工作中的差失。因此，處理好理賠有利於促進保險人有效地開展防損工

作。

3. 處理好理賠，有利於改進保險人的保險條款和費率制訂

　　保險人制訂保險條款，力求內容齊全，文字準確，使之成為保險關係雙方履行義務和享有權利的可靠法律依據；同樣，保險人確定保險費率，也是希望做到科學合理、高低不偏。由於海上運輸貨物保險業務的國際性，無論是保險條款抑或費率的制訂，保險人自然給予更大的重視。然而保險條款訂得是否明確，掌握和解釋得是否合適，保險費率訂得是否妥當，還是需要經過實踐的檢驗，而理賠處理過程應該說是考核保險條款和費率制訂工作的最好機會。理賠猶如一面鏡子，能夠明白地反映出保險條款和費率中的問題，讓保險人清楚地看出它們的缺陷和不完善之處，而後可以著手改進。所以，處理好理賠對保險人改進保險條款規定、費率和制度的好處是顯而易見的。

第二節　理賠的原則

　　理賠在保險業務經營中占有重要地位，它是保險補償職能的具體體現。但是，不能因此而把理賠僅僅看作是具體辦理經濟補償手續的事務性工作，事實上，理賠是一項政策性很強、技術要求很高、過程十分複雜的工作。處理理賠應考慮到這項工作的特點，要遵循一定的原則，否則，保險人就難以將工作做好。因為不按原則處理賠案而造成「該賠的不賠、不該賠的卻賠了」情況的發生，會招致保戶和其他有關方不滿不服，逕訴諸仲裁或司法訴訟解決爭議，敗訴事猶小，信譽受損、形象蒙塵的影響可就大了。

　　要做好海上運輸貨物保險的理賠工作，應當掌握以下一些主要原則：

一、遵約守信

　　理賠工作的特點，就是必須以保險契約為依據，嚴格按照保險契約中的條款規定來辦事。理賠工作的內容很多，環節不少，每件賠案的情況也不可能一

樣,但歸結到最後一點上,其實就是確定賠還是不賠的問題。賠也好,不賠也好,實際上在保險契約中都作了明確的原則規定。保險契約是保險人與被保險人之間訂立的在法律上有約束力的協議,雙方的權利和義務關係是透過保險契約來建立的。保險契約中既載有保險人的承保責任和除外責任的規定,也列明被保險人義務的條款,所以從原則上說,凡發生的事故損失是屬於保險責任範圍內的就該賠,屬於除外責任或雖屬於保險責任,被保險人卻未履行有關的義務的就不賠。保險人只要嚴格遵照保險契約中的條款規定處理賠案,不濫賠,也不惜賠,恪守商業信用,理賠工作便能夠做好。

二、主動迅速

　　一宗保險賠案發生以後,如果從被保險人的角度來說,被保險人根據保險契約中有關條款規定向保險人提出賠償要求,我們稱之為保險索賠;要是站在保險人的立場上而言,保險人根據保險契約中有關條款規定著手處理賠案,則叫做保險理賠。表面看來,理賠與索賠似乎是兩個當事人從各自角度來對待的同一回事,其實是有區別的。因為任何一宗保險賠案都是由保險人在接到被保險人的損失通知之後才予以建立的;立案以後,一系列具體的理賠工作基本上也是由保險人來辦的,被保險人在辦妥有關索賠手續和履行了所規定的義務之後就只能等候結案。可見,賠案處理的主動權是在保險人手裡。保險人不抓緊工作,包括不及時查勘檢驗定損核責,不迅速作出賠與不賠的決定,或者在被保險人提供的索賠單證已經齊全的情況下,還是無故拖延賠案處理,遲遲不作回覆或不支付賠款,這種被動的拖拉作風是不應該有的。須知一宗賠案的處理馬拉松式地拖得過久,耗時耗神且不說,更會造成被保險人不能及時獲得賠款,從而引起資金周轉中斷、貿易活動停頓的後果。總之,保險人要被保險人催著理、催著賠,不主動不迅速地辦,是不會令被保險人滿意的。

三、正確合理

　　該賠的要賠得正確，拒賠的要拒得有理。賠得正確是指在遵照保險契約條款規定的前提下，正確地分清責任，正確地定損，正確地核定賠款數額；拒得有理是說要按照保險契約條款規定，向被保險人擺出拒賠的事實，解釋清楚拒賠的理由，做到有根有據，切忌草率行事，一拒了之。無論是賠還是不賠都要以保險契約條款規定為主要依據，但是條款只是對保險賠償責任作了原則的規定，它們在制訂時無法也不可能考慮到各種各樣具體的實際情況。如果機械地死摳、硬搬，不從實際案情出發，不能在奉行條款精神的同時也表現出一定的靈活性，那也不是實事求是的科學態度。

　　所謂合理，就是在實事求是的基礎上做到合情合理，區別對待，也就是按照實際情況，恰當地運用條款，處理具體問題。舉個例子來說吧，海上運輸貨物保險承保的貨物如果發生損失，被保險人必須及時報損和申請檢驗。申請檢驗是有期限的。但是在實務中常有這樣的情況發生，即貨物已運入收貨人倉庫，保險責任已告終止之後，被保險人才提出貨損檢驗申請。其中原因有的是因為被保險人對有關手續不了解，也有的是因為被保險人遇到無法控制的情況而延遲了申請。按理說，根據保險條款規定，保險人對這種在保險期限過後才提出的貨損檢驗申請可以不予受理和拒賠。然而，從實事求是、合情合理的角度來要求，保險人還是應該做得通融些，合理地受理和核賠。此外，為了鞏固與國外老保戶的業務關係和有利於爭取潛在保戶，承保出口貨物的保險人在處理國外一些信譽好、保額高、賠款少的老保戶所提出的索賠時，也往往適當地採取通融賠款的做法。這同樣被認為是合理的，並不違反原則。

四、先賠後追

　　海上運輸貨物保險所承保的貨物發生屬於保險責任範圍內的差損，有不少是由於承運人、受託人、港口、裝卸公司等第三者的責任所造成的。對這類貨

損貨差，貨主即被保險人可以選擇向有關責任方索賠，也可以選擇向保險人索賠。一般來說，被保險人願意選擇向保險人索賠。只要被保險人辦理了向有關責任方索賠並將該索賠權益轉讓給保險人的手續，也就是維護了保險人對有關責任方的追償權利，保險人就應當賠償被保險人的損失，然後再代位向有關責任方追償。這就是先賠後追的原則。保險人如果持相反態度，要求被保險人把賠和追的次序顛倒一下，即先由被保險人向有關責任方追償，若追償不成，再向保險人索賠，這是不符合海上保險原則的錯誤做法。

五、循「法」尊「例」

首先要說明的是，該原則中的「法」是國際有關法規和公約，「例」是指國際慣例。

海上運輸貨物保險保障的對象是國際貿易貨物，國際貿易是在國際範圍內進行的，貨物運輸也是在兩個或兩個以上國家之間進行的國際航運，因此一旦發生貨損，處理貨損賠案時不可避免地要涉及國際有關法規和公約，以及國際慣例。在實例中，對海上運輸貨物發生的損失以在國外處理的情況居多，這固然要依據國際有關法規和公約，但是即使賠案是在國內處理，同樣不能自行其是，完全依據本國法律會造成與國際有關法規和公約的衝突。除此以外，無論貨損賠案是在國外或是國內處理，還都有可能遇到無國際法規和公約可依的情況，這時就需要尊重國際慣例，用國際慣例來處理解決問題。中國大陸的《民法通則》第 142 條第 3 款就規定：「中華人民共和國或中華人民共和國締結或參加的國際條約沒有規定的，可以適用國際慣例」。對託運人、承運人和保險人之間在貨損上發生的糾紛，須按照《海牙規則》來處理解決；對船方、貨方，以及他們各自的保險人之間進行的共同海損理算，大都尊重國際慣例，即屬於民間規則範疇的《約克·安特衛普規則》。總之，遵循國際有關法規和公約，尊重國際慣例，與上述各條原則一樣，是保險人在處理賠案時務必掌握的一項重要原則。

第三節　保險索賠手續

　　保險人對被保險貨物發生差損賠案的處理是在被保險人向保險人提出賠償損失的要求之後才開始的。如果被保險人不報損，保險人也就無法建立賠案；如果被保險人未能辦妥有關索賠手續和履行所規定的義務，保險人也就可以拒絕受理，所以被保險人提出索賠和辦妥索賠手續是保險人著手理賠工作的前提。保險索賠（Lodge a Claim of Insurance）包括的內容和涉及的手續大致有以下各點：

一、損失通知

　　被保險人在獲知或發現自己所投保的貨物受損以後，採用書面方式向保險人報告損失並提出賠償損失要求，這份書面報告就叫做損失通知。

　　被保險人獲知貨損一般有兩種情況：一是貨物在運輸途中因運輸工具遭遇到災害事故，如船舶觸礁或擱淺等而受損。在這種情況下發生的貨損往往比較嚴重，被保險人通常在事發當時很快就能得知。二是貨物在起運前後，由於各種原因而受損。這一種情況下發生的貨損與前種情況相比，損失程度大都相對較輕一些，因此不易立即察覺，直至貨物運抵目的港，被保險人在提貨時，甚至進入他的最後倉庫以後方才發現。但是，被保險人不論在哪一種情況下得知自己的貨物受損，都必須根據保險契約中的有關條款規定，立即向保險人發出損失通知。

　　損失通知一旦發出，就表示被保險人的索賠行為已經開始，可以不再受索賠時效的限制。中國大陸「人保」公司制訂的《海洋運輸貨物保險條款》規定保險索賠的時效為二年，即從被保險貨物運抵目的港卸離海輪後起算，最多不超過二年。被保險人逾期通知，保險人有權拒絕受理。當被保險人由於特殊原因而未能在規定的期限內發出損失通知，他們就必須向保險人提出延期申請，

否則將會因此喪失索賠權利。儘管索賠有二年時效，但還是要求被保險人在獲知貨物受損以後應迅速而及時地報損，不要延遲通知。這是因為延遲通知勢必要耽誤保險人在接到損失通知後開始的理賠工作，影響保險人對貨損的檢驗。

二、申請檢驗

被保險人在向保險人發出損失通知的同時，也向後者提出貨損檢驗申請。貨損檢驗是保險人開始理賠後必須要做的第一項工作，對保險人查明損因、審定責任是極其重要的，因此申請檢驗絕對不能拖拉。延遲檢驗，不但會使保險人難以確定貨損是否發生在保險有效期限內，而且很可能導致損因因貨損現場變動而無法查明，從而引起雙方爭議，影響索賠。特別是在被保險人於貨物運抵目的地他的最後倉庫，保險責任期限已告終止之後才發現貨損的情況下，更應儘快地向保險人申請檢驗，因為各國的保險人對上述情況都規定有報損和申請檢驗的時間限制。例如，中國大陸「人保」公司對承保貨物報損和申請檢驗的期限就規定為自保險責任終止日起算的十天之內。當然，有時候，被保險人由於無法控制的原因而超過了規定的申請檢驗期限，碰到這種情況，保險人只要查明被保險人確實不存在道德危險問題，還是應當根據實情合理地受理。不過，對明顯屬於保險責任終止後發生的或擴大的損失部分，保險人不負賠償責任。

被保險人在向保險人提出貨損檢驗申請過程中，須注意幾個問題：

1. 向誰申請檢驗

被保險貨物如果是出口貨物，當它們在運抵目的地後被發現損失時，被保險人應向保險人在目的地的檢驗、理賠代理人申請檢驗。這些檢驗、理賠代理人的名稱和地址，保險人在保險單上都予以註明，便於被保險人就近通知他們並申請檢驗。被保險人必須找這些指定的代理人檢驗貨損，而不能自行請他人檢驗。倘若被保險人不按保險單的規定而去自行找其他檢驗人檢驗，保險人一般是根據不同情況來對待：對被保險人因不了解手續而初次違反保險單規定，且損失不大的，往往就接受檢驗報告；對損失較大並涉及責任歸屬的，就得讓

指定的代理人重新檢驗，同時向被保險人指出今後應按保險單規定行事；對被保險人屢屢無視保險單規定，自行請他人檢驗的，則有權不承認檢驗的結果，也拒絕賠償。

被保險貨物如果是進口貨物，當它們在運抵目的地後被發現損失時，被保險人應會同當地保險人進行聯合檢驗，共同查明損因，分清責任歸屬，確定損失程度和損失金額，然後編製聯檢報告。

2. 在什麼情況下可以不申請檢驗

對整件短少的貨物，如果短少是於貨物在目的港卸離海輪時發現的，被保險人應向承運人索取溢短卸證明；如果是在貨物卸離海輪以後提貨以前發現的，被保險人應向有關港口當局或裝卸公司索取溢短證明。只要被保險人取得這些短缺證明，便可以不申請檢驗。

對損失金額很小的貨損，由於申請檢驗的費用很可能超過損失本身的金額，保險人為此常常不要求被保險人申請檢驗，而就直接按實際損失賠償。這種小額損失免予檢驗的規定，有的在保險單上載明，有的由保險人授權其檢驗、理賠代理人掌握。按國際上習慣做法，國外代理人一般還出具不檢驗損失報告，予以證明。因此，在這種情況下，被保險人也可視情況不申請檢驗。

3. 檢驗費用由誰支付

貨損檢驗費用通常規定由保險人先墊付。檢驗結束後，如果經保險人審定損失是屬於保險責任範圍的，這筆檢驗費用就由保險人在賠償貨物損失時一併償還給被保險人；如果保險人審定損失不屬於保險責任，檢驗費用則原則上由被保險人自負。

4. 檢驗報告起什麼作用

對貨損的檢驗結束後，被保險人應從檢驗人那兒取得檢驗報告。出口貨物損失的檢驗報告，由保險人在國外的代理人或其他公證、檢驗機構出具；進口貨物損失的檢驗報告，由保險人會同被保險人聯合編製。檢驗報告對索賠究竟起什麼樣的作用，被保險人應當予以正確的認識。雖然檢驗報告是被保險人據以向保險人索賠的重要單證，但實質上它只是由檢驗人對貨損情況作出客觀鑒定的證書，是一種公證文件，並不能最後決定貨損是否屬於保險責任，也不能

決定保險人是否賠償貨損。為此，在檢驗報告上往往註明，本檢驗報告並不影響保險人的權利，意思就是說，對貨物是否賠償和負責賠償多少最終要由保險人根據保險契約條款決定。

三、向有關責任方索賠

當貨物運抵保險單所載明的目的地後，被保險人在提貨時發現貨物的包裝有明顯的受損痕跡，或整件短少，或散艙貨物已經殘損，除向保險人報損以外，還應當立即向承運人、受託人、港口、裝卸公司等索取貨損貨差證明。這份貨損貨差證明是被保險人向保險人提出索賠的必要單證之一。要是貨損貨差是上述有關各方中的某一方責任所造成的，例如發生的貨損貨差按提單條款規定應由承運人負責，或按貿易契約規定應由發貨人負責，或由港口、裝卸公司負責等，在這種情況下，被保險人在索取貨損貨差證明的同時，就應及時向有關責任方提出索賠，並保留追償權利，必要時還要向對方提出延長索賠時效的申請。因為運輸契約和貿易契約都有報損及索賠時效的規定，如根據提單條款規定，託運人應於提貨前或提貨當時向承運人發出貨損書面通知；若損壞不明顯，貨損通知則應在三天內提交。如果被保險人作為運輸契約的託運人或貿易契約的買方不及時向有關契約的另一方當事人提出索賠，這就表示他承認貨物在提貨時或收貨時是完好的，事後當然不能再提出索賠。保險人對被保險人因未向有關責任方提出索賠要求而喪失追償權利部分的貨損貨差，有權拒絕賠償。只要被保險人就貨損貨差向有關責任方提出了索賠，履行了維護保險人追償權利的義務，保險人就應負責賠償被保險人遭受的損失。由此可見，貨損貨差證明又是保險人於今後向有關責任方進行追償的依據，而向承運人或有關責任方提出索賠便也因此成為被保險人對保險人應盡的一項義務。

四、採取施救措施

被保險人在獲悉貨物受損後，必須迅速採取施救、整理措施以防止貨損擴

大。對此，不論是中國大陸「人保」公司的《海洋運輸貨物保險條款》或者倫敦協會貨物保險新條款都作了明確規定。前者載明：「對遭受承保責任內危險的貨物，被保險人和本公司都可迅速採取合理的搶救措施，防止或減少貨物的損失。」被保險人「如因未履行規定的義務而影響保險人利益時，本公司對有關損失，有權拒絕賠償。」後者則在減少損失部分所包括的被保險人義務條款中規定：「當發生本保險承保的損失時，被保險人及其受雇人有義務：採取合理措施，以避免或減少這種損失。」很清楚，國內外制訂的海上運輸貨物保險條款都把對受損貨物採取施救措施作為被保險人應對保險人履行的另一項義務。

之所以作出如此規定，既是為了減少貨損程度，防止貨損擴大，於保險關係雙方均有利，也是為了不讓被保險人產生「反正投了保，無論貨物遭受多大損失，一概由保險人負責賠償」的錯誤想法。事實上，被保險人對自己所投保貨物的性能、用途、市場行情等要比保險人了解和熟悉，一旦受損，處理起來自然及時，成效也好得多。因為被保險人未能好好盡到施救義務而使受損貨物擴大損失，影響到保險人的利益時，保險人有權拒賠，或者對擴大了的損失部分不承擔賠償責任。

五、備妥索賠單證

被保險人在向保險人索賠時，必須提供各種單證。各國的海上運輸貨物保險條款對索賠所需提交單證的規定，基本上差不多。按中國大陸「人保」公司的《海洋運輸貨物保險條款》規定，被保險人「在向保險人索賠時，必須提供下列單證：保險單正本、提單、發票、裝箱單、磅碼單、貨損貨差證明、檢驗報告及索賠清單。如涉及第三者責任，還須提供向責任方追償的有關函電及其他必要單證或文件。」

(1)**保險單正本**（Original Policy）。這是證明保險人承保責任範圍的依據。如果保險人出具給被保險人的是保險憑證，被保險人則提交保險憑證正本作為向保險人索賠的基本文件。

　　(2)**提單**（Bill of Lading）。這是證明被保險貨物在交付承運人運輸時狀況的依據。由於提單是承運人在接受貨物並裝船以後出立給作為託運人的被保險人的，提單上所填寫的各項內容，對保險人在理賠中審核受損貨物是否為承保標的，以及了解貨物在保險責任開始以前是否就已經受損，是具有重要的參考價值的。

　　(3)**發票**（Invoice）。這是保險人計算保險賠款金額的依據。保險人還能透過核對發票與保險單和提單三者內容是否相符來審核被保險人的保險權益。

　　(4)**裝箱單**（Packing List）、**磅碼單**（Weight Memo）。這是證明被保險貨物在裝運時的數量和重量的依據，保險人憑以核實貨物在數量和重量上的損失。

　　(5)**貨損貨差證明**（Certificate of Loss or Damage）。被保險貨物交付給承運人運輸，承運人在裝船後如果簽發的是清潔提單，即表示貨物是完好的。一旦貨物運抵目的港後發現受損或短缺，被保險人就應當要求承運人、受託人、港口、裝卸公司等出具貨損貨差證明。這些貨損貨差證明，如由裝卸公司出具，但需由承運人簽認的「貨物殘損單」（Broken and Damage Cargo List）或「貨物溢短單」（Overlanded and Shortlanded Cargo List）等，它們都是被保險人據以向保險人提出索賠的證明，在貨損貨差是由於承運人等有關責任方的責任所造成的情況下，又是今後向他們進行追償的依據。

　　(6)**檢驗報告**（Survey Report）。這是確定保險責任和賠款金額的主要依據。檢驗報告是經過檢驗後，對受損貨物的損失原因、損失程度、損失金額、損餘價值和處理損餘經過等的證明材料。檢驗報告的內容關係到保險人的利益，因此很受保險人重視。

　　(7)**海事報告**（Sea Protest）。這是證明貨損是與海難有關的依據。保險人在處理一些損失較嚴重的賠案時，常常會遇到該類貨損是否因其載運船舶遭遇惡劣氣候或其他海事而直接引起的問題。為了確定海事責任，被保險人就得向保險人提供海事報告摘錄、貨物積載圖和航海日誌等。眾所周知，船舶出航以後，船長就要天天記航海日誌，把途中遭遇的海事一一記錄下來。如果發生貨損，承運人根據託運人即被保險人的要求，可以在海事日誌內摘錄有關內容

交給對方,也可以向對方出具海事聲明書,以表明船方不對因海事而發生的貨損承擔責任。保險人根據海事報告摘錄或海事聲明書來審定自己對這類貨損的責任。

(8)索賠清單(Statement of Claim)。這是被保險人提交給保險人並要求後者據以賠償的詳細清單。清單上主要列明索賠的金額和計算依據,以及有關費用的項目和用途等。

(9)向責任方追償的有關函電及其他必要單證和文件(Documents Relative to Pursuing of Recovery From Such Party)。當貨損貨差的發生是與承運人、港口、裝卸公司等某個第三者的責任有關時,被保險人就需要將這些單證交給保險人,否則就不須提交。這些單證通常是指被保險人向責任方索賠的往來函電存根。被保險人把它們提交給保險人,表明自己已履行了應盡的義務,維護了保險人今後向責任方追償的權利。至於責任方在收到了被保險人的索賠函電後是否負責賠償或者出現雖願意對貨損承擔責任卻賠償不足的情況,對此被保險人是無法決定的,應由保險人與責任方交涉。

六、等候結案

被保險人在辦妥上述索賠手續和履行了所規定的義務之後,接下來就是等候保險人完成包括查勘、審核、定損、定責和計算賠款等環節的理賠過程,最後領取賠款。在等候期間,被保險人應認真答覆保險人有關的詢問,補充提供資料,積極配合保險人和協助保險人處理好賠案。

第四節　保險理賠程序

海上運輸貨物保險理賠的程序，一般包括以下幾個主要環節：

一、查勘檢驗

保險人在獲得被保險人的報損通知以後，就應當迅即派員趕赴現場著手查勘檢驗工作。由於出口貨物的損失往往發生在國外，且以運抵目的地後才被發現的情況居多，通常就由保險人在目的地的檢驗、理賠代理人就地進行查勘檢驗。在遇到案情嚴重或損失巨大的賠案時，保險人還派遣專家去現場與代理人一起查驗貨損。查勘檢驗具體要做的工作是：

(1)了解事故發生的前後經過，包括事故發生的時間、地點，以及事故發生當時的氣候、周圍環境和船舶航行動態等。查找貨物致損的原因，透過分析確定造成貨損的直接的、有決定性意義的原因，並鑒定貨損的性質和程度。努力收集第一手現場資料以供以後審定損失責任時用。

(2)在承運人或被保險人已採取防止損失擴大的措施，初步對受損貨物進行了施救的基礎上，根據需要，繼續安排和組織施救，協助被保險人做好受損貨物的保護和整理工作。

(3)若貨損與承運人或其他第三者的責任有關，就得收集有關證件，並採取必要措施，保證索賠時效，為日後向責任方的追償作好準備。例如，對由於承運人的責任而引起的嚴重貨損，應要求承運人提供擔保，必要時甚至可採取保全措施，即在港口實施扣船。

二、調查研究

僅僅依靠現場查勘檢驗，保險人通常很難獲得審定保險責任所需要的全部

資料。檢驗人在查勘檢驗後出具的檢驗報告，只能供保險人了解損失情況、損失原因和損失後果等，但不能作為保險人最後據以確定保險責任的文件。保險人必須繼續進行調查研究。調查研究工作的內容主要包括：

(1)對被保險人的索賠和檢驗人提供的檢驗報告，經由向有關方面的諮詢和調查，加以核實；必要時還可作補充檢驗。

(2)隨著理賠工作的進展，對造成貨損的原因和責任歸屬進一步向有關方面作深入了解，取得足夠的證據；必要時可請專家鑒定和委託律師查證。

(3)經由各種途徑，了解責任方的資信，探詢責任方對被保險人向其提出索賠所抱的態度，並對責任方可能會作出的反應考慮如何採取相應對策。

三、審定責任

經過查勘檢驗和調查研究這兩個環節，保險人為審定貨損是否屬於保險責任而進行的取證工作基本上告一段落，下一步要做的就是最終審定保險責任。保險人審定責任的具體內容主要有：

1. 審核造成貨損的原因和後果是否屬於承保責任範圍

例如，淡水水漬損失不屬於水漬險的承保責任；對由於承運人不合理配載所造成的碰損和破碎損失，附加碰損和破碎險不予負責；船舶在航行途中遭遇惡劣氣候，因停靠避難港導致運輸延遲，進而造成的價差損失，為各個險別都不保的除外責任等等。

2. 審核貨損是否發生在保險有效期內

例如，一切險應負責貨物被偷竊的損失，但是這一損失卻是在貨物運入目的地收貨人最後倉庫後才發生的，保險有效期當然已經過了。即使貨損是發生在進入目的地收貨人最後倉庫之前，然而超過了貨物在目的港卸離海輪後的六十天，保險責任同樣已告終止。在審定保險期限時，特別要注意保險期限有效與否與保險利益存在與否的關係。例如，保險人承保從同一個港口起運的兩批貨物，它們都是在離開發貨人倉庫運往港口碼頭途中受到損失。其中有一批貨物是賣方投保的，保險人應審定貨損發生在保險責任有效期內，因為賣方投

保，他對貨物的保險利益到貨物裝船前一直存在，保險責任也是從貨物運離發貨人倉庫時就開始；另一批貨物是買方投保的，保險人應審定貨損發生在保險有效期開始之前，因為買方投保，他一直要到貨物裝船以後方對貨物擁有保險利益，保險責任也是從那時才開始。

3. 審核索賠人有無索賠資格

例如，索賠人所提供的提單或發票上的貨物與保險單所載明的貨物不符，即表示他對受損的被保險貨物並不具有保險利益。

4. 審核被保險人是否履行了保險條款規定他應承擔的責任和義務

例如，被保險人沒有在貨物運抵目的港後及時提貨，或者在提貨時發現了貨損，沒有立即向保險人報損和申請檢驗，或者沒有就涉及承運人、受託人或港口、裝卸公司等第三者責任的貨損貨差向有關責任方提出索賠，或者沒有在損失發生以後及時地對受損貨物採取必要的旨在避免和減少損失的施救措施。對被保險人沒有履行以上有關責任和義務的行為，保險人可採取不同方式對待，有的拒賠，有的要在賠款中扣除因未履行義務而使損失擴大的部分等。

四、計算賠款

貨損經過審核，確定屬於保險責任後，即可進入具體計算賠款金額的階段。計算賠款方法根據案情的不同而有多種，大致可分為全部損失、部分損失、有關費用、散裝貨物短量損失、桶裝液體貨物滲漏損失和損餘價值計算等。

㈠全部損失的賠款計算

1. 計算方法

在計算貨物遭受全部損失的賠款金額時，先得查明保險單對保險金額的確定是以定值抑或不定值為基礎。

如果以定值為基礎，對被保險貨物發生保險責任範圍內的全部損失，包括實際全損和推定全損，保險人均按保險金額如數賠償，而不管發生損失當時貨

物的實際價值是高於還是低於約定價值亦即保險金額。不過，如有損餘，應折歸保險人所有。

若以不定值為基礎，對被保險貨物發生保險責任範圍內的全部損失，包括實際全損和推定全損，保險人須按實際價值作為賠款計算的依據。如果發生損失當時的貨物實際價值高於保險金額，保險人按保險金額賠償；如果發生損失當時的貨物實際價值低於保險金額，保險人則以實際價值作為賠償根據。

2. 全損含義

我們已經懂得了全部損失作為按受損程度分類而劃分的一種海損的概念，但是從理賠的角度來看，還有必要對實際賠案中貨物全部損失的含義有一個全面的了解，以有利於正確地計算賠款。

全部損失，並不僅僅是指一張保險單所承保全部貨物的全損，它還包括以下四種情況的全損：

(1)一張保險單中的一部分貨物全損。例如，一張保險單承保 1,000 袋水泥，每袋保險金額為 50 元，總保險金額為 50,000 元。載運水泥的船舶在運輸途中遭遇惡劣氣候，海水進艙，50 袋水泥被浸泡後結成硬塊，完全喪失使用價值。保險人應將這 50 袋水泥的損失作為全損賠償，共計 2,500 元。

(2)一張有分類保險金額的保險單中，每類保額項下貨物的全損。例如，一張保險單承保工藝陶和儀表儀器兩類貨物，工藝陶的保險金額 150 萬元，儀表儀器的保險金額為 200 萬元，總保險金額為 350 萬元。載運它們的船舶在途中與他船發生碰撞，結果儀表儀器全損，工藝陶部分損失，雖未達到一張保險單的全損，但保險人對儀表儀器應按分類保額的全損計算賠款為 200 萬元。

(3)一張承保幾張提單貨物的保險單中，每張提單項下貨物的全損。例如，一張保險單承保雜貨，共 100 件：1 號提單 34 件，保險金額為 40 萬元；2 號提單 26 件，保險金額為 70 萬元；3 號提單 40 件，保險金額為 60 萬元。總保險金額為 170 萬元。貨輪在途中遇風浪顛簸，2 號提單項下的 26 件貨物全部損失，保險人應予負責，賠償 70 萬元。

(4)一張保險單所承保的貨物用駁船駁運時，每條駁船上貨物的全損。例如，一張保險單承保 300 箱茶葉，總保險金額為 240 萬元，從海輪分卸到三條

駁船上，再駁至岸上，每條駁船裝 100 箱。其中一條駁船在駁運過程中發生意外事故而沉沒，駁船上所載運的茶葉遭到全損，保險人對此應承擔 80 萬元的賠款。

(二)部分損失的賠款計算

貨物遭受的部分損失有數量損失、重量損失、質量損失等多種情況，因此在計算貨物遭受部分損失的賠款金額時，要根據貨物的不同種類和不同的損失性質，採用相應的計算方法。主要有：

1. 單價相同貨物的數量損失計算公式：

$$賠款 = 保險金額 \times \frac{受損貨物件數（或重量）}{承保貨物總件數（或總重量）}$$

例 1：有罐頭食品 500 箱出口，每箱 24 罐，每罐單價相同。貨主投保平安險，加保短量險，保險金額爲 10,000 英鎊。運抵目的地後短少 96 罐，賠款金額計算如下：

$$賠款 = 10,000 \times \frac{96}{500 \times 24} = 80（英鎊）$$

例 2：出口大米 10,000 包，每包淨重 50 公斤，投保一切險，保險金額爲 200,000 美元。運至目的地後發現短少 2,700 公斤，賠款金額計算如下：

$$賠款 = 200,000 \times \frac{2,700}{10,000 \times 50} = 1,080（美元）$$

2. 單價不同貨物的數量損失計算公式：

$$賠款 = 保險金額 \times \frac{按發票價計算的損失金額}{發票金額}$$

例 3：一批單價不同的呢絨 200 匹出口，發票金額爲 300,000 元，投保一切險，保險金額爲 330,000 元。運至目的地後發現短少 20 匹高級呢絨。這 20 匹按發票價計算的損失金額爲 40,000 元，賠款金額計算如下：

$$賠款 = 330,000 \times \frac{40,000}{300,000} = 44,000（元）$$

該公式的特點是，因貨物的單價不同，所受到的損失只能按發票價計算，而保險金額高於發票金額，所以也適用於加成投保的賠款計算。

3. 質量損失的計算公式：

$$賠款 = 保險金額 \times \frac{貨物完好價值 - 受損後價值}{貨物完好價值}$$

例 4：一批抽紗製品出口，投保水漬險，保險金額為 400,000 法郎。貨到目的地發現海水水漬斑損，目的地完好價值為 450,000 法郎，受損後的價值 90,000 法郎，賠款金額計算如下：

$$賠款 = 400,000 \times \frac{450,000 - 90,000}{450,000} = 320,000（法郎）$$

使用這個公式時，應注意先要確定貨物在目的地的完好市價，以及透過檢驗損失確定受損後市價，以計算出損失率來。如果受損貨物在中途處理而不再運往目的地，它的完好價值和受損後價值則以處理地的市價為準；若一時難以確定當地市價，經保險雙方協商也可按發票價計算損失金額，即採用單價不同貨物的數量損失計算公式。

4. 扣除免賠率的計算方法

免賠率（Franchises）是指保險人對某些易耗、易損和易碎的貨物承保附加的破碎險或短量險時，在保險單上規定的當貨物發生責任範圍內的損失時可以免賠的一定百分比。之所以要規定免賠率，是因為這類貨物在運輸途中發生短量或破碎損失幾乎是不可避免的。免賠率可分為絕對免賠率與相對免賠率。在國際保險市場上一般使用絕對免賠率，中國大陸「人保」公司基本上也採用絕對免賠率。

「人保」公司在指明貨物加費費率表上對一些易損、易碎貨物，根據它們的性質分別規定不同免賠率。如對散裝糧食、油類、礦砂等，短量險的免賠率規定為 0.5～1%；對易碎的玻璃製品、陶瓷器等，破碎險的免賠率為 3～5

％。目前規定免賠率的出口貨物共十七種，進口貨物八種。

　　也有些海上運輸貨物保險契約對承保的貨物不規定免賠率，這叫不計免賠率（Irrespective of Percentage，簡稱 I.O.P.）。如果規定不計免賠率，那麼承保貨物受損後，不論損失程度如何，保險人均予賠償，但要從被保險人那兒加收保險費。在貨物出口業務中，有時會遇到國外來證註有「I.O.P.」，即買方要求取消免賠率的情況，保險人可以加收保險費為條件予以同意。中國大陸「人保」公司規定，凡指明貨物加費費率表上規定有免賠率的，若被保險人要求降低免賠率，每降低 1% 免賠率，保險費率增加 0.5%。

　　規定有免賠率的貨物發生損失時，計算賠款的步驟和公式是：

(1)先求出貨物的免賠重量（或數量）：

　　　免賠重量（數量）＝受損貨物袋數×每袋原裝重量（數量）×免賠率

(2)再求出賠償重量（數量）：

　　　賠償重量（數量）＝損失重量（數量）－免賠重量（數量）

(3)最後求出賠款金額：

$$賠款＝保險金額×\frac{賠償重量（數量）}{承保貨物總重量（數量）}$$

例5：有 2,000 袋玉米出口，淨重 104,000 公斤，貨主向保險人投保一切險，保險金額 130,000 元。在運輸途中因發生保險事故，200 袋玉米跌入海中，被海浪捲走；350 袋發生破損，短重 1,656 公斤，按保險單上規定，要扣短量的絕對免賠率 0.5%。賠款金額計算如下：

　　先求出 350 袋的免賠重量：

　　∵每袋原裝重量為貨物總重量／總袋數，即 $\frac{104,000}{2,000}=52$（公斤）

　　∴免賠重量＝350×52×0.5%

　　　　　　　＝91（公斤）

　　接著求出對貨物損失的賠償重量：

∵賠償重量包括 350 袋的賠償重量和 200 袋的賠償重量，其中 350 袋的賠償重量爲 $1,656-91=1,565$（公斤）；而 200 袋的賠償重量爲 $200\times52=10,400$（公斤），因爲 200 袋的落海損失屬於一張保險單所承保的一部分貨物全損。

∴賠償總重量 $=1,565+10,400$

$=11,965$（公斤）

最後求出賠款金額：

$$賠款=130,000\times\frac{11,965}{104,000}$$

$$=14956.25（元）$$

在理賠實務中，扣除免賠率的賠款計算方法實際上有兩種：一種是按整批貨物扣，另一種是按受損的每件貨物扣。用不同的計算方法計算出來的賠款金額是有多有少的，對此應加以注意。試舉一例：

有 5 箱玻璃器皿出口，投保水漬險，附加碰損、破碎險，總保險金額 10,000 美元，規定該批貨物破碎的絕對免賠率爲 5%。運抵目的港後，發現 5 箱均遭到不同程度的破碎損失，損失額分別爲 400 美元、350 美元、170 美元、80 美元和 50 美元。

如果按整批貨物來計算扣除免賠率的賠款：

∵整批貨物免賠額爲 $10,000\times5\%=500$（美元）

整批貨物損失額爲 $400+350+170+80+50=1,050$（美元）

∴賠款 $=1,050-500$

$=550$（美元）

如果按受損的每件貨物來計算扣除免賠率的賠款：

∵每箱貨物免賠額爲 $10,000\div5\times5\%=100$（美元）

而在發生損失的 5 箱貨物中，由於有 2 箱的損失額分別爲 80 美元和 50 美元，均沒有超過免賠額，因此得不到賠償；其餘 3 箱的損失額都超過了免賠

額，自然可得到超過部分的賠償。

$$\therefore \text{賠款} = （400-100）+（350-100）+（170-100）$$
$$=300+250+70$$
$$=620（美元）$$

可見，按整批貨物計算扣除免賠率的賠款即 550 美元要比按受損的每件貨物計算扣除免賠率的賠款即 620 美元少，這顯示用後一種計算方法對被保險人顯得有利。在實務中，如果保險單上不註明按整批貨物計扣，一般可採用上述兩種方法中的任何一種。保險人為明確是要按整批貨物來計算免賠率的，就應當在保險單的附加險別項下加上「重量短少有絕對免賠率按整批貨物計算」的字樣。

(三)有關費用的計算

有關費用包括施救費用、救助費用、處理受損貨物時支出的出售費用，以及檢驗費用等。

1. 施救費用

對施救費用，即被保險人為避免或減少損失，而對遭受承保責任內風險的貨物採取搶救、保護和整理等措施所支出的合理費用，保險人予以負責。不管施救是否取得成效，只要施救費用支出合理，保險人可以在被保險貨物本身的保險金額以外賠付，但最多以一個保險金額為限。也就是說，保險人對貨物損失的賠償和對施救費用的賠償各按一個保險金額來計算。

2. 救助費用

對救助費用，即被保險人支付給自願對遭受承保責任內風險的貨物採取救助行為並取得成效的第三者的報酬費用，保險人予以負責。只要貨物在獲救前遭遇到的災害事故屬於保險責任範圍，保險人承擔這筆救助費用。保險人將其對救助費用的賠償與對被保險貨物本身損失的賠償合在一起，以一個保險金額計算。也就是說，保險人對兩者賠償的總和，不能超過一個保險金額。

3. 其他有關費用

對其他有關費用，包括處理受損貨物時支出的出售費用，以及檢驗費用

等，只要貨物損失屬於承保責任，保險人都予以負責。保險人在具體計算時，將這些費用與貨物本身的損失額加在一起，在保險金額限度內負責賠償。

㈣散裝貨物短量損失的賠款計算

散裝貨物大都是成粉粒塊狀的，價格較為低廉，如煤炭、礦砂、糧穀、食鹽等。它們當然也可以用袋裝或包裝，但一般是不用的，因為從適應運輸條件和節省費用角度考慮，包裝對它們來說，顯然不值得，沒有必要。由於直接裝載在運輸工具內運輸，散裝貨物在運輸途中就容易發生短量，即重量短缺損失。對散裝貨物的短量損失，保險人根據不同情況和要求，採用不同的方法來計算。

1. 包括途耗的計算公式

$$賠款＝保險金額 \times \frac{短缺重量}{裝船重量}$$

其中：短缺重量＝裝船重量－實到重量

例 1：一批散裝飼料出口，保險金額 200,000 元，裝船重量 800 噸，卸船重量 750 噸，賠款金額計算如下：

$$\because 短缺重量＝800－750$$
$$＝50（噸）$$

$$\therefore 賠款＝200,000 \times \frac{50}{800}$$

$$＝12,500（元）$$

2. 不保途耗的計算公式

$$賠款＝保險金額 \times \frac{短缺重量}{應到重量}$$

其中：應到重量＝裝船重量－途耗

短缺重量＝應到重量－實到重量

例 2：散裝礦砂共 1,500 噸，裝船後運往國外，投保金額 450,000 元，規定扣除途
　　　耗 1%。運至目的港後發覺卸船重量僅 1,452 噸，賠款金額計算如下：

$$\because 應到重量 = 1,500 - 1,500 \times 1\%$$

$$= 1,485（噸）$$

$$短缺重量 = 1485 - 1452$$

$$= 33（噸）$$

$$\therefore 賠款 = 450,000 \times \frac{33}{1,485}$$

$$= 10,000（元）$$

㈤桶裝液體貨物滲漏損失的賠款計算

　　液體貨物，主要包括原油以及汽油、柴油等成品油，還有液體化工品，它
們一般是用散艙運輸的，但也有用桶裝的，尤其是一些液體化工品大都用鐵
桶、鐵罐或塑料桶裝。桶裝液體貨物容易發生滲漏損失。對桶裝液體貨物的滲
漏損失，保險人也有一些不同的賠款計算方法。

1. 不扣免賠率的計算公式

$$賠款 = 保險金額 \times \frac{滲漏淨損}{發票總淨重}$$

$$其中：滲漏淨損 = 每桶淨重 \times 滲漏桶數$$

$$每桶淨重 = \frac{發票總淨重}{發票總桶數}$$

例 1：出口原油 1,000 桶，發票總淨重 120,000 公斤，保險金額為 60,000 元，滲漏
　　　80 桶。賠款金額計算如下：

$$\because 每桶淨重 = 120,000 \div 1,000$$

$$= 120（公斤）$$

$$滲漏淨損 = 120 \times 80$$

$$=9,600（公斤）$$

$$\therefore 賠款=60,000\times\frac{9,600}{120,000}$$

$$=4,800（元）$$

2. 按受損桶數扣免賠率的計算公式

$$賠款=保險金額\times\frac{賠償滲漏淨損}{發票總淨重}$$

其中：賠償滲漏淨損＝滲漏淨損－免賠滲漏淨損

免賠滲漏淨損＝滲漏桶數×每桶淨重×免賠率

例 2：出口原油 1,000 桶，發票總淨重 120,000 公斤，保險金額 60,000 元，滲漏
80 桶，免賠率為 5%。賠款金額計算如下：

$$\because 免賠滲漏淨損=80\times（120,000\div1,000）\times5\%$$

$$=480（公斤）$$

$$賠償滲漏淨損=80\times（120,000\div1,000）-480$$

$$=,9120（公斤）$$

$$\therefore 賠款=60,000\times\frac{9,120}{120,000}$$

$$=4,560（元）$$

3. 按整批扣免賠率的計算公式

$$賠款=保險金額\times\frac{賠償滲漏淨損}{發票總淨重}$$

其中：賠償滲漏淨損＝滲漏淨損－免賠滲漏淨損

免賠滲漏淨損＝發票總淨重×免賠率

例 3：同例 2

$$\because 免賠滲漏淨損=120,000\times5\%$$

$$=6,000（公斤）$$

$$賠償滲漏淨損=80\times（120,000\div1,000）-6,000$$

$$=3,600（公斤）$$

$$\therefore 賠款=60,000\times\frac{3,600}{120,000}$$

$$=1,800（元）$$

㈥損餘價值的確定

所謂損餘，是指已經保險人賠償的受損貨物，其尚具有一定價值的殘餘，包括按全部損失賠付被保險貨物的殘存部分及其包裝，以及按部分損失賠付經配置或修理後換下的被保險貨物的零件等。

損餘的價值應按損餘處理的當地、當時的市場情況和市場價值來計算確定。計算損餘價值時參考的因素一般有貨物的性質、完好價格、受損程度、損餘狀態、市場供求情況，以及以往處理同類貨物的經驗等，透過分析研究，必要時還可委請公估拍賣來確定損餘價值。

五、責任追償

對那些屬於保險責任範圍內的，實際上卻是由於承運人或其他第三者責任所造成的貨損，保險人在完成賠款計算並將賠款匯付給被保險人時，藉由要求後者出具一份代位書（Subrogation Form）而取得代位追償權益，然後即可據此和按照有關契約規定，向有關責任方索回其應承擔的賠款。這就是理賠工作的最後一個重要環節——責任追償。當然，也有些國家的保險人根據追償工作的特點，將它獨立於理賠工作之外，另成系統。但是，責任追償，不管是作為理賠的程序之一或是作為一項獨立工作，目的是一樣的：一方面是為了維護保險人自身的經濟利益，另一方面則是為了督促有關責任方認真履約，承擔其對貨損應負的責任。責任追償的重要性是顯而易見的。

由於海上運輸貨物保險業務的國際性，一般責任追償均會涉及到國外當事

人，所以這項工作大都就委託國外代理人代辦。這種代理人有兩類：一類是保險人委託的國外理賠代理人，保險人與他們都簽有代理契約，他們按照契約授與的權力代保險人進行追償；另一類是保險人臨時委請的追償代理人，他們由保險人逐案委託聘請，按照與保險人商定的要求行事。有些代位追償案件由於情況複雜，保險人甚至委託律師和專家代為追償。自然也有保險人自己出面追償的。不論採取哪一種追償途徑，都應從能有效進行追償的角度來考慮，因此委請一些既熟悉被追對象所在國當地的社會關係，了解該國該地的法律、法規和慣例，又掌握有關國際公約並在當地較有影響的個人或法人來代為追償，常常是保險人選擇的追償途徑。例如，世界各港口、碼頭對貨損貨差的負責情況不一：有的明文規定裝卸工人對損壞貨物不負責任，如東非的吉布提港；有的規定要負責，而且不加任何限制的條件，如菲律賓的馬尼拉和模里西斯的路易斯港；也有的規定要對貨損貨差負責，但有各種各樣限制，如英國的利物浦港規定，只有當貨損發生在裝卸工人進行裝卸作業時並在當時就指出，港口才承擔責任，而羅馬尼亞的康斯坦薩規定，發現貨損必須在二十四小時內向港方提出。如果貨損發生在上述各港口，不依靠熟知這些不同規定的當地代理人來進行追償，保險人要想追償成功不用說是很困難的。

為使追償工作順利地進行並取得成效，關鍵在於熟悉有關法規和注意時效這兩項。在追償過程中，保險人或其理賠、追償代理人一要注意不能讓被保險人損害保險人的權利，因喪失追償時效而無法追償；二要防止因責任方運用本國或國際貨運法規中規定的責任限制而造成追償不足。現以中國大陸的一些涉及貨損追償的有關規定為例：

根據中國大陸《中國大陸遠洋運輸公司提單條款》規定，「中遠」船舶對其所承運貨物損失的賠償責任限額為每件或每一計費單位人民幣 700 元；託運人向其索賠訴訟時效不能超過貨物卸離船舶之日起十二個月。因此，如果被保險人過了一年之後才向保險人索賠，又未獲得「中遠」公司確認的延期證明，這即是損害了保險人的追償權利。在這種情況下，保險人通常可以採用扣除被損害部分後再賠付給被保險人的做法。

又如，根據中國大陸《關於港口作業事故處理的幾項補充規定》的規定，

港口方對其所安排裝卸貨物發生的損失，凡損失總額在人民幣 40 萬元以下的，賠償限額為每件人民幣 700 元或每一計費單位人民幣 100 元；損失總額在人民幣 40 萬元以上的，按總額賠償 20%，但最多不超過 40 萬元。至於索賠時效，按規定不能超過從港口方編製貨運記錄的次日起一百八十天。

　　經由責任追償，保險人從有關責任方那兒追回的款項沖抵對被保險人的賠款支出，理賠工作至此方告結束。

第三篇

船舶保險和保賠保險

第 *14* 章
海上保險與海上航運

第一節　海上航運的發展和國際航運市場

一、海上航運的歷史沿革

　　海上航行與海上運輸由來已久，隨著人類文明和生產力的發展而逐漸發展。風能的使用產生了風帆，帆船曾是航運的主要工具；指南針的發明和使用，使船舶能在海上辨別方向，按照人類的意志航行，進而能夠到達更遠的地方，並返歸起航地。中國明代 1405～1433 年間鄭和率龐大艦隊七下西洋，就是使用了風帆和指南針。十八世紀末和十九世紀初，蒸氣機的發明使海上航運進入了一個全新階段。1807 年美國人羅伯特‧富爾頓製造了第一艘蒸氣機船「克萊蒙特」號在哈德遜河上航行，用三十二小時完成了紐約城到阿爾巴尼之間 241 公里的試航，證明了將蒸氣機用於船舶作動力的可能性。從此，海上航運進入了蒸氣機時代。1840 年蒸氣機船第一次成功地橫渡大西洋，進一步揭開了國際航運史的新篇章。今天，在日新月異的科學技術推動下，低速柴油機、太陽能推進器、核能推進器都已或將逐漸使用在海上運輸船舶上，海上航

運有著廣泛的發展前景。

二、海上航運對國際貿易的作用

　　海上航運是國際貿易不可缺少的手段，現代國際貿易總量的 80％是經由海上航運來實現的。海上航運的迅速發展，促進了國際貿易的發展，而隨著國際貿易發展的需要，航運技術又是在不斷更新和發展。如今油輪的規模已達到 50～60 萬噸級，像挪威的「海慧巨人」號油輪達 62 萬多噸，散裝船也達 30 多萬噸。二十世紀六〇年代，美國海陸公司首先採用貨櫃運輸，引起了運輸史上的一場革命。貨櫃運輸不僅使貨物運輸趨向集合化，而且第一次把貨物與裝載工具結合起來，節省了貨物包裝並保障了貨物質量。此外，貨櫃運輸縮短了貨物在途時間，從而保證了貨物順利和及時地到達收貨人手中。八〇年代美國輪船公司訂購了 4482 標準箱箱位的超級貨櫃船，它標誌著貨櫃船向大型化發展。據 1994 年的統計資料，當前世界透過貨櫃運輸的貿易額已占總貿易額的 35％。這充分證明了海上航運對國際貿易的作用與以往一樣，依然是極其重要。

三、國際航運市場

　　國際航運市場是指為海上運輸提供船舶的船東，與需要船舶運輸的貨主或需要船舶從事營運的租船人進行船舶交易的市場，也就是船舶供求交易市場，但這是狹義上的概念。廣義的國際航運市場不僅指上述市場，而且是海上運輸勞務供求實現結合的各種條件的場所和各種機構的總和。航運市場是運輸企業進行營業的場所，也是貿易活動、政治經濟形勢變化，以及船舶合理使用，技術更新等在海上的綜合體現。

　　國際航運市場是在十八世紀末和十九世紀初發展起來的。當時的生產、貿易和造船技術都有了迅速的發展，航運業已從最初船東既用船舶進行運輸又從事貿易活動的「船貨一體」中分離出來，成為單獨經營的行業，從而就形成了

擁有運力而需要尋求貨運以保證經營效益的船方和需要尋求運力運送貨物以達成貿易目的的貨方。雙方構成運輸的供求關係，使這種供求關係相結合並促使運輸交易得以實現的場所，就是航運市場。

由於海上運輸船舶的經營方式分為班輪運輸和租船運輸兩大類，國際航運市場也相應劃分為班輪市場和租船市場。

1. 班輪市場（Liner Market）

又稱定期船市場，是指運費承擔能力高，對運輸時間要求也高，且需要不間斷運輸的成品或半成品，與按公布的船期表，在特定的港口之間航行即以班輪營運方式經營的定期船舶所構成的市場。

班輪市場是個壟斷性很強的市場。由於班輪的設備條件要比租船好，速度也快，同時為了保持一定的航程密度，必須有一支可觀的船隊，因此投資很大，需要規模較大的航運企業來經營。目前班輪的貨運量占世界貨運總量的20％左右，但其價值占國際貿易總額的80％。

2. 租船市場（Charter Market）

或稱不定期船市場，是指運費負擔能力低，但對運輸要求也低的大宗貨物、液體貨物，與以根據運輸需要的場所和時間而不斷變更航線的租船營運方式所經營的不定期船舶相結合的市場。

租船市場是個自由競爭的市場。由於它是由很多規模較小的航運企業構成的，不易被少數企業所壟斷，但同時也易受到外來因素的影響和制約。目前租船運輸的貨量約占世界貨運總量的80％，其中，包括成品油、石化原料和原油等在內被統稱為液體散貨的貨物運量要占到40％。事實上，由這些貨物與油輪構成的油輪市場已從一般的不定期船市場中分化出來。

四、海上航運業的營運方式

前面已經提及，經營船舶、從事貨物運輸，只是海上航運業的狹義概念。從廣義上講，國際航線上的船舶營運業並不就等於海上航運業，而只是海上航運業的一個重要組成部分。因為除了船舶營運業以外，經營租船的船舶租賃

業、代辦運輸的貨運代理業、代辦船舶業務的船務代理業，以及港口理貨業都屬於海上航運業。這些行業有的是專營的，也有的是兼營的。

(1)**船舶營運業**，是指船舶經營人以自有的船舶或租賃的船舶從事定期或不定期、定航線或不定航線的貨物運輸的行業。如在中國大陸，主要的船舶營運公司就是中國大陸遠洋運輸公司（China Ocean Shipping Company，簡稱 COSCO）和中國大陸租船公司（China National Chartering Corpora-tion）。

(2)**船舶租賃業**，是指船東自己擁有船舶，但不從事貨物運輸，而是作為船舶出租人將船舶以光船形式出租給租船人經營的行業。

(3)**貨運代理業**，是指以收取佣金，承接貨物，代辦報關，交船承運的行業。通常稱作報關行（Customs Broker）或運輸行（Forwarding Agent），也叫無船承運人（Non-Vessel Operative Common Carrier，簡稱 NVOCC）。如在中國大陸，最大的貨運代理公司是中國大陸對外貿易運輸總公司（China National Foreign Trage Transportation Corporation）及其在各地的分支機構。

(4)**船務代理業**，是指受船公司或船東委託，為他們在港口的船舶代辦在港的一切業務，包括辦理船舶入港引水，代購船用燃料、物料、食物和淡水，代船公司收貨，計劃船舶裝載，簽發提單和代收運費等。中國大陸從事船務代理業的公司主要是中國大陸外輪代理公司（China Ocean Shipping Agency）和中國大陸船務代理公司。

(5)**理貨業**，是指受船公司或船東委託，在港口裝卸時衡量、清點、交接貨物，檢驗貨物質量並作出公證的行業。該行業也可由船公司代理或港務當局兼營。中國大陸的外運理貨業由中國大陸外輪理貨公司（China Ocean Shipping Tally Co.）承擔。

第二節　中國大陸海上航運業發展概況

一、中國海上航運業的歷史

　　中國的海上航運歷史悠久，從夏代開始，中國人就已經會製造船隻。戰國初期，中國的船舶已使用指南針在海上辨別方向。指南針經由阿拉伯傳到西方，並被廣泛使用於海上航行，對世界航運技術的發展起了重大作用。唐代，政府設置市舶司，開始對海上運輸和貿易進行管理。南宋時期，泉州港成為當時世界上最大的海港之一。明代的鄭和率船隊下西洋，更是世界航運史上的壯舉，不但航行時間長、規模大，而且要比歐洲航海史早數百年。

　　中國古代曾有一段很長時間，在航運業上居於世界領先地位。然而，由於從明代中葉倭寇侵擾沿海到清代初年鄭成功父子抗清的緣由，明清兩代政府厲行海禁，實行閉關鎖國政策，「寸板不得下海」，從此航運業一落千丈。

　　鴉片戰爭的炮火轟開了中國閉關自守的大門。1842 年中英《南京條約》簽訂，開始了所謂的「五口通商」，以後的《天津條約》和《北京條約》等簽訂，又加開了十一處通商口岸，這些港口成為外國殖民者掠奪和運走中國財富的出口地。從 1862 年美商旗昌輪船公司在上海開設起，直到新中國成立以前，中國的海上航運業和對外貿易一樣，掌握在外商手中，中國無海上航運可言。

二、中國大陸海上航運業的現狀

　　新中國成立初期，帝國主義對中國實行經濟封鎖政策，中國的海上航運業幾乎是一片空白，對外貿易的海上運輸為西方國家的航商所壟斷。他們以抬高運價和拒絕出租船舶，配合帝國主義的封鎖禁運，使中國遭受很大損害。隨著

國民經濟的恢復和發展，以及對外貿易日益增長的需要，中國大陸於 1951 年與波蘭建立了中波輪船股份公司（Chinese Polish Joint Stock Shipping Company），開闢了由歐洲至中國大陸的班輪航線。這家中波合資經營的輪船公司在當時中國大陸對帝國主義進行的反封鎖、反禁運的鬥爭中起了一定的作用，不僅為中國大陸國民經濟的恢復和發展作出了應有的貢獻，而且為中國大陸建立自營船隊培養了船員、幹部，提供了經驗。1955 年 8 月中國大陸對外貿易運輸總公司成立，這是中國大陸經營國際貿易運輸的專業公司。為了對外業務上的需要，該公司在對外租船時，以租船人的身份委託中國大陸租船公司代為辦理。

1961 年中國大陸遠洋運輸公司正式成立，並建立起了中國大陸自己的船隊，中國大陸從此擺脫了依靠租用外國輪船運輸進出口貨物的被動局面。中國大陸遠洋運輸業的發展為中國大陸的對外貿易順利進行提供了重要保障。懸掛著五星紅旗的遠洋船隊不僅把中國大陸與外商成交的貨物迅速、安全地運送到國外港口，從而保證中國大陸的產品在國際市場上的信譽和地位，也把中國大陸從國外訂購的物資及時迅速地運回國內，促進中國大陸的經濟建設，而且不久就很快地進入國際航運市場，開始承攬外國客商支付運費的貨載。1973 年 3 月中國大陸正式加入國際海事組織（IMO），1983 年當選為理事會成員國。

隨著海上航運貿易的飛躍發展，遠洋船隊的不斷壯大，今天中國大陸已成為航運大國。截至 1994 年底，全國民用船舶已達 37 萬多艘，運力已達 4,500 萬載重噸。現在中國大陸擁有一支以第四代貨櫃船為代表的散裝船、多用途船、油輪、客船、雜貨船等種類齊全的國際遠洋船隊，噸位達 2,200 多萬載重噸，位居世界第九。中國大陸遠洋運輸公司和中國大陸租船公司的船隊服務於世界主要航線上，經由轉船甚至能抵達一些比較偏僻的小港口。特別是中國大陸貨櫃運輸的發展更令世人矚目：1994 年中國大陸遠洋運輸公司貨櫃運輸總部已擁有 140 餘艘貨櫃船，其中包括有當今世界最先進的第四代 3,500 至 3,800 箱位的貨櫃船，箱位量達到 16 萬多標準箱，航線遍布世界各大港口，從而躋身世界十強之列。在發展遠洋船隊為中國大陸對外貿易進出口貨物運輸服務的方針指導下，中國大陸遠洋船隊的建設日益受到國際航運界的重視，中國

大陸海上航運業在國際航運市場上將發揮越來越大的作用。

第三節　海上保險是海上航運貿易的重要組成

一、海上保險是海上航運業的重要組成

　　海上保險與海上貿易和海上航運一樣，也是海上商品經濟發展的產物。在海上航運貿易的實踐中，海上保險是為鼓勵這一海上冒險事業而逐漸形成和發展的一種保險制度。海上貿易和海上航運業的發展與海上保險提供的保障是分不開的。

　　海上航運貿易中的風險是不依人們意志為轉移而客觀存在的。不管是何種社會制度的國家，在從事海上航運貿易中都不可避免地要遭遇到海上風險。科學技術的進步，可以增強抵禦海上災害事故的能力，預防海上風險的侵襲，但不能消滅海上風險，而且新科技在航運中的運用又會帶來若干新的風險。因此，海上保險是所有不同社會制度的國家，在各個時期從事海上航運貿易的共同需要，是海上航運業的重要組成部分。海上航運業的經營者經由投保海上保險，將船舶在海上航行中不固定的災害事故損失轉化為固定的保險費支出，不僅因此而獲得保險保障，而且可以將保險費列入船運固定成本，作為制訂運價的基礎之一，便於經濟核算。

二、船舶保險是海上保險的主體

　　海上運輸是國際貿易的主要運輸方式，而船舶是海上運輸唯一的工具，因此在某種意義上說，船舶是海上航運貿易的主體。當發生海難時，首先要保全主體，即保全船舶，只有主體即船舶的存在，其他一切才存在。

　　海上航運貿易的情況比較複雜，環節也比較多，決定海上保險的範圍也比

較廣。凡在海上航運貿易中可能遭受到海上風險的財產、合法利益以及應負的責任都屬於海上保險可以承保的標的，如船舶、貨物、運費、租金和責任等等。但是，由於船舶在海上航運貿易中的特殊地位，儘管一艘船舶上所載運貨物的價值往往大大超過載運這些貨物的船舶的價值，船舶保險仍然是海上保險中最重要的險種，是海上保險的主體。不僅如此，船舶在海上航行、海上運輸、海上貿易和海上保險等的法律地位和法律衝突的處理方面，也是國際的和各國的海上法規研究的主要對象。

　　船舶保險是海上保險的主體，也是進行現代海上經濟貿易活動的必需。無法設想，一艘沒有投保船舶保險的商船如何能正常參加海上航運業務活動。除此以外，船舶保險對國際航運市場的意義還表現在下面一點上：當航運市場處於船舶噸位過剩的蕭條時期，船舶保險透過採取高費率或不予承保等手段，迫使老舊船舶退出營運，折舊報廢，調節國際航運市場的運力（船舶噸位）與運量（貨物運量），使兩者漸趨平衡，促進航運市場的復甦和發展。

第 *15* 章
船舶與船舶保險

第一節　船舶保險的標的

一、船舶的概念

船舶是船舶保險的主要保險標的，但並非所有的船舶都能成為船舶保險承保的對象。船舶保險所承保的船舶必須屬於海商法調整的範圍，它與我們通常所說的船舶在概念上不完全一致，而有其特定的含義。

我們通常所說的船舶是指能漂浮和航行於海洋、江河及其他可通航水域的運載工具。這是廣義上的船舶。廣義上的船舶包括的範圍很廣，大船、小船、木船、水泥船、輪船，凡能在水上航行的，具有船的形狀的工具皆可稱之為船舶。海商法所稱的船舶儘管也是廣義上的船舶範圍內，但不同於廣義上的船舶。海商法所稱船舶的含義：①是廣義上的船舶的一種；②航行於海上；③以海上運輸生產為主要目的。

以海上運輸生產為主要目的，是海商法所稱船舶具有的一個基本特點。我們知道，在海上航行的船舶有各種不同的目的和任務：有以科學研究、資源勘

探、體育運動或教學實習為目的專用船，有以執行水道測量、港務監督、海關緝私、衛生檢疫、破冰、引航、滅火或救助為目的的公務船，有以海上運輸生產為目的的商船，還有執行軍務的軍艦等。它們航行的目的任務不同，或者說用途不同，雖然都是海船，但在法律地位上是不一樣的。只有商船，即經營海上運輸業務的海船才受海商法的管轄，其他不從事海上運輸生產的船舶均不在海商法所調整的範圍內。

要指出的是，各國海商法對船舶所下的定義和適用船舶的範圍規定是不同的。多數國家海商法規定的船舶是指在海上航行的商船。例如，英國的《1924年海上貨物運輸法》和美國的《1936年海上貨物運輸法》都分別在第 1 條第 1 款中規定：「船舶，是指用於海上貨物運輸的任何船舶。」日本的《商法典》第 684 條規定：「本法所稱船舶，係以商業行為為目的的供航海使用的船舶。」不過，也有些國家的海商法對適用船舶的範圍規定得相當寬。以前蘇聯在 1968 年制訂的《海商法典》為例，第 9 條規定：「本法所稱船舶，是指機動或非機動的浮動裝置，用於：①運送貨物、旅客和郵件，捕魚或其他海上捕撈，開採礦物、救助海上遇難船舶，拖帶其他船舶和浮動裝置，水利工程施工，打撈沉沒海中的財物；②執行特種勤務（守護漁場、衛生和檢疫等）；③科學、教學和文化活動；④體育運動；⑤其他用途。」又在第 4 條規定：「本法典不適用於懸掛海軍軍旗的船舶。」可見，除了軍船以外的機動或非機動裝置全都被包括在前蘇聯海商法的船舶範圍之內。

中國大陸於 1992 年 11 月 7 日頒布的《海商法》第 3 條規定：「本法所稱船舶，是指海船和其他海上移動式裝置，但是用於軍事的、政府公務的船舶和 20 總噸以下的小型船艇除外。」根據上述定義，我們便可知道，中國大陸海商法所稱的船舶是指除軍事艦艇和政府公務船舶以外的，以從事海上運輸生產為主要目的海船，以及鑽井平台等一類的海上移動式裝置。

釐清海商法所規定船舶的概念是非常重要的，因為只有這樣的船舶才能夠成為船舶保險承保的標的。

二、船舶的種類

　　船舶保險所承保的船舶是以從事海上運輸生產為主要目的的商船。商船又叫運輸船，是載運旅客和貨物的船的統稱。商船有各種不同的分類：按國籍分，可分為本國船和外國船；按航程遠近分，可分為遠洋輪和近海輪；按開航定期或不定期分，可分為班輪和不定期船；按載運標的分，可分為客船、貨船和客貨船。我們主要介紹按載運標的分類的船舶種類。

　　1. 客船（Passenger Vessel）

　　客船是主要用於載運旅客及其攜帶的行李的船舶。船速較貨船快，設有的上層建築也要比貨船多，它們是作為旅客艙室使用的。客船的艙室和設備齊全，特別是用於遠洋客運的客船，它們的總噸可達三萬噸。根據《國際海上人命安全公約》規定，載客超過十二人以上的海船須按客船標準要求，因此凡載客超過十二人的船舶均應視為客船，而不管其是否以載客為主。

　　2. 客貨船（Passenger and Cargo Vessel）

　　客貨船是指除主要載運旅客及攜帶的行李以外，一般還兼運少量貨物的客船。

　　3. 貨船（Cargo Vessel）

　　貨船是主要用來運輸貨物，載客在十二人以下的船舶。按構造上的差別和裝載貨物的不同，貨船大致可分為七類：

　　(1)雜貨船（General Cargo Vessel）也叫乾貨船（Dry Cargo Vessel）。雜貨船最普通，適用性也很廣。一般用於裝載有包裝的件雜貨，也可用來裝載穀糧、煤炭、一般固體化工品和鋼材等無包裝的散雜貨。為減輕底層貨物的壓力，每個艙可分二至三層。

　　(2)散裝貨船（Bulk Carrier）。主要用於裝載大宗散裝貨物，如煤、砂、礦石、穀糧、糖、化肥等。一般船體較大，船艙都為直艙，船上配有諸如抓斗等相應的裝卸機械。按具體所裝載的散裝貨物，這類貨船又可細分為礦砂船、煤船、穀糧船、木材船等。

(3)冷凍船（Refrigerated Vessel）。專門用於裝載新鮮水果、肉類、魚類等易腐貨物。船上有製冷裝置和適合冷凍貨物的冷凍艙。

(4)貨櫃船（Container Vessel）。專門用貨櫃作為裝載工具載運貨物的船舶。貨櫃的貨艙通常設計成格槽形式以便固定貨櫃，機器及住艙等均位於船尾部。船上設有負荷量在 35 噸以上的門式起重吊機。有的貨櫃船不備吊機，裝卸作業全憑碼頭專門設施。

(5)油輪（Tanker）。主要適用於運載液體散裝貨物，如各種油類和液體化工品等的船舶。採用管道裝卸方式輸送。油輪通常噸位較高，習慣上把 20 萬噸以上的稱為巨型油輪。

(6)滾裝船（Roll on/Roll off Vessel），又稱滾上滾下船。適宜於運載車輛和大型機械，也適宜裝載貨櫃的船舶。這種船無貨艙，只有縱貫全船的甲板，船首、船尾或左右船側開有高大舷門。船隻靠岸後，舷門與碼頭之間用渡橋（即大跳板）連接，貨物裝卸不使用吊機吊上吊下，而是通過渡橋滾上滾下。如果貨物是裝在運輸車輛上，車輛就直接開上開下；如果貨物是裝在貨櫃內，裝卸時就把貨櫃連同載運的底盤用拖車拖上拖下。滾裝船是在六〇年代後才發展起來的，由於它具有不依賴碼頭機械、裝卸速度快、靈活性大、裝載效益高等優點，特別是能讓裝載貨櫃的車輛直接開上開下，為貨櫃運輸提供了極大方便，所以發展很快，數量日增。目前世界各大港口都已建有不少供滾裝船和貨櫃船停靠的專用碼頭，即貨櫃船和滾裝船碼頭（Container and Ro/Ro Dock）。

(7)子母船（Lighters Aboard Ship，簡稱 LASH），又稱載駁船。適用於海河聯運。這種船船體很大，能載運多個駁船。大船是母船，所載駁船是子船。母船上設有巨型門吊或船尾升降平台，船到港口後，利用這些設施把子船降入水中。子船開抵內河裝貨，然後駛回，駁運貨物完畢，再全部裝上母船，開往貨運目的港。抵達目的港後，子船又從母船上卸下，完成將貨物駁運至內河卸貨的任務。子母船最適宜航行於兩方都連接內河系統的港口。它們由於裝卸的速度快，在港外裝卸時子船又可減少碼頭負擔，加上子船覆蓋嚴密，使貨物得到保護，所以也日漸發展。近年出現的海蜂船（Seabee）也是與子母船

屬於同一類型的船舶,區別在於其子船的船體較子母船的子船船體大,並且可裝載貨櫃。子母船與海蜂船統稱為袋鼠型船(Kangaroo Ship)。

三、船舶保險的標的

船舶保險作為一種財產保險,其承保標的分為有形的標的和無形的標的兩種。

1. 有形的標的

有形的保險標的,就是船舶。船舶是船舶保險的主要保險標的。船舶,是一個總稱,是一個由船殼、船機和船舶屬具構成的合成體。這個合成體只是靜止中的船舶,加上船用技術物料、燃料、備件、給養,並配備好船員,在取得適航證書和必備的船舶文件之後才成為活動的船舶,即可以營運的船舶。船舶保險承保的船舶以營運中的船舶居多。當然,建造中的船舶和停泊港口未投入營運的船舶也可以承保。

2. 無形的標的

無形的保險標的,是指與船舶有關的利益和責任。利益是指運費、船舶租金、營運費用、保險費、船員工資和其他為船舶正常運行而需支出的費用;責任則指船東或光船租船人在發生船舶碰撞事故後對對方船舶及船上所載貨物所遭損失,依法應承擔的經濟賠償責任。上述利益和責任船舶保險是承保的。至於船東由於船舶失事依法應承擔的打撈沉船、清除航道義務和油污責任,以及船東作為承運人根據運輸契約依法應對貨主損失負責賠償的責任,雖然也屬於與船舶有關的責任,但是它們一般由保賠保險負責承保,船舶保險是不保的。

船舶保險其實也是一個總稱,是一個以船殼機器保險為主,附加費用保險的綜合保險。

船殼機器保險以有形的船殼、船機和船舶屬具為保險標的。具體的標的包括船舶骨架、船底板、甲板、隔艙板;固定裝置在船殼上的上層建築、絞盤;主機、副機、錨機、舵機等機器;鍋爐裝置、冷凍設備和其他船上設備;錨鏈、羅經、測探儀、消防救生設備等。在國際保險市場上,船殼、船機和船舶

屬具是可以分開投保的。

　　費用保險以無形的船舶營運費用為保險標的。具體的標的包括船員工資給養，船舶維修保養費，燃料、物料和其他裝備購置費，港口費，裝卸費和保險費等。費用保險可作為船殼機器保險的附加保險投保，只有在投保船殼機器保險的前提下方可投保費用保險。

第二節　船舶價值與船舶保險金額

一、船舶的價值

1. 船舶的價值與船舶保險價值的關係

　　船舶的價值是確定船舶保險價值和保險金額的基礎，也是計算船舶保險賠款，審核共同海損分攤費用，以及支付救助費用的依據。

　　英國《1906 年海上保險法》第 16 條規定：「除保險契約對於價值有明確規定外，保險標的的保險價值須按下列標準認定：關於船舶保險，船舶的保險價值應以保險責任始時的船舶價值為準，包括船舶屬具、船員給養、物料、船員工資，以及為使船舶適於保險單載明的航程和海上運務所支付的費用，加上保險費。」

　　中國大陸《海商法》第 219 條規定：「船舶的保險價值，是保險責任開始時船舶的價值，包括船殼、機器、設備的價值，以及船上燃料、物料、索具、給養、淡水的價值和保險費的總和。」

　　由此可見，船舶的價值對船舶保險價值的確定具有決定性作用。可是，一艘船舶有許多價值，建造時有建造契約價值，買入時有買賣契約價值，投入營運後有扣除折舊的帳面價值，投保時有國際船舶市場價。那麼，在這些船舶價值中，應以哪一種作為確定其保險價值的依據呢？要回答這個問題，得先從被保險人即船東投保船舶保險的目的談起。船東之所以要投保船舶保險，意在取

得保險保障，說得具體些，就是為了在被保險船舶一旦遭遇海上自然災害和意外事故而發生全部滅失時，可以及時從保險人那兒獲得一筆相當於保險價值的賠款，從而在國際船舶市場上購置相同規模的船舶，繼續營運。有了這一保險保障，船東的財務就能保持穩定，運輸生產活動就不至於中斷。透過對船東投保動機的分析，不難得出以下結論：應當以船舶於投保時在國際船舶市場上的實際價值來作為船舶的保險價值，而其他各種價值只能成為確定船舶保險價值的參考。事實上，各國的海商法對船舶保險價值也都是如此規定的，即規定船舶的保險價值應為船舶在投保時的市價。

2. 影響船舶價值確定的因素

確定船舶價值並非易事，因為這項工作會受到諸多因素的影響，其中主要的因素有兩個：

(1)國際航運市場和國際船舶市場行情的變化對船舶價值的影響。作為一種商品，船舶在國際船舶市場上的價值也與其他商品在國際市場上的價值一樣是變化不定的。當國際航運市場比較蕭條，船舶供過於求，即船多貨少，運力過剩，船舶在國際船舶市場上的價值就會下跌；當國際航運市場趨於繁榮，船舶供不應求，即貨多船少，運力不足，船舶在國際船舶市場上的價值就會上漲。有些國際航運資本對航運市場未作全面充分的研究，盲目看好航運市場的發展前景，因而競相訂購新船，當訂單超過了一定極限，供求關係發生了矛盾，導致訂造新船的噸位超過航運市場運力實際需要很多時，船價又必然會下跌。又如，隨著航運技術的不斷發展，六○年代出現的先進的現代化運輸方式──貨櫃運輸日漸取代傳統的雜貨運輸，貨櫃船價因而一直比較堅挺，而一般的雜貨船價卻呈疲軟態勢。此外，受氣候影響的農作物收成由於關係到國際糧食和飼料的運動和流向，當某些地區的農作物獲得豐收後，那兒的糧食和飼料自然會向歉收地區流動，這就需要大量噸位的運力，造成對運力需求的增加，與此同時又會促使裝運散糧的船價上揚。總之，船舶價值會隨著國際航運市場和國際船舶市場對運力供求狀況的變化而變化。

(2)船舶進行減值、保值或增值性修理對船舶價值的影響。船舶在營運過程中，機械、構件、管系、外板等會發生局部磨損、腐蝕或損壞，因此對船舶技

術狀態進行經常性的全面監和檢查，並透過經常性的維護和有計劃的檢修來恢復船舶的技術性能，使船舶經常處於良好的技術狀態，以保證具備安全航行的條件，這是非常重要的。船舶的修理可分為航修、歲修和特檢三種。除了包括海損修理和臨時修理在內的航修以外，每年一次的歲修與每四年一次的特檢都是為了配合根據船舶檢驗機構規定必須進行旨在保持原定船級的期間檢驗和定期檢驗而進行。不論是哪一種修理，一般而言，均屬於保值性修理。但是如果在修理過程中增強了船舶結構，增添了船用設備等，那就成為增值性修理了。同樣，也可能出現減值性修理的情況。由於減值、保值或增值性修理的存在，船舶的價值當然會發生相應的變化。

除了這兩個主要因素之外，其他諸如船齡、船舶用途、船舶技術規範等條件的變化也是造成船舶價值變化的重要因素。

上述各種變動因素的存在導致了船舶價值的變動不定，而船舶價值的不固定性又引起了船舶的保險價值和保險金額的變動。正因為確定船舶價值十分複雜而又困難，所以在簽訂船舶保險契約時通常由被保險人與保險人雙方約定船舶的價值並在保險單中訂明，也就是採用定值保險。這個約定的船舶「保險價值」就是以後發生保險事故賠償時的依據，不管船舶在受損時的實際價值如何變化，是漲還是跌，都以保險單上訂定的「保險價值」為準。它通常與市場價值掛鉤，但不一定就是市場價值，有可能高於或低於市場價值。只要上下浮動的幅度不是很大，而且又經保險雙方協商約定，該價值便可以作為雙方接受的船舶價值。

船舶的「保險價值」主要由船東作為被保險人根據船舶的各種情況決定並向保險人申報，保險人須對其進行審核。如果認為所申報的價值是合理的，保險人即可同意接受，否則與被保險人重新協商。一旦雙方協商議定的船舶價值載入船舶保險單，它就是固定的，不受市場價值變化的影響。

二、船舶保險的保險金額

1. 船舶正確定值的意義

　　船舶保險一般採用定值保險，也就是以保險雙方約定的「保險價值」來確定保險金額。由於船舶的「保險價值」有可能是，也有可能不是實際價值，所以在船舶保險實務中，以「保險價值」為基礎確定的保險金額與船舶的實際價值兩者之間也就有可能是一致的或不一致的。如果是一致的，這既能使被保險人獲得充分的保險保障，也有利於保險人防止道德危險。要是不一致，那麼不論是給被保險人還是給保險人，都會帶來問題。

　　對被保險人來說，保險金額低於實際價值，他將要自負一部分風險，在船舶因發生保險事故而遭受全損時，保險金額與實際價值之間的差額將由他自己承擔；保險金額高於實際價值，他則會浪費保險費支出而增加航運保險成本。對保險人來說，保險金額低於實際價值容易促成推定全損，因為按英國《1906年海上保險法》規定，當船舶發生事故後，若救助費用、修理費用和其他有關費用中的一項或幾項總和超過船舶的「保險價值」，就可以構成推定全損，既然「保險價值」偏低，亦即以其為基礎確定的保險金額偏低，推定全損自然也就容易成立；保險金額高於實際價值則容易造成單獨海損過重的負擔，因為被保險人在這種場合，面對船舶發生的推定全損，寧願不提出全損索賠而按部分損失索賠，後一種方式顯然對他有利。

　　綜上所述，確定船舶的「保險價值」，或者說確定船舶保險的保險金額，對保險雙方來說，都是一個要綜合內外，全面考慮，正確核定的重要問題。在確定保險金額時，保險雙方都既要掌握船舶的的國際市場價，又要結合船舶具體的技術設備增減值情況，既要考慮到被保險人航運保險成本的合理，又要顧及保險人對道德危險的防止。

2. 船舶定值是保險賠償的基礎

　　船舶保險採用定值保險，被保險人在保險利益的範圍內，把他與保險人約定的船舶價值即「保險價值」作為保險金額。雖然「保險價值」不一定是船舶

的真正價值,但是在被保險人沒有欺詐行為的前提下,它就成為保險人對船舶損失賠償的基礎。即使這個約定的「保險價值」事實上高於實際價值,也就是超保,保險人還是應當按以它為基礎確定的保險金額賠償。試以下面一個判例加以說明。

在通用船舶運輸公司訴英國保險公司案(General Shipping and Forwarding Co. V. British Insurance Co. Ltd.)中,前者屬下的一艘船舶向後者投保船舶險,此船實際買進價為5,000英鎊,但經雙方協商同意約定保險價值20,000英鎊並在保險單上載明。後來此船滅失,被保險人按保險價值索賠。保險人以被保險人故意超保為由拒賠。法院判定,雖然該船是溢額投保,但保險人應當同被保險人一樣能估計出當時的船舶市場價;此外,在本案中沒有發現被保險人有任何欺詐行為,因此保險單上載明的保險價值是有效的,保險人應該以該保險價值確定的保險金額賠償被保險人。

如果情況相反,即被保險人在投保船舶險時知道該船的市場價,並曾在投保前不久打算以較低船價將船出售與他人,但在投保時未把這一重要情況告知保險人,保險人在不了解船舶的實際價值情況下,經與被保險人商議,接受了對方提出的保險價值,然而這個約定的價值卻是無效的。也有一個可以援用的判例。

在斯萊特里訴曼斯(Slattery V. Mance)案中,被保險人將其所有的一艘游艇投保船舶險,與保險人約定保險價值4,500美元並載明在保險單上,但他投保時沒有說出他曾於上個月表示願出價2,250美元賣給任何購買者的情況。後來此船滅失,被保險人要求保險人按保險價值賠償,保險人拒賠。法院認為被保險人向保險人申報的價值是不真實的,而且他隱瞞了在投保前不久願意以低價出售的重要事實,所以保險人不但無須承擔按在保險單上載明保險價值賠償船舶損失的義務,而且有權宣告保險單無效。

第三節　船舶適航與船舶保險

　　船舶保險只承保適航的船舶，不適航的船舶不能成為船舶保險承保的對象。船舶在保險責任開始前已不適航，那麼即使船舶保險契約已經簽訂，亦屬無效。英國《1906 年海上保險法》第 39 條第 1 款明確地把保證船舶適航列為一項默示保證，規定：「航程保險單具有默示保證，即船舶在航程開始時應具有為完成所承保航程的適航能力。」

一、船舶適航

1. 船舶適航的具體條件

　　對船舶適航究竟有哪些具體要求？英國《1906 年海上保險法》第 39 條第 4 款規定：「船舶在一切方面都能合理地適於所投保航程的一般海上風險時，即被認為具有適航能力。」根據這一規定，我們可以看出船舶保險對船舶適航的要求基本上是與《海牙規則》對承運人提供適航船舶所規定的要求是一致的。有關這方面內容，在第八章第四節中已作了論述。為便於了解和掌握構成船舶適航的具體條件，可把它們歸納為適船、適人、適運和適航四項，即：

　　(1)**適船**，指船殼、機器、設備、物料、備件完好和正常運轉；

　　(2)**適人**，指船長、高級船員、一般船員合格並配備足額；

　　(3)**適運**，指一切受載貨物的艙位和設備適宜於載貨；

　　(4)**適航**，指預計航程所需燃料、食物、淡水帶足且有一定備用量。

　　船舶只有達到了這四項要求，或者說具備了這四方面條件，這才稱得上是適航船舶。

2. 對船舶適航的不同規定

　　儘管船舶保險契約下的船舶適航與海上運輸貨物保險契約下的船舶適航基本上是一致的，但也有不同之處。不僅如此，事實上船舶航程保險和船舶期間

保險各自對船舶適航的要求也存在一定差別。根據英國《1906年海上保險法》第39條各款和第40條的規定，可以看出它們之間的差異主要在於：

船舶航程保險要求船舶在航程開始時保證適航。如果航程分成多個航段，那麼整個航程所需設備、燃料或物料並不要求在航程開始時一次全部備足，而只要求按每一航段的需要量準備。做到了這一點，船舶即可被認為是處於適航狀態。

船舶期間保險不像船舶航程保險那樣要求船舶在每次航程開始時都要作出適航的保證，只要在投保時，船舶已被證明是適航的，如果沒有什麼特殊情況，該船就可被認為是每一航程都符合適航條件。換句話說，在期間保險期內，船舶不發生任何意外事故，就不需要在每一航程開始時檢查它是否適航。但是一旦發生了事故，船舶便需要進行修理和修理後的檢驗，以重新被確定適航，否則船舶開航會被認為不適航。被保險人明知船舶不適航而派遣出海，保險人可以被保險人違反保證為由而拒賠船舶的損失。

貨物航程保險要求承運貨物的船舶保證不僅在開航時適航，而且能合理地把貨物運至保險單所指定的目的港。

要指出的是，由於英國《1906年海上保險法》對船舶適航在船舶航程保險下和船舶期間保險下的要求分別作出了不同規定，倫敦保險協會船舶保險條款也就因此沒有再提船舶適航問題。中國大陸《海商法》和「人保」公司的船舶保險條款都對船舶適航作了規定，只不過是放在除外責任中述及而已。

二、船舶檢驗

船舶適航是關係到船舶、貨物和人員（包括船員和旅客）安全航行的根本問題，涉及造船、航運、保險和法律諸多領域。如果船舶未達到海上貨物運輸契約和海上保險法所要求的適航程度，就不能投入正常的營運活動，也不會被船舶保險人承保。即使已承運了貨物或者已為保險人承保，由於船舶不適航而使所承運的貨物受損，船東作為承運人不能享受《海牙規則》所規定的各項免責事項，同樣，由於船舶不適航而使船舶本身受到損失，船東作為被保險人也

不能從船舶保險人那兒獲得賠償。不僅如此，由於船舶不適航而引起船舶在航行中發生的共同海損行為，作為承運人的船東也會被取消他本應擁有的向作為託運人的貨主提出分攤共同海損費用和救助費用的要求，以及向第三者提出索賠要求等的權利。

為確保船舶處於安全適航的技術狀態，對船舶實行技術監督檢驗是必不可少的。船舶只有通過船舶檢驗機構的技術檢驗，並取得相應的合格證書即被證明是適航的船舶以後，才能夠登記註冊，參加營運和成為船舶保險的標的。

1. 船舶檢驗種類

對船舶的監督檢驗可分為對新建船舶的檢驗和對營運船舶的檢驗兩種。

對新建船舶的建造檢驗，是由檢驗機構派駐在船廠的驗船師負責進行。他從審查船舶設計圖紙開始，對船舶建造過程中完工的各個工程項目進行檢查，簽署各項檢驗文件，最後通過交船試驗，完成對新建船舶的檢驗任務。

對營運船舶的檢驗又可分定期檢驗、期間檢驗和臨時檢驗三種。前兩種檢驗通常是與計劃修理相互結合進行的：定期檢驗與特檢相結合，目的是對船殼、主輔機和其他設備進行全面檢查，保持船舶強度和主要設備的安全運轉條件，間隔時間為四年至六年；期間檢驗與歲修相結合，目的是消除船舶在營運中產生的過度磨耗，保證到下次計劃修理期內的安全運轉，間隔時間為一年至一年半。對航行在國際航線上的船舶，檢驗時間和內容還必須遵照有關國際公約的規定辦理。當營運船舶在發生海事而影響航行，以及發生改變航區、改變使用目的、證書延期和其他特殊情況時，必須結合航修（在兩個航程間停泊港內時進行）申請臨時檢驗。

2. 船舶入級檢驗

船舶入級是對船舶進行經常性技術監督和檢查的重要手段。船舶是否取得船級對從事國際海上運輸有很大影響。在國際上，往往根據船舶是否持有船級來決定運費的高低。有些貨物規定只能由獲得船級的船舶承運，而在租船業務中，船舶入級表示船舶技術狀況良好。

由船東提出申請並由檢驗機構進行的，旨在使船舶獲得船級和保持船級的檢驗，即稱為入級檢驗。在中國大陸，所有國際航行的船舶均須由中華人民共

和國船舶檢驗局（成立於 1959 年，入級標誌為 ZC）按照專門的《船舶入級規則》進行入級檢驗。入級檢驗可分為獲得船級的檢驗和保持船級的檢驗兩種。獲得船級的檢驗，又可分建造中入級檢驗和現有船舶（指未在船檢局監督下建造的船舶）初次入級檢驗。保持船級的檢驗，包括年度檢驗、鍋爐檢驗、塢內檢驗、螺旋槳軸和尾管軸檢驗等。

世界上有許多國家都有辦理船舶入級的機構，有的是政府組織，也有的是政府授權的民間組織。每個船級社都有自己的入級標誌。成立於 1760 年的英國勞氏船級社（Lloyd's Register of Shipping）是世界上最著名的船級社，其入級標誌為 LR。其他世界主要的船舶檢驗機構，如成立於 1896 年的美國船級社（American Bureau of Shipping），入級標誌為 AB（或 ABS）；成立於 1828 年的法國船級社（Bureau Veritas），入級標誌為 BV；成立於 1861 年的義大利船級社（Registro Italiano Navele），入級標誌為 RI；成立於 1864 年的挪威船級社（Det Narske Veritas），入級標誌為 NV；成立於 1899 年的日本海事協會（Nippon Kaiji Kyokai），入級標誌為 NK（或 NKK）。

船舶經過船級社或船舶檢驗局的入級檢驗後，便取得船級，被授予船級證書並在船級證書上註明船級標誌。根據中國大陸《船舶入級規則》規定，凡符合建造規範、載重線規範、抗沉性規範、穩性規範等的船舶可取得船級證書。船級證書是證明該船在強度結構和技術質量上已達到一定級別的標準，在抵禦海上自然災害和意外事故方面已具有一定的能力，在安全航行方面已具備一定的保障的文件，其有效期為四年。期滿時須再申請檢驗以決定是否保持原船級。不論是在下面哪一種情況，原授與船級的船舶都將失去船級：船舶未按檢驗程序的規定按時交驗；在發生海損事故後至滿足船檢機構修復要求之前，並未徵得船檢機構的同意而任意改變船舶原有結構、尺度，或改變主要設備；沒有船檢機構發給的適航證書。凡失去船級的船舶必須重新申請恢復船級的額外檢驗。對船舶保險人來說，船級是確定被保險船舶保險費率的重要因素之一。

3. 船級與適航

船級和適航是密切聯繫在一起的。船級證書是由船舶檢驗機構對船舶檢驗

後發給的，證明該船舶具備安全航行技術條件的文件。適航證書同樣是由船檢機構簽發的，表明準予船舶出海航行的文件，其有效期為四年。適航證書上記載有船舶主要技術性能、登記尺度、設備性能、準予航行的區域、準予載運旅客數和運載貨物數量等。

除了船級證書和適航證書以外，凡國際航行的船舶還應具備船檢機構發給的其他各種證書和文件，以反映船舶技術狀態，證明船舶機械、設備和管系等工作的可靠性。通常包括國際船舶載重線證書、噸位證書和各種安全證書等。其中，國際船舶載重線證書是根據《1966 年國際船舶載重線公約》對長度在24 米以上船舶的載重線要求規定而簽發的，其作用是監督船舶遵守該國際公約，防止船舶超載，維護船舶航行安全，超載的船舶即為不適航船舶；噸位證書是根據《1969 年國際船舶噸位丈量公約》對船舶執行噸位丈量的規定而簽發的；各種安全證書是根據《1974 年國際海上人命安全公約》對船舶構造安全、設備安全、無線電報或無線電話安全等的要求規定而簽發的。所有這些技術安全證書都規定有各自的有效期，如載重線證書有效期為五年，貨船構造安全證書為五年，貨船設備安全證書為二十四個月，貨船無線電報或無線電話安全證書為十二個月。證書期滿，便須申請檢驗。

我們說適航的船舶必須具備船級證書和適航證書，然而具備船級證書和適航證書的船舶不一定就不存在不適航的問題。因為構成船舶適航的具體條件既有適船、適運和適航，還有適人，配備足額的合格船員是保證船舶安全航行的必要條件之一。船員經過一定的業務培訓，並通過按照國家或國際公約規定標準舉行的考試後領得技術證書，才稱得上是合格的船員，或者說海商法所稱的船員。

船舶配備的船員不合格，不具備與職務相應的技術能力，或者配備的船員人數低於規定的定額標準，同樣被認為不適航。據統計，在國際航運上，由於船員不合格及工作上的疏忽而發生的海損事故占海損事故總數的 90％以上。現代航海技術的進步對船員技術上的要求越來越高，即使是一個持有技術證書的合格船員，也可以由於道德上的、精神上的、工作上的，乃至語言文字上的原因而不稱職，遂使船舶不適航。英國海事法院在審理海事案件時對船員是否

適航這一點十分重視，審查得相當嚴格。

　　船舶必須適航，但船舶的適航性實際上卻又是相對的。比方說，同樣要求適航，由於利害關係的不同，船舶保險人關注的是船舶的適航，而海上運輸貨物保險人關注的則是貨物的適航；同樣要求適航，由於航程的季節性不同，冬季橫渡大西洋對船舶適航性的要求，遠比在熱帶水域航行對船舶適航性的要求高；一艘艙壁已經鏽蝕的舊船對裝運糧食是不適航的，但裝運煤炭卻仍是適航的。可見，船舶的適航性是相對的，是隨著船型、航運任務、運載的貨物種類和航程季節性等的不同而不同的。

　　船舶保險必須重視所承保船舶的適航問題，不僅在承保時要留意，而且在整個保險有效期內都應予以關注。

第四節　船舶的法律地位與船舶保險

　　船舶是財產，以船舶為保險標的的船舶保險自然屬於財產保險的範疇。作為船舶保險所承保的船舶，即海商法規定的船舶具有什麼樣的法律地位，或者說，從法律角度來看，它具有哪些特點？這是我們必須搞清楚的問題，因為船舶的法律地位關係到船舶保險對它的具體承保和在海事案件中的審理等。

一、船舶的法律地位

　　船舶在法律上具有特殊地位，具體反映在以下幾點上：

1. 船舶是動產，但適用不動產法律

　　船舶是能夠自由移動而不改變其性質、形狀的財產，許多國家的商法都明確地把它劃入動產。但是，船舶由於在形態方面與不動產相似，經濟價值昂貴，所有權又相對比較穩定，因此在實際處理時一般都按不動產對待，經由設立船舶登記制度來加強對船舶的監督管理。船舶所有權、抵押權、租賃權的取得、變更或消滅，都要像辦理不動產登記一樣，向船舶登記機關履行登記手

續，否則就不得對抗第三人。可見，在法律上習慣視船舶為不動產，適用不動產的法律，有關動產的法規對船舶不發生法律效力。

2. 船舶是合成體

船舶是一個合成體，由船體、船首、船尾、船艙、甲板、主機、輔機、錨機、舵機、桅檣，以及各種船用設備等部分構成。作為合成體的構成，每一個部分都是不可缺少的，但又不能脫離合成體而在法律上獨立存在。這就是說，當所有權轉移時，每個部分都不能少。船舶屬具，即船舶航行時所需要的錨鏈、羅經、海圖、探測儀、救生用具等，不屬於船舶本身，在理論上也是作為獨立物而保存其客體性質的權利，然而在事實上，這些必備的屬具一般總是隨著船舶的處理而同時被處理的。在所有權轉讓、法定繼承、保險委付等情況下，它們始終與船舶同命運，緣由就在於它們的構造、營運和經濟利益上與船舶都有不可分離的關係。

3. 船舶的擬人處理

船舶是財產，是物不是人，但是船舶在法律地位上與自然人有相似之處。船舶有自己專屬的名稱，猶如人的名字；船舶有自己的住所即船籍港，猶如人的戶籍；船舶有自己的國籍，猶如人有國籍一樣；船舶有船齡，猶如人的年齡；船舶有噸位，猶如人的體重；船舶有專業用途，猶如人的職業；船舶有入級、檢驗和修理記錄，猶如人的體格檢查和病歷記載；船舶也有生存期，從建成下水開始到失去其法定功用或效能時終止，猶如人的壽命；船舶新建成問世，固然要登記註冊，一旦滅失，包括拆解、燒燬、沉沒或失蹤，也要辦理註銷登記，猶如人出生時的報入戶口和死亡時的註銷戶口。船舶猶如人，在法律上就稱之為船舶擬人。因此，船舶在特定條件下可自負債務而具有人格，也就是在法律上把它看作是人，自然人或法人。

4. 船舶擁有國籍

凡在海上航行的船舶，必須按照某一個國家船舶登記章程的規定，辦理船舶登記。登記的目的在於證明船舶的國籍，確定船籍港，取得懸掛該國國旗和在公海上航行的權利，確定船舶的所有權、抵押權，以及確保海上航運貿易的安全等。

(1)船舶國籍的重要性。我們知道，國旗是國家主權的象徵，船舶懸掛的國旗就是其國籍的標誌。一艘船舶通過登記，取得國籍證書並懸掛該國國旗，就意味著這艘船舶擁有該國的國籍，表明船舶與該國在法律上的隸屬關係。船舶的國籍不同於自然人的國籍，船舶的國籍是物與國家的關係，而自然人的國籍是公民與國家的關係。船舶國籍在國際法上具有重要意義。根據 1958 年日內瓦的《公海公約》規定，各國無論是否沿海國，凡懸掛本國國旗的船舶都有權在公海上行駛，適用船旗國的法律，受船旗國法律的保護和管轄；船舶到達外國港口時，受船旗國駐外使領館的保護和協助，必要時可以獲得船旗國軍艦的護航。船舶國籍，從國內法角度來看，意義同樣重要。擁有本國國籍、懸掛本國國旗的船舶能在本國領海、內水享有完全的航行權，在航運政策、稅收優惠和造船差額補貼等方面能得到國家的照顧。對船舶在公海上或外國領海、港口發生刑事或民事案件，是否適用本國法，船舶國籍是最重要的依據。

總之，船舶一經獲得國籍證書，就獲得了合法的在船旗國領海、內水和在公海上的航行權，並受到國際的和國內的有關法律的保護和管轄，就可以進行合法的海上經濟活動。

(2)船舶取得國籍的條件。船舶取得國籍要有條件，領取國籍證書得先登記。各國對船舶取得國籍的條件和船舶登記的辦法都有自己的規定。當前世界上一些主要航運國家規定給予船舶國籍的重要條件有三個：即船舶為本國公民所有，船員為本國公民，船舶在本國製造，但在具體做法上卻也是有所區別的。

根據中國大陸自 1995 年 1 月 1 日起正式實施的《中華人民共和國船舶登記條例》規定，準予在中國大陸登記，取得中國大陸國籍的船舶包括：

①在中國大陸境內有住所或者主要營業所的中國大陸公民的船舶。

②依據中國大陸法律設立的主要營業所在中國大陸境內的企業法人的船舶。但是，在該法人的註冊資本中有外商出資的，中國大陸投資人的出資額不得低於 50％。

③中國大陸政府公務船和事業法人的船舶。

④中國大陸港務監督機構認為應當登記的其他船舶。中國大陸籍船舶上

的船員應當由中國大陸公民擔任，確需雇佣外國籍船員的，應當報國務院交通主管部門批准。

《船舶登記條例》第 3 條規定：「船舶經依法登記，取得中華人民共和國國籍，方可懸掛中華人民共和國國旗航行；未經登記的，不得懸掛中華人民共和國國旗航行。」第 16 條規定：「依照本條例……規定申請登記的船舶，經核准後，船舶登記機關發給船舶國籍證書。船舶國籍證書的有效期為五年。」

(3)**方便旗船問題**。在敘述船舶國籍的重要意義時，我們不得不提及目前已日益引起國際航運界人士嚴重關注的方便旗船問題。

方便旗（Flag of Convenience）是船舶所有人為了避免在本國辦理船舶註冊時對船舶的高額徵稅和嚴格的管理監督，而到另一個國家的港口辦理註冊登記，共懸掛該國國旗。國際航運界稱之為方便旗。掛這種方便旗的船舶就稱作方便旗船，亦叫開放登記船。方便旗船事實上與船旗國並沒有真正的聯繫，船舶所有權既不為船旗國公民所有，船上的船員也不一定是該國公民，船舶更不是在該國製造。由於有些發展中國家如利比里亞、巴拿馬、塞浦路斯等國實行所謂「開放登記」，即採用繳納很低的登記費和財產稅，對取得國籍不規定什麼條件和不徵收所得稅等辦法來吸引外國船東的船舶到它們國家去登記，登記後便讓這些船舶取得懸掛本國國旗航行的權利，方便旗船就這樣產生並廣泛流行開來。從本世紀二〇年代僅出現在美國，到二次大戰後迅速遍及世界，方便旗船的數量以驚人的速度增加，八〇年代初即已達二億載重噸，占世界商船隊總載重噸的三分之一左右。按噸位計，擁有方便旗船最多的主要是美國、香港、希臘和日本等國家和地區的船東。

由於懸掛方便旗，一些發達國家和地區的船東得以雇用低廉的勞動力，逃避稅收，降低營運成本，還可以擺脫本國對船舶技術安全的檢驗監督和有關國際公約的要求。這樣一來，方便旗船的技術水平勢必下降，海上航行的事故率不可避免地上升。據倫敦保險協會所公布的 1987～1991 年世界全損船舶統計數字顯示，世界全損船舶的艘數和噸位數總括來說呈增長趨勢，1991 年全損船舶數高達 182 艘，總計 170.8 萬噸，其中有相當一部分的船舶是船況很差的方便旗船。方便旗船所帶來的航運事故增多和其他各種弊端，給國際海上保險

市場造成不利影響。方便旗船的大量滅失不但讓各國海上保險人蒙受巨大損失，而且導致國際保險市場對水險承保能力的減弱，使水險業務，包括船舶險和海上運輸貨物保險業務的經營陷入了困境。這理所當然地引起了國際保險界，還有有航運界，以及各國政府和有關國際組織的高度重視。

二、船舶的法律地位對船舶保險的影響

　　船舶是船舶保險承保的對象。船舶保險在將船舶作為標的予以承保並具體確定對其承擔的保險責任時，在代位審理被保險船舶在實現海上運輸生產過程中與其他各方當事人所發生的民事商事關係，特別是船舶帶有民事侵權行為的海事案件和受刑事法律管轄的海事案件時，必須考慮到它所具有的特殊法律地位。讓我們來具體分析一下船舶的各個法律特性對船舶保險的影響：

　　首先，船舶是一個以船殼和船機為核心，包括船舶屬具在內的合成體。船舶在法律上的這一特性對船舶保險人來說，其意義是明確了他所承保船舶的範圍。也就是說，船舶如果為船舶保險所承保，那麼保險人承保的是整個合成體，他在保險有效期內應當對整個合成體而不是它的某些部分承擔保障責任；同樣，在計算船舶的價值時，也必須把構成這個合成體的各個部分的價值都包括進去。不僅如此，船舶的這個特點對確定救助費用、共同海損分攤費用和保險價值也都具有很重要的意義。

　　其次，船舶是動產，但在法律上習慣視為不動產，適用不動產的法律。正是這一特性使得被保險船舶在保險期內出售或轉讓時，除非經保險人同意並作批改，船舶保險單的效力就此終止。儘管船舶保險承保的船舶和海上運輸貨物保險承保的運輸貨物都是動產，且都經常處於流動狀態，但是海上運輸貨物保險單可以經由被保險人的背書方式而隨貨物所有權的轉讓而轉移，船舶保險單卻不允許隨意轉讓，原因就在於船舶具有不動產的特點。

　　第三，船舶是物不是人，但是在法律上常常把它擬人處理，視它為自然人或法人。這個特點使得船舶本身在訴訟中可以作為被告而被原告起訴。當船舶在港內停泊或海上航行期間，由於遭遇海上災害事故而產生民事侵權行為如碰

撞責任時，或者由於發生海事而引起法律義務如清理航道和清除油污責任時，
或者由於不適航或管貨過失造成所承運貨物損失而根據運輸契約應對託運人承
擔賠償責任時，按照一些英美法系國家的法律規定，便可以「對物訴訟」
（ Action in Rem ），即把船舶當作訴訟當事人一方，允許作為原告的受害方
向它提起訴訟。法院也可以應原告的請求對船舶發出傳票，將犯有民事侵權行
為的船舶實行扣留。當然，我們應該明白，對物訴訟事實上只是一種變相的對
人訴訟，其作用主要還是迫使船舶所有人出面應訴，使訴訟得以順利進行。船
舶保險人在代位審理被保險船舶帶有民事侵權行為的海事案件中，必須掌握船
舶的這一法律性質，以免陷於被動。

　　最後，船舶擁有國籍的這個法律性質與船舶保險的聯繫更為明顯。我們知
道，船舶保險承保的是從事合法經營的海上船舶，而只有擁有國籍的船舶才有
權在本國領海、內水和公海上航行，才能在國際及其國內有關法律的保護和管
轄下進行合法的海上經濟活動。擁有國籍證書和其他各種法定證書，對一艘投
保船舶保險的船舶來說是至關重要的。當被保險船舶在公海上或外國領海、港
口發生民事、刑事案件時，船舶具有的國籍就是它適用本國法律的最重要依
據。此外，在某一國海事法院受理被保險船舶涉及的海事案件時，船舶作為一
方當事人，其國籍同樣成為確定該國法院是否擁有海事管轄權的標準。

第五節　船舶保險契約

一、船舶保險契約的概念和基礎

　　船舶保險以船舶為保險標的，是財產保險的一種。但一般的財產保險承保
的是陸上風險，也有一些擴展到海上，而船舶保險承保的風險（除船舶建造險
外）只限於海上，即承保船舶在海上航行或停泊期間所發生的各種事故。因此
船舶保險具有海上保險的特點。

　　船舶保險契約是被保險人與保險人之間關於船舶保險的協議。根據這個協議，被保險人作為契約的一方當事人以繳付保險費為義務來換取契約的另一方當事人即保險人在保險標的因約定的保險事故發生而造成損失時履行經濟賠償責任。船舶保險契約一經簽訂，也與其他保險契約一樣，即具有法律約束力，受法律保護，任何一方當事人不履行義務就得承受其引起的法律後果。

　　船舶保險契約是以下列四項基本原則為基礎的：

　　　①船舶保險的目的必須是為使被保險船舶在承保責任範圍內受到任何海上自然災害和意外事故而發生的損失能獲得經濟補償；

　　　②構成保險人賠償責任的保險事故必須是未來的，可能發生但又不是肯定發生的事故；

　　　③所承保的風險必須與海上運輸有關聯；

　　　④所保障的權益必須存在而且合法。

二、船舶保險的特點

　　船舶保險與海上運輸貨物保險都是海上保險的主要險種，但如果將兩者加以比較的話，我們可以明顯地看出船舶保險的以下特點：

1. 承保整個過程的風險

　　與只承保貨物在運輸過程中風險的海上運輸貨物保險不同，船舶保險可以承保船舶整個過程的風險，即從船舶建造下水開始，到投入營運、停泊、修理和最後報廢拆船為止的整個過程的風險都可以在它的承保責任之內。

2. 保障的範圍廣

　　船舶保險既承保船殼、機器、設備、屬具、燃料、物料和給養等有形的財產，又承保與船舶有關的無形的利益、費用和責任等，保障的範圍遠比海上運輸貨物保險廣。

3. 保險標的受被保險人支配掌握

　　在海上運輸貨物保險中，保險標的不為被保險人所掌握，作為被保險人的貨主無法控制保險標的即貨物在運輸途中的安全。與此形成明顯對照的是，船

舶保險承保的標的即船舶，不管是在建造、營運、修理還是停泊期間，都始終在作為被保險人的船東直接領導、支配、掌握的雇佣人員、經理人員、船長、船員或監造監修人員的控制和操縱之下。正因為如此，船東的經營作風和管理水平對被保險船舶的安全有直接影響。保險人在承保船舶時，自然十分關注被保險人的這些條件及其在社會上的信譽。

4. 承保風險集中，標的價值高

船舶保險承保的船舶噸位大，價值昂貴，風險要比海上運輸貨物保險更加集中。一旦遭遇海事，損失往往巨大，因此船舶保險是一種高風險業務。由於船舶航行於世界各地，船舶保險又具有很強的國際性特點，一旦出險，牽涉面廣，時間性強，還必然會引起一系列複雜的法律問題，如船東責任限制、管轄權、訴訟地等，這就產生國際法規的適用問題。

三、船舶保險契約和條款的範本

船舶保險契約是由有關船舶保險條款組合而成的，由於歷史的原因，受英國的影響很大。英國最早制訂的 S.G. 保險單，不僅成為英國法定的海上船舶貨物標準保險契約，而且由於英國在國際貿易、遠洋運輸和海上保險業上的重要地位和影響，成為國際通用的海上保險單。1983 年使用長達二百餘年的 S.G. 保險單完成了自己的歷史使命，為英國新的海上保險單所取代。倫敦保險協會在對 S.G. 保險單進行大修改的基礎上，制訂了新的船舶保險契約和條款，即 1983 年 10 月 1 日期間船舶保險條款。這是當前英國保險市場，也是國際保險市場普遍採用的船舶保險契約和條款，包括中國大陸在內的不少國家就是以其為藍本制訂出自己的船舶保險條款。①

第六節　船舶保險的費率

一、船舶保險費率的構成

　　與海上運輸貨物保險費率的構成一樣，船舶保險費率同樣由純費率和附加費率兩大部分組成。純費率是船舶保險費率的主要組成部分，是以被保險船舶的損失率為依據計算出來，具有一定的客觀性；而附加費率是船舶保險費率的次要部分，但也是必要部分，其確定與保險人對保險業務的經營管理水平有關，因而具有一定的主觀性。一般來說，附加費率在船舶保險毛費率中佔25％左右。

二、影響船舶保險費率制訂的因素

　　船舶保險和海上運輸貨物保險雖然都是海上保險的險種，但由於承保的標的不同，制訂船舶保險費率時須考慮的因素與制訂海上運輸貨物保險費率所考慮的也就不一樣。

　　影響船舶保險費率制訂的因素有下列各點：

　　(1)船舶價值。船舶的價值在於能在營運中獲取運費，如果有一艘有價值的船舶因航運市場蕭條而無貨可運，被迫閑泊於港口內，那麼一夜之間，它就可以從一種營利的資產轉變成為其所有人的沉重負擔。不論是因為推定全損、單獨海損或者碰撞責任等原因，船舶價值的變化一般都會影響到承保的風險，因此定期注意國際船舶市場的平均船價是十分必要的：一是要注意船舶市價下跌形成超值保險而增加道德性危險；二是要注意船舶在營運中的老化減值，所以必須在連續保險中不斷調整保險金額和重新核定費率。

　　(2)船東信譽、經營管理水平及其賠損記錄。船舶保險有一個很重要的特

點，那就是不論是在航行抑或停泊期間，船舶始終是在船東所雇用的經理人員和船長、船員的控制和操縱之下，而這些雇傭人員又受船東直接支配和掌握，因此，作為被保險人的船東，他的經營作風、管理水平，以及信譽會直接影響被保險船舶發生事故的概率。至於船東的賠損記錄既反映了被保險船舶的實際損失率，也是其經營管理水平在一個方面的反映，這些因素對保險人制訂費率非常重要。

(3)**船舶種類、船型、船齡、噸位、機型、導航設備，以及航線、航區等。**船舶的結構、性能、機型和導航設備在一定程度上顯示船舶防禦海上自然災害和意外事故的物質基礎，物質基礎好壞涉及防禦海上災害事故能力的強弱，最終關係到事故損失發生概率的大小；而船舶的航行區域同樣與承保風險密切相關。因此，保險人在制訂費率時必須綜合全面地考慮這些因素。

(4)**船舶參加的船級社及其船檢記錄。**船舶在海上航行，無論是在公海或者沿海國家所轄水域，都要求確保安全。為了保障船舶具備安全航行的條件，對船舶實行技術監督檢驗是必不可少的。各國政府委託專門的船舶檢驗機構和船級社對船舶進行入級檢驗和技術監督。有些船級社出於競爭的需要和為獲取利潤，放寬船舶入級規範和技術監督的要求，從而導致一些船舶的質量與船級名實不符，留下了發生海事的隱患；與此同時，另有一些船級社如英國勞氏船級社等在對船舶的入級檢驗和技術監督上卻是以嚴格遵循國際公約規則所提出的要求而聞名於世的。所以船舶參加的船級社和獲得的船級也必然成為保險人在制訂費率時加以重視的因素。

(5)**修理費用。**修理費用的水平直接關係到單獨海損的賠損率，制訂費率時自然要予以考慮。

(6)**保險條件。**保險條件關係到保險人承擔的保險責任範圍。當被保險人選擇承保責任範圍大的保險條件時，保險人據以確定的保險費率當然要高些；如果被保險人選擇承保責任範圍小的保險條件，保險費率也就相應低些。保險條件在影響費率制訂諸因素中的重要地位是顯而易見的。

(7)**同類風險的保險賠損統計。**世界各地各種類型船舶在營運中所積累的保險經驗和賠損統計，是保險人承保船舶保險任何風險的指南。對這一因素，保

險人在制訂費率時是絕對不能忽視的。

三、制訂船舶保險費率所需的統計

　　制訂船舶保險費率需要精確的統計數據，這些統計數據大致可分別劃歸保險統計和賠損統計兩類。保險統計的主要項目一般包括：船型、船齡、機型、投保價值、保險金額、保險期限、保險費率、保險費、已付賠款、未付賠款等項。賠損統計的主要項目一般包括：全損、單獨海損、共同海損、惡劣氣候、觸礁擱淺、碰撞、火災、機損、錨鏈損失等項。對救助、施救和代位求償還須另作專門記錄。

　　有關世界各地各種類型船舶在營運中發生海損事故的統計數據，英國勞氏船級社有詳細的統計年報提供反映。該船級社每年還編印出版《勞合社船舶登記冊》，這是一份專門介紹世界上所有 100 噸以上商船的情況，包括船名、船級、噸位、製造年份、船殼和船機類型等內容的出版物，資料詳實可靠，對船舶保險人制訂費率和作出其他保險決策極有參考價值。除了勞氏船級社以外，英國倫敦保險協會也定期公布已知的船舶損失統計數字。

　　每個船舶保險人對於自己所承保的船舶保險業務，必須設計一套既符合本身特點，又能反映和鑒別各被保險船舶或船隊遭遇各類海上災害和意外事故的統計制度。有了各種統計和記錄，保險人在被保險人年度續保時就可根據船型、船齡、船級、噸位，以及船舶的營運狀況等，分門別類地進行考核，並從賠損統計中檢驗各類風險的費率水平，從而清楚地了解各被保險船舶或船隊和各類保險業務在一定保險期內盈利所需的費率水平，也可以根據已承保船舶的保險統計和賠損統計確定新投保的同類型船舶、同類型承保風險的費率。

　　保險人對已制訂的費率要根據賠付率不斷進行調整。中國大陸「人保」公司承保中國大陸遠洋運輸公司船舶的費率，每年都要依據以往五年的賠付率來調整，也就是隨賠付率的高低而增減：賠付率在 30％ 以下，費率降低 20％，31～40％降低 15％，41～50％降低 10％，51～60％降低 8％; 賠付率為 61～70 時，費率不動；賠付率為 71～80％時，費率增加 8％，81～90％增加 13％，

91～100％增加20％，101～130％增加25％，130％以上則另議。當然在調整時也要根據各船公司的具體情況，靈活掌握，不刻板地按上述比例作增減調整。倫敦保險市場船舶保險費率的調整是由倫敦協會下屬的一個機構即船舶聯合委員會（Joint Hull Committee）按不同的船隊，參照以往的賠付率來制訂不同的費率調整標準的。

❖ **註　釋**

① 協會期間船舶條款於 1983 年後又於 1995 年有了新的修訂版。

第 *16* 章
中國大陸船舶保險條款

　　中國大陸「人保」公司在 1972 年制訂自己的船舶保險條款之前，一直是沿用英國勞合社的船舶貨物標準保險單和倫敦協會船舶保險條款以及其他外國條款的。以後，又經過 1976 年和 1986 年兩次修訂，現行的船舶保險條款是中國大陸保險公司經營船舶保險業務的規章。它基本上體現了中國大陸船舶保險的特點，也適應了國際保險市場和中國大陸航運發展變化的要求。要注意的是，這個條款只適用遠洋船舶保險，所以實際上是遠洋船舶保險條款。至於內河和沿海航行船舶的保險，另有中國大陸國內船舶保險條款作出規定。

第一節　船舶保險的險別及其承保責任

　　中國大陸船舶保險條款承保的險別分全損險和一切險兩種。

一、全損險（Total Loss Cover）

　　船舶全損險承保被保險船舶因遭受保險範圍內的風險而造成的全部損失，包括實際全損和推定全損。全損險所承保的風險大致可以概括為以下兩類：

1. 傳統的海上風險

傳統的海上風險一般是指由海上自然災害和意外事故組成的海上災難，以及與海洋無必然關係的外來因素所造成的事故。這一類風險包括：

(1)地震、火山爆發、閃電或其他自然災害。這些都是由自然因素造成的不可抗力。除了所列出的以外，惡劣氣候、海嘯和洪水等皆可歸於這類自然災害。

(2)擱淺、碰撞、觸碰任何固定或浮動物體或其他物體或其他海上災害。這裡的觸碰其他固定物體，包話船舶與浮冰的碰撞。其他海上災害則可將觸礁、沉沒和失蹤等列入。

(3)火災或爆炸。

(4)來自船外的暴力盜竊或海盜行為。

(5)拋棄貨物。並非指海難拋棄，即船舶在航行中遇到直接危及船貨安全的海上災難，為擺脫共同危險而把船上的物料、索具或貨物拋棄入海的行為。這裡的拋棄貨物，主要是指幾種情況：一是船上裝有易燃易爆物品，當發生危險將它們拋棄時，引起火災、爆炸而造成船舶全損；二是在拋貨時，船舶由於失去穩性而傾覆沉沒；三是在拋貨後，船舶由於重心偏移而使船身斷裂。

(6)核裝置或核反應堆發生的故障或意外事故。核裝置或核反應堆是指船舶航行所使用的核動力，是非軍事用的，與原子彈、氫彈或核武器毫不相干。列入該項風險，目的是為了適應航海科學的發展，滿足船舶對這一方面保險保障的需求。

2. 「印區瑪瑞」式風險

「印區瑪瑞」（Inchmaree）原是一艘船名，倫敦協會船舶保險條款中，有一條承保海難以外的意外事故造成船舶損失的條款，即以其命名，稱為印區瑪瑞條款（Inchmaree Clause）。該條款又叫疏忽條款（Negligence Clause），因此「印區瑪瑞」往往被人們視作疏忽的同義詞。這裡所說的「印區瑪瑞」式風險，也就是指主要由於不可預料的疏忽或過失所造成損失的風險，它們不屬於海難範圍，也不能歸入「其他一切類似的風險」。這一類風險包括：

(1)**裝卸或移動貨物或燃料時發生的意外事故。**船舶在裝卸貨物作業時，往往要使用吊車一類的裝卸工具，如果裝卸特殊貨物還需要特殊的吊裝吊卸工具，若有不慎，就有可能使一些特殊貨物引起火災或爆炸。裝卸燃料，風險則更大，如加油作業中較易引起火災，使船舶遭到損壞和滅失。

(2)**船舶機件或船殼的潛在缺陷。**潛在缺陷，是指合格的驗船師用正常的檢驗方法不能發現的船舶缺陷，通常是指船舶在建造上的缺陷。船方如果發現了有潛在缺陷的機件船殼，應主動進行換修，並承擔這些修理費用。保險人對船殼和機器潛在缺陷本身的損失和修理不負任何賠償責任，但對被保險船舶由於潛在缺陷所造成的損失，則負責賠償。

(3)**船長、船員有意損害被保險人利益的行為。**這些行為主要表現有：未經船東或船舶保險人同意，擅自與敵人進行交易，或從事走私，或穿越封鎖線，致使船舶遭受扣押或被沒收；惡意棄船，或縱火焚燒或鑿沉船身，故意使船舶擱淺；非法出售船舶或抵押給他人，侵占價款。這些均屬不法行為。船長、船員的不法行為，事實上給被保險人的利益造成了損害，被保險人因而作為受害人向保險人提出索賠。然而，保險人履行賠償責任的前提是作為被保險人的船東沒有縱容、共謀或授意船長、船員做出不法行為，以及在知悉他們的不法行為後立即加以阻止。

1986 年之前，中國大陸的船舶保險條款並未將船長、船員的不法行為列入承保的責任範圍。由於近些年來中國大陸航運部門也逐漸有因船長、船員走私等不法行為而引起船舶損失的情況出現，遂在 1986 年第二次修訂條款時，在承保的風險中明確地加入了這一海上風險。

(4)**船長、船員和引水員、修船人員及租船人的疏忽行為。**這裡主要是指船長、船員、引水員或修船人員在船舶駕駛、引航或修理過程中，由於疏忽而沒有履行好自己的職責，如遇事沒有採取適當措施，或採取措施不當，或採取某種行為卻沒有充分考慮如此做的後果等，最終引起責任事故，造成船舶毀損或滅失。

租船人的疏忽行為雖說與上述人員的疏忽行為一樣，也同屬這類風險，但光船租船人卻不應該包括在內。因為光船租船人實際上行使了船東的權力，因

而在法律上也就承擔了船東的義務。

(5)任何政府當局為防止或減輕因承保風險造成被保險船舶損壞引起的污染所採取的行動。這是參照倫敦協會船舶保險條款,而在中國大陸船舶保險條款中新增加的油污風險。具體敘述見第十七章。

凡是投保了船舶全損險的船舶因上述風險事故發生所遭致的全部損失,保險人負責賠償。至於全損的具體涵義,在下面敘述船舶一切險的承保範圍時加以說明。

二、一切險(All Risks Cover)

船舶一切險除承保全損險責任範圍內的風險所致被保險船舶的全部損失以外,還負責這些風險給船舶造成的部分損失,以及碰撞責任、共同海損分攤、救助費用和施救費用。一切險承保的風險與全損險承保的相同,但其承保的責任範圍要比全損險大得多。一切險負責賠償:

1. 全損

全損是指被保險船舶由於遭受所承保風險而造成的實際全損和推定全損。實際全損和推定全損在性質上是有區別的。

(1)船舶實際全損。船舶實際全損是指作為保險標的的船舶全部滅失。中國大陸船舶保險條款第 10 條第 2 款第 1、2 項規定:「①被保險船舶發生完全毀損或者嚴重損壞不能恢復原狀,或者被保險人不可避免地喪失該船舶,作為實際全損……②被保險船舶在預計到達目的港日期,超過 2 個月尚未得到它的行蹤消息視為實際全損……。」

根據上述條款規定,我們可以把構成船舶實際全損的情況歸納為下面四種:

①船舶全部毀損滅失。如船舶因遭受承保的風險而沉沒於深海。

②船舶受到嚴重損壞,已不能恢復原狀或原有使用效能。如船舶在惡劣的氣候中觸礁斷裂分成兩段或數段,完全不同於船舶投保時的狀態。

③船舶不能再歸被保險人所有。如船舶被敵對國捕獲、沒收或在航行途

中被劫，並無收回的希望。

④船舶從得到其最後船位消息後在所需的一段合理時間內再未獲得任何音訊而構成失蹤。中國大陸條款對這段合理時間的規定是船舶在預計到達目的港日期後的二個月。在這裡要注意與倫敦協會船舶保險條款的區別：後者對這段合理時間沒有具體作出規定，但根據英國判例，一般可以被認為是六個月。

在遇到上述中的任何一種情況時，被保險人便可要求保險人賠償船舶實際全損，但必須將被保險船舶的權利從船舶遭受保險事故損失時起轉讓給保險人，並把向第三者追償的一切權利和必要的文件轉讓給保險人，以便讓保險人行使代位求償權利。

保險人對船舶實際全損的賠償以保險金額為限，但在賠償時應扣除該船的殘值。

(2)**船舶推定全損**。船舶推定全損是指船舶發生保險事故後，雖未達到實際全損，但按受損實際情況，以原狀到達目的港已不可能，而施救或修理在經濟上又不合算。中國大陸船舶保險條款第 10 條第 2 款第 3 項規定：「當被保險船舶實際全損似已不能避免，或者恢復、修理、救助的費用或者這些費用的總和超過保險價值時，在向保險人發出委付通知後，可視為推定全損。」

構成船舶推定全損的情況有以下二種：

①船舶的實際全損已不可避免。如船舶在途中被狂風巨浪推上礁石，船體雖仍露出在水面上，但由於擱淺地點四周礁石遍布，地形險惡，救助工作無法進行，嚴重損壞的船舶滅失將不可避免。

②對受損船舶的救助費用、修理費用和其他有關費用中的一項或幾項總和超過船舶的價值。如某船保險價值為 1,400 萬美元，在航行途中與他船相撞後受損，結果被救，救助費用花去 750 萬美元，估計修理費用要 900 萬美元，二者總和達 1,650 萬美元，超過船舶的價值。

在遇到上述中的任何一種情況時，被保險人可以要求保險人按船舶部分損失賠償，也可以要求保險人按船舶推定全損賠償，主動權在他的手中。如果被保險人選擇後者，他就應當向保險人辦個手續，也就是提交委付通知。被保險

人如果不提交委付通知，或者沒有在適當合理的時間內提交委付通知，保險人只能作部分損失處理。即使被保險人在適當合理的時間內提交了委付通知，推定全損能否成立還得取決於委付通知是否為保險人所接受。保險人接受了委付，推定全損即告成立，保險人按全損賠償，同時取得受損的被保險船舶的一切權利和義務。保險人如不接受委付，推定全損成立的條件也就不具備，保險人按部分損失賠償，只不過這是一種100％的部分損失，賠償後並不能取得受損船舶的剩餘部分及其一切權利。有關推定全損與實際全損的區別，以及委付的概念和內容，我們在第四章第二節中已進行過較詳細的敘述。

保險人對船舶推定全損的賠償同樣以保險金額為限。

2. 部分損失

部分損失是指被保險船舶由於遭受所承保風險而造成的不屬於實際全損或推定全損的損失。保險人在賠償船舶的部分損失時，如果這一部分損失是由第三者的責任所造成的，被保險人必須將其向第三者追償的權利轉讓給保險人。

保險人在保險金額的限度內負責賠償船舶的部分損失，但在賠付時應扣除保險單規定的免賠額。

3. 碰撞責任

碰撞責任是指被保險船舶因航行疏忽或過失造成碰撞事故引起被撞第三者的財產損失或人身傷亡，在法律上應負的賠償責任。

根據國際習慣，船舶與其他船舶相撞稱為碰撞（Collision）；船舶與船舶以外的其他任何固定或浮動物體接觸稱為觸碰（Contact）。中國大陸船舶保險條款第1條第2款第1項規定：「本保險負責因被保險船舶與其他船舶碰撞或觸碰任何固定的、浮動的物體或其他物體而引起被保險人應負的法律賠償責任。」可見，保險人負責被保險船舶因碰撞或觸碰而應對被撞第三者承擔的民事損害賠償責任，這被撞第三者可能是被撞的船舶及其所載貨物，也可能是被撞的船塢、碼頭或其他固定建築物。不過，並非所有的碰撞責任，保險人皆予以負責。根據條款規定，因碰撞引起的人身傷亡、清除障礙物費用等，保險人是不負責的。

保險人對予以負責的碰撞責任承擔四分之四，即負責賠償金額的全部，但

以被保險船舶的保險金額為限。也就是說，保險人對碰撞責任的賠償與船舶損失的賠償分別計算，在另一個保險金額限度內賠償。

4. 共同海損分攤

共同海損分攤是指被保險船舶和船上所載貨物遭遇共同危險，經過搶救脫險後，船舶應攤付的各項共同海損犧牲和費用。中國大陸船舶保險條款第 1 條 2 款第 2 項規定：「被保險船舶若發生共同海損犧牲，被保險人可獲得對這種損失的全部賠償，而無須行使向其他各方索取分攤額的權利」；「共同海損的理算應按有關契約規定或適用的法律或慣例理算，如運輸契約無此規定，應按《北京理算規則》或其他類似規則規定辦理。」

條款還規定：「當所有分攤方均為被保險人或當被保險船舶空載航行並無其他分攤利益方時，共同海損理算應按《北京理算規則》或明文同意的類似規則辦理，如同各分攤方不屬同一人一樣。」事實上，空載航行只有一方利益，沒有共同利益，也無共同海損，但為了鼓勵空載航行的被保險船舶在遇險時盡力搶救，保險人願意對由此產生的損失和費用作為共同海損犧牲和費用來看待，以避免全損。

保險人對被保險船舶共同海損分攤的賠償是以船舶共同海損分攤價值為標準的。如果船舶保險金額高於船舶分攤價值，保險人負責賠償船舶分攤部分的全部，如果船舶保險金額低於船舶分攤價值，保險人按保險金額與分攤價值的比例賠償。

保險人對共同海損分攤的賠償是與船舶損失賠償合在一起計算，不超過船舶的保險金額。

5. 救助費用

救助費用是指被保險船舶發生保險事故後，由第三者進行搶救並取得成效，被保險人支付給救助人的報酬。

保險人對救助費用的賠償同樣放在船舶損失賠償的保險金額限度內。

6. 施救費用

施救費用是指被保險船舶在遭遇所承保風險時，被保險人為了避免或減少損失而採取的各種措施所產生的合理費用。中國大陸船舶保險條款第 1 條第 2

款第3項規定:「由於承保風險造成船舶損失或船舶處於危險之中,被保險人為防止或減少根據本保險可以得到賠償的損失而付出的合理費用,保險人應予以賠付。」

保險人對施救費用的賠償不受碰撞責任、共同海損分攤、救助費用和船舶損失賠償金額的限制,但不得超過船舶保險金額。被保險人對被保險船舶採取了各種搶救、防損措施以後,不論是否取得成效,哪怕施救無效,船舶仍遭全損,保險人除按保險金額賠償全損外,對因施救所產生的合理費用還可在另一個保險金額限度內給予賠償。要注意的是,如果被保險船舶的保險金額低於其價值時,施救費用應按比例賠付。

7. 其他費用

其他費用是指由於船舶碰撞事故或第三者過失造成被保險船舶損失,被保險人或保險人為此而進行合理訴訟或抗辯所引起的法律、仲裁、起訴、抗辯等各種費用,以及為確定承保責任範圍的損失而進行檢驗、查勘等的合理費用,包括船舶擱淺後檢驗船底的費用等。

保險人負責對這些費用的賠償。

第二節　船舶保險的除外責任

中國大陸船舶保險條款對船舶保險的除外責任作了明確規定。列為除外責任的主要是涉及可能產生巨大損失的法律責任,戰爭、政治原因造成的特殊風險,以及某些應由被保險人承擔的責任。保險人規定對這些風險、責任所造成的損失不予負責的目的,是為了控制船舶損失的賠償責任和促使被保險人愛護被保險財產。中國大陸船舶保險的除外責任包括:

一、由於被保險船舶不具備適航條件所造成的損失

被保險船舶除必須具有由船舶檢驗機構簽發的船級證書和適航證書以外,

還必須在開航前或開航時保持適航狀態，也就是在開航前或開航時，船殼、機器、設備、人員配備、燃料、物料等都必須適宜於航程的需要。如果船舶結構、設備的技術狀態不良，或人員配備不當，或裝載不妥，或裝備不足，皆屬不適航。由於不適航而給被保險船舶造成的損失，保險人不負責賠償。

中國大陸船舶保險條款第 2 條第 1 款規定：「不適航，包括人員配備不當、裝備或裝載不妥，但以被保險人在船舶開航時知道或應該知道這種不適航為限。」

上述規定表明，保險人判斷被保險船舶是否構成不適航，應當以作為被保險人的船東是否知道或應該知道這一事實為限。「知道」是指被保險人已經了解、知曉船舶在開航時的不適航事實，卻視而不見，明知故犯，仍讓不具備適航條件的船舶啟程。如船舶在開航前缺少大副，船東明知此事，仍舊同意開航。又如，船舶的技術性能未能達到去冰凍季節的海域航行的要求，船東了解這一事實，還是派此船前往。「應該知道」是指被保險人對於這種不適航應該了解，但實際上並不掌握。如船舶適航證書的有效期限為四年，到期應重新申請檢驗以取得新的適航證書，可是船東在管理中因疏忽而未加注意。結果，由於沒有進行配合定期檢驗的特檢，沒有對船殼、主輔機和其他設備作全面檢查，船舶強度和主要設備安全運轉條件遂達不到原有標準，構成了不適航。

被保險船舶在被保險人知道或應該知道的情況下不適航，對因此而發生的海損事故，保險人不承擔賠償責任。與此相反，如果被保險人在派遣船舶出海航行時確實不知道存在不適航問題，保險人還是得負責賠償由此而造成的損失的。如一艘投保了期間保險的船舶在上一個航程的航行中曾兩次擦傷船底，船東並不知道這個情況，結果該船被派遣進行下一個航程時發生海損，由於造成船舶損失的不適航事實是被保險人在船舶開航前不知道的，保險人仍應負責賠償。

二、由於被保險人及其代表的疏忽或故意行為所造成的損失

船舶保險契約與其他海上保險一樣，是在最大誠信原則基礎上簽訂的契

約。被保險人作為契約一方當事人，必須盡最大努力來愛護和維修被保險船舶，避免事故的發生，以維護雙方共同利益。被保險人因疏忽或故意行為而損害了保險人的利益，是不允許的，保險人對由此引起的損失不予負責。

船舶保險的被保險人，一般是指船東即在航運經營活動中具有法人身份的船公司。在船公司中，航運、商務、調度、海監和船技等主管業務部門實際上擁有調動和使用船舶、指揮和管理運輸生產的權力。這些部門的經辦人員和經理人員所作出的決定或下達的指示如果在船公司中是起作用的話，那麼他們實際上是代表了船公司，反映了船公司的意見和看法。當他們作出了錯誤的決定，下達了不恰當的指示，不管是因疏忽還是故意時，就可以據此來確定船東犯有疏忽或故意行為。如某船船長發現船上主機運轉有些輕微異常聲響，於是對船技部門提出要求及時檢修，而船技部門主觀武斷地認為該船才大修不久，主機不會有問題，不同意船長提出的檢修建議。結果該船出海航行，在途中主機燒壞。這種損失即屬於因船東疏忽而引起的損失，因為該船技部門代表了船公司行使管理船舶的技術狀態，其工作上的疏忽導致了船舶主機的損壞，保險人自然不承擔賠償責任。

至於船東的代表有兩種情況：一是指有些不直接管理航運業務的船公司委託另外一家公司代為管理，接受代管委託的公司就是船東的代表；二是指船公司有時根據具體的業務需要派人員上船代替船長指揮和管理船舶，這些人員也可被視作船東的代表。對於船東代表的疏忽或故意行為引起的海損，保險人同樣不予負責。

要注意的是，船東及其代表的疏忽或故意行為與船長、船員的疏忽或故意行為是兩回事，不能混為一談，因為船長、船員不是船東，也不是船東的代表。船長、船員在駕駛或管理船舶過程中的疏忽給船舶造成的損失，以及船長、船員故意損害船東利益，其不法行為造成船舶的損失都屬於保險人承保的責任範圍，保險人是負責賠償的。例如，某船在航行途中被冰山撞擊，受損嚴重。船長見情況危急，便下令在船上點火作為求救信號，試圖以火光引起遠處過往船舶注意，趕來救助。誰知目的未達到不說，反而因火勢過大蔓延開來，最終導致船舶沉沒。保險人以該船起火的原因是被保險人的故意行為為由拒

賠。法院認為，船舶滅失並非故意行為所造成，且船長不是被保險人或其代表，遂否定了保險人的觀點。

三、被保險船舶的船殼和機件正常維修費用，以及本身的正常磨損、鏽蝕或保養不周所造成的損失

　　船舶在航行期間，機件由於長期使用而磨損，船殼因海水的長期浸蝕會發生鏽蝕、腐爛，這些都是必然現象，屬於正常的自然磨損。由於保養不周，船舶機件的磨損程度更會進一步加劇，使風險損失的發生成為遲早的事。此外，船東為了保持船舶的船級和適航性，根據船舶的技術安全監督要求，應對船舶進行定期維修，更換和修理在檢修中發現的有缺陷的材料或處於不良狀態的零件。由此而支出的費用屬於船舶維修的正常開支。

　　我們知道，保險人面臨的風險可分為可預料的和不可預料的兩類。可預料的風險是指必然發生的風險；不可預料的風險是指偶然發生的，即不知道會在什麼時候或者在一定期限內不一定會發生的意外事故。保險人承保的是不可預料的風險損失，不承保必然發生的可以預料的風險損失。船舶在機械運動和本身受自然界的影響下而逐漸形成的自然磨損、鏽蝕、腐爛，以及因保養不周所致的損失，是必然的，可以預料的，對此保險人當然不負責；為維護船舶安全而按計畫進行保養，更換或修理不良的零件是被保險人應盡的職責，保險人對這些正常的維修費用也不承保。有一個關於船舶自然磨損的判例：一艘已有五十年船齡的船舶投保期間船舶保險，在保險期內某晚停泊在港區時突然沉沒。事故發生時船員一個都不在船上，因而無從了解沉船的原因。保險人拒絕了被保險人的全損索賠。法院判定該船的沉沒應屬於自然磨損，猶如人的「老死」，從而表明保險人拒賠的理由是充足的。

四、船舶戰爭罷工險承保的風險和除外責任所造成的損失

　　對船舶戰爭罷工險承保的風險，如被保險船舶由於戰爭、敵對行為或武裝

衝突以及由此而引起的拘留、扣押、沒收或封鎖，還有常規武器所造成的損失，由於罷工，被迫停工、民眾騷擾、暴動或其他類似事件所造成的損失，船舶保險人是不負賠償責任的。被保險人如果要求保險人對這類特殊風險造成的損失負責，就應當在投保船舶全損險或一切險的基礎上加保船舶戰爭罷工險。

至於被保險船舶由於讓被保險人的國家政府徵用、徵購、扣留或沒收所造成的損失，由於原子彈、氫彈或核武器的爆炸所造成的損失，這類風險損失連船舶戰爭罷工險也列為除外責任，保險人當然更排除在承保範圍之外了。

五、由於被保險船舶的延遲而造成的損失

船舶的延遲所造成的損失通常稱為船期損失或滯期損失，包括船舶因發生擱淺或觸礁事故遭受部分損失而需要入塢進行修理，在修理期間只得停航，由此產生的營運損失；船舶因發生上述那些事故而延遲抵達卸貨港，造成船上所載貨物的市價跌落損失；船舶因發生碰撞事故而使被撞船舶延期抵達卸貨港，造成該船所載貨物的市價損失。這些因船舶延遲所致的損失屬於間接損失，儘管船舶延遲是船舶保險所承保風險引起的，保險人對它們仍然不負賠償責任。

六、清除障礙物、殘骸及清理航道的費用

被保險船舶因發生包括碰撞事故在內的各種海上事故而沉沒，不管沉沒地點是在大海、內河或港內航道中，根據事故地的法律，船東必須打撈沉船，清除殘骸和採取其他保持航道暢通的措施。由於保險人已對被保險船舶的沉沒作了全損的賠償，沒有再承擔清理航道費用的義務，也就是說，這類法律責任和有關費用不屬於船舶保險的承保責任範圍。如果船東參加了船東保賠協會，他作為船舶保險的被保險人不能從船舶保險人那兒獲得的清理航道費用，可以保賠協會會員的身份要求保賠協會承擔。

第三節　船舶保險的責任期限

　　根據中國大陸船舶保險條款第 5 條的規定，船舶保險從責任期限來分，分為期間保險和航程保險兩種。期間保險是以時間作為保險責任起訖期限，而航程保險則以船舶自起運港到目的港為保險責任起訖期限。

一、期間保險

　　期間保險是船舶保險責任期限的主要形式。期間保險的責任期限一般為一年，最短不能少於三個月。起訖時間以保險單上註明的日期為準。保險到期時，如若被保險船舶尚在航行途中或處於危險中或在避難港或中途港停靠，被保險人須事先通知保險人並按日比例加付保險費後，保險責任期限可以延長到船舶抵達目的港為止。被保險船舶在保險責任延長期內發生全損，保險人負責賠償，但被保險人須加付六個月的保險費。

　　為什麼要作出這樣的規定？如此規定是否合理？我們知道，當保險到期後，保險人原先收取的保險費已經作為收益入帳。為了保障被保險人的利益，保險人同意對未如期抵達目的港的船舶延長保險責任期限，這樣一來，使保險人增加了延長期的保險責任，一旦在延長期發生全損，保險人就要負責賠償。由於保險人對在延長期內的保險費是按日比例，而不是按短期費率來計收的，要保險人用如此加收得到的不多的保險費來賠償延長期內的船舶全損，顯然有損保險人的利益。為了保護自身的利益，保險人對在延長期內發生的船舶全損，以加收六個月的保險費作為負責賠償的條件應該說是適當的。加收的六個月的保險費內包含原來已在延長期內按日比例加收的保險費，即保險人在加收六個月保險費時要扣除已按日比例加收的保險費。

　　超過保險責任期限的被保險船舶按日比例加付的保險費計算公式為：

$$應加付的保險費＝保險金額×保險費率×\frac{超過期滿日的天數}{365 天}$$

二、航程保險

航程保險的責任期限按保險單上載明的航程為準，如上海—馬尼拉，廣州—倫敦。由於被保險人投保的航程有一次航程、往返航程或多次航程之分，保險責任期限也隨航程的多寡來確定。又由於被保險船舶有載貨和不載貨（即空載）之分，保險責任起訖時間也就有以下不同的規定：

(1)不載貨（空載）船舶的起訖時間自起運港起錨或解纜時開始至目的港拋錨或繫纜完畢時終止。

(2)載貨船舶的起訖時間自起運港裝貨時開始至目的港卸貨完畢時終止，但自船舶抵達目的港當日午夜零時起最多不超過三十天。作出以三十天為限的規定，目的是限制船舶抵達目的港後的卸貨時間。

在任何情況下，一次航程保險的最長期限不能超過九十天。如果要超過九十天，被保險人必須事先徵得保險人的同意並繳付額外保險費以後，船舶保險契約方才有效。

第四節　船舶保險中的被保險人義務

中國大陸船舶保險條款的第 8 條對被保險人在船舶保險契約中承擔的義務作了明確規定。投保船舶保險的船東作為被保險人除了履行繳付保險費的義務以外，按規定還應當擔負以下一些責任：

一、四十八小時內報損，以儘早做好現場檢驗

船舶保險是為被保險船舶在航行途中可能遭到的風險損失提供保險保障

的，一旦船舶遭受保險責任範圍內的事故損失，被保險人就有權從保險人那兒獲取這方面的保障，得到賠償。但是，要保險人履行其保險賠償責任，得先讓他知道，而且是盡早知道事故損失的發生。知道了以後，他才能進行理賠，才能盡責。為了不使理賠工作，尤其是第一步必做的現場檢驗由於被保險人的延遲報損而受到影響，保險人把報損的時間限制在四十八小時之內，就是說被保險人一獲悉被保險船舶發生事故或遭受損失，即須在四十八小時之內通知保險人，對沒有在規定時間內報損的被保險人，保險人有權根據情況拒絕受理或對因此而擴大的那部分損失不予賠償。如果船舶發生事故或遭受損失的地點是在國外，被保險人還應立即通知距離最近的保險人所指定的當地代理人或檢驗人，讓後者迅速趕赴現場查勘、檢驗。在出事當地沒有保險人指定的檢驗人的情況下，被保險人則可委託當地公認合格的檢驗人進行檢驗。作出這一規定和限定報損時間，意圖很清楚，是為了促使被保險人盡可能快地，毫不延遲地報損，以讓保險人在接到損失通知後及早地做好現場檢驗，掌握船舶受損原因、受損情況和受損程度等確實的資料，而後在此基礎上完成理賠的其他環節工作。

二、積極合理施救，雙方權利保證不受損

被保險人在獲知被保險船舶遭受保險事故損失以後，盡一切可能地採取合理的施救措施，以避免或減少受損程度和防止繼續擴大已發生的損失，這是被保險人在向保險人履行報損義務的同時也必須承擔的一項責任。保險人有權指導和協助被保險人進行施救。只有當船舶受損嚴重，施救作用估計不大時，保險人在確定引起損失的事故是屬於承保責任範圍後，可通知被保險人放棄無效的施救，以節省不必要的施救費用。

對被保險船舶採取施救措施，固然有利於保險人減少賠款支出，但損失因施救而不再擴大也同樣是對被保險人利益的保護。事實上，一個抱著以防萬一心理而投保的被保險人是不會坐視自己的財產利益受損而不救的。為了鼓勵被保險人積極對受損的船舶進行施救，保險人不把被保險人採取施救措施理解為

是其放棄委付的表示。被保險人在履行施救義務的同時，如果認為提交委付通知對自己有利，仍舊可以按委付手續辦理。反過來也一樣，被保險人不能把保險人對受損船舶提出施救意見和協助施救，當作是已接受委付的信號。保險人為減少承保風險所致損失而採取的舉措並不妨礙他拒絕接受被保險人的委付。

三、不擅斷自行事，確定責任須徵得同意

被保險船舶在營運中常有可能由於過失侵權行為或違反貨物運輸契約而給第三者造成損害，由此而引起的各種民事賠償責任，如人身傷亡責任、碰撞責任、費用責任或契約責任等，有的不屬於船舶保險的承保範圍，有的則可轉嫁給船舶保險人。凡是依據船舶保險條款規定應由保險人負責的責任和費用，被保險人在與有關第三者確定這些責任和費用之前，必須徵得保險人的同意。

我們知道，雖然船舶保險主要是承保因海上災害事故造成被保險船舶的物質毀損以及由此而產生的費用，但還對船舶所承擔的某些民事責任負責，比如碰撞責任就屬於保險人的承保範圍，中國大陸船舶保險承擔因被保險船舶與其他船舶或約定的非船舶物體碰撞而引起被保險人應負的法律賠償責任，而且負責四分之四碰撞責任。應該說，承保的範圍是廣的，負責的程度是深的，但這並不意味著被保險船舶所負的任何碰撞責任，保險人都得承擔，也不表明被保險人可以事先自行與被撞方確定所負的責任和費用，而後讓保險人接受既成事實。為了不使保險人的利益受到損害，被保險人在確定其所負的具體碰撞責任時必須事先徵得保險人的同意。規定被保險人承擔這項義務，無疑是合理的，必要的。

四、移交索賠權益，協助對第三者的追償

當被保險船舶發生承保責任範圍內的事故損失，而這些事故損失卻是由於第三者責任所造成時，被保險人儘管可以選擇向保險人索賠，但是他必須因此而承擔另一項義務，即把其向第三者索賠的權利和必要的證件移交給保險人，

並積極協助保險人向第三者追償。

船舶保險條款規定作為被保險人的船東承擔該項義務，與海上運輸貨物保險在類似情況下對作為被保險人的貨主提出同樣內容的要求一樣，旨在維護保險人在按規定賠償了被保險人的損失之後應當享有的對第三者的追償權益，以及防止被保險人重複索賠而獲得不當得利，或者在獲得保險賠款後放棄對第三者的索賠權，從而使保險人的利益因無法行使代位求償而受到損害。船舶保險的追償是一件十分複雜的工作，涉及面廣，所耗時間長，保險人如與被追償方發生爭議而需透過司法訴訟來解決時，又會產生管轄地的選擇和對被追償方採取保全措施等問題。為此，被保險人除把各種必要的文件資料轉移給保險人以外，還有義務積極配合和協助保險人向第三者追償，例如為保險人收集和提供確鑿證據；透過儘早提出保險索賠，使保險人有充分時間準備，在向第三者索賠時效終止前行使追償權等等。

第五節　船舶保險中的其他重要條款

中國大陸船舶保險條款中除了規定船舶保險承保的險別及其承保責任、除外責任、責任期限和被保險人義務等內容之外，還採用條款形式對保險責任終止、保險費的繳付和退回作了具體規定，並對被保險人使用被保險船舶和在被保險船舶遭受部分損失後對其進行修理，以及與保險人共同承擔風險等問題上提出一定要求，以此來維護保險雙方的利益。這些條款主要有：保險終止條款、保費和退費條款、海運條款、修理招標條款和免賠額條款。

一、保險終止條款

根據中國大陸船舶保險條款第 6 條規定，不論是船舶期間保險抑或航程保險，責任終止都有完成履約義務終止、變更終止和違約終止三種情況。

1. 完成履約義務終止

當保險人對被保險船舶按全損賠償以後，保險責任即告自動終止。因為保險人按全損賠償以後，船舶保險契約中所規定雙方當事人的責任和義務就已自動消失，保險責任也就自動終止。

2. 變更終止

當發生被保險船舶的船級社變更，或船舶的船級變動、註銷或撤回，或船舶所有權或船旗改變，或轉讓給新的管理部門，或光船出租，或被徵購或徵用等諸種情況中的一種時，保險責任便應自動終止。

對上述各種變更規定終止保險責任的產因大致有三個：首先，世界上的各個船級社對船舶質量要求有嚴有寬，有的船級社一味從謀利和招徠生意的角度考慮，降低船舶入級規範的要求，大量辦理船舶入級業務。有些船東就利用了這一點，當他們的船舶質量與原船級不符時，為營運和保險的需要，便採取更換船級社的辦法，以得到原船級的同類船級。這些實際並不合格的船舶就這樣獲得了合格的船級證書和適航證書，而與此同時也留下了發生海事的隱憂，從而損害了保險人的利益。保險人重視被保險船舶的船級變動，以及作出變更終止的規定，正是針對上面這一情況的。其次，船舶以光船租船方式出租給他人使用後，光船的船員和裝備要由租船人自己配備，對船舶的管理也要由租船人自行安排。由於租船人與船舶出租人即船東的管理水準不可能完全相同，如果前者的管理水準不弱於後者，問題倒不大，倘若前者管理水準低下，經驗不足，船員配備不當，那就會使船舶在航行中經常發生海事。保險人當然不願被保險船舶在被出租或轉讓給低水準管理人以後繼續由自己承保，因此在未了解光船租船人或新的管理人的管理水準、經營作風及其信譽等情況之前，是不希望繼續保險責任的。規定管理或經營被保險船舶的人發生變動即終止保險責任，目的也就在此。最後，保險人在承保時對被保險船舶的情況應該是了解和掌握的，但一旦船舶由於某種原因而被政府或有關當局徵用或徵購，那就很難，甚至再也無法知道船舶的使用、管理和保養等情況了。當存在這種有可能損害保險人利益的因素時，保險人是當然要終止保險責任的。

不過，即使發生了上面所列出的任何一種涉及變動的情況，如果被保險人

能事先書面通知保險人，保險人經過調查，了解情況變動可能造成的影響後表示同意，保險責任還是可以被保險人加付保險費為條件繼續而不終止的。另外，在保險責任因發生某種變動而終止時，被保險船舶正載著貨物在海上航行，遇到這種情況，經被保險人要求，保險責任可延遲到船舶抵達下一個港口或最後卸貨港或目的港後終止。

3. 違約終止

當被保險船舶的所載貨物、航程、航行區域、拖帶、救助工作或開航日期方面有違背保險單上有關規定的情況時，保險責任即告自動終止。因為保險單上所列的有關規定一般都是保證條款，海上保險的基本原則決定了保證條款必須嚴格遵守的這一特點，被保險人一旦違反，保險人就有權終止保險責任。例如，被保險船舶違反海運條款，從事拖帶或救助服務，或者不遵守有關航行區域的規定，在保險單加以限定的範圍之外的海域航行，或者無視航程變更條款的規定而隨意改變航程等，保險人從承保對象的違約行為開始時起就可解除保險責任，對由此而發生的保險事故損失，理所當然地不予負責。

違約終止同樣有緩解的做法：如果被保險人在得知有關被保險船舶違約的消息後，能立即通知保險人並同意接受修改後的承保條件和加付相應的保險費，保險人可繼續承擔保險責任。

二、保費和退費條款

中國大陸船舶保險條款第 7 條對船舶保險費的繳付和退回辦法作了明確規定。

㈠船舶保險費的繳付

1. 船舶期間保險的繳費

一般來說，投保船舶期間保險的被保險人應在與保險人簽訂保險契約時全部付清保險費。如經保險人同意，保險費也可分期繳付。分期繳付的辦法為：在簽訂保險契約時先繳付一部分，以後按季平均繳付。如第一次繳付全年保險

費的 35％，第二、三次付 25％，餘下的 15％在第四次付清。採用分期繳付保險費辦法的船舶如果在保險期內發生全損，不論是實際全損或推定全損，其尚未繳付的那部分保險費必須一次立即付清。

2. 船舶航程保險的繳費

投保船舶航程保險的被保險人必須在與保險人簽訂保險契約時一次付清全部保險費。

(二)船舶保險費的退回

1. 船舶期間保險的退費

可分為協議退費和失約退費兩種。

(1)協議退費。也就是按保險單上的規定退回保險費，又有以下三種不同情況：

①當被保險船舶經雙方協議同意退保或終止保險責任時，未到期（即自退保日或保險責任終止日起算）部分的保險費按淨保險費的日比例計算退回給被保險人。這裡的淨保險費指保險人所收取的保險費中已扣除了經紀人佣金後實收的保險費，亦即：

淨保險費＝保險金額×保險費率－經紀人佣金

要說明的是，協議退費中所提到的在終止保險責任情況下的退費，主要是指被保險船舶的保險責任因各種變更而終止，並不包括因違約而使保險責任終止的情況。當發生被保險船舶違反保險單有關規定或條款的情況時，保險人終止保險責任，也不退還保險費。被保險船舶在保險期限內出售或轉讓，未到期的保險費同樣按日比例計算退給被保險人，這也屬於協議退費的性質。

②當被保險船舶在保險人同意的港口或區域停泊，不管是因為要在船廠修理還是為了裝卸貨物，只要停泊天數超過三十天，停泊期間的保險費就應按淨保險費日比例的 50％退回給被保險人。這種退費就叫停泊退費。

港口停泊的時間是指被保險船舶抵達港口檢疫錨地等待檢疫開始到重新起航時止，包括期間的船舶移位，進出船塢、船廠，以及修理的時間，但不包括上海長江口處錨地的停泊時間，以及在國外類似錨地的停泊時間。

停泊天數的具體計算是前後日期相加後減一天。計算下來的天數如達到三十一天，才可享受退費；若停泊天數恰好三十天或三十天多幾個小時，則不予退費。這是因為停泊退費的條件必須是超過三十天，而且計天不計時。比方說，一艘船舶在 8 月 15 日抵達某港口錨地，9 月 14 日起航，總天數為三十一天，扣減一天後的實際停泊天數三十天，被保險人就不能得到停泊退費；要是該船於 9 月 15 日起航，那麼實際停泊天數是三十一天，保險人則准予退費。此外，停泊天數必須按一次停泊期間的連續天數計算，不能將幾次停泊期間的各自停泊天數相加的總天數作為確定是否超過規定的三十天的依據。例如，一艘船舶在保險期內有過兩次符合要求的停泊，第一次停泊十五天，第二次又停泊二十五天，雖然兩次停泊的天數相加已超過規定的三十天許多，但保險人仍舊不給被保險人退費待遇。停泊退費的計算公式是：

$$停泊退費 ＝ 淨保險費 \times \frac{停泊天數}{365\ 天} \times 50\%$$

停泊退費不是在船舶重新起航後就立即計算還給被保險人，而是在整個保險期限終止後才結算。

停泊退費的規定不適用船舶全損，當被保險船舶在保險期內發生全損，儘管在此之前已有停泊港口時間超過三十天的情況，保險人不退費。

③被保險船舶停泊天數超過三十天，但分屬兩張同一保險人的連續保險單，停泊退費應按兩張保險單項下各自停泊的天數分別計算。

前面已經提到過，被保險船舶在一張保險單項下兩次停泊期間各自停

泊天數之和超過三十天,不能算是達到了取得退費的條件。但是,當船舶在同一個保險人的兩張連續保險單項下停泊天數之和超過三十天時,便可認為是符合了規定的要求,被保險人即能享受退費待遇。例如,一艘船舶在某個保險人的承保期內停泊過十五天,期滿後由該保險人續保,在第二次承保期內又停泊二十五天以上,那麼第二張保險單承保期內的二十五天以上天數可以加上原承保的即第一張保險單承保期內的十五天作為達到取得停泊退費條件的依據。不過,具體的退費計算方法與一張保險單項下停泊退費的計算方法有所不同,它是按兩張保險單項下的不同保險費率,根據各自的停泊天數分別計算。

(2)**失約退費**。是指由於保險雙方中的一方並非是欺詐行為或不法行為而使保險單無效或失效情況下的退費。保險人在簽發了船舶保險單並收取了保險費以後,由於被保險人違反法定或約定事項,可以宣布保險單失效。只要失效不是因被保險人的欺詐行為或是保險單的不合法所引起的,保險人就應退回全部或部分保險費給被保險人。

因違反法定或約定事項而導致保險單無效或失效的退費情況主要有:

①由於被保險人在投保時錯誤陳述某一重要事實而使保險單自始無效,只要被保險人出於非故意,並不帶有欺詐性質,保險人應將保險費全部退回被保險人。

②由於被保險船舶並不處於承保風險之中,即被保險人按「無論滅失與否條款」投保,但投保時不知被保險船舶已安全抵達目的港,而保險人是知道這一情況的,保險單屬自始無效,保險人應將保險費全部退回被保險人。

③由於被保險人對其要投保的船舶並沒有保險利益而使保險單自始無效,只要保險單不具有賭博性質,保險人應將保險費全部退回被保險人。

④由於被保險人重複保險而超保,只要不是故意行為,儘管超過船舶保險價值的部分無效,保險人仍應按比例退回部分保險費給被保險人。

2. 船舶航程保險的退費

　　從保險責任開始，一律不得退保和退費。

三、海運條款

　　根據中國大陸船舶保險條款第 4 條的規定，被保險船舶不能從事拖帶或救助服務，不能與他船（不包括港口或沿海使用的小船）在海上直接裝卸貨物，包括駛近、靠攏和離開，不能作以拆船或以拆船目的出售為意圖的航行。

　　海運條款對被保險船舶的使用作出了三方面的限制性規定。

1. 被保險船舶不能從事拖帶或救助服務

　　船舶保險所承保的船舶是以從事海上運輸生產為主要目的的商船。這些船舶就其構造和性能來說，一般僅適合於海上運輸，而不適宜從事海上拖帶或救助工作。海上拖帶業務和救助工作應該由專門的拖輪和救助船來完成，如果讓專職海上運輸的被保險船舶去做，那麼船舶在進行拖帶或救助的過程中，由於結構和性能的不適合，勢必增加發生保險事故損失的風險。為此，保險人作出不允許被保險船舶從事上述非商業運輸業務的規定，除非被保險人事先徵得保險人的同意並按保險人修改的承保條件加付一定保險費，不然，保險人對因被保險人違反這一規定而造成被保險船舶的損失，不負任何賠償責任。

　　然而，為救助海上遇難的船舶而違反該規定當屬例外。眾所周知，根據《1910 年國際救助公約》的規定，凡在海上航行的船舶發現遇難的船舶都必須盡力救助，包括將遇難船舶拖帶脫離危險境地，這是一種道義上的責任。因此，在發生這類「違規」行為的情況下，被保險人在接到船長的報告後，只要通知保險人，保險單仍保持原有效力。

2. 被保險船舶不能與他船（不包括港口或沿海使用的小船）在海上直接裝卸貨物，包括駛近、靠攏和離開

　　船舶裝卸貨物通常有兩種方式：一種是船舶停靠碼頭，直接將貨物從碼頭裝到船上或從船上卸到碼頭上；另一種是船舶繫泊於海面的浮筒旁，由一些小型駁船駛近後停靠在船邊進行裝卸。這兩種裝卸作業方式對船舶來說，風險都

很小，因為碼頭是固定的，而小型駁船因船體小，駛近、停靠船邊發生碰撞的可能性也不大。但是，如果船舶在海上直接與其他大船，包括大型拖駁在內，直接裝卸貨物，那麼由於大海的波濤起伏，船身搖晃，船舶與船舶在相互駛近，或靠攏或離開時，只要其中有一方稍有不慎，就非常容易導致碰撞事故的發生並造成損失。保險人作出不允許被保險船舶與別的大船在海上直接裝卸貨物的規定，目的就是減少這類碰撞風險。同樣，在被保險人事先向保險人提出要求並按修改後的承保條件加付保險費的情況下，保險人還是同意承保此風險的。

3. 被保險船舶不能作以拆船或以拆船目的出售為意圖的航行

船舶的保險價值一般是以其在投保時的市價為確定依據的。如果一艘船舶即將被拆或出售，那麼該船在被拆時的市價往往要比它在投保時的市價低得多。尤其是一些老齡船舶，它們的價格甚至低到幾乎相等於市場上廢鋼船的價格。可想而知，船東對這些反正將被拆或出售的船舶的設備更新和保養維修是不會去考慮和重視的，於是設備陳舊老化又不加以更新換置的船舶出海航行時，發生海難的風險概率不言而喻就會相當高。這僅是其中一方面，另一方面，當船舶發生海損需要進行修理時，修理費用可不會因為修的是這種將被拆的船舶而有所降低，保險人對這種船舶「以新換舊」的修理費用也照樣全部負責，並不打什麼折扣。到最後，各種風險就通通轉移到保險人的頭上。正是為了避免這種局面的出現，保險人才作出不允許被保險船舶作以拆船或以拆船目的出售為意圖的航行規定。

當然，保險人也可以同意承保這些風險，只要被保險人接受保險人提出的附加條件，即以船舶的賣價作為保險人承擔的最高賠償限額，以及根據該航程的具體情況加收保險費。

四、修理招標條款

根據中國大陸船舶保險條款第 9 條的規定，當被保險船舶遭受部分損失並需要進行修理時，被保險人應當精打細算地安排修理事宜，採用招標方式以接

受最有利的報價。該條款對被保險船舶的修理招標規定了以下具體內容：

1. 被保險人對船舶修理的招標及其選擇原則

被保險船舶在保險期內發生部分損失，當然需要對其進行修理。但是，修船廠很多，找哪一家修理呢？應該按什麼要求來選擇合適的修船廠呢？修船廠離船舶受損後所在地點近不近，修船廠的修理設備全不全、技術好不好、質量高不高，毫無疑問，這是保險人和被保險人在選擇修船廠時都必然會考慮的條件。除此以外，修船速度快不快，修理費用高不高，也肯定是雙方均予以重視的因素。然而，被保險人和保險人由於從各自利益的角度出發，在修船速度和修理費用方面往往作出不同的考慮：對被保險人來說，一般首先考慮的是修船速度，即希望修船修得快些，修船時間短些，對修理費用卻不怎麼在乎，因為修理費用高也好，低也好，反正由保險人承擔，而修船速度快慢卻關係到他遭受的船期損失大小；與此相反，對保險人來說，著重關心的是修理費用，即希望修船價格儘量要低，費用支出儘量要節省，至於修船時間長些短些卻在於其次，因為修理費用支出多少涉及他所承擔的賠償責任大小，而對被保險人遭受的船期損失，他是不負責的。這樣一來，雙方在選擇修船廠上的意見分歧，主要牽涉在船期損失與修船費用之間的矛盾。舉個例子來說，被保險人對其受損船舶的修理進行招標，有 A、B 兩家修船廠投標，各自報價的情況如下：A 廠報價 40 萬元，修船時間三十天；B 廠報價 50 萬元，修船時間二十四天，被保險人在作了比較之後，選擇了 B 廠，因為 B 廠開價雖然比 A 廠多 10 萬元，但船期損失小，假定船期損失每天為 0.5 萬元，那麼總共是 12 萬元；但是，在保險人看來，應該選擇 A 廠，因為 A 廠要保險人支付的修理費用比 B 廠開的價少 10 萬元，被保險人遭受的船期損失雖然比接受 B 廠開價的要多 3 萬元，保險人卻毋須對此負責。那麼究竟是接受哪家修船廠的報價才合理呢？

修理招標條款對判斷被保險人合理接受報價規定的要求是，被保險人要像一個未投保的船東，在精打細算、綜合考慮自已遭受的船期損失和保險人承擔的修船費用，並認真進行比較之後再作出合適的選擇。被保險人選擇報價的原則應該是：在修船時間相同的情況下，要選擇報價低的；在報價相同的情況下，要選擇修船時間短的；在報價低而修理時間長，報價高而修理時間短的情

況下，要經由測算，選擇一個接近二者中間值的報價。我們仍以上例來說明應如何進行測算：

根據 A 廠的報價及其修船時間安排所造成的船期損失，一共是：

40 萬元＋0.5 萬元×30 天＝55（萬元）

根據 B 廠的報價及其修船時間安排所造成的船期損失，一共是：

50 萬元＋0.5 萬元×24 天＝62（萬元）

兩者的中間值應為：

（55 萬元＋62 萬元）÷2＝58.5（萬元）

顯然，按測算的結果，若站在保險人的立場來說，被保險人作為一個精打細算未投保的船東，就應當接受 A 廠的報價，因為按中間值可節省 3.5 萬元；要是接受 B 廠的報價，其中間值要多付 3.5 萬元。不過，被保險人從自身的利益考慮，有可能接受 B 廠的報價。當雙方產生異議時，就可經由協商解決，但原則上應以保險人的選擇為準，保險人對被保險人擇定的投標有審核權、否決權和重新招標權。

2. 保險人應承擔船舶修理招標期間的費用

一旦保險人同意被保險人接受的投標，就要按發出招標通知日起至接受投標時為止這段時間內被保險人所支出的燃料、物料和船員的工資給養等費用總額，補償給被保險人。但此項補償應以船舶當年的保險價值的 30％為限，也就是說保險人承擔招標期間被保險人支出費用的補償額最多不超過船舶當年保險價值的 30％。由於這項補償是因修理招標工作而引起的，招標時間越長，保險人也就補償得越多。儘管保險人對被保險人擇定的投標有否決權和重新招標權，但如果保險人真的否決了第一次招標中被保險人所接受的投標，那就需要進行第二次招標，而重新招標又需要一段時間，這就必然增加保險人對被保險人的補償。在一般情況下，保險人是不會輕易否定被保險人的選擇或自行去實施招標工作的，因為他要為此付出相應的「合理代價」。事實上，重新招標

只有當被保險人未能像一個未投保的船東那樣精打細算進行招標以接受最有利的報價時才會採用。

3. 保險人在船舶修理招標中的權利

由於船舶保險承保的多為從事遠洋運輸的船舶，這些遠洋船舶在國與國之間航行，流動性很大，考慮到這一特點，修理招標條款因此規定，被保險人可以對其因遭遇海事而受損的船舶決定修理地點。這項規定當然方便了被保險人，於他們是有利的，然而不能否認，它也會給一些不努力維護雙方權益，不願精打細算行事的被保險人有可逞之機，從而使保險人的利益受損。為此，該條款同時授與保險人對被保險人因未能像一個精打細算的未投保的船東那樣行事而決定的修理地點行使否決的權利，或者從其負責賠償的修理費用中扣除由於被保險人不同意重新招標安排而增加的任何費用的權利。比方說，一艘船舶在中國大陸黃海北部海面發生海事而受損，按理應駛往附近的大連或秦皇島等完全有修理能力的港口修理。既近又能節省修理費用，並減少船期損失。但是該船船東卻非要南赴廣州的修船廠修理，且不說那兒的開價高，僅就途遠和增加船期損失而言，即可使保險人懷疑船東此舉的合理性。因此，在對方不接受就近修理安排，強行選擇廣州為修理地點的情況下，保險人完全有理由從負責賠償該船東的修理費用中扣除超過在大連或秦皇島合理修理的那部分費用。

五、免賠額條款

根據中國大陸船舶保險條款第 3 條的規定，當被保險船舶發生部分損失時，保險人可按照保險單訂明的數額免予承擔一部分賠償責任。

與其他險種規定免賠額一樣，船舶保險要求被保險人自負一定比例的損失，主要目的也是兩個：一是為了促進被保險人加強對船舶的管理，注意對船舶的保護和防損；二是為了消除小額損失索賠，避免因頻繁的小額損失索賠而增加理賠事務和節省理賠的費用。此外，規定免賠額的意義還在於對保險費率起制約作用。如果免賠額定得高，保險費率就應定得低一些；相反，如果免賠額定得低，保險費率就應定得高些。免賠額實際上已成為被保險人自負第一危

險或以一個共同保險人的身份與保險人分擔損失的形式。

1. 採用絕對免賠額

　　中國大陸船舶保險條款規定的免賠額是絕對免賠額，即被保險船舶發生的部分損失不超過保險單規定的免賠額的，保險人不賠，超過免賠額的，只賠超過的那部分損失。例如，某船投保船舶保險，保險金額為 60 萬美元，保險單上訂明免賠率為 1%，後船舶因遭遇海事而受損，損失額為 10 萬美元，保險人在賠償 10 萬美元的損失時應扣除免賠額 0.6 萬美元（60 萬美元×1%），即實際賠付 9.4 萬美元。

2. 免賠額規定應用於每次事故損失

　　被保險船舶在保險期內每發生一次事故，保險人在計算每次事故給船舶造成部分損失的賠款時，都要注意按免賠額規定做，也就是說，這一次事故損失在免賠額範圍之內的，保險人按規定不賠，損失由被保險人自負，那一次事故損失超出免賠額的，保險人按規定扣除後再賠超過部分的損失。每次事故損失的計算都得受免賠額規定的限制。

3. 免賠額規定的不適用

　　當被保險船舶發生全損或推定全損，或者共同海損、碰撞責任、救助費用或施救費用等，在計算賠款時都不適用免賠額規定。對船舶擱淺後專門為檢驗船底而產生的合理費用，即使經檢驗未發現任何損壞，保險人在賠償這筆費用時同樣也不扣除免賠額。

4. 免賠額在惡劣氣候造成兩個連續港口之間的一次單航程損失索賠時的扣除

　　被保險船舶從起運港開航後駛往目的港，如果在途中因遭遇惡劣氣候進入避難港，那麼起運港至目的港就不能被認為是兩個連續港口，兩個連續港口應分別是起運港至避難港，以及避難港至目的港。與此相應的是，從起運港至目的港之間的航程也就不能再算作是一次單航程，兩個連續港口之間即起運港至避難港之間或避難港至目的港之間的航程才應被視為一次單航程。因此，當船舶在兩個連續港口之間單航程中發生損失索賠時應按照一次事故損失來扣除免賠額。

　　例如，某船從起運港——中國大陸 A 港駛往目的港——位於大洋洲某國

的 D 港，途中因遇熱帶風暴受損，只得停靠 B 港避難，從 A 港至 B 港就被看作是兩個連續港口之間的單航程；該船以後從 B 港開出，按原航程行駛，進入南太平洋水域後不料再次遭遇惡劣氣候，在 C 港進行第二次避難，從 B 港至 C 港同樣被視為兩個連續港口之間的單航程；在駛離 C 港去 D 港的途中，災難第三次降臨於該船，發生了擱淺，經採取拋貨等措施後脫離險境，方最終抵達 D 港，於是從 C 港至 D 港也被看作是兩個連續港口之間的單航程。保險人在計算該船的損失賠款時，應當把途中每兩個連續港口之間單航程的損失作為一次海損事故，每次事故損失都要根據免賠額規定處理。這樣，A 港至 B 港之間的事故損失和 B 港至 C 港之間的事故損失，保險人在計算賠款時就要分別扣除免賠額，而對 C 港至 D 港之間因海事而產生的共同海損和救助費用，根據中國大陸船舶保險條款的規定，在計算時就不用扣除免賠額。

第六節　船舶戰爭、罷工險

　　船舶戰爭、罷工險是船舶保險的一個特殊附加險。既然稱之為附加險，也就是說被保險人不能單獨投保此險，只有在投保船舶全損險或一切險之後才能向保險人申請加保。這與海上運輸貨物戰爭險和罷工險的性質是完全相同的。

　　船舶戰爭、罷工險承保被保險船舶因戰爭和罷工行為所造成的損失。各國的船舶戰爭、罷工險條款在承保範圍、除外責任和其他內容上都有所不同。根據中國大陸「人保」公司制訂的保險條款，船舶戰爭、罷工險的內容如下：

一、承保責任範圍

　　(1)戰爭、內戰、革命、叛亂或由此引起的內亂或敵對行為；

　　(2)捕獲、扣押、扣留、羈押、沒收或封鎖；

　　(3)各種戰爭武器，包括水雷、魚雷、炸彈；

　　(4)罷工、被迫停工或其他類似事件；

(5)民眾騷擾、暴動或其他類似事件；

(6)任何人懷有政治動機的惡意行為。

由於上述任何一種原因造成被保險船舶的損失、碰撞責任、共同海損和救助費用或施救費用，保險人都予以賠償。

保險人承擔被保險船舶的損失，是指戰爭、罷工行為直接造成的全部損失或部分損失。例如，被保險船舶被水雷擊沉，保險人即按全損賠償；若被擊傷，保險人負責承擔合理的修理費用以及共同海損的犧牲、分攤和救助費用，還有施救費用等。由於間接原因造成的損失和修理費用等，不在保險人的承保責任範圍。

保險人承擔被保險船舶的碰撞責任，主要是指被保險船舶遭受戰爭、敵對行為、武裝衝突、或工人罷工的直接威脅而採取緊急避難行動時與第三者發生碰撞，依法應由被保險人承擔的民事責任。

船舶戰爭、罷工險所承保的風險不同於一般海上風險，它們都是由於社會力量採取武力或暴力行為所造成的。這些風險中的大多數在含義上很接近，不過我們要注意它們之間存在著的細微差異。例如，由於戰爭、敵對行為或武裝衝突引起的捕獲、扣押、扣留、羈押、沒收或封鎖被作為同一類風險而放在一起，事實上它們不完全相同：扣押、扣留、羈押是指被保險人暫時喪失了對被保險船舶的使用和支配權，但所有權還擁有；沒收在意義上要比它們更進一層，就是說被保險人連所有權也完全喪失；而封鎖是指被保險船舶由於交戰雙方或一方採取軍事等措施而被禁止在港口、航道自由通行，被保險人對船舶的管轄權和所有權並未被剝奪，只是使用權暫時被剝奪了。

中國大陸船舶戰爭、罷工險把封鎖列為承保的風險，而在英國，倫敦協會的船舶戰爭、罷工險卻是不承保的。此外，根據中國大陸的條款規定，被保險船舶不論是被捕獲、扣押、扣留、羈押還是沒收，或是封鎖，被保險人必須從發生日起滿六個月才能就所造成的實際損失提出索賠。

二、除外責任

(1)原子彈、氫彈或其他核武器的爆炸；

(2)由於被保險船舶的船籍國或登記國的政府或地方當局所採取的或命令的捕獲、扣押、羈押或沒收；

(3)被徵用或被徵購；

(4)聯合國安理會常任理事國之間爆發的戰爭（無論是否宣戰）。

對由於上述原因引起被保險船舶的損失、責任和費用，保險人不承擔賠償責任。

原子彈、氫彈或其他核武器的爆炸，並不包括核武器試驗，而主要是指以消滅對方為目的的爆炸。

被保險船舶被捕獲、扣押、扣留、羈押或沒收的風險，如果是由於戰爭、敵對行為或武裝衝突所引起的，保險人負責賠償；但如果這些風險是由於船籍國或登記國的政府或地方當局出於政治原因採取行動或根據其下達的命令採取行動所造成的，顯然已超出戰爭風險的範圍，故保險人列為除外責任。

被保險船舶一旦被徵用，它們在被徵用過程中遭到的損壞，根據國際法規定，理當由徵用的當局承擔責任，與保險人無關；如果船舶被徵購，就是說它們在船東或是同意或是不同意的情況下被徵購者按某種價格強行購買。被徵購後由於船舶的所有權已歸徵購者擁有，保險人自然不再對不屬於被保險人所有的船舶負責。

聯合國安理會常任理事國現為中國大陸、美、英、法、俄五國。這五個理事國之間不論哪兩個國家發生戰爭，被保險船舶因此而遭受的損失，保險人也不負責賠償。

除了上述不保的風險損失以外，船舶的營運損失、間接費用損失，以及船舶保險條款規定的除外責任，同樣不在船舶戰爭、罷工險承保的範圍之內。

三、保險終止

(1)保險人有權在任何時候向被保險人發出註銷戰爭、罷工險責任的通知，在發出通知後七天期滿時，保險責任即行終止。

(2)不論保險人是否已經發出註銷通知，保險責任由於下列情況的發生而立即自動終止；任何原子彈、氫彈、核武器的敵對性爆炸發生；聯合國安理會常任理事國之間爆發戰爭，不論宣戰與否；船舶被徵用或出售。

規定保險人有權根據情況在任何時候向被保險人發出註銷戰爭、罷工險責任的通知，是船舶戰爭、罷工險特殊性的具體體現。我們知道，按照保險原理，保險人承保的風險應當是不確定的風險，也就是可能發生但不知何時何地發生的風險。保險人之所以承保戰爭、罷工險項下的風險，同樣是基於這一原理，即在承保時不知道這些風險在何時何地發生。一旦保險人知道在某個地區將肯定發生這些風險，或者發生的可能性相當大，他取消自己所承保的責任就應當被認為是合理的。保險人向被保險人發出註銷責任的通知，並給予從通知發出日當天午夜零時起算的七天時間讓被保險人作出適當安排，七天期滿後，也就是從第八天零時開始終止責任。如果被保險船舶仍舊要駛入保險人已列為戰爭、罷工險除外地區，被保險人應在註銷通知生效之前通知保險人，保險人可以視該地區的風險程度或作出拒絕被保險人要求的決定，或同意恢復保險責任，不過後一種情況要被保險人用加付保險費和接受新的保險條件作為代價來換取。

在保險責任自動終止的情況下、根據規定，保險人應把未到期部分的保險費按淨保險費的日比例計算退還給被保險人。這一點與船舶期間保險的協議退費中因保險責任終止而退費的規定基本上相同。要注意的是，船舶期間保險的協議退費中還有一項關於停泊退費的規定。在船舶戰爭、罷工險項下，被保險船舶儘管也會發生停泊的情況，也有可能處於不航行狀態，但是遭受戰爭風險的可能性通常不會因此而有所減少，也就是說，船舶在處於航行狀態也好，在停泊期間也好，發生戰爭風險的可能性基本上是一樣的。正因為如此，船舶戰

爭、罷工險不辦理停泊退費。

第七節　船舶建造保險

　　船舶建造保險也是以船舶為保險標的的保險。雖然它承保的是建造中的船舶，承保責任範圍也廣泛得多，具有綜合性的特點，但既然是保船，當然與船舶保險的關係比較近，一般也總將它視為船舶保險的一個險種。中國大陸的船舶建造保險條款是「人保」公司於 1982 年 3 月制定的。與世界上許多國家一樣，中國大陸條款在制訂時基本上也參照了英國倫敦協會的船舶建造保險條款，但具有自已的特點。

一、承保責任範圍

　　船舶建造保險承保船舶建造的全過程。所謂船舶建造全過程，是指船舶建造，試航和交付使用，包括建造該船所需的一切材料、機械和設備在船廠範圍內裝卸、運輸、保管、安裝以及船舶下水、進出船塢、停靠碼頭的整個過程。船舶建造保險就是承保這一過程中被保險人因下列原因造成的損失、費用和責任：

　　(1)自然災害和意外事故。

　　(2)工人、技術人員、船長、船員及引水員的疏忽過失和缺乏經驗。

　　(3)船殼和設備機件的潛在缺陷。

　　(4)因船台、支架和其他類似設備的損壞或發生故障。

　　(5)被保險船舶任何部分因設計錯誤而引起的損失。

　　(6)在被保險船舶下水失敗後，為重新下水所產生的費用。

　　(7)為確定保險責任範圍內損失所支付的合理費用，以及對船舶擱淺後為檢查船底而支付的費用。即使沒有損失，也予以承擔。

　　(8)共同海損犧牲和分攤。

(9)救助費用。

(10)被保險船舶因發生碰撞事故應對被撞船舶及其所載貨物、浮動物體、船塢、碼頭或其他固定建築物損失和延遲、喪失使用的損失，以及施救費用、共同海損和救助費用依法承擔的賠償責任。但以被保險船舶的保險金額為限。

(11)被保險船舶遭受責任範圍內的損失事故後引起的清除船舶殘骸的費用、對第三者人身傷亡賠償責任，按保賠保險條款的有關規定賠償，但以被保險船舶的保險金額為限。

(12)被保險船舶發生碰撞或其他事故，被保險人在事先徵得保險人書面同意後，為爭取限制賠償責任所支出的訴訟費用。

根據船舶建造保險所承保的如此廣泛的責任範圍來看，這個險種事實上具有財產保險、工程保險、船舶保險和責任保險，乃至保賠保險等多種保險的綜合性質。造船廠作為被保險人經由投保船舶建造保險把其在承造船舶期間的一切風險轉移給保險人。但如果造船廠從訂船的船東那兒收取了大量的預付費用或接受了對方提供的物資，那麼造船廠與訂船的船東雙方應作為共同被保險人聯名投保。

二、保險期限

船舶建造保險的保險期限從船舶建造開工之日或上船台之日起，到船舶建成交付訂船人或船舶所有人為止，或者到保險單上註明的保險期限滿期為止。二者以先發生者為準。

對在投保前已在被保險船舶上的造船所需物資和機械設備，保險人從保險單上列明的起保日開始負責；如果這些物資、機械設備是在保險生效後才交付的，保險人從交付之日起開始負責。

被保險船舶要是比所列明的保險期限提前並滿一個月交付給訂船人或船舶所有人，保險人按規定退還保險費；相反，如果延遲交船並超過一個月的，保險人則加收保險費。提前或延遲交船不到一個月的，不退費也不加費。在延遲交船的情況下，被保險人應事先通知保險人，徵得後者同意後辦理延期手續。

但不管什麼情況，保險期限最長以被保險船舶建成試航後三十天為限。

三、船舶價值和保險金額

投保船舶建造保險的船舶，其保險價值以船舶建成價格或最後契約價格為準。保險金額根據保險價值確定。被保險人先按暫定價值作為保險金額投保，待船舶建成後或確定最後契約價格後再通知保險人調整保險金額。保險人根據暫定價值超過或低於上述價格的情況，對超過或低於的那部分，相應按比例退還或加收保險費。如果被保險船舶的價值超過暫定價值的 125％時，保險人對任何一次事故或同一事件引起的一系列事故的賠償總額以暫定價值的 125％為限。但由於被保險船舶改變設計、裝修或改動船型，以及物質變更所引起的船舶造價的變動，不適用上述規定。在被保險船舶的保險金額低於保險價值的情況下，保險人對任何所承保的責任或費用均按保險金額與其保險價值的比例計賠。

四、除外責任

(1)由於被保險人故意或非法行為所造成的損失；

(2)對設計錯誤部分本身的修理、修改、更換或重建的費用及為了改進或更新設計所發生的任何費用；

(3)被保險人對其雇佣人員的死亡、傷殘或疾病所應承擔的責任和費用；

(4)核反應、輻射或放射性污染引起的損失和費用；

(5)由於戰爭、敵對行為、武裝衝突、炸彈爆炸、戰爭武器、沒收、徵用、罷工、暴動、民眾騷擾引起的損失、費用和責任，以及任何人的惡意行為或政治動機所引起的任何損失；

(6)船舶建造契約規定的罰款以及由於拒收和其他原因造成的間接損失；

(7)由於任何國家和武裝集團的拘留、扣押、禁制、使試航航程受阻的損失。

保險人對上述損失、責任和費用不負賠償責任。

五、承保區域

　　船舶建造保險對被保險船舶及其所需物資和機械設備在建造過程中各個階段的承保規定了限制區域，對在限制區域以外發生的損失，保險人不負責任。具體規定是：

　　(1)建造期間，限於造船廠範圍內。建造船舶所需的材料、機器設備在造船廠範圍以外的任何運輸、裝卸、保管和在建船舶在造船廠範圍以外的任何拖航、都必須事先通知保險人並繳付規定的保險費後，保險人方予負責。

　　(2)試航期間，20,000 總噸以上的船舶的單航程自航距離限於 500 海里，1,000 總噸至 20,000 總噸的船舶的單航程自航距離限於 250 海里，1,000 總噸以下的船舶的單航程自航距離限於 100 海里。超過上述各項規定距離的，必須事先徵得保險人同意並加付保險費。

　　被保險船舶的試航時間超過預計應返回建造地點的日期滿六個月，尚未獲得它的行蹤和消息就構成失蹤。

第八節　貨櫃保險

　　貨櫃（Container）是指根據統一標準製造，具有一定的強度，可反複周轉使用的大型的貨物運輸輔助設備。用貨櫃運輸貨物即稱作貨櫃運輸，是目前國際上廣泛使用的運輸方式。貨櫃保險實際上是個大概念，它包括貨櫃運輸保險、貨櫃（箱體）保險和貨櫃船保險。貨櫃運輸保險是以使用貨櫃運輸的貨物為保險標的，所以就其性質來說，屬於運輸貨物保險，由貨主投保，貨物保險人承保。貨櫃船保險是以貨櫃專用船為保險標的，因為是保船，當然屬於船舶保險，由船東投保，船舶保險人承保。這裡所說的則是以貨櫃箱體為保險標的的貨櫃保險，這是一種既不同於貨櫃運輸保險，也有別於貨櫃船保險的險種。

一、貨櫃保險的屬性

　　貨櫃保險是以貨櫃箱體為保險標的，承保它們在載運貨物途中因遭遇自然災害或意外事故而造成的自身損失的保險。貨櫃保險究竟屬於哪一種保險：貨物保險還是船舶保險？要分析這種保險的屬性，首先得從貨櫃所具有的特性談起。

　　貨櫃是載運貨物的，從這一點看，它對貨物來說猶如船舶的艙位，因此具有船舶的性能；但在另一方面，它又和貨物在一起，由船舶等運輸工具載運著在世界範圍內流動，這表明它又具有與貨物相同的特性。因此，貨櫃作為一種貨物來投保，還是應該歸於貨物保險，由貨物保險人來承保，只不過投保人是貨櫃的所有人、租用人或經營人。然而，貨櫃並不像貨物那樣由賣方把所有權轉移給買方，它作為一種運輸工具，其所有人、租用人或經營人是承運人。貨櫃所有人作為承運人，是為了使自己的貨櫃在承運貨物過程中一旦遭到風險損失時可得到保險補償才投保貨櫃保險的。這與船東作為承運人在海上運輸業務經營中投保船舶保險以使自己的船舶獲得保險保障的目的完全一樣。可見，如果把貨櫃保險作為一種運輸工具保險來看待的話，又與船舶保險十分相近。事實上，貨櫃保險確也是被放在船舶保險一類裡的，只是船舶保險條款不適用於它，它有自己專門的條款。中國大陸「人保」公司於 1980 年開辦這個險種，並制訂了貨櫃保險條款，對承保險別及責任範圍、除外責任等作了具體規定。

二、承保險別及其責任範圍

　　中國大陸貨櫃（期間）保險承保的險別分全損險和一切險兩種。

　　⑴全損險。貨櫃全損險承保整個貨櫃的全部損失，包括實際全損和推定全損。

　　⑵一切險。貨櫃一切險既負責貨櫃箱體的全部損失和部分損失，還負責貨櫃機器部分因運輸中的意外事故或自然災害，如火災、爆炸，運輸船舶的沉

沒、觸礁、擱淺或碰撞，陸上或空中運輸工具的碰撞、傾覆和其他意外事故所造成的部分損失。除在運輸中發生了保險單所列明的這些災害事故以外，保險人對貨櫃機器部分因其他原因而造成的損壞是不承擔賠償責任的。

　　不論是全損險還是一切險，保險人對共同海損犧牲、分攤和救助費用都是負責的。至於施救費用，即被保險人對受損貨櫃因採取搶救和防止損失擴大措施而支出的合理費用，保險人同樣給予一個保險金額限度負責賠償。

三、除外責任

　　(1)由於貨櫃不符合國際標準或由於其內在缺陷和特性或工人罷工或延遲所引起的損失和費用；
　　(2)正常的磨損及其修理費用；
　　(3)貨櫃戰爭險條款規定的承保責任和除外責任；
　　(4)與投保貨櫃經營有關的或由其引起的第三者責任和費用。
　　對上面所列出的損失、費用和責任，保險人不予負責。

　　國際上對貨櫃的規格標準和重量都有明確規定，目前通用的貨櫃高度和寬度一律都是 8 英尺（約 2.44 米），長度則有 48.5 英尺（約 14.78 米）、40 英尺（約 12.19 米）、30 英尺（約 9.14 米）、20 英尺（約 6.09 米）和 10 英尺（約 3.04 米）等五種情況。其中，以 8 英尺×8 英尺×20 英尺的最為常見，故被稱為標準規格（TEU）。保險人承保的貨櫃必須符合國際的標準和規格。

　　貨櫃所有人、租用人或經營人作為承運人，對其貨櫃在運輸和裝卸貨物過程中造成第三者人身傷亡或財產損失，或造成所承運貨物損失，依照法律或契約是應負賠償責任的，這類賠償責任不屬於貨櫃保險的承保範圍，而可由貨櫃保賠保險負責賠償。

四、保險期限

　　有以年為時間單位投保的期間保險和按航程投保的航程保險兩種。中國大陸貨櫃保險條款規定，保險人和被保險人都可以終止保險，不過得在三十天前事先向對方發出註銷保險的通知。如果是由保險人提出的，保險人應按日比例計算把未到期保險費退還給被保險人；如果是由被保險人提出的，則按短期費率計算退費，不滿一個月的按一個月計算。

五、貨櫃戰爭險

　　貨櫃戰爭險是貨櫃保險的一個附加險。被保險人根據需要，可以在投保貨櫃保險基礎上加保戰爭險。

　　貨櫃戰爭險承保貨櫃裝在船上或飛機上時因戰爭、敵對行為或武裝衝突，以及這些原因引起的拘留、扣押、沒收或封鎖，各種常規武器包括水雷、魚雷或炸彈所造成的損失和費用。對由於上述行為引起的共同海損犧牲、分攤和救助費用，保險人也負責賠償。貨櫃戰爭險對貨櫃在陸上發生的戰爭損失不予負責。

　　貨櫃戰爭險同樣規定保險人有權在任何時候向被保險人發出註銷戰爭險責任的通知，在發出通知後十四天期滿時終止責任。貨櫃戰爭險的這項保險終止規定與船舶戰爭、罷工險的一樣，但對註銷通知發出後生效所規定的天數比後者的七天要長。

第九節　運費保險

　　運費保險是傳統的三大海上保險種類之一，另兩個是海上運輸貨物保險和船舶保險。運費保險是以海上運費為保險標的的保險。運費風險屬於船舶的營

運損失，船舶保險往往把運費作為費用保障的一部分來承保船舶的營運損失，因此運費保險與船舶保險密切相關。

一、運費保險承保的標的

　　運費是運費保險承保的標的。按照貨物運送方式的不同，運費可分為提單運費和租船運費兩類。採用班輪運輸，計件收費，由承運人或其代理人簽發提單，到達目的港後，貨主憑單提貨，這叫計件運送。按計件運送的方式所收取的運費稱為提單運費，也叫普通運費。採用租船運輸，由租船人向船舶出租人租賃整船或部分艙位運送貨物，這叫租船運送。按租船運送的方式不採取計件收費，而以租金計算運費，故稱作租船運送。船東從事船舶營運，不管是作為承運人為貨主承運貨物，還是作為船舶出租人把船舶出租給租船人，目的都是為了獲取運費。為使自己擁有保險利益的運費得到保險保障，則是船東投保運費保險的動機。運費保險承保的標的主要也就是上述兩類運費，即提單運費和租船運費。

　　但是船東對其出立提單收取的運費或把船舶出租後按租船契約收取的運費，並非全都擁有保險利益，換句話說，就是船東經由營運所獲取的運費並不是都能成為運費保險承保的標的。有一些運費由於船東不具有保險利益，而不能為船東投保。按照運費支付的條件，運費可分為預付運費、到付運費和保付運費三種形式。

1. 預付運費

　　是指貨主將貨物託交給承運人運輸時，預先支付給承運人的運費。按照運輸慣例，不管貨物是否如約運達，預付運費均不退還。對於預付運費，承運人並不承擔損失的風險，因而也無須投保；相反，貨主對它擁有保險利益，但事實上，一般貨主很少將預付運費投保。因為不論採用哪一種貿易價格條件成交。貨主都已將這部分運費列入貨價之內，如 CIF 價格中的 F 就代表了這部分運費，在貨物已經投保海上運輸貨物保險的情況下，單獨投保運費保險對貨主來說就顯得沒有必要。

2. 保付運費

是指貨主將貨物託交給承運人運輸時，在運輸契約上訂明，無論貨物是否在途中發生風險損失，是否運到，貨主必須照付的運費。保付運費其實與預付運費具有同樣的性質，就是說，即使貨物沒有運達目的地，只要不是承運人的責任所致，貨主仍應照付運費。兩者的區別在於保付運費是在事後支付，預付運費是在事先支付。對保付運費具有保險利益的也不是承運人，而是貨主。貨主同樣沒有必要將保付運費單獨投保運費保險，理由與預付運費的情況一樣。

3. 到付運費

是指貨主將貨物託交給承運人運輸時，不預先支付，而是以貨物運達目的地作為支付條件的運費。由於到付運費要在貨物運達目的地後才付，一旦在運輸途中，船舶遇難，貨物受損，貨主就可以不付運費，這樣一來，船東或租船人作為承運人也就隨之遭到運費損失。在這種情況下，承運人當然有必要將自己擁有保險利益的到付運費投保運費保險。

由此可見，只有到付運費才是運費保險承保的標的。

二、運費保險承保的方式

船舶保險與運費保險關係十分密切，船舶保險的承保方式直接影響到運費保險的承保方式。船舶保險有船舶期間保險和船舶航程保險之分，運費保險也相應分為期間運費保險和航程運費保險。

期間運費保險承保兩種運費。一種是上面所提到的到付運費，另一種則是預期運費，或叫期得運費（ Anticipated Freight ）。所謂預期運費是指船東在投保運費保險時有可能尚未與託運貨物的貨主簽訂運輸合約，但是他可以收取運費的實際行為卻是存在的，即他預期在一定時期內可以收到運費，儘管這是預期的收益，只要保險人同意就可以投保。不過，這種預期運費的金額按規定不能超過船舶價值的一定比例。

對於航程運費保險來說，只有到付運費才能投保。

期間運費保險和航程運費保險的承保責任分別與船舶期間保險和船舶航程

保險的全損險責任相同。

由於影響船東運費收益的因素較多，不管是到付運費還是預期運費在投保時的實際金額較難確定，因此通常約定一個保險金額投保。運費可以與船舶的營運費用等放在一起投保船舶的費用保險。費用保險的保險金額最多不能超過船舶保險價值的 25％。

中國大陸不單獨舉辦運費保險，在中國大陸的船舶保險條款中也沒有單獨承保運費的條款。因此一般是參照英國倫敦協會船舶保險條款規定，保險人在承保船舶保險時把運費包括在費用內作為費用保險一起承保。對費用保險的承保責任僅限於全損。

第 *17* 章
英國倫敦協會期間船舶保險新條款

第一節　協會期間船舶保險新條款的產生及其特點

一、ITC 新條款的的產生

　　勞合社的 S.G. 保險單從 1779 年開始，一直是作為一種船舶保險和運輸貨物保險共同使用的保險單，在英國海上保險市場上被廣泛使用。它對國際海上保險的影響也極大，其保險條款長期來為世界各國所仿效。在風行達兩個多世紀之後，這張被確定為英國法定的，同時又為許多國家援用的海上標準保險單，終於因不能繼續適用於現代的海上保險業而在廣大發展中國家和一些發達國家強烈要求改革國際保險秩序的高潮中退出了歷史舞台。1982 年，英國倫敦保險協會先是從修改貨物保險單著手，將貨物保險單改為 ABC 條款，接著於 1983 年修改了船舶保險單條款，並從同年 4 月 1 日起開始正式使用兩個新條款，S.G. 保險單逐為英國新的海上保險單所取代。

　　英國保險市場目前使用的新的船舶保險條款是在 1983 年 1 月 31 日修訂的，後在頒布時正式定名為《1983 年 10 月 1 日協會期間船舶條款》（下稱

I.T.C. 新條款）。這個條款與協會貨物新條款即 I.C.C. 新條款一樣，也是根據英國《1906 年海上保險法》的精神，在總結無數案例的基礎上，精心補充修訂而成的。它的內容和一些具體規定已為許多國家所接受，中國大陸的船舶保險條款在制訂時就參照借鑑了不少。[①]

二、I.T.C. 新條款的特點

I.T.C. 新條款與依附於 S.G. 保險單的 1970 年 10 月 1 日協會期間船舶條款（下稱 I.T.C. 舊條款）相比，主要有以下一些變化和特點：

1. 列明所承保的全部風險，取消含糊不清的概念

I.T.C. 新條款把 S.G. 保險單所列的一部分承保風險和 I.T.C. 舊條款中「疏忽條款」所負責的風險歸納在一起，全部列入風險條款統一對待，同時刪除「其他一切類似風險」這種含糊的一般性條款（Ejusdem Generis），使自己所承保的全部風險一目了然，突出而又明確。對一些可能引起爭議的內容還作出補充說明，如對原先未下過定義的盜竊，明確規定是指來自外界的即非本船人員的暴力行為。

2. 調整承保風險的內容，擴大承保責任範圍

I.T.C. 新條款對 S.G. 保險單所列出的承保風險，從內容上進行了一些調整。調整的意圖，主要是在於擴大承保責任，以適應國際市場上的競爭需要，如將「海難」的概念從海上擴展到內河、湖泊和其他可航水域，即屬於這類調整。當然，也有些調整是出於防止保險人的利益因被保險人的不負責態度而受到損害的考慮，如對原先也承保的船長、船員不法行為造成的損失，現附加上承保條件，規定必須以這種損失不是由於被保險人的疏忽所引起為承保前提。

3. 在總體的內容上有增有刪，旨在適應航運業的發展和變化

I.T.C. 新條款共有二十六條，比舊條款多了一條，在內容上也有不小的變動。這二十六條大致可歸納為以下幾種情況：

(1)I.T.C. 新條款有十一條與舊條款相同，它們是：延展條款、違反保證條款、轉讓條款、姐妹船條款、免賠額條款、以新換舊條款、工資和給養條款、

推定全損條款、運費放棄條款、惡意行為除外條款和核武器除外條款；

　　(2)I.T.C. 新條款有四條基本上與舊條款相同，只是改了名稱，它們是：四分之三碰撞責任條款、索賠通知和招標條款、停泊和解約的退費條款、戰爭除外條款；

　　(3)I.T.C. 新條款有一條即風險條款是由 S.G. 保險單有關承保風險的實質性內容與舊條款的疏忽條款合併而成的；

　　(4)I.T.C. 新條款有七條是在對舊條款的相應各條進行不同程度的補充或修改基礎上而成的，它們是：航行條款、共同海損和救助條款、被保險人義務條款、未修理損壞條款、船底處理條款、終止條款、船舶營運費用保證條款；

　　(5)I.T.C. 新條款新增加三條，它們是：污染危險條款、代理人佣金條款、罷工除外條款；

　　(6)I.T.C. 新條款刪去了舊條款原有的二條，它們是：運河擱淺條款、機器損失共保條款。

4. 調整各條原先的排列順序，以使結構上顯得合理

　　I.T.C. 新條款在舊條款的基礎上重新調整了各條的先後順序。這樣做的目的主要是為了使新條款的整體結構安排合理，尤其是突出承保責任和便於事故發生後的責任審定。現行的條款順序排列既順應了海上保險業的發展和變革，但同時也保留了舊條款的基本格局。

第二節　協會期間船舶保險新條款的內容

　　協會期間船舶新條款自問世以後，如同協會貨物新條款一樣，也很快就為世界各國和地區所接受和採用，對國際船舶保險業務產生很大影響。中國大陸現行的船舶保險條款就是在參照和借鑑它的基礎上於 1986 年修訂而成的，因此有不少條款規定基本上都與它相同。但不可否認，中國大陸與英國兩國的船舶保險條款無論是在總體結構或是在一些條款的具體規定上，差別是明顯存在的。認真研究 I.T.C. 新條款，對推動和改進中國大陸的船舶保險業務經營無疑

是有裨益的。為此，在闡述 I.T.C. 新條款的內容時，採取與中國大陸船舶保險
條款對比的方式，逐條分析比較，以加深對兩種條款內容和特點的理解。此
外，為便於敘述分析，我們還仿照 I.C.C. 新條款有條理地將其全部條款分成八
個部分的做法，也嘗試把 I.T.C. 新條款的二十六條排列順序打亂，按它們的基
本內容重新組合成七個部分依次敘述。

一、法律適用

　　這一部分不屬於 I.T.C. 新條款的本文，而是在標題下列明的一項規定。該
規定聲明 I.T.C. 新條款「適用英國法律和慣例」，所以我們可以把它看作是一
條法律適用條款。

　　海上運輸是國際性的，一旦在運輸過程中發生海事爭議，在處理時首先遇
到的就是法律適用問題，即以哪一國的法律為準繩來處理海事。由於各國的發
展歷史和社會制度不同，在海上立法方面也存在許多差異，因此不同國家的海
上立法在海事處理上常常會導致法律衝突。各國有關海事的各種契約，包括船
舶保險契約在內，一般都規定有法律適用條款，也就是聲明該契約接受或適用
何種法律管轄。

　　英國倫敦協會的船舶保險單在其條款中明確規定，本保險適用英國法律和
慣例，從而表明 I.T.C. 新條款接受英國的法律和慣例管轄，如發生海事爭議應
在英國法院或仲裁機構解決。儘管這項規定並未例入條款本文，但它為使用
I.T.C. 新條款的被保險人和保險人對條款內容的理解和解釋提供了法律依據。

　　中國大陸船舶保險條款第 11 條規定：「被保險人與保險人之間所發生的
一切爭議，需要仲裁或訴訟時，仲裁或訴訟地點在被告方所在地。」這說明中
國大陸對船舶保險契約的法律適用問題是採用了適用國際慣例的做法。這在目
前中國大陸尚未建立起一整套完善的海事海商法律體系的情況下應該說是合適
的。

二、承保責任

這一部分大致可以包括七個條款，即第 6 條的風險條款（Perils Clause）、第 7 條的污染危險條款（Pollution Hazard Clause）、第 8 條的四分之三碰撞責任條款（3/4ths Collision Liability Clause）、第 9 條的姐妹船條款（Sister Ship Clause）、第 11 條的共同海損和救助條款（General Average and Salvage Clause）、第 13 條的被保險人義務條款（Duty of Assured Clause）和第 19 條的推定全損條款（Constructive Total loss Clause）。

1. 風險條款

該條款具體規定了保險人負責賠償的各種風險損失。

第 1 款列出的風險屬於一般海上風險，與中國大陸船舶保險條款第 1 條第 1 款中的前 6 項海上風險基本上相同。但也有不同的地方，主要是兩點：一點是 I.T.C. 新條款強調承保的海難除發生在海上以外，也包括在「內河、湖泊或其他可航水域」發生的，而中國大陸條款只提「海上災害」。從字面上看，I.T.C. 新條款的海難概念似乎比中國大陸的寬，其實中國大陸條款也承保在海以外水域發生的災害，因為按中國大陸海上交通安全法的規定，沿海的港灣、內水都屬於海的範疇，所以沒有再將它們列出。另外一點是 I.T.C. 新條款承保「與飛機或類似物體及其從中跌落的物體」碰撞的風險，中國大陸條款中沒有類似的規定。事實上，這種風險是客觀存在的。船舶碰撞飛機通常不會發生，但飛機碰撞船舶卻是完全有可能的。飛機在大海上空飛行時發生故障而不得不尋找地方緊急降落，船舶是除島嶼以外的理想降落地點。當飛機迫降到船上或在海面上盤旋求救時，便有可能發生這種碰撞事故。因此把這種風險列入承保範圍是必要的。曾經發生過前蘇聯的一枚衛星因失控墜落造成船舶損壞的事件，由於宇航器械屬於與飛機「類似物體」，保險人就對其碰撞船舶的損失承擔了賠償責任。

該條第 2 款所列出的風險屬於所謂印區瑪瑞式風險，這些風險原來是由

I.T.C. 舊條款中的疏忽條款（Negligence Clause）負責的。疏忽條款亦叫印區瑪瑞條款，我們曾在第十六章的敘述中提及過。該條款產生的過程是這樣的：1887 年英國一艘叫「印區瑪瑞」（Inchmaree）號的船舶按 S.G. 保險單投保了船舶期間保險。該船在將水抽入鍋爐時，由於船員工作疏忽大意，沒有將輔機閥門打開，結果水未能進入鍋爐而被壓入輔助水泵的空氣室，致使鍋爐爆炸。因為這一損失既不屬於海難，也非具有「其他一切類似風險」的含義，英國上議院審理此案時就判定保險人不負賠償責任。自此以後，保險人為了對不可預料的疏忽與內在缺陷發生的損失加以承保，設計了這一條款並以「印區瑪瑞」命名。此條款的範圍後來不斷擴大，有些所負責的風險損失實際上已與疏忽無關。倫敦協會在制訂 I.T.C. 新條款時把這些風險與一般海上風險合併在一起成為風險條款，所以說疏忽條款的實質內容還在，只是條款沒有了。

　　I.T.C. 新條款承保的印區瑪瑞式風險與中國大陸船舶保險條款第 1 條第 1 款第 7 項所包括的五種風險基本上相同。相異處當然也有，如它在承保「修船人員和租船人員的疏忽」時，強調「他們並不是本保險的被保險人」，而中國大陸條款卻沒有相應的規定；還有 I.T.C. 新條款對油污風險單獨設污染危險條款來承保，而中國大陸條款卻把它與其他印區瑪瑞式風險放在一起。

2. 污染危險條款

　　該條款規定，對被保險船舶因政府當局採取避免或減輕油污的行動而遭到的損壞與滅失，保險人負責賠償，但前提是政府當局採取的行動不是由於被保險人、船東或船舶經理人在防止或減輕油污上沒有盡好責所導致的。

　　該條款是 I.T.C. 新條款新設的三個條款之一，中國大陸船舶保險條款雖然也承保油污風險，但沒有專設的污染危險條款，見前述。

3. 四分之三碰撞責任條款

　　該條款承保被保險船舶因疏忽大意引起與他船的碰撞，致使他船及他船上的貨載受到損害而應負的賠償責任。但規定保險人只承擔賠償責任的四分之三，而且對每次碰撞事故負責賠償的金額不能超過船舶保險價值的四分之三；當被保險人進行抗辯或為限制責任進行訴訟時，只要得到保險人的書面同意，由此產生的法律訴訟費用，保險人也負責四分之三；如果被保險船舶與他船在

碰撞事故中互有責任,除一方或雙方的船東責任受法律限制外,應按交叉責任制原則處理賠償。此外,該條款還規定了對碰撞責任負責賠償的範圍和除外責任。

I.T.C. 新條款的四分之三碰撞責任條款與中國大陸船舶保險條款中的碰撞責任規定,除了下面兩點主要區別之外,其餘內容基本相同:一是 I.T.C. 新條款強調只負責被保險船舶與其他船舶之間碰撞後所產生的碰撞責任,而中國大陸條款負責的碰撞責任範圍要廣得多,被保險船舶不論是與其他船舶之間發生碰撞,還是與非船舶的其他固定物體發生碰撞,碰撞後所產生的責任,保險人都予以負責;二是 I.T.C. 新條款規定保險人只承擔被保險人所負賠償責任的四分之三,而中國大陸條款則負責四分之四。

4. 姐妹船條款

該條款規定,姐妹船,即屬於同一個船東也即同一個被保險人所有的船舶之間發生碰撞或提供救助,可以視作分屬兩個船東所有的船舶之間的行為,保險人應根據四分之三碰撞責任條款和交叉責任制來處理它們各自所負的碰撞責任,對它們之間產生的救助也按一般救助慣例支付救助費用。但是,有關碰撞責任或救助費用金額的確定,應由保險雙方都同意的一個單一仲裁人作出仲裁。

該條款是根據英國法律「自己不能告自己」的規定而設立的。因為從法律上說,同屬一個船東所有的兩條船發生碰撞或提供救助,它們相互之間毋須承擔賠償或支付報酬的義務的,船東亦即被保險人不可能自己對自己負有法律責任,正是為了彌補這一缺點,保險人設立了姐妹船條款。中國大陸船舶保險條款沒有專門設姐妹船條款,但在第 10 條第 6 款內作出了類似的規定,只是並未提出應由仲裁人進行公斷的要求。

5. 共同海損和救助條款

該條款規定,保險人負責對救助、救助費用或共同海損的賠償,被保險船舶若發生共同海損犧牲,被保險人可從保險人那兒得到全部賠償,而不必向其他各方索取分攤額。但這種損失必須是被保險船舶本身的物質損失,在任何情況下,保險人對被保險船舶不是為了避免遭受承保風險的損失或與避險無關的

損失概不負責。

該條款的內容，中國大陸船舶保險條款第 1 條第 2 款第 2 項內都有。中國大陸與英國條款也都規定了共同海損理算應按運輸契約規定辦理，但在運輸契約沒有此項規定的情況下，I.T.C. 新條款要求按照航程終止地的法律和慣例辦理，而中國大陸條款要求按《北京理算規則》或其他類似規則進行理算。還有一點，中國大陸與英國條款都規定對被保險船舶在空載航行中發生類似共同海損犧牲和費用也進行共同海損理算，但 I.T.C. 新條款要求按《約克‧安特衛普規則》（第 20 條和第 21 條除外）辦理，中國大陸條款要求按《北京理算規則》（第 5 條除外）辦理。這是二者規定的不同之處。

6. 被保險人義務條款

該條款規定，當被保險船舶因遭遇承保風險而受損或處於危險之中時，被保險人為防止或減少應由保險人負責賠償的損失而採取合理措施，保險人對因此而產生的合理費用負責賠償，但以保險金額為限；這項施救費用不適用於共同海損、救助費用，也不適用於船舶發生碰撞後的抗辯或訴訟費用；不管是被保險人還是保險人採取施救措施都不能被認為是對委付的放棄或接受。

中國大陸船舶保險條款的第 8 條也是被保險人義務條款，內容基本上與 I.T.C. 新條款的相似。區別在於前者的內容事實上包括被保險人義務和施救兩個方面，而後者僅規定被保險人的施救義務。

7. 推定全損條款

該條款第 1 款規定，在確定被保險船舶是否構成推定全損時，應當把船舶的保險價值作為船舶修理價值來對待，即修理價值超過了保險價值，則推定全損成立。中國大陸船舶保險條款的第 10 條第 3 款第 2 項作了相似的規定。

該條款第 2 款規定，船舶推定全損只能是一次事故的結果，也就是說船舶推定全損是按一次事故的損失額來計算的，同一航程中發生幾次事故所造成的損失額不能加在一起計算來確定是否構成推定全損。中國大陸船舶保險條款對此沒有作出規定。

三、限制責任

這一部分可以包括兩個條款，即第 1 條的航行條款（Navigation Clause）和第 12 條的免賠額條款（Deductible Clause）。

1. 航行條款

這是一種保證性條款，旨在對被保險人在使用被保險船舶方面作出某些限制，以確保被保險船舶在沒有獲得保險人同意的情況下不得從事非商業運輸的航行。

該條款第 1 款規定，被保險船舶被允許在無引水員引航的情況下航行，進行試航，或者救助或拖帶海上遇難船舶，但不得被他船拖帶。只有在兩種情況下，被保險船舶可以被拖帶：一種情況是根據航行慣例或與裝卸有關的習慣性拖帶（Customary Towage）。因為有些港口對進港出港的船舶規定要用拖輪拖帶進出；對裝卸貨物的船舶，港口一般也習慣用拖輪將它們拖帶至裝卸地點。如果被保險船舶在這種拖帶中受損，保險人是予以負責的。第二種情況是在遭遇海難時被拖往第一個安全港口。因為這種拖帶實際上應作為救助看待，保險人自然是允許的，但被拖進安全港以後，被保險船舶就不准再被他船拖出。

該條款第 2 款規定，對被保險船舶因在海上與別的大噸位船舶或大型駁船進行駁裝或駁卸而發生靠檔磨擦造成的碰損，保險人不承擔賠償責任，除非被保險人事先已徵得保險人的同意並接受修改後的承保條件和加付保險費。

針對八○年代以來航運市場上提前拆船日盛的現象，該條款增添了不准把被保險船舶作為拆船或拆船出售的意圖航行的規定。這是該條款第 3 款的內容。因為當航運市場不景氣的時候，往往會出現船多貨少，運力過剩，許多船舶閑泊待命的情況，船東為擺脫困境，通常採取將船舶提前拆舊報廢的辦法。這樣一來，這些以拆船為目的而航行的船舶勢必會加大保險人承保的風險。為了控制被保險船舶為拆船目的的航行，減少保險人所承擔的風險，航行條款就此補充加上上述規定。但是，被保險人事先通知保險人並同意加批和支付額外保

險費的則另當別論。

　　總括來說，航行條款的內容與中國大陸船舶保險條款的第 4 條即海運條款大致是相同的。

2. 免賠額條款

　　該條款第 1 款規定，除了船舶全損和由同一事故造成的全損索賠以外的施救費用，以及船舶擱淺後為檢驗船底而產生的合理費用之外，當被保險船舶發生碰撞責任、共同海損、救助費用、單獨海損所致部分損失及在遭遇分損時採取搶救措施而引起的施救費用，保險人在計算賠款時都一無例外地要扣除免賠額。中國大陸船舶保險條款的第 6 條第 1 款也作了類似的規定，但適用範圍要小得多，免賠額扣除僅僅適用於船舶單獨海運所致的部分損失索賠。相形之下 I.T.C. 新條款中的免賠額規定適用範圍廣，這對保險人來說是有利的。

　　該條款第 2 款規定，當被保險船舶在兩個連續港口之間的一次單航程中由於惡劣氣候而發生損失索賠時，應按照一次事故損失來扣除免賠額。這與中國大陸船舶保險條款對此所採用的原則是相同的。不同之處在於，I.T.C. 新條款的免賠額條款還規定保險船舶在航行中與浮冰的碰撞也屬於惡劣氣候的概念。換句話說，當發生某船在兩個連續港口之間先是遭受惡劣氣候襲擊而受損，後又與浮冰相撞受損的情況時，這兩種損失索賠可以加在一起，以一個免賠額來扣除。中國大陸條款中卻沒有這方面的規定。

　　該條款第 3 款和第 4 款分別對如何處理從第三者責任方追回的款項和如何分配追回款項所產生的利息作了明確規定。當被保險船舶由於第三者的責任而遭到損失，只要這一損失屬於承保範圍，保險人就得負責賠償。賠償後，保險人有權取代被保險人向責任方追償。追回的款項，除了利息之外，全部歸保險人所有，但最高達到他支付給被保險人的賠款。追回款項中包含的利息，要按照保險人支付的賠款金額以及此項付款的時間，由被保險人和保險人按比例分配，儘管加上利息後，保險人的所得可能多於他支付的賠款。分配的原則是：保險人賠償被保險人之前的那部分利息應全部歸被保險人，保險人賠償以後的那部分利息由雙方按比例分配。例如，某船以 750,000 英鎊為保額投保船舶保險，1993 年 5 月 1 日因修船人的疏忽而遭受 15,000 英鎊的損失，保險人按保

險單上規定的 1% 免賠率扣除 7,500 英鎊以後於 1994 年 5 月 1 日按單獨海損賠給被保險人 7,500 英鎊。一年之後即 1995 年 5 月 1 日保險人向修船人追回 9,900 英鎊，其中 900 英鎊是利息。那麼，保險人可取回他付給被保險人的賠款 7,500 英鎊，其餘 1,500 英鎊則還給被保險人。這筆 900 英鎊利息的分配辦法如下：1993～1994 年期間即保險人賠償前的全部利息 450 英鎊歸被保險人所有，餘下的 450 英鎊是 1994～1995 期間的利息，由保險人與被保險人按他們在此期間各自承擔的金額（雙方都承擔了 7,500 英鎊）比例進行分配，各拿 225 英鎊。結果是被保險人總共獲得 675 英鎊的利息，而保險人分享到 225 英鎊。有關這些理賠和追償過程中實際存在問題處理的規定，中國大陸船舶保險條款沒有提及。事實上，這些問題中國大陸保險人在實務中也是會碰到的。

四、船舶修理

這一部分包括四個條款，即第 10 條的索賠通知和招標條款（Notice of Claim and Tenders Clause）、第 14 條的以新換舊條款（New for Old Clause）、第 15 條的船底處理條款（Bottom Treatment Clause）和第 18 條的未修理損壞條款（Unrepaired Damage Clause）。

1. 索賠通知和招標條款

該條款第 1 款要求被保險人在獲知被保險船舶遭受事故損失以後應立即向保險人發出事故通知。如果船舶在國外，則應就近通知保險代理人，以便讓保險人派員對受損船舶進行檢驗。中國大陸船舶保險條款對被保險人也有類似的要求，但卻是作為被保險人的一項義務並放在被保險人義務條款中提出的，而且規定被保險人須在獲悉事故損失發生後的四十八小時內通知保險人。I.T.C. 新條款沒有這樣的規定，只要求「必須在船舶檢驗之前通知保險人」。

該條款第 2 款和第 3 款規定，保險人有權指定受損船舶在何港口修理，對被保險人選擇的修理港口和修船廠也可行使否決權；保險人行使否決權後，可以經由招標或重新招標來修理船舶；除了招標邀請發出後立即被接受的情況之外，保險人應補償被保險人在等候保險人要求招標時所花的時間損失，即從發

出招標邀請到接受投標為止這段時間內被保險人所支付的燃料、物料及船長、船員的工資和維持費用。以上這些內容，中國大陸船舶保險條款的第 9 條也都載有，但未對此項補償規定作具體的計算辦法，只提出最高補償額不能超過船舶當年保險價值 30% 的限制，而 I.T.C. 新條款則規定以保險價值為基礎，每年補償 30%，按實際天數比例計算。此外，該條款對這項補償還作了兩項規定：一是此項補償應扣除共同海損和從第三者責任方那兒獲得的這種滯期的賠償；二是在被保險船舶是因非保險事故而受損，保險人對修理費用不承擔賠償責任的情況下，補償也應按相應比例扣減。中國大陸條款中沒有有關該內容的規定。

該條款第 4 款規定，被保險人如果沒有按照條款的規定行事，包括未按要求及時向保險人發出事故通知，或不在保險人指定的港口或修船廠修理受損船舶，那麼保險人作為懲罰，將從已確定支付給他的賠款中扣除 15%。中國大陸條款對被保險人不精打細算，不從節省修理費用考慮來選擇修理港口或修船廠也有懲罰性的規定，只是做法不同，即不規定具體的扣除比例，而是從賠款中把因不合理選擇而增加的費用扣除。

2. 以新換舊條款

該條款規定，保險人在賠償遭受部分損失的被保險船舶修理費用時，不作以新換舊的扣除。

在海損修理中，更換磨損零件即以新換舊會給船東帶來額外利益，所以習慣上要作一定的扣除。這種習慣上的扣除（Customary Deductions）在船舶保險中同樣存在，一般對受損的被保險船舶在修理中供應新材料、替換舊材料所支出的費用要扣減三分之一。這一做法我們可以在英國《1906 年海上保險法》第 69 條第 2 款中找到反映。但是 I.T.C. 新條款設立以新換舊條款取代了上述做法，規定可以不進行以新換舊的扣除。中國大陸船舶保險條款的第 10 條第 3 款第 1 項也作了同樣的規定。要注意的是，以新換舊條款僅僅是保險人與被保險人之間的協議，它並不影響船東與貨主之間進行共同海損的理算。

3. 船底處理條款

該條款規定，保險人對被保險船舶的船底除鏽和噴漆費用不承擔賠償責

任，而由被保險人自負。然而與海損修理有關的船底除鏽和噴漆費用，保險人仍予以負責。如對受損船舶進行修理並給船底換置新鋼板後，為防止生物和防腐蝕而鏟刮塗漆等產生的費用就屬於被保險人可以向保險人索賠的範圍。

中國大陸船舶保險條款的第 10 條第 3 款第 2 項對此作了相同內容的規定。

4. 未修理損壞條款

該條款規定，如果被保險船舶受損但未進行修理，對這種未經修理的損壞只能在保險契約終止時提出索賠，賠償金額應按保險契約終止時船舶市場價值的合理折舊計算，但不得超過合理的修理費用；要是船舶在保險契約終止前發生全損，保險人對全損發生之前未修理的損壞不承擔賠償責任；保險人對船舶未修理損壞的賠償，以保險契約終止時的船舶保險價值為限。

未修理損壞條款實際上是保險人用來對被保險船舶未修理損壞的索賠進行限制的一項條款。因為船舶在保險契約有效期內有可能多次受損而未作修理，到保險契約終止時合併提出的索賠總額往往很大，甚至超過船舶的價值，然而保險人根據該條款規定，最多只賠船舶的價值。特別是在船舶作以拆船為目的的航行的情況下，由於船舶的保險價值就是船舶作為被拆船即廢鋼船的市場價值，保險人對該船多次受損而未作修理的賠償就可以被限制在這一市場價值之內，從而使自己的利益受到保護。中國大陸船舶保險條款對這方面的內容沒有作出規定。

五、契約變更

這一部分可以包括五個條款，即第 2 條的延展條款（Continuation Clause）、第 3 條的違反保證條款（Breach of Warranty Clause）、第 4 條的終止條款（Termination Clause）、第 5 條的轉讓條款（Assignment Clause）、第 22 條的停泊和解約的退費條款（Returns for lay-up and Cancellation Clause）。

1. 延展條款

該條款規定，保險人對被保險船舶承擔的保險責任應於規定的保險期滿日終止。但是如果遇到保險期已滿，被保險船舶卻尚在海上航行，或正處於危險之中，或在避難港，或停靠在中途港等的情況，被保險人只要事先通知保險人，並按比例支付超期保險費，除了正處於危險之中以外，保險期限均可以延展到目的港。對正處於危險之中的被保險船舶，規定只延展至第一安全港。

該條款的內容，基本上與中國大陸船舶保險條款第5條第1款差不多，但並沒有列入在延長期內發生全損，需加付六個月保險費的規定。I.T.C. 新條款對保險期限的規定比較靈活，常常以判例來作為處理這方面爭議的法律依據。

2. 違反保證條款

該條款規定，當被保險船舶由於改變所裝運的貨物，變更航行區域或航線，發生拖帶問題，進行救助服務或變動開航日期等而違反保證時，只要被保險人得知消息後立即通知保險人，並同意修改承保條款和加付保險費，保險人就繼續承擔保險責任。

保險人允許被保險人違反的保證僅僅局限於上述這些，而不包括其他保證。如果對導致被保險人違反保證的這些原因作一下分析，不難看出它們大都屬於客觀的風險變更，對此，我們在第六章敘述海上保險契約的變更時已經提及。可見，該條款是針對被保險人因有正當理由或出於某種業務上的需要而不得不違反保險契約上規定的一些保證所設立的。中國大陸船舶保險條款第6條第3款也作了同樣的規定。

3. 終止條款

該條款規定保險責任終止的幾種情況，大致與中國大陸船舶保險條款第6條規定的相同，主要也是涉及被保險船舶的船級社變更，船級的變動、註銷或撤回，船舶出售或轉讓，船旗改變，光船出租，船舶徵用等情況。這些情況實際上都可歸為船舶的所有權變更。所有權一變更，保險責任當即自動終止，除非保險人接受新船東要求繼續保險的申請。不過，如果變更是發生在船舶航行途中，那麼，在不載貨船舶駛抵目的港之前或載貨船舶抵達最後卸貨港之前，保險責任繼續有效。

由於船舶被徵用多數是在船東事先沒有接到有關當局或政府的通知情況下進行的，為此，終止條款規定保險人應給船東十五天安排處理時間，也就是說，保險責任將在船舶被徵用日起算的十五天後才終止。中國大陸船舶保險條款沒有有關船舶被徵用給十五天安排時間的規定。

4. 轉讓條款

該條款規定，被保險船舶發生轉讓，例如被抵押給他人，被保險人必須及時通知保險人。如果受讓人要求仍由原保險人承保，保險人也表示同意，並在保險單上背書中註明轉讓日期，簽字認可，保險單就繼續有效；如果保險單未經保險人批註，則即告失效，保險人也就不會再負責轉讓後船舶發生的損失賠償，也不退費。

中國大陸船舶保險條款中沒有專門的轉讓條款，有關轉讓的規定是放在第6條的第2款內，與其他涉及船舶所有權變更的情況的處理規定一併述及的。

5. 停泊和解約的退費

該條款第1款規定在兩種情況下，保險費可以退還。一種是協議退費，即船舶保險單經雙方協議同意註銷，未到期部分的保險費每月按規定的比例退還。一種是停泊退費，即被保險船舶在保險人核准的港口或水域，因為修理或裝卸貨物而連續停泊三十天，被保險人也可申請退還停泊期間的保險費。保險人根據船舶在停泊的三十天內是否進行修理的不同情況，分別按一定比例退費：對三十天內不進行修理的船舶退得多，對三十天內進行修理的船舶退得少些，對只在三十天中的若干天內進行修理的船舶按前兩項天數的比例計算退費。停泊天數以三十天為一期，有一期算一期，餘下的天數如不足三十天則不退費。

該條款第2款的第1至第3項規定，被保險船舶在被用作儲藏或駁運貨物的任何期間，被保險人不能申請退費。船舶停泊在無隱蔽或無保障的水域，或停泊在未經保險人同意的港口或水域，也不能申請退費。但是船舶在非經同意的港口或水域停泊的天數加上在同意的港口或水域停泊的天數連續滿三十天，也可申請退費，只是以在同意的港口或水域停泊的天數來計算退費。此外，船舶在承保期內發生全損，不論什麼原因，一律不准退費。

　　該條款第 2 款第 5 項對被保險船舶連續停泊的三十天正好處於同一被保險人投保的兩張保險單期間如何計算退費作了規定：退費應在兩張保險單項下分攤，每張保險單按三十天與本保險單所占的天數比例計算各自負責的退費。

　　中國大陸船舶保險條款的第 7 條對退費同樣作了與 I.T.C. 新條款基本上類似的規定，但如果加以比較的話，前者顯然不如後者規定得細，對退費的要求也不如後者嚴格。

六、費用和運費

　　這一部分包括四個條款，即第 16 條的工資和給養條款（Wages and Maintenance Clause）、第 17 條的代理人佣金條款（Agency Commission Clause）、第 20 條的運費放棄條款（Freight Waiver Clause）和第 21 條的費用保證條款（Disbursements Warranty Clause）。

1. 工資和給養條款

　　該條款規定，除了共同海損以外，被保險船舶受損而進行修理，保險人對船員在修理期間的工資和給養不負責賠償，因為這類費用被認為是延遲所引起的，屬於滯期費用，故應由被保險人自己承擔。但是有兩情況可以作為例外：一種是受損船舶必須從一個港口轉移到另一個港口修理，在此期間所產生的船員工資和給養可作為合理的修理費用，保險人予以負責。要注意的是這種轉移不能是為了被保險人的利益。另一種是船舶修理後出海試航，對試航期間的船員工資和給養，保險人同樣負責賠償。中國大陸船舶保險條款對這方面的內容沒有作出規定。

2. 代理人佣金條款

　　該條款規定，當被保險船舶受損以後，被保險人必須提供足夠的詳細的索賠單證，對他們為此所花費的時間和勞務，以及受他們委派或以他們名義行事的任何經理、代理人、管理或代理公司等的佣金或費用，保險人一律不負責賠償。當然，在特殊情況下，如船舶在一個沒有保險代理人的國家發生海事，而且該案又必須在該國處理，只要保險人同意讓被保險人的船舶代理人代表被保

險人和保險人在該國辦理此案，對由此產生的這個船舶代理人的佣金，保險人
是負責支付的。

中國大陸船舶保險條款第 10 條第 3 款第 4 項也有這方面的規定，內容基
本上相同。

3. 放棄運費條款

該條款規定，被保險船舶如若發生全損或推定全損，無論是否收到被保險
人的委付通知，保險人都不能夠要求享受運費收入。這一規定對船舶和貨物或
其中之一遭受滅失或損壞的受害方無疑是有利的：由於保險人在賠款中不得扣
減運費，所以在貨物運輸契約雙方當事人是採用預付運費方式的情況下，受益
的就是承運人；如果是採用到付運費的方式，貨主則得到好處，因為他無須再
支付運費。中國大陸船舶保險條款沒有設立有關這方面內容的條款。

4. 費用保證條款

又稱費用條款（Disbursement Clause）或附加保險條款（Additional In-
surance Clause）。費用保險是船舶保險的附加保險，是保險人為滿足船東或
營運者在船舶營運費用上取得保險保障的實際需要而設立的。按原義，費用保
險應該是在船舶保險保額上的增值保險，但是由於船東抱著儘量壓低保險成本
的想法，故意以低於船舶價值的金額按十足條件投保船舶保險，而另以適當金
額（一般即為低於實際船價的差額）按全損險條件投保費用保險，結果使船舶
保險逐漸變成了減值保險。這樣一來，船東不僅可以節省保險費支出，還可以
獲得以下好處：一是因為船舶保險的保額低，容易構成推定全損，當船舶因推
定全損而獲得賠償時，費用保險亦可獲得全部賠償（費用保險只有在船舶發生
全損時，保險人才負責賠償），兩項保險的賠償總和就有可能超過船舶的價
值；二是因為船舶保險的保額低，一旦發生單獨海損，比較容易達到規定的免
賠率，船東獲得單獨海損賠償的可能性就大。作為被保險人的船東得益了，保
險人卻減少了保險費收入。為防止這種情況出現，保險人在船舶保險條款中列
入了費用條款，旨在對費用保險的保額加以限制。

該條款第 1 款規定，被保險人為營運費用、佣金、利潤或船機、船殼的增
值等所投保費用保險的保險金額不能超過被保險船舶價值的 25%；為運費、租

金或預期運費投保運費保險的保險金額不能超過被保險船舶價值扣除費用保險金額後的 25%。此外，該條款還分別對程租船的運費或租金，期租船或連續程租船的租金，以及保險費、退費等的保險金額作出規定，加以限制。

該條款第 2 款是一項保證條款，規定被保險人、船東、經理人或船舶受押人在保險有效期內，對第 1 款第 2 項至第 7 項中所列各項利益，不能以超過其准許投保的金額投保。如若被保險人違反這項明示保證，保險人就可拒賠。但是，對船舶受押人採取了比較寬容的做法，即規定他們在不知情而違反本條款保證的情況下，保險人不能以違反保證為由而拒賠。

費用條款是為限制被保險人投保費用保險的保險金額而設立的。根據這一條款，船舶保險的保額中，75% 作為船殼機器保險的保額，25% 作為費用保險的保額已逐漸成為國際慣例。中國大陸船舶保險條款中沒有有關費用保險的規定。

七、除外責任

這一部分包括四個條款，即第 23 條的戰爭除外責任條款（War Exclusion Clause）、第 24 條的罷工除外責任條款（Strikes Exclusion Clause）、第 25 條的惡意行為除外責任條款（Malicious Acts Exclusion Clause）和第 26 條的核武器除外責任條款（Nuclear Exclusion Clause）。

這些除外責任條款的規定基本上與中國大陸船舶戰爭、罷工險條款的內容相同，故而不再一一細述，僅指出兩者的一些區別：

(1)I.T.C. 新條款在戰爭除外中強調了無主的水雷、魚雷、炸彈或其他無主的戰爭武器。「無主的」是指戰爭後被遺棄的。中國大陸條款沒有作出這方面的規定。

(2)I.T.C. 新條款在戰爭除外中沒有提及封鎖的損失，而中國大陸條款規定承保的風險中包括了封鎖損失。

(3)I.T.C. 新條款在罷工除外中規定不負責恐怖分子造成的損失，中國大陸條款卻沒有這樣的規定。

(4)I.T.C. 新條款在戰爭除外中規定被保險船舶被捕獲、扣押、扣留、羈押等所引起的後果不在其責任範圍。這種損失由協會的船舶戰爭罷工險承保，但須在連續扣押後滿十二個月才提出全損索賠，而中國大陸條款規定達到可提出索賠要求的扣押時間為六個月。

❖ 註 釋

① 協會期間船舶條款於 1983 年後又於 1995 年有了新的修訂版。

第 *18* 章

船舶海事述要

　　海事（Marine Accident），是指造成航海財產損失或人身傷亡的事故。常見的海事有碰撞、擱淺、觸礁、火災爆炸、污染、船舶機件損壞和其他嚴重事故。我們只談涉及船舶的幾種海事，重點在船舶碰撞和海上救助。

第一節　船舶碰撞

一、船舶碰撞的概念

　　船舶碰撞是指船舶與船舶在水中發生猛烈接觸而使船舶或船上財產損失、人員傷亡的事故。發生碰撞的兩艘船舶可以都是海船，也可以是一艘海船、一艘內河船；發生碰撞的水域可以是在海上，也可以是在與海相通的其他可航水域。

　　船舶碰撞大致有以下幾種情況：兩艘正在航行中的船舶互相碰撞；一艘航行中的船舶碰撞另一艘停泊的船舶；兩艘泊靠或繫泊的船舶互相碰撞；船舶與另一艘船舶的錨鏈或纜繩相撞；船舶與一艘正在被打撈的沈船碰撞等。但是船舶與漁船的拖網相碰，船舶與沈船殘骸或已經沒有打撈或修復可能的沈船相

撞，船舶與浮吊、浮筒等水上浮動裝置相碰撞，以及船舶與其他水上或水中固定物體碰撞，都不屬於船舶碰撞。

劃定船舶碰撞範圍的標準主要看碰撞的雙方是不是都是船舶。雙方都是，就屬於船舶碰撞；只要有一方不是，則不作為船舶碰撞。至於如何確定發生碰撞時的船舶的含義，根據英國的判例，它應當具備下列幾個條件：一是必須具有可航性。一艘船舶無論是正在航行還是泊靠錨地或繫泊碼頭、浮筒，對其在碰撞時具有可航性這一點是不應當有疑問的。比較麻煩的是怎樣判斷碰撞時的沈船是否具有海上航行的條件？如果船舶沈沒後被打撈起來，或者合理預期可以被打撈起來，那麼該沈船在碰撞時仍舊屬於船舶，因為它經過修理又可以恢復其海上航行能力。但是沈船殘骸，以及已經沒有打撈或修復希望的沈船由於喪失了可航性，當然不能再算是船舶。二是必須是由船殼、船機和各種船舶屬具構成的合成體。錨鏈或纜繩是船舶的一部分，所以撞描鏈也就等於撞船舶；而漁船的拖網不屬於船舶的組成部分，把撞漁網作為撞船舶對待就沒有理由了。三是必須以航行和運輸為主要功能。碼頭、橋墩、燈塔和其他水上或水中固定物體固然由於沒有可航性而不屬於船舶，然而具有可航性的浮吊、浮筒等水上浮動裝置也同樣不能視作船舶。問題就在於它們的主要功能不是航行和運輸，而是其他別的，比如浮吊可以從一個地方航行至另一個地方，但主要功能是起浮和吊裝貨物；浮筒也漂浮於海上，但主要功能是供停泊的船舶繫泊或停靠用。這一類不以航行為主要功能的水上航行裝置還包括燈船、浮船塢、航標等，不管是在發生碰撞時或者不是，它們都不能列入船舶的範圍。

但是，中國大陸的船舶碰撞概念要寬得多，除了船舶與船舶的碰撞以外，還包括船舶與其他物體的觸碰。所謂其他物體是指除水以外的外界任何物體，如岸壁、防波堤、碼頭、燈塔、浮筒、沈船殘骸、海底礁石，乃至漂流物和浮冰。也就是說，船舶與任何非船舶的物體觸碰也都屬於船舶碰撞，可見中國大陸確定的船舶碰撞範圍之廣。

至於船舶與軍艦或公務船碰撞是否屬於船舶碰撞，應根據各國的海商法對此作出的規定來確定。這是因為有的國家規定發生這種碰撞不適用海商法，有的國家在發生這種碰撞時卻仍按海商法的規定來處理有關碰撞造成的損害賠償

問題。根據中國大陸《海商法》第 165 條的規定：「船舶碰撞是指船舶在海上或者與海相通的可航水域發生接觸造成損害的事故。前款所稱船舶，包括與本法第 3 條所指船舶碰撞的任何其他非用於軍事的或者政府公務的船艇。」所以中國大陸的船舶碰撞是不包括船舶與軍艦或公務船發生的碰撞的。

必須指出的是，船舶與船舶或與其他非船舶物體之間雖然發生了實際接觸或碰撞，但未構成損害後果，在當事人之間不產生侵權司法問題，在這種情況下，就不作為船舶碰撞論處。

船舶碰撞中，以船舶之間實際相撞的情況居多，這稱之為直接碰撞。此外還有一種船舶碰撞情況，即船舶之間實際並未發生接觸卻由於一方的原因而給另一方造成損害。如 A 船違反航行規則，在港內超速航行而引起浪湧，使停泊在港內的 B 船與碼頭，或與靠泊在鄰近的 C 船碰撞而損壞，雖然 A 船與 B 船並未接觸，這也屬於船舶碰撞，稱之為間接碰撞。對因間接碰撞發生所造成的損害一般也得按船舶碰撞的規定處理。

二、船舶碰撞的原因和責任劃分

船舶碰撞是船舶在海上航行中經常發生的一種意外事故，它可導致嚴重的人身傷亡和財產損失。從發生事故的原因來看，其中大部分是因為駕駛操作不當、違反海上避碰規則或進出港口的規章制度，船舶行駛時疏於瞭望或麻痹大意等原因造成的。造成船舶碰撞的客觀原因當然也有，但以前面所列舉的主觀原因為主，所以船舶碰撞基本上是屬於責任事故。

船舶碰撞的責任根據造成碰撞的原因來劃分，有以下三種情況：

1. 無過失碰撞

無過失碰撞是指船舶碰撞完全由客觀原因所致，而並非碰撞雙方中任何一方的過失造成，包括由於不可抗力、意外情況或不明原因造成的各種碰撞。

所謂不可抗力是指天災或人力所不能預防或避免的事由，對由此而引起的船舶碰撞，雙方均無責任。例如，正常在錨地錨泊的船舶，或在碼頭、浮筒繫泊的船舶，在颱風季節儘管事先都遵照港務當局的通知和要求，加固了纜繩，

還加繫了錨鏈，作好應變準備工作，但在過猛的風勢襲擊下，仍發生走錨、斷纜事故，致使船舶失控而與他船碰撞。這種沒有人為過失的碰撞即謂不可抗力所致。

意外情況是指船舶在碰撞發生前已做到了克盡職責，採取了各種預防措施，也發揮了良好的航行技術，又毫無違章行為，但由於一些不能預見的情況的發生，仍舊未能避免碰撞事故。例如船舶在航行中突然遇到濃霧，船長經由採取鳴號、瞭望等各種手段，作出了合理的謹慎，在確定附近沒有其他船舶之後下令下錨，誰知下錨時仍與另一艘已錨泊的船舶碰撞。調查證明，錨泊船舶的霧號確實不能為該船聽到，故這一碰撞事故即屬於意外碰撞。要確定碰撞是由於意外所致，關鍵是舉證。如果提供的證據不足，舉證一方就不能免除其應負的責任。在實例中，屬於意外碰撞的情況很少。

不明原因既指確實查不清碰撞原因，也包括雖然能明確對方犯有過失，卻無法證明是哪種過失的這一種情況。不明原因引起的船舶碰撞，與不可抗力或意外情況所致的碰撞一樣，都要求舉證，否則就不能成立。

如果船舶碰撞的發生是出於意外，或出於不可抗力，或碰撞原因不明，其損害應由遭受者自行承擔。《1910 年船舶碰撞公約》第 2 條對此作了明確規定。

2. 單方過失碰撞

單方過失碰撞是指船舶碰撞是由碰撞雙方中的一方過失所致，包括船東管理上的過失和駕駛上的過失造成的各種碰撞。

船東管理上的過失是指船東未能克盡職責使船舶隨時處於適航狀態，因而造成船舶碰撞。例如汽笛失靈、纜繩折斷、舵軌損壞、船員配置不齊等原因，以致駕駛失誤而導致碰撞事故的發生，均屬管理上的過失。

駕駛上的過失是指船舶在航行過程中違反航行規則或避碰規則，致使碰撞事故發生。例如船舶在港內航行，由於未採用安全航速，又未盡瞭望責任，結果碰撞了繫泊的船舶，便可視為駕駛上的過失。

單方過失碰撞以在港內行駛的船舶碰撞泊靠碼頭或繫泊浮筒的船舶這類情況最多，俗稱「活船」（航行中的船舶的各種機器都在運轉，故稱活船）撞

「死船」（停泊的船舶在拋錨泊靠後，主機停止工作，已無自動能力，猶如死船）。一旦造成損害，「活船」負全部責任。但是在另一種情況下，由於「死船」未遵守避碰規則懸掛船燈，致使「活船」在夜間駛進港口時因不能及時望見而碰撞「死船」，則由「死船」負全責。

按《1910 年船舶碰撞公約》第 3 條規定：「如果碰撞是由於一艘船舶的過失所引起，損害賠償的責任便應由該艘過失船承擔。」

3. 雙方互有過失碰撞

雙方互有過失碰撞是指船舶碰撞是由碰撞的雙方都有過失所致。這類事故一般多因雙方在海上或港內航行時違反航行規則或避讓規則或疏忽大意等而造成的。例如，海上避碰規則有詳細規定，機動船應讓非機動船，有控制的船應避讓失去控制的船，吃水淺的船應避讓吃水深的船，追越船應避讓被追越船；若兩船在狹窄航道上相遇，進港口的船應避讓出港口的船，逆水船應避讓順水船，空載船應避讓滿載船，易操縱的船應避讓難操縱的船，航行中的船應避讓調頭或靠泊、離泊的船等等。由於未遵守上述某一規定，兩艘航行中的船舶在追越、交叉和當頭相遇時避讓不當而發生碰撞，在各種碰撞事故中所占的比例是相當高的。

對雙方互有過失碰撞造成的損害，根據《1910 年船舶碰撞公約》第 4 條的規定：「各船應按其所犯過失程度，按比例分擔責任。如考慮到客觀環境，不可能確定各船所犯過失的程度或者看起來過失程度相當，雙方平均分擔責任。」但是，對於人身傷亡，所有負有過失的船舶不論過失程度的輕重，都負連帶責任。也就是說，遭受傷害或死亡人員的家屬有權向任何負有過失的船舶要求全部賠償損失。但當一船所支付的金額超過它所應負的過失程度時，它有權向其他過失船舶要求按比例償還。

在敍述船舶碰撞的責任劃分時，有必要提及如何處理因引水員過失所致船舶碰撞的責任問題。大多數國家明確這類碰撞應被視同船長和船員過失所造成的船舶碰撞，所以儘管引水員要為自己的過失受到行政或刑事處分，但是引水員本人或他的雇主都不負賠償責任，發生的損失賠償由船方承擔。但也有些國家如巴拿馬按照巴拿馬運河區法規規定，對引水員過失碰撞負責的應是引水員

的雇主即巴拿馬運河公司。

三、船舶碰撞的損害賠償

船舶碰撞事故發生以後,首先應該確定誰對碰撞事故負有過失責任。如果是單方過失所致,就由過失船賠償船舶碰撞所造成的各種損害;如果是雙方互有過失引起的,則應按碰撞的實際情況確定雙方過失的程度,然後再按各自的過失程度比例賠償對方所遭受的損失。在雙方的過失程度相等或者無法劃分的情況下,各自按 50% 承擔過失責任。

在確定了過失責任以後,接下來就是賠償損害的問題。船舶碰撞的損害一般有船舶本身的損害,船上所載貨物、財產的損害,船上旅客和船員的人身傷亡,以及船期損失等幾種情況。對這些損害賠償的標準和範圍通常可適用民法的損害賠償原則即恢復原狀的原則,若恢復原狀不可能,則按恢復原狀的標準進行賠償。所以對船舶的損害,如果是全損就按船舶在碰撞發生前的的實際價值加上期得運費來確定賠償金,部分損失則主要按船舶的修理費用來賠。對貨物的損害也有全損賠償和部分損失賠償兩種情況:全損賠償的標準是貨物在目的地的完好價格,部分損失則按目的地完好價格減去受損後的價格的餘額作為賠償標準。由於《海牙規則》的規定,作為承運人的船東對本船所載貨物因管船過失而造成的損失可以免責,所以船舶碰撞中的過失船對本船所載貨物的損失是不賠的,僅對他船所載貨物的損失承擔賠償責任。至於對人身傷亡的賠償,得根據有關的國際公約和各國的立法來確定賠償的標準和範圍,一般只賠償按醫療費、生活補助費、撫恤費和因傷害喪失的工資等能以金錢計算的損害,而不賠償精神折磨或受到的疼痛這一類非經濟性的損害。

現在著重談談船期損失及其賠償的問題。船期損失是指船舶因發生碰撞事故而被迫延遲或喪失使用,也就是停止營運後所遭受的各項經濟損失。過失船應賠償被撞船舶遭受的船期損失。船期損失主要包括船舶在修理和停止營運期間的維持費用的損失和期得利益的損失。維持費用由固定費用和變動費用這兩類費用組成:固定費用的項目通常有船舶的折舊費、船員的工資和給養、船舶

保險費（包括船殼機器保險費和船舶保賠保險費）、所提取的船舶定期修理費、船舶物料費等；變動費用是指船舶停運期間發生的船用燃料費、淡水費、港口使用費等實際費用。期得利益是預期可以在船舶停運期間獲得的利潤。通常將日均期得利益額乘以船舶無法營運的天數求得，而日均期得利益一般按事故發生前三至五個航程的日均利潤的加權平均或事故前一至二個航程、事故發生的這個航程和事故後一至二個航程的各航程日均利潤的加權平均。

四、船舶保險中的碰撞責任條款

1. 碰撞和碰撞責任的區別

船舶碰撞是一種海上意外事故。碰撞事故發生以後，不管是單方過失抑或雙方互有過失所致，結果都有可能是兩種：一種是過失船舶在碰撞中自身無恙，只給被撞船舶造成損失；另一種則是過失船舶既給被撞船舶造成損失，自身也因碰撞而受損。這樣就產生了碰撞和碰撞責任兩個不同的概念：碰撞，是指船舶因過失與他船發生碰撞而引起自身的損失，也叫碰撞損失；碰撞責任，則是指船舶因過失與他船發生碰撞而給對方造成損失，依法應承擔的賠償責任。

2. 碰撞責任條款是船舶保險的附加條款

如果過失船舶投保了船舶保險，那麼其自身在碰撞中遭受的損失即碰撞或碰撞損失，作為一種海上風險就可轉移給保險人。但是過失船舶應對其給被撞船舶造成損失所承擔的賠償責任即碰撞責任並不包括在海上風險之中，因為這是一種責任風險。保險人只有根據碰撞責任條款才予以承保。碰撞責任條款是船舶保險契約的附加條款，碰撞責任是船舶保險的擴展責任，保險人是為了滿足被保險人的要求才加保碰撞責任的。

英國的《1906 年海上保險法》沒有把碰撞責任視作海上風險，所以最初的 S.G. 保險單對被保險船舶的碰撞責任原來是不負責的。直到 1935 年以後，勞合社的保險人才開始採用碰撞責任條款。今天，碰撞責任條款已成為船舶保險契約十分重要的一個條款。

3. 兩種碰撞責任條款及其異同

在國際保險市場上，目前各國船舶保險條款採用的碰撞責任條款各異，但主要有普通碰撞責任條款和廣泛性碰撞責任條款兩種。它們都是保險人在船舶保險條款的基礎上為承保被保險船舶的碰撞責任而設的，但在承保的範圍上和承保的程度上存在著區別。

首先是承保範圍上的不同。普通碰撞責任條款確定的船舶碰撞概念是只指船舶與船舶的碰撞，因此規定保險人僅承擔被保險船舶對被撞船舶所負的碰撞責任，而不承保被保險船舶對被撞非船舶的其他任何物體所負的碰撞責任。與之相比，廣泛性碰撞責任條款承保的範圍要廣。由於它所確定的船舶碰撞概念除了船舶與船舶的碰撞以外，還包含船舶與非船舶的其他物體的觸碰，因此按照廣泛性碰撞責任條款的規定，保險人既負責被保險船舶對被撞船舶所負的碰撞責任，也承擔被保險船舶對被撞非船舶的其他物體所負的碰撞責任。

其次是承保程度上的差別。普通碰撞責任條款規定保險人只承擔被保險船舶所負碰撞責任的四分之三，另外四分之一得由被保險人自己承擔。此外，在任何情況下，保險人對被保險船舶在每次碰撞事故中所負碰撞責任賠償的金額不能超過船舶價值的四分之三。對被保險人經自己書面同意所支出的有關法律費用，保險人也負責四分之三。然而，根據廣泛性碰撞責任條款的規定，保險人承擔四分之四的碰撞責任，而且對每次碰撞事故所產生碰撞責任賠償的金額不超過船舶的保險金額。顯然，廣泛性碰撞責任條款承保的程度遠比普通碰撞責任條款深，這無疑有利於被保險人。

儘管兩種碰撞責任條款在承保範圍和程度上存在差別，但是它們在以下幾個方面的規定基本上卻是相同的：

(1)承保的原則相同。根據這兩種碰撞責任條款的規定，保險人承保的船舶碰撞責任，第一必須是被保險船舶與他船（或其他物體）的實際接觸即直接碰撞之後所產生的賠償責任，間接碰撞如浪拍即被保險船舶超速行駛而引起浪湧所導致的責任，保險人是不賠的。第二，保險人只對被保險船舶因過失碰撞他船（或其他物體）而引起法律上的賠償責任予以承保，至於不可抗力、意外情況所致的碰撞即無過失碰撞給被撞對方造成的損失，由於被保險船舶在這類碰

撞事故中無須負法律責任，保險人自然也不必負責。但是，在被保險船舶因過失碰撞姐妹船並使其遭受損失的情況下，雖然船東即被保險人實際上不可能自己對自己負法律責任，保險人仍應承擔被保險船舶對姐妹船損失所負的賠償責任。第三，保險人只對非契約下的碰撞責任作為被保險船舶的一種侵權行為所造成的損失負責，而不承擔被保險船舶在拖帶契約等契約形式下的碰撞責任。

(2)**負責賠償的範圍大致差不多**。在普通碰撞責任條款下，保險人在承保的碰撞責任中，負責賠償：被撞船舶及船上所載貨物和財產的物質損失；被撞船舶的修理費用；被撞船舶因延遲或喪失使用而受到的經濟損失即船期損失；被撞船舶及船上財產的共同海損和救助費用或在契約下的救助費用；經保險人認可的被保險人為抗辯或限制責任所產生的法律費用。廣泛性碰撞責任條款規定的賠償項目除上述以外，再加上被撞其他物體的損失和被撞其他物體的延遲和喪失使用的損失。

(3)**除外責任基本上一致**。兩種碰撞責任條款規定保險人所承擔碰撞責任的除外責任差不多，包括：清除被撞船舶的殘骸及沈沒後的船上財產、貨物或其他物體的費用；油污等污染的損失及清除費用（但被撞船舶及船上財產的污染除外）；被保險船舶所載運的貨物或其他財產的損失或應履行的債務；被保險船舶因延遲或喪失使用的損失即船期損失；人身傷亡。上述這些費用或損失均由被保險人自負。

(4)**對互有過失情況下處理賠償的原則相同**。不論是哪一種碰撞責任條款都明確規定，當被保險船舶與其他船舶碰撞且雙方互有過失時，除一方或雙方船東的責任受到法律限制外，保險人應按照交叉責任制原則來處理對被保險船舶所負碰撞責任的賠償。廣泛性碰撞責任條款還規定，在被保險船舶與非船舶的其他物體發生觸碰的情況下，同樣適用此原則。

目前，在國際船舶保險市場上，比較普遍的是採用普通碰撞責任條款。英國倫敦協會期間船舶保險條款歷來就採用這種碰撞責任條款，它的第 8 條即四分之三碰撞責任條款包含了普通碰撞責任條款的全部內容。根據中國大陸船舶保險條款的第 1 條第 2 款中有關碰撞責任的規定，顯示中國大陸採用的是廣泛性碰撞責任條款。採用這種碰撞責任條款的還有挪威等國。美國船舶保險條款

的碰撞責任條款也屬於普通碰撞責任條款，但保險人負責碰撞責任的四分之四。

4. 碰撞責任的保險賠償

(1)單方過失碰撞下的碰撞責任保險賠償。在被保險船舶因過失與他船發生碰撞並引起自身損失和造成他船損失的情況下，保險人負責賠償該船的碰撞損失和碰撞責任。但在計算賠款時要注意被保險人投保的船舶險別。例如 A、B 兩船相撞，A 船是導致碰撞事故發生的過失方，負全部責任。A 船不僅給 B 船造成 40 萬元的損失，而且自身在碰撞中也遭受 15 萬元的損失。如果 A 船投保了船舶一切險，保險人就要負責 A 船的 15 萬元碰撞損失和 A 船對 B 船所負的 40 萬元碰撞責任。要是 A 船投保的是船舶全損險附加碰撞責任，保險人只須賠償 A 船對 B 船所負的 40 萬元碰撞責任。由於 A 船自身的 15 萬元損失並未構成全損，不屬於承保的責任範圍，所以保險人對這一碰撞損失不賠。

(2)雙方互有過失碰撞下的碰撞責任保險賠償。在兩船因雙方互有過失而發生碰撞事故並均遭受損失的情況下，有兩種計算碰撞責任保險賠償的方法，即單一責任制和交叉責任制。

①單一責任制（Single Liability）。其原則是各方按自己的過失程度比例計算出應向對方支付的賠款後進行沖抵，由應多付的一方向另一方支付餘額。例如 A、B 兩船相撞，雙方互有過失，A 船的過失程度為 60%，B 船的過失程度為 40%，A 船在碰撞中受損 100 萬元，B 船損失 80 萬元。那麼 A 船對 B 船所負的碰撞責任為 80 萬元×60%＝48 萬元，B 船對 A 船所負的碰撞責任為 100 萬元×40%＝40 萬元，將 A 船所承擔的 48 萬元和 B 船所承擔的 40 萬元相互沖抵後，由 A 船承擔單一責任的賠償即應向 B 船支付餘額 8 萬元。

如果 A、B 兩船分別投保了船舶保險，按普通碰撞責任條款的規定，A 船保險人承擔 A 船 8 萬元碰撞責任的四分之三，即 6 萬元，而 B 船保險人不必要承擔 B 船的碰撞責任，因為 B 船並未向 A 船支付賠款。按廣泛性碰撞責任條款的規定，A 船保險人承擔 A 船 8 萬元碰撞責任的四分之四，即 8 萬元，而 B 船保險人同樣不用承擔 B 船的

碰撞責任。

普通和廣泛性碰撞責任條款一致規定，在兩船發生碰撞且雙方互有過失情況下，只要一方或雙方依法享受船東責任限制，那麼被保險船舶的碰撞責任賠償應按單一責任制解決。

②交叉責任制（Cross Liability）。其原則是各方均需按自己的過失程度比例相互賠償對方的損失。由於單一責任制對被保險船舶碰撞責任賠償的處理原則是被保險人支付多少賠款，保險人補償多少。如上例中，A 船須付出 8 萬元，A 船保險人便賠付 8 萬元（按廣泛性碰撞責任條款），B 船未付出賠款，B 船保險人也就無義務賠償 B 船。這樣的計算方法對被保險人顯然不公平，不合理。為了彌補這一缺陷，現行各類船舶保險條款都規定了按交叉責任制來計算保險人對其所承保碰撞責任的賠償。

現仍以上例來討論按交叉責任的計算方法：由於 A 船遭受碰撞損失 100 萬元，A 船承擔碰撞責任 48 萬元，所以 A 船保險人應賠償 A 船單獨海損項下的 100 萬元加上碰撞責任項下的 48 萬元（按廣泛性碰撞責任條款），扣除 B 船賠付的 40 萬元，實賠 108 萬元；由於 B 船的碰撞損失 80 萬元，B 船所負碰撞責任 40 萬元，所以 B 船保險人應賠償 B 船單獨海損項下的 80 萬元加上碰撞責任項下的 40 萬元，扣除 A 船賠付的 48 萬元，實賠 72 萬元。

普通和廣泛性碰撞責任條款都規定，在兩船發生碰撞且雙方互有過失的情況下，除一方或雙方可享受船東責任限制外，那麼被保險船舶的碰撞責任賠償應按交叉責任制處理。

在計算碰撞責任保險賠償時還要注意的一點是，按普通碰撞責任條款，要扣除免賠額，而按廣泛性碰撞責任條款，不必扣除免賠額。

五、有關船舶碰撞的國際公約

船舶發生碰撞事故後，通常在國際上適用的主要法規有：《1910 年船舶

碰撞公約》、《1952 年船舶碰撞民事管轄權公約》、《1952 年船舶碰撞刑事
管轄權公約》和《1972 年國際海上避碰規則》等四個。有關這四個法規的重
要內容,我們已在第五章述及,現不再複述。涉及船舶碰撞的國際公約其實不
止這些,還有《1984 年關於扣留海運船舶國際公約》(International Con-
vention Relating to the Arrest of Seagoing Ships)、《1976 年海事索賠
責任限制公約》(Convention on Limitaion of Liability for Maritime
Claims)等。

實際上,這些國際公約並不是專門用來處理因船舶碰撞而發生的各種法律
問題的。如《關於扣留海運船舶公約》規定,凡擁有海事請求權的請求人可以
申請扣船;執行扣船的法院在當事船舶的船東提供充分保證金後允許釋放被扣
船舶;具有管轄權的法院應對扣船案件的實體問題作出判決等。該公約列舉了
引起海事請求權的十七種原因,而船舶碰撞僅是其中的一種。因此,當海事請
求權是由於碰撞所引起時固然可按該公約規定處理,但當海事請求權是因海上
救助或共同海損人身傷亡等而發生時,該公約也同樣適用。

由於船東責任限制是關係到採用單一責任還是交叉責任方法來計算碰撞責
任保險賠償的重要問題,我們就此著重介紹一下《1976 年海事索賠責任限制
公約》的主要內容。

船東責任限制是指國家採用法律形式把船東因發生各種海事而對第三者所
致人身傷亡或財產損失的賠償責任限制在一定範圍之內。船東責任限制制度是
海上航運中特有的一種法律制度,目的是保護船東的利益,避免船東因負無限
責任而破產,從而鼓勵和促進航海貿易的發展。有關船東責任限制的國際公約
共有三個,但正式生效的只有二個,即《1957 年船東責任限制國際公約》和
《1976 年海事索賠責任限制公約》。其中 1976 年公約是在修改 1957 年公約
的基礎上制訂的,於 1976 年 11 月 19 日在聯合國海事組織召開的外交大會上
通過,並在 1986 年 12 月 1 日正式生效。[①]

該公約共五章二十三條,主要內容是:

(1)明確可享受責任限制的人有:船東、租船人、經理人、經營人;船長、
船員及船東雇用的其他服務人員;救助人及其雇用的與救助作業直接有關的人

員；責任保險人。

(2)規定受責任限制的海事索賠範圍，主要包括：在船上發生的人身傷亡或財產的滅失或損壞（包括對港口工程、港地、航道和助航設備的損害）所引起的索賠；與船舶營運、救助作業直接相關的侵權行為所造成的損失而引起的索賠；海上貨物、旅客及其行李運輸因延遲造成的損失引起的索賠；沈船沈物的打撈和清除所引起的索賠；責任人以外的任何人為避免或減少責任人按規定可限制其責任的損失所採取的措施，以及由此措施而造成的進一步損失所引起的索賠。

(3)規定不受責任限制的索賠範圍，主要包括：對救助報酬、共同海損分攤的索賠；有關國際油污損害民事責任公約規定的油污損害的索賠和有關國際核能損害責任限制公約規定的核能損害的索賠；核動力船舶造成的核能損害的索賠等。

(4)確定享受責任限制的原則是，損失如由於一般過失所造成，該責任人可享有責任限制；但損失是由於責任人本身有意造成，或者明知可能造成此種損失而毫不在意的行為或不行為，就無權限制其責任。

(5)採用國際貨幣基金組織的特別提款權（SDR）作為責任限額的計算單位，但允許非該組織的成員國可選擇與金法郎等值的計算單位。

(6)規定責任限額按船舶噸位分級計算：人身傷亡分五級，財產損失分四級。500 噸以下船舶，人身傷亡的責任限額為 333,000SDR（500 萬金法郎），財產損失的責任限額為 167,000SDR（250 萬金法郎）；500 噸以上船舶每噸逐級增加一定數額。旅客傷亡的責任限額不按船舶噸位計算，而規定為每人 46,666SDR 乘以船舶載客定額，但總數不能超過 2,500 萬 SDR（約 3,000 萬美元）。

《海事索賠責任限制公約》的推行實施與保險人對包括船舶碰撞在內的各種海事發生後的賠償密切相關。如前所述，按照船舶碰撞責任條款規定，在兩船相撞互有過失的情況下，只要一方或雙方依法享受船東責任限制，船舶碰撞責任就應按單一責任方法計算；若一方或雙方喪失享受船東責任限制的權利，則按交叉責任方法計算。所以掌握和熟悉海事索賠責任限制制度，對保險人正

確計算保險賠償和解決與被保險人和其他有關方之間產生的海事爭議是十分重要的。順便要說的是，中國大陸的海商法在船東責任限制上已採用以 1976 年公約為基礎的限額制度和其他規定，特別是改原先採取的船價制為噸位金額制。

第二節　船舶擱淺

一、船舶擱淺的概念

　　船舶擱淺是指船舶與海底、海灘或岩礁接觸並牢固地留住相當長的時間而無法脫離。船舶僅在障礙物上擦過而未發生阻留，這叫船舶擦底，不能視為擱淺。至於擱淺的時間具體為多長，並沒有一定的限制，要根據當時情況而定。據英國的判例，船舶碰在一礁石上且停留十五～二十分鐘，即為擱淺。若船舶在礁石上僅停留一分鐘，即使船舶遭到致命的損失，也仍不屬於擱淺。當船舶擱淺時不需要用機器或其他外力協助脫淺的，通常也不按擱淺對待。

　　擱淺按其產生的原因可分為三種：

　　(1)意外擱淺，即為事先未能預料發生的意外事故所造成的擱淺。如由於駕駛人員的疏忽，船舶駛上礁石後擱置在那兒。

　　(2)自動擱淺，又叫有意擱淺，指船舶在航行途中遭遇危險，為避免全損的發生而故意造成的擱淺。如船舶在航行中，船體突然出現裂縫，海水透過裂縫大量湧進船艙，為不使船舶下沈，船長下令緊急駛上附近淺灘，人為地造成船舶擱淺。

　　(3)習慣性擱淺，指船舶停靠碼頭或繫泊於浮筒，因受潮汐影響，潮退時船底觸及海灘，潮漲時又上浮的擱淺。

　　船舶保險和海事中所指的船舶擱淺，主要是指意外擱淺，也包括自動擱淺，習慣性擱淺則不能認作船舶保險中的擱淺事故。

二、造成船舶意外擱淺的主要原因

　　造成船舶意外擱淺的原因很多，主要有：駕駛人員疏忽，誤將船舶駛上淺灘；避讓他船不當或其他原因，致使船舶偏離航道而擱淺；因走錨而擱淺；因受不可抗力的自然條件的影響而擱淺。

三、船舶擱淺與救助和共同海損的關係

　　船舶擱淺屬於船舶保險的承保責任範圍，被保險船舶只要是在保險有效期內發生擱淺，保險人對船舶因此而遭受的損失，如因擱淺而造成船底板的損壞，因試圖自動起浮脫淺而造成輪機、車葉、船舵等的損壞等負責賠償。除了對這些損壞進行修理所支出的費用以外，為修理而進出船塢所產生的引航費、拖輪費，保險人也予以負責。由於擱淺不同於船舶擦底，一旦發生擱淺，船底或船體結構極有可能遭到損壞，對船舶危害較大，因此在船舶擱淺後，保險人對專門為檢驗船底引起的合理費用，哪怕經過檢驗未發現船底有任何損壞，也給予賠償。

　　船舶擱淺一般需要外力協助才能脫淺，如雇拖船拖離擱置的礁石，雇駁船卸貨使船載減輕後起浮，所以擱淺往往與救助相關。由於船舶擱淺大都發生在港內、錨地或港口附近水域，故在習慣上採用雇佣救助方式，保險人承擔船方支付給救助方的救助報酬。

　　對擱淺的船舶採取脫淺措施，目的是為了解除船舶和貨物因擱淺而面臨的共同危險，由此造成船舶或貨物的特殊犧牲和額外費用，如為增加船舶的起浮力，拋棄或卸載一部分貨物或船用燃料、物料等，這些犧牲和費用均可列為共同海損，應由所有受益方分攤。所以，擱淺後採取的施救措施又往往與共同海損有關。保險人負責賠付作為被保險人的船方所分攤到的共同海損的金額。

第三節　船舶觸礁

一、船舶觸礁的概念

　　船舶觸礁是指船舶在航行中意外地與海底礁石或其他水下障礙物如沈船殘骸、木椿和漁柵等衝撞。船舶觸礁與擱淺有時較難區別，如船舶觸及礁石後擱置其上無法航行，既可視為擱淺中的坐礁，也可作觸礁論。故而有人把它們喻為一對孿生海難。如果一定要加以區別的話，那麼觸礁給船舶造成損害的程度通常要比擱淺來得嚴重。

二、造成船舶觸礁的主要原因

　　船舶出海航行必須攜帶所需海圖，因為在海圖上標明已探知的海底礁石或沈船殘骸的位置及深度，船舶在沿著確定的航線行駛時應當繞過或避開這些礁石或沈船殘骸，以免發生觸礁事故，確保航行安全。

　　但是，由於各種不同原因，船舶觸礁成為海上航行中經常發生的一種海難事故。這些原因主要有：駕駛人員在駕駛船舶時疏忽大意，偏離規定的航線；助航儀器失靈，導致船舶盲目行駛；受風和潮流等自然條件的影響，船舶駛入礁區；確定的航線與礁石或沈船殘骸距離太近，稍有誤差即釀成災難。

三、船舶觸礁是一種惡性的海事

　　船舶由於在航行中的速率和慣性，一旦與礁石觸及、衝撞，其衝擊力是異常猛烈的，所以船舶觸礁往往造成船體立即破損，瞬間沈沒的危險。舉個實例：1971 年 11 月 5 日，新加坡籍的「金春」輪在駛離中國大陸長江口時，因

船長制訂的航線距海礁島太近，加上避讓漁船不當，在風和水流的影響下，船底觸及海礁島周圍的暗礁，四十分鐘後，船舶即告沈沒，根本來不及施救，可見觸礁事故的惡性所在。

觸礁常常伴隨著船舶瞬間沈沒的危險，不但來不及搶救船舶和貨物，連船上的人員逃生也不易，所以一發生觸礁事故，應當首先考慮和安排儘快救人，而後才考慮和安排救船和救貨。根據《國際海上人命救助公約》的規定，救助海上人命是應盡的人道主義義務，是不能向被救方索取報酬的，但是救助方可以索取不屬於救助人命的其他費用。至於將被救人員送往安全地點的交通費用、膳宿費用和遣返費用等，救助方可以向遇難船舶的船東索取。

觸礁屬於船舶保險承保的責任範圍，被保險人不論是投保船舶全損險或是一切險，保險人對被保險船舶因觸礁而遭受的損失負責賠償。不過，為救助被保險船舶上遇難人員的各種費用，保險人是不負責的，它們屬於保賠保險的承保範圍。

第四節　船舶火災

一、船舶火災的概念

船舶火災是指船舶著火後，燒到一定程度且釀成損失的災害事故。著火不一定形成火災，構成火災要具備一定條件。一般來說，船舶或船上的貨物和其他財產著火後，燒到一定的範圍，造成一定程度的損失才能構成火災。在英國海上保險實務中，標的的保險價值有 3% 著火燃燒後受損方可作為火災。船舶在同一航程中多次著火，每次著火的損失都沒有超過保險價值的 3%，按理都不能構成保險中的火災，但如果三次著火的損失合計超過了 3%，保險人還是作為火災對待，負責對損失的賠償。

船舶火災不包括爆炸，火災與爆炸是兩個不同的概念，對此應予注意。中

國大陸船舶保險條款和英國協會的 I.T.C. 新條款都是把它們分別列明的。

二、船舶火災發生的原因

船舶火災是船舶在航行中或在港內裝卸貨物時經常發生的一種災害事故，而且火災造成船舶、貨物損失的程度遠遠高於其他海上風險。引起船舶火災的原因很多，主要有以下幾種：

(1)船方的原因，包括船員的過失或船舶設備缺陷所造成的火災，如對火種管理不嚴、船員抽煙不慎亂丟煙蒂、電線老化易短路走火等；

(2)港方的原因，包括裝卸工人的過失或裝卸設備發生故障所造成的火災，如裝卸工人在裝卸作業時不慎將火種留在船艙內、裝卸機械突然故障引發火災等；

(3)潛在缺陷方面的原因，包括船上所載運貨物自燃所造成的火災，如煤炭、棉花和化工品等因固有的特性或在不適當情況下運送常會引起自燃，還有船舶設備本身的潛在缺陷也可能引起火災；

(4)不明的原因，即指查不出起火原因的火災。

三、船舶火災的責任承擔

船舶一旦發生了火災，船方必須及時採取各種有效措施撲滅火勢，滅火後則儘快透過船公司代理委請專家進行火源鑑定，這是分清火災責任的基礎。船方原因引起的火災由船方承擔負責，港方原因引起的火災損失由港方負責。由於火災是船舶保險和海上運輸貨物保險都承保的風險，所以保險人要對火災給不同保險標的造成的損失承擔賠償責任。屬於船方責任的火災損失，由船方按承保條件向船舶保險人索賠。屬於港方責任的火災損失，船舶保險人和貨物保險人均先按各自的承保範圍對船舶貨物遭受的損失向各自的被保險人即船東和貨主賠償，然後代位向港方追償。潛在缺陷引起的火災損失，船舶保險人和貨物保險人賠償的原則是一樣的，即船舶設備或貨物潛在缺陷引起的火災給該設

備或該貨物本身造成的損失不負賠償責任，但因火勢蔓延而被殃及的船舶或其他貨物的損失仍給予賠償。同樣，不明原因引起的火災所造成船貨的損失也屬於船貨保險人的責任範圍。

保險人負責賠償的火災損失不僅包括保險標的被直接燒燬的損失，也包括被煙熏、熱氣蒸、烤焦和燒裂等的損失。因滅火而搬移船上物料和貨物，以及消防灌水等導致的損失也在保險賠償範圍之內。但是由於被保險人的實際過失或故意行為造成的火災，保險人不予負責。船東作為船舶保險的被保險人和貨物運輸契約的承運人，都不能有這方面的過失，否則船舶遭受的火災損失得不到船舶保險人的賠償，他對自己所承運貨物遭受的火災損失按《海牙規則》的規定也不能免責。

在分析起火原因，查明火災責任時，必須分清哪些屬於火災造成的損失，哪些屬於為救火而造成的損失，目的是區分單獨海損和共同海損，因為船舶火災常常與共同海損聯繫在一起。區別火災引起的單獨海損和共同海損有時並不那麼容易。在一般情況下，火災直接導致的損失應為單獨海損，而因採取滅火措施造成的損失可列為共同海損，所以對因火災而受損的船舶和貨物須分別進行船檢和商檢。確定屬於單獨海損的火災損失，保險人按保險條款規定予以賠償，作為共同海損的火災損失則應先由受益各方分攤，保險人承擔分攤到保險人頭上的共同海損分攤金額。

第五節　船舶人身傷亡事故

一、船舶人身傷亡事故的概念

凡是在船舶上因意外事故或自然災害的發生，船員和非船上人員受傷、殘廢或死亡，即屬船舶人身傷亡事故。非船上人員包括裝卸工人、修船人員、理貨人員以及船上旅客等。船舶在靠岸、離岸、裝卸操作或進行高空和舷外作

業，容易發生意外事故，導致人員傷亡。

二、引起船舶人身傷亡事故的原因

(1)船方的原因，指船上的設備陳舊、管理不善、操作不當或碰撞等造成船員和在船上工作的港方裝卸作業人員，以及旅客的傷亡。即使船方沒有過失，船東對其所雇用的船員，或根據貨物裝卸契約對在其船上工作的裝卸工人發生的傷亡也要負責。

(2)港方的原因，指裝卸工人違章作業或操作不當等造成的傷亡。

(3)船方和港方共同的原因，如船上設備陳舊，同時港方人員又違章作業造成的傷亡。

(4)船員內部原因，如船員互相毆鬥造成死傷或船員自殺。

三、船舶人身傷亡的責任承擔

屬於船方責任的人身傷亡，由船方負責。由於人身傷亡的風險在船舶保險中是不承保的，所以加入保賠協會的船東可將其傷亡人員承擔的醫療、住院或喪葬費用等向保賠協會提出索賠。船東一般都還為自己所雇用的船員投保了船員人身意外事故保險，只要傷亡事故屬於保險責任，保險人就應按保險單規定承擔給付責任。在船上發生的人身傷亡也有不是船方責任所引起的，如裝卸工人違章作業造成傷亡，就應由傷亡人員的雇主負責。為轉移風險，雇主大都投保雇主責任保險，一旦發生事故，雇主可以從責任保險人那兒得到補償。

第六節　船舶油污事故

一、船舶油污事故的概念

　　船舶因意外事故逸漏油或在營運操作中排放有害油類和油水混合物而造成海域污染，致使他人的人身和財產遭到損害，稱之為船舶油污事故。油污損害既包括船舶油污事故給污染受害方帶來的直接損失，也包括為防止或減輕損失而採取措施所支出的費用。

二、引起船舶油污事故的原因

　　船舶油污事故發生的原因主要有兩個：

　　(1)意外事故。由於油輪發生擱淺、觸礁、碰撞、爆炸等意外事故而使油類大量逸漏。這類意外事故造成海域污染因時間和地點非常集中，儘管它們在船舶造成海域污染的事故中所占比例很小，容易引起人們的注意，影響很大。

　　(2)操作上的原因。船舶處理污油、污水的設施不健全或沒有配套專用設施，致使船舶在日常營運操作中排出大量未經處理的油污壓艙水、洗艙水。雖然藉由這種不當排放途徑造成海域污染的比例很大，但由於排放的時間和地點比較分散，較少引起人們的重視。

三、油污損害的賠償原則

　　根據一些有關防止油污和油污損害賠償責任的國際公約和民間協定的規定，目前國際上對船舶造成油污損害的賠償原則主要有以下幾點：

　　(1)誰污染誰負責原則。一般是由船東承擔賠償責任，但也有人提出應由船

東和貨油主（石油公司）分擔責任的觀點。

(2)**嚴格責任原則**。只要發生船舶油污事故，無論引起污染的油類是從船舶逸漏出來的還是排放出來的，無論這些油類是船舶所載運的貨油還是船用燃料，也不管船東是否有過錯，船東都必須承擔油污損害賠償責任。

(3)**充分、完全賠償原則**。由於船舶油污事故造成的損害後果通常都很嚴重，受害方在人身、財產、環境和生態等方面常常要遭受難以承受和難以恢復的損失，此外還須為減輕或清除污染支付巨額費用，所以普遍採用「給受害人充分、全部賠償」的原則。

(4)**船東責任限制原則**。上述三原則的實行，加上油污賠償金額一般都很巨大，這就有可能導致船東被迫破產的後果，從而給航運業，特別是海上石油運輸業帶來不利影響。因此國際上允許承擔油污損害賠償責任的船東申請責任限制，即規定船東承擔賠償責任的限額。

四、船舶油污損害賠償與海上保險的關係

由於船舶油污損害賠償責任巨大，船東當然希望把這一風險轉移出去，以便在發生油污事故後獲得保險補償。在一般船舶保險中，油污責任是不保的，因此船東根據需要可投保油污責任保險。這是海上保險的一種，屬於保賠保險範疇。保賠保險人負責賠償除船東故意行為、戰爭等原因外，被保險船舶漏油或其混合物污染海域造成的損害，被保險人採取合理措施清除油污所支出的費用，有關政府清除因被保險船舶過失所致油污而合理支出的費用，以及油污事故給第三者造成的損害等，但規定油污損害賠償責任的最高限額。

第七節　海上救助

一、海上救助的概念

　　海上救助是指在海上航行的船舶遭到海上自然災害或意外事故，當自身的力量無法排除危險時，需要借助外界力量來進行的援救，又可稱船舶救助或海難救助。前來援救的外界力量可以應遇難船舶的請求而來，也可以自願趕來；可以是專業救助組織，也可以是過往的其他船舶。

　　海上救助的目的是為了使遇難船舶得救或使其損失儘可能減少到最低程度，以維護海上航行安全。但海上救助的對象不限於船舶，還包括船上人員、船上所載貨物及船舶的物料和屬具。即使船舶已經沈沒，船舶屬具、物料或貨物成為漂流物，這些漂流物仍舊是救助的對象。遇難的鑽井平台、浮船塢、挖泥船和浮筒等水上浮動裝置，還有被迫降落在水面上的遇難飛機或發生故障的水上飛機，也都可以成為救助的對象。

　　海上救助的範圍也相當廣泛，它並不限於發生在海上的救助，即使發生在海港內或其他可航水域的救助，只要救助方或被救助方中有一方是海船，就屬於海上救助的範疇。因此，海上救助的概念可以擴大，凡是對海上或其他可航水域以及海港內遇難或漂流的一切人命和財產，乃至拋棄物的救助，均可稱為海上救助或船舶救助。

二、海上救助成立的條件

　　海上救助的成立必須具備以下三個條件：

　　⑴被救的船舶、貨物或其他財產必須處於某種不能自救的危險境地。所謂危險境地，是指無論船舶是在航行途中還是在港口停泊期間（但不包括在船塢

修理的時間），危險必須是實際存在的，而且是緊迫的。例如船舶發生火災、碰撞、擱淺、觸礁、漏水、漏油、機器發生故障，或是船舶失去控制、操作困難等，就都會使船舶及其所載貨物處於危險境地。這裡所說的貨物通常不包括船員和旅客的行李物品。要指出的一點是，只要船舶或貨物一方遇難，海上救助即可成立，這不同於共同海損成立的條件，後者要求船貨必須同處於危險狀態。

(2)救助人必須是無救助義務的第三者，進行救助是出於自願。所謂出於自願，是指救助人救助遇難船舶並不是因為對後者負有法律義務或契約規定的義務。例如有 A、B 兩船發生碰撞，無論是 A 船還是 B 船各自在本船和本船人員沒有嚴重危險的情況下都有義務營救對方，這是法定義務；又如有 A、B 兩船根據彼此簽訂的拖帶契約，由 A 船將 B 船拖到某港口，不料途中遇到大風浪，B 船遭難，A 船努力拖帶 B 船脫離險境，安全抵達目的地，這是契約規定的義務。按照法定義務或契約規定的義務進行救助，都不能構成海上救助。如果簽有拖帶契約的 A、B 兩船在途中，B 船失火，而 A 船奮力協助救火，A 船的救火行為就應視為海上救助，因為拖帶契約上沒有規定有救火的義務。

遇難船舶上的船員對本船進行救助不是自願的救助行為，不能作為海上救助。同樣，遇難船舶上的乘客參加對本船的救助，一般也被看作是履行海上乘客運輸契約規定的義務或自救行為，除非他們承擔了額外的責任，如被要求負責指揮現場的救難工作，這才構成海上救助。至於屬於同一船東所有的船舶即姐妹船之間相互進行救助，它們中的救助一方應被視為沒有救助義務的救助人。

(3)救助必須取得效果。所謂取得效果，是指遇難船舶或貨物全部或部分獲救，但並非一定要求救助必須完全成功。救助取得效果，就有權獲得適當報酬。救助效果越大，報酬就越高，反之則低。如果進行了救助但沒有取得實際效果，海上救助不能成立，也無權要求救助報酬。這就是為各國海商法所接受的著名的「無效果，無報酬」原則。

只有具備了上述三個條件，海上救助才能成立，救助人才能有請求救助報酬的權利。

三、海上救助的行為

海上救助行為可以是各種各樣的，不論是採取具體的救助措施或是提供某些勞務，甚至提出某項建議，只要能使遇難船舶、貨物和其他財產得以保住，皆可視為救助行為。海上救助行為通常有以下幾種：拖帶、引領遇難船舶脫離險境，將其拖至安全港口或地點；協助擱淺的船舶脫淺；卸載、轉運擱淺船舶上的貨物和人員，使其減輕載重或起浮；幫助即將沈沒的船舶有意擱淺；搶救失去控制或正在下沈的船舶；幫助著火的船舶滅火或搶救船上人命和財產；將火勢過大無法撲滅的船舶拖出港外，以免殃及其他船舶和碼頭倉庫；對駛向危險水域的船舶發出警告並指出正確的航行方向；向被冰塊包圍的船舶提供正確方向，使其駛離危地；防止遇難船舶和貨物可能發生的環境污染；派船員到遇難船舶上代為操作；代替遇難船指揮或對遇難船舶提出施救建議；向遇難船舶提供工具、設備或燃料、物料；守護遇難船舶及貨物，幫助遇難船舶呼救；從掠奪者手裡奪回遇難船舶及其所載貨物。

除此以外，連等候在遇難船舶附近，隨時準備救助也被認為是一種救助行為。因為按照慣常的做法，船舶遇難應先努力自救，自救不成才求救於外界力量，這樣，準備救助的船舶等候在遇難船舶近旁，就能給對方船員精神上的鼓勵，增強他們的信心，促使他們努力自救脫險。

海上救助的實施可能是在天氣良好、風平浪靜的環境下進行，但也可能是在狂風暴雨、海浪滔天，充滿危險的情況下進行，救助人甚至有可能在救助行動中遭受某些犧牲。正因為如此，海上救助實際上是一種捨己救人的道義行動，是應該鼓勵和大力提倡的。

四、船舶請求救助的方式

船舶遇難後請求外界力量前來救助，一般有三種方式：

(1)遇難船舶透過電報機發出求救信號，並在信號中說明船舶出事地點、事

故情況和危險程度。附近船舶接到海難求救信號，只要對本船和本船上的人員沒有嚴重危險，就應當盡力前去救助。去救助前應及時回電說明自己的船名、船籍港、裝貨港和目的港，以及船舶現在地點，供遇難船舶作決定時參考。等到對方再行來電請求救助時，應立即前往。這是屬於應遇難船舶招請而去救助的方式，所以即使救助無效果，被救助方仍舊得給予報酬。

(2)遇難船舶發報給有關港口專業救助機構或船舶代理人，請求派船前來救助。專業救助組織一旦接到電報或船舶代理人的申請，就應立即前往救助。在國外遇險時，遇難船舶可聯繫附近港口的船舶代理人，也可聯繫船舶保險人在海外的代理人，要求後者安排專業救助組織派船救助。這種救助方式具有雇佣救助的性質，因此無論救助是否取得效果，被救助方都得支付救助費。

(3)救助船舶在航行途中發現遇難船舶遂主動相救。這種救助由於在事先彼此之間並無關係，所以救助船舶如果採取的救助行為沒有取得效果，就不能接受報酬。與此同時，如果遇難船舶已明確地作出正當的拒絕，申明不需要對方船舶的救助時，該船舶可以不進行救助，否則即使採取了救助行為，也無權請求救助報酬。例如，遇難船舶已經接受了第一批救助人的救助，正當救助行動進行時，又來了第二批救助人，那麼遇難船舶就有權拒絕後者的救助。

五、海上救助契約

海上救助契約是救助人與被救助人為救助遇難船舶而簽訂的契約。救助人與被救助人為了明確雙方在救助中的權利和義務，以使救助工作順利進行，一般在救助開始以前透過口頭或書面形式達成協議，這即為救助契約。救助契約主要有雇佣救助契約和「無效果、無報酬」救助契約兩種。

1. 雇佣救助契約

是指由遇難船舶透過船舶代理人，事先與救助人約定對前來救助的船舶支付一定勞務費用或按工時計算救助費用的救助契約。這種救助是雇佣性的，因此不管救助是否有效果，被救助人都要按救助人公布的勞務費率支付救助費用。雇佣救助又叫實際費用救助，救助費用以救助人所花的人力和設備按章計

時為依據。簽訂雇佣救助契約後，由被救助人指揮救助人，在救助過程所發生的一切風險也均由被救助人負責。

當船舶遇難地點在港內、錨地或距港區不太遠的水域，情況不十分危急如船舶失去浮力不很嚴重，沒有完全失去自控等，同時所需的只是一般的拖帶作業，救助成功較有把握時，雇佣救助方式比較適用。按雇佣救助契約支付的救助費用較為經濟。

2.「無效果、無報酬」救助契約

是指由遇難船舶船長與救助人約定救助人只有在救助取得效果時才能獲得救助報酬的救助契約。在海上救助中，這種救助契約為世界各國普遍採用。目前在國際上最為廣泛使用的英國勞合社救助契約標準格式（Lloyd's Standard Form of Salvage Agreement/No Cure, No Pay）就是以這種契約為基礎的。下面就透過分析勞合社救助契約標準格式的內容來敘述「無效果、無報酬」救助契約的特點。

勞合社救助契約格式最早出現於 1890 年，第一個標準格式於 1892 年公布，以後經過八次修改，於 1980 年公布了新的標準格式。其主要內容包括：

(1)由遇難船舶的船長作為船東和貨主的代表為一方，與以救助船舶的船長作為他所在機構的代表為另一方簽訂，形式可以採用雙方簽字，也可以口頭約定。

(2)救助人有義務盡最大努力救助遇難船舶和貨物，並將它們拖至契約上指定的或雙方在以後商定的某個港口或某個安全地點。

(3)如果救助無效，救助人不收取任何報酬；如果救助取得效果，則應得到適當報酬。一旦雙方對救助報酬金額發生偏高偏低的爭議，可由仲裁機構經審議後仲裁解決。

(4)救助人可以合理地免費使用遇難船舶上的設備，包括錨鏈和其他船具，但不應當使這些物件和遇難船上的其他財產遭受不應有的損壞。

(5)救助結束後，救助人應在四十八小時內通知勞合社委員會收取被救助人提交的擔保。如果被救助人未能在十四天內支付擔保金，救助人對獲救財產享有留置權。

　　除了勞合社救助契約標準格式以外，中國大陸國際貿易促進委員會海事仲
裁會制訂的救助契約也屬於「無效果、無報酬」救助契約。兩種格式的契約沒
有多大區別。

　　採用「無效果、無報酬」救助契約的優點是十分明顯的，它可以使救助工
作迅速開展，避免因在事先爭論救助報酬金額而延誤救助時機，又可以防止救
助人乘遇難船舶危急之際進行敲詐，索取高額報酬，但同時也可解除救助人對
得不到合理救助報酬的擔心。當船舶在海上或離港區較遠的水域遇難，情況危
急如船舶失去浮力又比較嚴重，氣候、環境都比較惡劣，救助工作估計比較複
雜困難時，就可採用這種救助契約。由於「無效果、無報酬」救助方式可能使
救助人因天氣等原因救助失敗而得不到報酬，所以它的救助報酬一般要比雇佣
救助的救助費用豐厚。②

六、海上救助的報酬

　　海上救助是一種建立在道義基礎上的自願行為，救助的目的不在於有無報
酬，然而救助遇難的船舶、貨物和船上人員，對救助人來說是需要冒很大風險
的。不僅如此，救助人為了實施救助，也要耗費一定人力和物力。設立救助報
酬，既是對救助人積極救助的鼓勵和嘉獎，也能使被救助人從中獲得好處，因
為可以避免或減少救助人將所救財產占為己有的事件發生。所以救助人在救助
成功後有權請求救助報酬的原則自古以來就一直為航運界人士所奉行，今天對
保障海上運輸生產的發展和維護海上人命和財產的安全同樣起著重要的推動作
用。

1. 救助人有無救助報酬請求權的規定

　　救助人在以下情況下有權請求救助報酬：

　　(1)應遇難船舶的請求前來救助，而且救助取得成效的，救助人有權請求。

　　(2)應遇難船舶的請求前來救助，雖當時的救助未獲得效果，但經證明有助
於以後其他救助船舶救助成功的，救助人也有權請求。不過，該救助人能分配
到多少救助報酬金額得視具體情況而定。

(3)在拖輪拖帶船舶過程中，被拖船舶因遭遇意外而發生海難，但並非由於拖輪的過失所致，經拖輪救助後成功脫險。此時，該拖輪就可以救助人的身份有權請求救助報酬，因為它對遇難被拖船舶的救助已超出其原來的拖曳工作範圍。

(4)引水員在引領船舶進出港口時，船舶機器突然發生故障，危及船舶安全，引水員為此進行了超出其引水工作範圍的救助行動而且取得成效，此時他就可以救助人的身份請求救助報酬。但如果船舶處於危境是引水員工作過失造成的，即使後來引水員進行救助，幫助船舶脫險，他則無權請求救助報酬。

(5)姐妹船之間互相救助而且取得效果的，出力救助的一方也有權請求救助報酬。

(6)在租船人與船舶出租人簽訂的期間租船契約期間，已被租用的船舶應遇難船舶請求前往救助且獲成功，除船東和船上人員有權請求救助報酬外，租船人也有權提出分享其中一部分，因為已被租用的船舶為了救助遇難船舶而占用了租船人使用該船的時間。租船人至少可以要求分享到相當於因救助而被占用時間的租金的報酬。

救助人在以下情況下無權請求救助報酬：

(1)沒有收到遇難船舶請求救助的電報或呼號而前來救助卻又未取得效果的，救助人無權請求報酬。

(2)不顧遇難船舶明確和合理的拒絕而仍舊相助，雖取得了效果的，救助人也無權請求報酬。

(3)船舶發生碰撞時，負有責任一方的船舶對被撞一方的船舶進行救助，前者無權請求報酬。

(4)在救助中只救了人命，救助人也無權向獲救人索取報酬；但在救助人命之後又救助了財產，救助人可以請求救助報酬，他救助人命的勞績在計算救助財產的報酬時將一併被考慮在內，作為救助報酬的一部分。

(5)受救助船舶約請前來協助救助遇難船舶的拖輪和其他船舶，不得向遇難船舶直接請求報酬。

(6)由遇難船舶的保險人派來救助遇難船舶的拖輪和其他船舶，不能向遇難

船舶直接請求報酬。

　　(7)在救助過程中，由於救助人的過失給遇難船舶造成了損失，而且損失的範圍大於被獲救的範圍，救助人無權請求報酬。

　　(8)在救助過程中，救助人對遇難船舶有盜竊行為，或者隱藏被救的財產或有欺詐等其他不法行為，則根據具體情況，取消或減少其對救助報酬的請求權。

2. 確定救助報酬金額的因素

　　救助報酬金額一般由救助人與被救助人雙方協商確定。如無協議，或雖已達成協議卻在事後發生爭議的，雙方可以將救助報酬金額提請仲裁機構裁決或法院判定。救助報酬一般包括獲救財產的儲存、保管、估價和出售的費用。

　　確定救助報酬還應遵循一個重要原則，即救助報酬不能超過獲救財產的價值。不然的話，救助就毫無意義可言。獲救財產價值是指獲救船舶、船上貨物和其他財產在當時當地的估價或出售所得的金額以及被保全的運費（指到付運費），扣除應繳納的稅款和其他費用等。

　　確定救助報酬金額應考慮的因素，包括：救助人在救助中所面臨的危險程度；救助人自身的財產價值；救助人在救助過程中所花費的時間和消耗的費用；救助人在救助過程中投入的救助工具和遭受的損失；救助人在救助過程中所採取的技術手段和具體措施；救助人進行救助所取得的效果；獲救財產的價值；救助人在救助過程中為防止或減輕環境污染上的技能和努力等。

3. 對油輪救助的特殊規定

　　防止油污事故發生和對遇難油輪進行救助以免油污損害擴大，這是近些年來整個國際社會關注的問題。許多沿海國家為了使自己的沿海水域免遭污染，往往採取強制性的措施來對待可能發生的油污事故，例如不允許遇難油輪駛入其港口或領海，強制救助人將遇難油輪拖至遠離其沿海水域或深海銷毀。這些做法使救助人在花費了很大人力和物力並使遇難油輪有可能獲救的努力付諸東流，因為根據無效果無報酬原則，救助人只有將獲救財產送到安全地點才是救助成功的標誌，否則就無權索取任何救助報酬。傳統的海上救助原則對油輪救助人顯然是不合理的，它不利於鼓勵救助人對遇難油輪的救助，進而給防止海

洋環境污染帶來了困難。

正因為如此，1980 年的勞合社救助契約標準格式在合理修改傳統的無效果無報酬原則基礎上作出了一項特殊規定。其內容如下：救助人對滿載或部分裝載油類貨物的油輪進行救助，只要救助人沒有過失，即使救助不成功或者僅取得部分成功，或者救助人受阻未能完成救助工作，不管是上述哪一種情況，油輪的船東都應單獨支付給救助人為此所產生的合理費用和不超過該項費用 15% 的附加費。要說明的是這 15% 的附加費實際上由船東參加的保賠協會支付。除此之外，救助人如果在救助遇難油輪的同時盡最大努力防止油輪漏油發生，而且在這兩方面均如願取得成效，他便能取得比單純救助油輪更多的報酬。

這項特殊規定在兩種情況下受到制約：一是該規定僅對裝有油類貨物的油輪適用，油類是指原油、燃油、重柴油和潤滑油，而不適用儘管也存在漏油危險但僅載有燃料油的船舶；二是該規定僅在救助人沒有過失的前提下適用。為了避免在實施時產生爭議，該項特殊規定明確了救助人為救助所支出的費用的含義，這些費用除救助人實際付出的開支以外，還應包括救助人在救助工作中所用拖輪、船艇、人員和其他設備的合理收費。

勞合社救助契約新標準格式對油輪救助作出上述特殊規定，對鼓勵救助人救助遇難油輪所起的作用是明顯的。

七、海上救助與海上保險的關係

遇難船舶獲救後應支付給救助人的救助報酬是要由被救助人承擔的。被救助人事實上包括所有因救助而受益的各方，通常是船東和貨主。如果船東和貨主都在事先就船舶和貨物分別投了保，那麼他們所承擔的救助報酬也就由船舶保險人和貨物保險人負責。保險人根據各自承保條件的規定，在保險金額限度內予以賠償。如果救助是為了解除船貨所面臨的共同危險而進行的，救助報酬也就成為船貨雙方為共同利益而支出的額外費用。作為共同海損費用，它們應當由受益的船貨雙方根據共同海損理算規則來進行分攤，船舶保險人和貨物保

險人則承擔各自被保險人分攤到的那部分救助報酬。無論是船舶險還是貨運險，保險人均把自己負責賠償的保險標的的損失、共同海損和救助費用合計以一個保險金額為限。

　　我們知道，油污風險是船舶保險承保的一種風險。在中國大陸和英國協會的船舶保險條款中都有規定，保險人對被保險船舶因政府當局採取避免或減輕油污的行動而遭到的損壞與滅失負責賠償。這項規定正是為配合勞合社救助契約新標準格式中的救助油輪特殊規定而設的。救助人對遇難油輪的救助受阻，常常是因為政府當局為避免油污危險而強制救助人將尚未最後救助成功的油輪拖至深海銷毀，特殊規定責成被救助油輪的船東在這種情況下仍得支付給救助人一定救助報酬，而投了船舶保險的油輪船東則按保險人承保油污風險的規定，透過保險索賠，讓保險人承擔這些費用。在這一點上亦反映了海上救助與船舶保險有著密切關係。

八、有關海上救助的國際公約

　　海上救助常在不同國家的船舶之間和在不同海域發生，儘管海上救助基本原則已為世界各國海商法所確認，但由於某些具體規定存在差異，國籍不同的救助人和被救助人在諸如救助報酬、報酬的支付、救助人的權利和義務等問題上也就時而會產生爭議，所以建立海上救助統一規則的國際公約成為客觀上的需要。目前有關海上救助的國際公約有兩個，即《1910年救助公約》和《1989年國際救助公約》。有關1910年公約的內容我們已在第五章中述及，這兒主要介紹1989年公約。

　　《1989年國際救助公約》於1989年4月15日至28日，在聯合國海事組織召開的外交大會上通過。該公約共五章三十五條。與1910年公約相比，它更新的主要內容是：

　　(1)把勞合社救助契約標準格式中的無效果無報酬特殊規定從僅適用油輪救助擴大到對載有其他有毒和危險物品的船舶救助。

　　(2)規定船長有權代表船東和貨主與救助人簽訂救助契約。救助契約如果是

在不正當影響下或在危險的影響下達成且契約條件不公平，或者是契約規定的
救助報酬與實際救助效果相比顯得過高或過低，可以被宣告無效或予以變更。

(3)如果遇難船舶的船東和船長發現救助人不能在合理的時間內單獨完成救
助工作或能力不足，可以要求或接受其他救助人的救助。

(4)救助人在對遇難船舶努力進行救助的同時應承擔起防止或減輕環境污染
的責任，此外還應在合理的情況下接受其他救助人的幫助。

(5)救助人在救助對污染環境構成威脅的船舶及其所載貨物時，如果沒有過
失但也未救助成功，仍有權獲得相當於救助費用的特別補償；如沒有過失而且
救助成功，則有權索取更多特別補償，但不能超過救助費用的兩倍。

(6)救助人因過失或疏忽造成被救助船舶損壞或導致油污而應承擔責任時，
同樣可以享有責任限制的權利。

1989 年公約在保持 1910 年公約確定的現行海上救助制度相對穩定的基礎
上，為適應世界航運業新形勢發展的需要，特別是國際上為解決救助油輪和防
止海洋污染等問題的需要，更新了一些有關海上救助的規定，而且巧妙地與勞
合社救助契約新標準格式保持了一致。它既是統一國際海上救助制度的國際立
法，也是海上保險人在對被保險船舶或貨物因遭遇承保風險而為他人救助後所
產生的救助費用確定賠償責任的依據。

❖ 註　釋

① 1976 年海事索賠責任限制公約自生效以來，因其所規定之責任限額明顯不敷需要，故
有 1996 年議定書之出現以修正之，但目前尚未生效。

② 勞合社救助契約標準格式目前之最新版為 1995 年版。

第 *19* 章
海事案件處理

　　船舶保險所承保的船舶一旦在保險責任有效期內發生了保險單項下的海損事故，被保險人就會按照保險條款的規定向保險人索賠因此而產生的損失和有關的費用。保險人在獲得被保險人的索賠請求後，同樣要進行包括現場查勘、檢驗、要求提供索賠單證、審定責任和計算賠款等一系列工作，完成賠案全過程的處理。由於船舶保險的複雜性，以及船舶的營運活動牽涉的面相當廣，保險人與被保險人之間在賠償、追償、付費乃至第三者責任等具體問題的處理上往往會產生爭議，引起海事糾紛，而這就需要通過適當的途徑來緩和或解決糾紛。所以說，船舶保險的理賠與涉及船舶的海事案件處理事實上是密切相關的。

第一節　　船舶保險的理賠

一、索賠時效

　　被保險人在他所投保的船舶發生保險事故以後，應立即通知保險人或其代理人，以不耽誤保險人或其代理人對被保險船舶發生的海損事故進行查勘、檢

驗、估損和立案的安排。被保險人在報案的同時，也就是向保險人提出了索賠，或者說他的索賠行為隨著報案已經開始。

索賠有時效。保險雙方在賠案處理過程中產生爭議，則需要透過訴訟方式來解決，訴訟同樣有時效。其實，一切海上事務，包括航海貿易所涉及的以及與船舶和船舶活動有關的任合海事契約或海上侵權行為在有關當事人之間都有可能產生爭議，引起索賠或訴訟。索賠也好，訴訟也好，實際上都是有關當事人之間的海事賠償請求，如海上保險契約的被保險人向保險人提出保險賠償請求，船舶碰撞事故的被撞船舶向過失船舶提出損害賠償請求等。這些賠償請求，統稱為海事賠償請求或海事請求。與此相適應，索賠或訴訟時效也就可以統稱為海事請求權的時效。

各國海商法對同屬海上保險契約的海上運輸貨物保險契約和船舶保險契約的有關海事請求權規定時效均為兩年。不過前者從被保險貨物在最後卸貨港全部卸離海輪後起計算，後者自保險事故或損失發生之日起計算。因此投保船舶保險的被保險人在被保險船舶遭受保險事故後的兩年內不向保險人提出索賠，不提交必要的索賠單證，或者不領取應得的賠款，即作為自願放棄權益處理。

由於船舶發生海損事故以後，其損害賠償責任不僅涉及船舶保險契約的當事人，而且經常關係到船舶保險契約以外的第三者責任和追償等，所以船舶保險的保險人和被保險人還須注意其他各類海事請求權的時效。我們擇其要者列示於後：

海上貨物運輸契約的海事請求權，時效為一年，自承運人交付或應交付貨物之日起計算；在時效期內或時效期滿後，被認定為負有責任的人向第三者提起追償請求的，時效為九十天，從追償請求人解決原賠償請求之日起或收到受理對其本人提起訴訟的法院的起訴狀副本之日起計算。

海上拖航契約的海事請求權，時效為一年，自知道或應當知道權利被侵害之日起計算。

船舶碰撞的海事請求權，時效為兩年，自碰撞事故發生之日起計算；但在因碰撞中雙方互有過失造成第三者人身傷亡的情況下，一方過失船舶連帶支付的賠償超過其所負過失程度的比例而向另一方過失船舶追償的請求權，時效為

一年，自當事人連帶支付損害賠償之日起計算。

海上救助的海事請求權，時效為兩年，自救助行為終止之日起計算。

共同海損分攤的海事請求權，時效為兩年，自理算結束之日起計算。

船舶發生油污損害的海事請求權，時效為三年，自損害發生之日起計算。

如同其他各類海事請求權的時效一樣，船舶保險契約的海事請求權時效極為重要。被保險船舶發生保險事故後，被保險人要及時向保險人報案索賠，要及時協助保險人向第三者追償，要及時協同保險人進行仲裁或者訴訟，否則就失去損害賠償的請求權或向第三者追償的請求權。如果需要透過仲裁或訴訟來解決爭議時，仲裁機關和海事法院也不受理超過時效期的海事案件。

二、現場檢驗

由於船舶在航運中致損的原因比較複雜，保險人為了確定損失是否在保險責任範圍以內，必須對受損船舶進行認真細緻的檢驗。這種檢驗不同於船舶的法定檢驗和入級檢驗，因為它是由船東或保險人提出檢驗申請，目的是查明事故的原因，遭受損失的性質、範圍和程度，由檢船師負責進行檢驗並作出公證性的鑑定，提供給保險人作為理賠的重要依據，所以屬於公證檢驗中的船舶海損檢驗。

下面談幾個與檢驗工作有關的具體問題：

1. 申請檢驗的方式

被保險船舶在海上航行中發生海損事故，船長應即作好事故報告和海事聲明。待船抵港口以後，被保險人就應委託其港口代理人向有關港務局遞交海事聲明，同時通知保險人派員對船舶損壞進行檢驗。如果船舶是在駛往國外的途中發生海損，那麼該船在抵達國外的港口後，被保險人應委託國外船舶代理人向有關港口當局遞交海事聲明，同時通知保險人在當地港口的船檢代理人進行檢驗。在出事當地沒有保險人指定的船檢代理人的情況下，被保險人可委請當地公認的合格檢驗人進行檢驗。

2. 驗船師的職責

負責對受損被保險船舶進行檢驗的專家稱之為驗船師。驗船師一般經驗豐富，他們根據申請人的要求，以第三者的身份、公正的態度，運用自己豐富的專業知識和技能對申請檢驗項目進行檢驗，從技術上分析事故發生的原因，確定損失的性質、程度和範圍，提出修復的措施和建議。有時驗船師應有關方的特殊要求，還可以估報修理價格。完成上述工作後，他們即向申請人出具檢驗報告，作為保險人處理賠償的依據。

3. 海損檢驗的項目

由於被保險船舶發生海損事故的情況不一，致損原因複雜，船舶海損檢驗的要求自然也就不可能相同。海損檢驗項目主要有以下幾點：

(1)*單獨海損檢驗*。驗船師應對船舶損壞部分進行檢查，對致損原因作出鑑定，以明確損壞的性質是屬意外事故抑或屬自然磨損。如果損因是船殼的自然耗損、鏽蝕或機器設備的自然磨損所致，保險人根據船舶保險條款規定不承擔賠償責任。在檢驗中，驗船師還應確定與海損修理直接有關的費用。例如船底的除鏽或噴漆費用按規定由被保險人自負，但如果這些費用與海損修理直接有關，比方說是在船底板破損的船舶被置換新鋼板後為防腐蝕而鏟刮噴漆所產生的，保險人就負責賠償。

(2)*共同海損檢驗*。驗船師應在檢驗中分清船舶的哪些損壞屬單獨海損，哪些屬共同海損，以便於以後讓海損理算師理算。如果是機械事故引起的共同海損，則應同時查明機損事故的原因，為共同海損能否成立提供依據。

(3)*船舶碰撞損失檢驗*。船舶發生碰撞後，不論是哪一方的受損情況均應經驗船師檢驗。做法上可以是雙方協商共同申請一個驗船師，也可以是各方自己申請，但各方在檢驗自身的損失時均應通知對方參加，以確定碰撞損失的範圍和程度，防止日後在修理中有意擴大。驗船師還應估算修理的時間和費用以作為處理船舶營運損失的依據，查勘船舶在碰撞時的位置和角度以作為劃分碰撞責任的依據。

4. 檢驗報告的作用

驗船師結束對被保險船舶的海損檢驗以後，必須以書面形式出具檢驗報

告，提交給申請人。檢驗報告是供保險人分析出險原因，確定損失範圍和程度，計算賠償責任的依據，是十分重要的索賠、理賠、仲裁和訴訟的證件。但就其性質而言，它僅僅是驗船師以第三者的身份客觀地證明損失情況，而並不是證明損失必須由保險人負責賠償的文件。保險人對被保險船舶所遭受的損失是否承擔賠償責任或者負責賠償多少，最終還是應根據船舶保險契約條款規定辦理。所以，如同對待海上運輸貨物保險中的貨損檢驗報告一樣，我們也應正確認識被保險船舶的海損檢驗報告所起的作用。

船舶檢驗的內容因船而異，因此一般無固定形式的檢驗報告，不像貨物檢驗報告有統一的固定格式。

三、索賠單證

被保險船舶經過海損檢驗以後，被保險人就應按檢驗報告確定的保險修理項目和範圍安排修理，並開列修理帳單，組織索賠文件和單證向保險人提出索賠。船舶損失索賠的文件很多，由於各國海上保險實行不同，所需索賠單證也不完全一樣。一般來說，被保險人在向保險人索賠時所提交的單證大致包括：

(1)**船舶保險單正本**。這是保險人確定保險責任和核定賠款金額的依據。保險人一般在賠償全損後收回保險單，賠償部分損失後則在保險單上加批註說明賠款已支付。

(2)**委付通知書**。被保險人在船舶發生推定全損時，必須向保險人提交委付通知書。

(3)**賣船單**。被保險人在保險人接受委付並按全損支付賠款後，應向保險人開出賣船單，表明船舶所有權對後者的轉移。

(4)**理算書**。船舶受損，不管是單獨海損還是共同海損，作為船東的被保險人都應委託海損理算師對海損所引起的各項損失和費用進行審核，並按有關規定劃分各有關方所負擔的金額。被保險人在索賠時須把理算師完成海損理算工作的書面結論即理算書提交給保險人一份。

(5)**海事聲明**。船舶發生海事，船長必須簽署一份旨在說明海損事故發生的

簡要原因、經過和損失情況的報告即海事聲明。海事聲明須報送海事發生後第一抵達港或避難港的港口當局,或船籍國駐當地的使領館備案,同時報送船公司和提交給保險人。

(6)**航海日誌**。每天定時記載船位、氣象、海況,並隨時記載各種有關船舶航海活動重要事項的航海日誌和記載船上機器全部運轉情況的機艙日誌,都是了解海損事故發生地點和時間,以及確定責任的原始資料。被保險人在索賠時必須提交這些重要的法律文件。

(7)**檢驗報告**。由驗船師在對受損船舶進行檢驗後出具的檢驗報告,是幫助保險人掌握船舶受損原因、範圍和程度等第一手資料並據以理賠的重要文件。它在被保險人提交的各種索賠單證文件中的重要地位自不待言。

(8)**投標書**。當船舶遭受部分損失而需要修理時,被保險人按照船舶保險條款規定應當進行修理招標,而參加投標的各家修船廠則透過自己的投標書報價。這些投標書是反映船舶修理費用高低和合理與否的依據。保險人經由比較被保險人所呈交的投標書來選擇其中的合理投標。

(9)**費用清單**。被保險人提出索賠時,必須向保險人提交以下費用清單:修理帳單,包括已修理的費用帳單和驗船師對尚未修理的合理損壞估值修理費;施救費用帳單;拖帶費用和引航費用帳單;港口使用費帳單,包括船舶噸稅、船舶港務費、燈塔費、停泊費和移泊費等;受損船舶進行修理所需耗損的燃料和機艙物料帳單。

(10)**與第三者責任方交涉的往來函電和文件**。船舶受損常常是由第三者責任方所致,如船舶被他船碰撞而受損。只要這些應由第三者承擔責任的損失屬於保險責任範圍,保險人仍得負責賠償,但要求被保險人將其自受損時開始到提出保險索賠時止與第三者責任方交涉的往來函電和其他文件交給保險人。它們是保險人在履行了保險責任以後向第三者責任方追償的重要法律文件。

(11)**仲裁和法院訴訟的有關文件**。在船舶受損是因為第三者責任所造成的情況下,被保險人經保險人同意,透過仲裁和訴訟程序向第三者責任方索賠。因此,被保險人在提出保險索賠時,同樣有義務把有關的法院判決或仲裁機構作出的仲裁書等文件提交給保險人,供保險人在追償時用。

　　以上這些單證和文件並不要求被保險人在向保險人索賠時必須全部提交。被保險人可根據船舶全損和部分損失的不同情況，或提交全部或提交其中一部分。如遇到特殊情況，保險人也會向被保險人索取其他有關單證或文件。

四、核賠工作要點

　　保險人在收到被保險人提交的所有必要的索賠單證和文件以後，應立即進行核賠工作。核賠工作的好壞是保險人是否認真履行保險義務的體現，關係到保險人的信譽。船舶保險核賠工作的要點是：

　　(1)審查船舶保險單是否有效，被保險人是否完全履行了保險單規定的義務和繳納了保險費，船舶出險時間是否在保險單有效期內。

　　(2)對船長的海事報告和其他船舶文件所列出的出險原因和事故經過，對照檢驗報告所說明的損失原因、範圍和程度，要反覆進行研究，認真加以分析，以便正確確定有關損失是否屬於保險責任以內。例如船舶因船身有裂縫致使航行中海水進艙導致沈沒，經檢驗查明，船舶在開航前船身即有裂縫，據此可審定船舶沈沒原因是船舶在開航前處於不適航狀態，這不屬於保險事故，保險人不予負責。

　　(3)在確定保險責任以後，應對損失修理項目和費用逐項仔細審核，以免讓不屬保險損失的修理項目和費用混入整個損失修理費用之內。例如船舶因船機的潛在缺陷而發生損失，保險人就應區別哪些是潛在缺陷本身的損失，哪些是由於潛在缺陷所致的船舶其他部位和設備的損失。如果是前一種損失就不屬於保險損失，保險人也就不承擔這部分損失的修理費用。

　　(4)對於損失所引起的施救費用和救助費用應當仔細審核，既要審核它們是否合理，又要將兩者加以區別。施救費用必須是被保險人為避免或減輕應由保險人賠償的損失，而且事先經過保險人同意所採取的措施和支出的費用，它不同於被保險人支付給主動對遇難船舶進行非契約的救助並取得成效的第三者的救助費用。兩者必須分清。

　　(5)對於損失所引起的其他費用，包括拖帶費用、出入避難港費用、船員工

資和維持費用等，也須逐項審核，確定哪些應由保險人負責賠償，哪些應由被保險人自己負擔。

(6)對因過失與他船發生碰撞而引起的賠償責任，應按雙方船東的協議，或透過仲裁或行政當局的裁決，或法院判決所確定的雙方船舶所負的過失責任比例，並了解船貨損失詳情，特別要對本船能否依法享有責任限制尋求和提出法律依據。

(7)如船舶發生共同海損，應詳細審核共同海損行為的過程，確定其能否構成共同海損的事實。

(8)如採用招標和重新招標來修理船舶的損失，應審核給被保險人的補償額有否超過船舶當年保險價值的 30%。

五、賠款計算

保險人經過核賠確定船舶損失程度和責任範圍以後，應結合承保條件，根據船舶全損、部分損失、共同海損分攤和碰撞責任等不同情況，逐項計算賠款。

1. 全損賠償

船舶遭受全損，保險人按保險金額賠償。

(1)當被保險人向保險人提出船舶實際全損的索賠以後，保險人一旦按實際全損作了賠償，與被保險船舶的有關權益應轉移給保險人，該船留下的任何殘值歸於保險人。但是被保險人原在出事航程中應收的運費，保險人按規定（英國 I.T.C. 條款的放棄運費條款）不得要求享受。要是被保險人在未辦理實際全損索賠手續之前已把殘值出售，保險人就把殘骸價值從船舶全損賠償額中扣除。

被保險人在船舶確定全損之前已支出的施救費用，保險人應在全損賠款以外的另一個保險金額限度內給予賠償。如果船舶保險金額低於保險價值，施救費用應按比例扣減，其計算公式是：

$$應賠償的施救費用 = \frac{保險金額}{保險價值} \times 已發生的施救費用$$

(2)在船舶發生推定全損的情況下，被保險人應向保險人提交委付通知。如果保險人接受委付，就按全損賠償，同時取得船舶的一切權利並承擔有關義務。如果保險人拒絕委付而按部分損失賠償，或者被保險人不提出委付而選擇按部分損失索賠，不論是哪一種情況，保險人在其對這種 100% 部分損失所支付的賠款中均應扣除免賠額，賠償後也不能取得受損船舶剩餘部分和其他權利。

2. 部分損失賠償

船舶遭受部分損失，保險人在保險金額限度內，按照對損失所作修理實際支付的費用賠償，但是在賠款中應扣除保險單所規定的免賠額。如果船舶受損後未經修理即已出售，保險人賠償金額應以驗船師估計的合理修理費用為限。船舶修理費用的項目很多，主要是：

(1)**臨時修理費用**。受損船舶停靠的港口因為沒有正常修復條件，只能進行臨時修理以使船舶恢復適航狀態開往有修理條件的港口。這項合理的臨時修理費用，可按實際支出金額賠償。要注意的是，被保險人如果僅僅是為了自己的方便而作臨時修理，在這種情況下所產生的修理費用就不能被視作合理的臨時修理費用。

(2)**加班費**。為了加快修船速度，減少船舶在修船廠的時間而支出的加班費，保險人按實際金額賠償。但是，保險人予以負責的加班費一定要合理，如為了減少船舶在船塢停留的時間而加班，為了使受損的客貨班輪保持原定船期而加班，為了使因共同海損行為而在避難港修理的船舶加快修理而加班，這些都被認為是合理的。如果被保險人只是為了盡早使用船舶而加班，由此產生的加班費不屬合理範圍。

(3)**因延遲修理而增加的修理費**。如果船舶受損的程度並不十分嚴重，不影響船舶繼續營運，待過了相當長一段時間乃至數年後才進行修理。一般來說，因延遲修理可能擴大損失程度而使修理費用必然超過船舶剛損壞時的修理費

用，這種增加的修理費應被視作不合理的，因為它是被保險人為了自己的營運利益而支出的，保險人不負責。但是一旦這種延遲修理的做法有利於保險人時，如船舶受損沒有修理，一直延遲到船舶按原檢修計劃方入塢修理，那麼保險人就應按比例賠償進出船塢費用和一般的修理費用。

(4)進塢修理費。船舶因遭遇事故而受損需進船塢修理，船舶檢修（包括特檢和歲修）也要進船塢修理。前者所發生的費用由保險人責任，後者所產生的費用則由作為被保險人的船東自己承擔。如果船舶進塢同時進行修理和特檢，進出塢費用和其他一切費用就需要在被保險人和保險人之間進行分攤，通常按各一半的比例分攤。即使船舶進塢是為了對損壞進行修理，如果損壞中既有單獨海損也有共同海損，那麼進塢修理費也應在兩者之間平均分攤。還有一種情況：船舶進塢是為了損壞修理，但被保險人趁船舶在塢之機，對不屬於保險責任的機器故障也一起進行了修理，只要後一種修理不延長船舶在塢的時間，不增加損壞修理費用，保險人就不能在應支付的進塢費用中作任何扣減。

(5)受損船舶移往修理港的費用。船舶受損時所停靠的港口無修理能力，為移往能夠修理好該船的港口而產生的合理和適當的費用，保險人也予以承擔，但前提是這項費用支出不是為了方便被保險人對該船進行其他修理。如果船舶移往修理港的目的是修理船損和正常維修一舉兩得，那麼由此而發生的費用應由被保險人和保險人按比例分攤。

(6)船舶擱淺後的船底檢驗費用。對船舶擱淺後專門為檢驗船底而產生的合理費用，即使經檢驗未發現任何損失，保險人按規定負責賠償，也不扣除免賠額。

(7)船底除鏽、噴漆費用。按規定，與海損無關的船底除鏽和噴漆費用由被保險人自己承擔，保險人負責對承保風險所致船損進行修理時的船底除鏽和噴漆費用。但是，如果船底損壞有可能是由於共同海損和單獨海損共同造成，甚至夾雜著應由被保險人自負的因素，那麼這項費用支出有必要在兩者或三者之間進行分攤。

(8)船員的工資和維持費用。船舶受損進行修理期間的船員工資和維持費用，因為屬於延遲所引起的間接費用，保險人不承擔賠償責任。但是在船員被

雇用擔任兼職看守或作為一般修理工參加修船的情況下，這種船員工資和維持費用就常常被認為是合理的，應由保險人支付。此外，當受損船舶出於修理的需要而並非為了被保險人自身的利益，從一個港口轉移到另一個港口修理，在此期間所產生的船員工資和維持費用，以及船舶修理後出海試航期間所產生的船員工資和維持費用，保險人同樣負責賠償。

　　⑼燃料和物料費用。受損船舶在修理期間的燃料和物料，或者為移往修理港口所耗費的燃料和物料，都可以被視作合理的修理費用支出，由保險人承擔。

　　⑽修理招標或重新招標期間的補償。被保險人在等候保險人要求招標時所花費的時間損失，即從發出招標邀請到接受投標為止這段時間內被保險人額外支付的燃料、物料及船員的工資和維持費用等，保險人給予補償。但補償額以船舶當年保險價值的 30% 為限。計算公式為：

$$補償額＝保險價值×30\%×\frac{等待天數}{365\ 天}$$

　　⑾代理佣金。船舶遭受海事損失以後，被保險人有義務向保險人提供詳細的索賠單證和文件，以證明船舶損失的範圍和程度。對被保險人為此所花費的時間和勞務，保險人不予補償。但是在特殊情況下，保險人如同意由被保險人委託代理人來處理案件，按規定就得負責被保險人支付給代理人的佣金和費用。其先決條件是事先一定要徵得同意。不過，被保險人為委託代理人承辦共同海損擔保所支出的佣金，不屬於保險人負責的代理佣金範圍。

　　⑿船東的監管費。在受損船舶修理期間，作為船東的被保險人往往派出船監業務員到船廠去監管船舶修理工作。這些人以船東雇佣人員的身份，在船舶修理之前，也會與保險人委派的驗船師一起對船舶進行海損檢驗。船東因此而支付給他們的監管費用可合理地列為船舶修理費用，由保險人承擔。

3. 船舶碰撞責任賠償

　　有關船舶碰撞責任賠償的計算方法，已在第十八章詳細作了介紹。現再舉個例子供練習用：

　　A 船與 B 船相撞，雙方互有過失。經判定 A 船的過失程度爲 70%，B 船的過失程度爲 30%。A 船和 B 船損失情況是：

A 船損失	
損壞修理費用	10萬元
船期損失	9萬元
共計	19萬元

B 船損失	
損壞修理費用	8萬元
船期損失	6萬元
救助費用	5萬元
人身傷亡	4萬元
所載貨物損失	3萬元
油污索賠	2萬元
共計	28萬元

(1)按單一責任方法計算：

　　A 船應承擔對 B 船損失的賠償：19.6 萬元（即 28 萬元×70%）；

　　B 船應承擔對 A 船損失的賠償：5.7 萬元（即 19 萬元×30%）；

　　相互沖抵後，A 船應賠付 B 船 13.9 萬元（即 19.6 萬元－5.7 萬元）。

　　根據船舶碰撞責任條款規定，保險人對碰撞引起的人身傷亡不負責任，因此在 A 船應賠付 B 船的 13.9 萬元中需扣除 2.8 萬元（即 4 萬元×70%），而由 A 船船東自己承擔，餘下的 11.1 萬元則由 A 船保險人負責賠償。

(2)按交叉責任方法計算：

　　根據船舶保險條款規定，保險人對被保險船舶的船期損失、人身傷亡、所載貨物損失和油污索賠不負責任，因此：

　　　A 船保險人承擔：A 船損壞修理費用 10 萬元＋A 船碰撞責任 16.8 萬元（即 19.6 萬元扣除 2.8 萬元）－B 船賠付 A 船的 5.7 萬元＝21.1 萬元；

　　　B 船保險人承擔：B 船損壞修理費用 8 萬元＋B 船救助費用 5 萬元＋B 船碰撞責任 5.7 萬元－A 船賠付 B 船的 16.8 萬元＝1.9 萬元。

　　此例中的計算按四分之四碰撞責任，也不扣免賠額。

4. 共同海損的理算（見第二十二章）

第二節　海事爭議的協商和解、仲裁及訴訟

　　船舶保險人承保了被保險船舶在海上航行和運輸中的各種風險，但這並不意味著所有海上損失均由保險人負責賠償。例如，由於被保險船舶不適航而造成的損失，保險人可以拒賠；如果被保險人未履行保險單所規定其應盡的義務，保險人可以拒賠；如果被保險人未履行保險單所規定其應盡的義務，保險人同樣可以免除賠償責任。這樣，船舶保險契約雙方當事人有時就會為賠償責任的確定發生爭議。當保險事故是由於第三者的責任所造成時，保險人在追償中也會與被追償方產生糾紛。此外，在救助報酬、碰撞責任等問題上，當事人之間各執己見，一方的權利主張或請求不為另一方所接受的局面更是時時出現。這些爭議、糾紛或分歧，可以統稱為海事爭議。不公平合理地解決海事爭議，必然影響保險人與被保險人或與其他人之間，或其他海事契約或海上侵權行為當事人之間關係的發展。國際上，對包括海上保險契約糾紛在內的各種海事爭議一般是透過協商和解、仲裁及訴訟等三種途徑來緩和或解決的。

一、協商和解

　　協商和解是指在爭議發生之後，由保險人和被保險人，或其他爭議的雙方當事人相互之間，本著公平合理、實事求是的原則進行協商，雙方都作出一定的讓步，在彼此都認為可以接受的基礎上達成和解協議，結束爭議。

　　協商和解有兩種不同的做法：一種是協商，即由雙方當事人直接碰談協商，以求得糾紛的平息，達成和解。協商過程中無須第三者介入參與，由雙方自行和解。採用協商來解決的海事爭議通常分歧不很嚴重，爭議金額不太大。另一種是調解，即由雙方或一方請求第三者出面說和、勸解、調停，促使雙方當事人互諒互讓，解決糾紛，達成和解。要用調解辦法來處理的海事糾紛，問

題比起可用協商解決的顯得複雜些，分歧也大些。

協商和解的好處很多，它不須經過仲裁或訴訟程序，因而避免了仲裁或訴訟的麻煩和省去為此而支付的費用，以及節約時間，而且形式不拘，既可以用口頭形式進行，也可以書信方式溝通，能使爭議在比較友好的氣氛中及時得到解決，靈活性大，有利於雙方關係的進一步發展。協商和解雖然不是海事爭議處理過程中必經的程序，它只能在雙方當事人自願的基礎上進行，不是強迫的，但是它因簡單易行而深受當事人歡迎。在中國大陸，「人保」公司與外國被保險人和有關第三者的爭議，以及其他的涉外海事爭議中，大部分是透過協商和解的辦法來解決的。

但是，由於海事爭議涉及的問題多，面廣且又複雜，不可能完全通過協商和解方法得以解決。當協商和解不成時，當事人就可以尋求仲裁或訴訟途徑來處理爭議。

二、仲裁

1. 仲裁的概念和特點

仲裁是指由雙方當事人在海事爭議發生之前或在海事爭議發生之後達成書面協議，自願把爭議交給雙方同意的第三者進行仲裁並自願服從其作出的裁決。

仲裁是一種建立在自願基礎上的解決爭議的方式，雙方當事人必須在達成仲裁協議之後才能把爭議提交仲裁。一般都是在發生爭議之前，雙方當事人簽訂海上保險契約或其他海事契約時在契約中就訂明仲裁條款；也有的是在爭議發生之後，雙方當事人經過磋商達成仲裁協議。只有在這兩種情況下，仲裁機構才能受理案件。如果雙方當事人在事前沒有任何仲裁協議，事後也未達成仲裁協議，僅一方要求仲裁，仲裁機構是不予受理的。各國的仲裁規則均以仲裁協議或仲裁條款作為進行仲裁的法律依據。此外，要強調的是，在已訂有仲裁協議的條件下，發生爭議就只能透過仲裁解決，除非有特殊情況，雙方當事人都不能採用訴訟。這是國際上的一般慣例。

　　仲裁概括起來有自由、公正、靈活、保密、迅速和節約六大特點。所謂自由，是指雙方當事人將爭議提交仲裁是出於自願，他們可以自由選擇仲裁機構和仲裁員，沒有強制性；公正，是指仲裁員在處理爭議時以國際貿易和國際航運的平等互利原則為基本指導原則，並更多地考慮國際貿易、航運界的慣例，做到公正合理；靈活，是指仲裁不拘形式，可以根據爭議的性質，採取靈活多樣的方式進行審理，如可以由仲裁員僅根據書面文件進行裁決，或由雙方的法律代表上仲裁庭作陳述，也可以不通過法律代表而自行出庭陳述和提出請求；保密，是指仲裁可以不公開地進行，保密性強，對雙方當事人今後業務往來損害較小，有利於維護雙方當事人的業務機密和信譽；迅速，是指仲裁員一般由保險、航運、海損、商務等方面的專家擔任，他們熟悉業務，經驗豐富，因此處理案件及時、迅速、正確；節約，仲裁費用一般不超過爭議金額的 5%，較訴訟費用低廉。正是由於仲裁具有這些特點，在包括海上保險在內的各種海事爭議中，當爭議雙方透過協商和解不能解決問題時，往往就都願意採取仲裁方式來解決彼此間的糾紛。作為解決海事爭議的一種方式，仲裁在國際社會上早已得到普遍的承認和廣泛的採用。

2. 仲裁程序

　　大致包括以下五個步驟：

　　(1)**申請仲裁**。申訴人即仲裁申請人根據仲裁協議向約定的仲裁機構提交申請書。仲裁申請書應當明確：申訴人和被訴人的名稱和地址；申訴人的要求和所根據的事實和證據；就海事仲裁委員會中選定仲裁員一人的姓名，或者委託海事仲裁委員會主席代為指定仲裁員的聲明。提交仲裁申請書時應當附具有關證件，如契約、仲裁協議、當事人往來函件的原本或者經過證明的副本或抄本。與此同時，申訴人還應按仲裁費用表的規定繳納仲裁手續費的預付金。按《中國大陸海事仲裁委員會仲裁規則》的規定，仲裁手續費的預付金額為爭議金額的 1%。

　　(2)**受理決定**。仲裁委員會收到仲裁申請書後，須審查：申請書是否附具有仲裁協議，該仲裁協議是否有效、合法；提請仲裁的事實是否在仲裁協議規定的範圍之內；爭議是否已作過處理，時效是否已過。經過審查，如對上述問題

都能作肯定回答，即可決定受理，否則可拒絕受理。

　　仲裁委員會決定受理後，應立即通知被訴人，並附送仲裁申請書及有關附件的副本。被訴人從收到通知這日起的十五天內答覆，可以應訴，可以對申訴人提出的要求進行抗辯，也可以對爭議提出反訴。在答覆時還應在仲裁委員會中選定自己一方的仲裁員一名，或委託仲裁委員會代為指定。如果被訴人拒不作出答覆，仲裁委員會可根據仲裁規則代為指定仲裁員，並按仲裁程序進行仲裁。

　　(3)**組織仲裁庭**。仲裁員是對具體爭議案件的審理者。選定仲裁員進行審理的形式有獨任仲裁員審理和合議仲裁庭審理兩種。獨任仲裁員由雙方當事人在仲裁委員會中共同選定一名仲裁員，或者由雙方當事人共同委託仲裁委員會主席代為指定一名仲裁員擔任。獨任仲裁員單獨成立仲裁庭進行審理。合議仲裁庭是先由雙方當事人在仲裁委員會中各自選定一名仲裁員，或者由雙方當事人委託仲裁委員會代為指定兩名仲裁員，而後由他們在接到仲裁委員會通知後的十五天內一起在仲裁委員會中推選一名仲裁員作為首席仲裁員，三人共同組成合議仲裁庭，並由首席仲裁員主持合議仲裁庭審理工作。仲裁員必須是與雙方當事人沒有利害關係的第三者。

　　(4)**仲裁審理**。仲裁庭組成後即進入審理階段。審理活動包括開庭、調查與審核證據、詢問證人或諮詢專家、採取保全措施和作出裁決。審理日期由仲裁委員會主席和首席仲裁員或獨任仲裁員協商協定，並通知雙方當事人。仲裁庭的審理一般是公開進行，但也可以同意當事人一方或雙方的申請，不公開審理；開庭審理方式可以是口頭審理即以口頭答辯方式接受仲裁審理，也可以採用書面審理即按照雙方當事人和證人或專家提供的書面證據資料來審理。在仲裁庭開庭審理時，如有一方當事人拒絕出庭，仲裁庭可依出席一方當事人的請求進行審理並可作出缺席裁決。

　　仲裁庭在審理前或審理的同時，根據一方當事人的請求可以作出保全措施的決定。所謂保全措施，就是仲裁庭為了保障勝訴方的利益，將敗訴方的財產採取強制性的措施封存，如扣船扣貨或其他財產、凍結銀行帳戶存款等，以防一方當事人在仲裁期間轉移資金或變賣財產，使另一方當事人在勝訴後一無所

得或得不償失。所以保全措施是勝訴方利益的重要保障。

(5)**裁決和裁決執行。**仲裁庭作出裁決並在審理終結時當庭宣讀裁決結論後的十五天內作出裁決書，裁決書中應說明裁決所依據的理由。裁決書由首席仲裁員和仲裁員或獨任仲裁員簽署後送交雙方當事人。仲裁裁決是終局裁決，雙方當事人都不能向法院或其他機構提出變更的要求。雙方當事人應按裁決規定的期限內自動執行裁決。如果一方當事人逾期不執行，另一方當事人可向法院申請強制執行。

為補償仲裁委員會的仲裁費用，在裁決中可徵收仲裁手續費，金額由仲裁庭規定，但最多不超過爭議金額的 2%。手續費由敗訴方全部負擔或由雙方當事人按比例負擔。仲裁庭可以在裁決中規定財訴方補償勝訴方因辦理案件所支出的費用，金額不超過勝訴方所得金額的 5%。

3. 中國大陸的海事仲裁機構

中國大陸處理海事爭議的仲裁機構是中國大陸海事仲裁委員會，原名中國大陸國際貿易促進委員會海事仲裁委員會，於 1959 年設立，自 1988 年 8 月 12 日改稱現名。原貿促會海仲委是設立在貿促會內的兩個仲裁機構之一，另一個是貿促會對外經濟貿易仲裁委員會，1988 年改名為中國大陸國際經濟貿易仲裁委員會。兩個仲裁機構，前者主要受理海上運輸契約以及其他各種海事爭議，後者主要受理國際貿易中產生的爭議。

中國大陸海仲委改名後，性質沒有變，仍作為非政府性民間團體，受理有關海上船舶互相救助、海上船舶與內河船舶互相救助的報酬的爭議，有關海上船舶碰撞、海上船舶與內河船舶碰撞或海上船舶損壞港口建築物或設備所發生的爭議，有關海上船舶租賃業務、海上船舶代理業務和根據運輸契約、提單或其他運輸文件而辦理的海上運輸業務以及海上保險等所發生的爭議。中國大陸現行的海事仲裁規則是貿促會 1988 年修訂發布的《中國大陸海事仲裁委員會仲裁規則》。

中國大陸海事仲裁委員會已和包括一些著名的仲裁機構，如英國的「倫敦仲裁院」、美國的「美國仲裁協會」、瑞典的「斯德哥爾摩商會仲裁院」等在內的世界各國的仲裁機構建立了廣泛的業務聯繫，並被列為世界主要仲裁機構

之一，受到國際貿易與海事界的廣泛重視。

4.《1958 年紐約公約》

　　由於各國在仲裁立法方面各有一套，尤其在承認和執行外國仲裁裁決問題上存在分歧，這就給解決國際海事爭議帶來困難。為此，聯合國經濟及社會理事會起草了一個有關在國際範圍執行仲裁裁決的國際公約，即《承認和執行外國仲裁裁決公約》（International Commercial Arbitration Convention on the Recognition and Enforcement of Foreign Arbitral Awards－June 10, 1958, New York），簡稱《1958 年紐約公約》。該公約於 1958 年 6 月 10 日在紐約聯合國總部召開的聯合國國際商事仲裁會議上通過，並於 1959 年 6 月 7 日生效。

　　《紐約公約》共十六條，中心內容是：締約國之間應相互承認和執行對方國家境內所作出的仲裁裁決，但也允許在特定條件下拒絕承認和執行。這些特定條件是：

　　(1)被要求執行裁決的當事人能舉證說明，據以受理仲裁的仲裁協議或仲裁條款無效，或仲裁庭組成不當，或仲裁程序不當，或裁決事項超出了仲裁協議規定的範圍，或裁決對當事人尚未產生約束力；

　　(2)被申請執行仲裁裁決的國家認定，爭議事項不應用仲裁方式解決，或承認和執行該仲裁裁決將違反該國公共秩序。《紐約公約》還規定，允許締約國在參加公約時可以聲明某些保留條件，如可以聲明「互惠保留」即只同意在互惠的基礎上承認和執行另一締約國國境內作出的仲裁裁決，也可以聲明「商事保留」即僅承認和執行他國對屬於商事性質的爭議作出的仲裁裁決。

　　中國大陸於 1986 年 12 月 2 日加入《紐約公約》，在加入時與大多數國家一樣作了以上兩項保留。自加入以後，中國大陸仲裁裁決在外國執行時所遇到的困難能夠得到克服，外國仲裁裁決在中國大陸的執行也完全有了保證。目前《紐約公約》已成為國際上有關執行外國仲裁裁決的主要公約。

三、訴訟

1. 訴訟的概念和特點

訴訟是指國家司法機關在爭議當事人參與下依照法定訴訟程序處理海事案件所進行的活動。

訴訟與仲裁一樣也是解決海事爭議的方法，但二者在解決海事爭議上的原則、性質和做法等有較大差別。訴訟的特點可以與仲裁的特點對照起來闡述：仲裁是自願的，非強制性的，而訴訟則是強制性的，它不需要雙方當事人在爭議發生之前或之後達成協議，只要一方當事人在訴訟時效期內向有管轄權的法院起訴，另一方必須應訴；仲裁機構和仲裁員由雙方當事人自由挑選，然後仲裁員再組成仲裁庭，而法院是國家機器的組成部分，具有法定的管轄權，審理案件的法官由國家任命或選舉產生，當事人不能任意選擇；仲裁方式靈活多樣，而法庭審理時氣氛嚴肅，依法辦事，無靈活餘地；仲裁可以不公開進行，保密性強，而訴訟要經法院公開審理；仲裁處理爭議及時迅速，而訴訟程序複雜，一般案件處理需要時日，有些「官司」甚至曠日持久；仲裁費用比較節約，而訴訟費支出高昂。可見，把爭議案件訴諸司法訴訟是比較嚴厲的處理海事爭議的方式。通常只有在協商和解、仲裁不成時，才採用訴訟。

2. 訴訟程序

⑴起訴和受理。原告即起訴人向法院提交書面起訴書。起訴書內容包括：起訴原因、原告姓名和地址、被告姓名和地址；爭議的事實和理由；訴訟請求的目的。法院接到起訴書後，經審查認為符合起訴規定的，立案受理，並在一定時間內將起訴書的副本送達被告，通知被告於收到起訴書副本後在一定時間內提出答辯書。對不在本國境內居住的當事人，送達訴訟文書的方式有多種：可以透過外交途徑，包括透過駐外使領館送達；在法律允許的情況下採用郵寄送達；如與當事人所在國簽訂有司法協助協議的，可委託該國法院代為送達或按協議規定的其他方式送達；由當事人的訴訟代理人送達；不可能用上述方式送達的，則公告送達，自公告之日起算滿六個月，就作為送達。

　　(2)**審理前的準備**。在規定被告提出答辯書的期限未到之前，法院應當認真審閱訴訟資料，進行調查取證，以辨別事實真相，為審理打下基礎。被告如要求延期作出答辯的，法院可以同意，但也限定延期的時間。待規定答辯的期限一到，不管被告是否已作出答辯，法院均可確定開庭日期，通知當事人或其代理人。所謂答辯，也叫應訴，是指被告對原告在起訴書中所提出的指控作出書面答覆，或者是反駁原告的訴訟請求，或者是提出反訴。被外國法院列為被告的當事人可以根據具體情況不向審理的法院作出答辯，而提出自己的請求。被告提出的請求主要有以下幾種：以法院無管轄權為由，請求法院駁回原告訴訟請求；以原告在起訴書中所控告問題的事實並不存在，不須審理為由，請求法院作出簡易判決來結案；以原告在起訴書中存在的某些法律技術上的缺陷為由，請求法院駁回原告的起訴。被告的答辯或請求都屬於訴訟的準備階段。

　　(3)**訴訟保全**。為了保證判決的執行，使最後判定的勝訴方利益得到保障，法院在審理前或審理的同時可以根據一方當事人的申請或依職權採取訴訟保全措施。在海事案件中實施的訴訟保全，稱作為海事請求保全（Security of Maritime Claim）。各國法院通常要求被告提供現金擔保或銀行擔保，也有船東保賠協會擔保或船舶保險人擔保的情況。如被告拒絕提供擔保時，法院便扣留其船舶或所載貨物。在被告提供可靠的、充分的擔保後，法院應及時解除扣押。法院在同意原告申請扣船的同時，也要原告提供擔保以賠償因原告申請不當而使被告遭受的損失。

　　(4)**開庭審理**。法院在開庭審理前將確定的開庭日期通知當事人或其代理人。如一方不出庭，法院可作缺席判決。海事案件一般都是由審判員組成的合議庭公開進行審理的，合議庭人數必須是單數，合議庭的審判長由法院院長或庭長指定一名審判員擔任。開庭審理包括宣布開庭、法庭調查、法庭辯論、法庭評議和宣布等幾個基本環節。在審理過程中，當事人及其代理人可自行辯護。

　　(5)**判決**。法院根據審理情況，依法作出判決。判決書內寫明判決認定的事實、理由和適用法律，以及判決結果和訴訟費用的負擔。判決書由審判員、書記員簽署，加蓋法院印章後交給雙方當事人履行。當事人如對判決不服，可在

規定的期限內向上一級法院上訴。若因故要求延期上訴的，可以准許，但也有限定的時間。原法院收到上訴書後，應在一定時間內將上訴書的副本送達對方當事人，被上訴人收到上訴書副本後在一定時間內提出答辯。原法院收到上訴書和答辯書後，應連同全部案卷和證據送交第二審法院。第二審的程序與第一審的相同。第二審法院作出的判決是終審判決，表明案件即可終結，當事人必須履行，不得再以不服判決再行上訴。第二審法院的判決一經宣告或送達，就立即發生法律效力。如若出不履行判決的情況，敗訴方或其財產在中國大陸境內的，由法院強制執行；不在中國大陸境內的，則根據參加的國際條約或互惠原則，委託外國法院代為執行。

第 *20* 章
保賠保險

第一節　保賠保險概述

一、保賠保險的概念和特點

1. 保賠保險的概念

保賠保險（P&I）是防護與補償保險（Protection and Indemnity Insurance）的簡稱，是承保船東在經營船舶業務中應承擔的，卻不包括在船舶保險承保範圍的責任風險的保險。

保賠保險是海上保險的一個組成部分，具有海上保險的一般性質和特點，但同時又與海上保險存在著明顯的差異。保賠保險承保的標的是船東的責任風險，因此就屬性來說，屬於責任保險範疇，與主要屬性為財產保險的船舶保險不同。然而在某些承保範圍上，保賠保險也承擔船東因經營與船舶有關業務所受到的一部分損失。作為船舶保險的補充，它適應了船東在經營船舶業務中的客觀需要，也豐富了海上保險的內容。辦理保賠保險業務的不是保險公司，而是由船東自願組織起來的保賠協會（P&I Club）。

2. 保賠保險的特點

(1)**附屬性**。保賠保險一般都以船舶保險為基礎，船東只有在已投保船舶保險的前提下才能投保保賠保險。保賠保險承保船舶保險不予承保的風險，補充船舶保險的不足，從而體現了它對船舶保險的依附性。

(2)**互助性**。保賠保險是船東之間相互協助，共同承擔某些風險的保險方式。保賠保險的雙方當事人即保險人與被保險人同為船東。當保賠協會的會員船東中有某個船東遭受所承保的風險時，這個船東就是被保險人，而其他船東站在保險人的地位賠償他的損失；一旦以後有別的船東遭遇到風險損失，該船東則與其他船東一起對遭受損失的船東承擔賠償責任，此時他的身份變成了保險人。所以，每個會員船東都兼具保險人和被保險人兩種身份，既可享受到賠償的權利，又要履行賠償的義務。全體會員船東貫徹互助的原則，共保責任，同擔風險。

(3)**無限制賠償額**。保賠保險並不以保險金額為賠償限額，其賠償原則是賠償會員船東在承保範圍內的所有損失。除對油污損害責任目前仍規定 4 億美元的最高賠償限額以外，對其餘的賠償均無限額。

(4)**非盈利性**。保賠保險的性質是船東互保，不以盈利為目的，不同於商業保險經由向被保險人收取保險費來獲取利潤。保賠協會向其會員船東收取保險費，全部用於對會員船東的賠款和分保費支出，以及協會自身必要的行政管理開支。

二、保賠保險的形成與發展

1. 保賠保險的產生

保賠保險歷史悠久，最早可以追溯至十八世紀，盛行於十九世紀中期。其產生的原因主要可歸納為以下幾個：

一是由於船舶保險對碰撞責任保障不足，船東們需要將船舶保險人不承保的那部分碰撞責任轉移出去。勞合社的 S.G. 保險單是在 1836 年以後才加上碰撞責任條款的，但出於督促被保險人加強經營管理的目的，保險人規定只承保

四分之三碰撞責任，餘下的四分之一由被保險人自負。由於船舶噸位的不斷增大，船舶價值和載貨價值的日漸提高，因碰撞而造成的經濟損失也越來越大，船東們不堪承受這自負的四分之一碰撞責任風險，還有碰撞責任條款不負責的超過船舶保險價值的超額碰撞責任，以及由於碰撞引起的清理殘骸和殘物等的費用。既然不能從船舶保險人那兒得到充分保障，船東們就十分希望有人來承保或分攤這些責任和費用。

二是由於船舶保險不負責賠償人身傷亡，船東們需要將船員和其他雇佣人員在船上發生的傷亡和疾病的風險轉移出去。1854 年英國的商船法雖然對船東承擔旅客人身傷亡的賠償責任作了限制，但這種限制的賠償金額仍要超過船舶價值和船舶保險金額。至於受雇於船東的船員和在船上從事裝卸、理貨的人員在工作中發生意外的人身傷亡事故和疾病，船舶險和貨運險都是不承保的，仍舊要由船東負責。因此，船東們迫切地需要將這些責任風險轉移出去。

三是由於船舶保險對承運貨物的某些損失列為除外不保，船東們需要將這些得由他們承擔的承運貨物損失賠償責任轉移出去。根據《海牙規則》規定，對因船舶不適航或沒有管好貨物而造成承運貨物的損失，船東們作為承運人是不能免責的，即使他們投保了船舶險，船舶保險人也不會同意承保。船東們同樣想把這些責任風險轉嫁給他人。

上述這些原因的存在，迫使船東們在傳統保險市場以外去尋求保障，以擺脫自身承擔的責任風險。1855 年 5 月 1 日，世界上第一家船東互助防護協會（Shipowners Mutual Protection Society）成立，這是船東們探索採用互保形式來取得這方面保障的結果。該協會即為現在英國布列塔尼亞保賠協會的前身。1856 年北英保賠協會成立。嗣後，聯合王國保賠協會、西英保賠協會等相繼成立。到十九世紀後期，以英國一些保賠協會為首的保賠協會集團已在世界上逐漸形成。隨著保賠協會不斷發展壯大，保賠保險成為海上保險的一個重要險種。

2. 國際保賠協會的建立和發展

從第一家保賠協會建立至今已有一百四十多年的歷史了。目前世界上已有二十多家具有國際性的保賠協會（下稱保協），承保了 90% 以上的世界海船

順位。規模較大的有十六家,其中十一家在英國,日本一家,美國一家,北歐則有三家。為了協調各保協之間的關係和限制彼此為爭攬業務而開展的競爭,同時也出於借助集體的雄厚資金和信譽,以及在各保協間安排分保以分散風險的目的,二○年代初英國有九家保協通過簽訂聯營協議和相互間分保協議而組成了倫敦保賠協會分保集團,簡稱倫敦集團(London Pool)。後來又有幾家北歐保協和日本保協先後加入,倫敦集團終於發展成為今天的國際保賠協會集團(International P&I Pool)。

國際保協集團的十七名成員是:布列塔尼亞保協(The Britannia Steamship Insurance Association Ltd.)、倫敦保協(The London Steamship Owner's Mutual Insurance Association Ltd.)、紐卡斯爾保協(The Newcastle Protection and Indemnity Association)、北英保協(The North of England Protection and Indemnity Association)、標準保協(The Standard Steamship Owner's Protection and Indemnity Association Ltd.)、標準保協(百慕達)〔The Standard Steamship Owner's Protection and Indemnity Association (Bermuda) Ltd.〕、汽船保協(The Steamship Mutual Underwriting Association Ltd.)、汽船保協(百慕達)〔The Steamship Mutual Underwriting Association (Bermuda) Ltd.〕、太陽地保協(The Sunderland Steamship Protection and Indemnity Association)、聯合王國保協〔The United Kingdom Mutual Steamship Assurance Association (Bermuda) Ltd.〕、西英保協〔The West of England Ship Owner's Mutual Protection and Indemnity Association (Luxembourg)〕、加爾德保協〔Assurance foreningen GARD (Gjensidig)〕、斯古爾德保協〔Asssurance foreningen SKULD (Gjensidig)〕、日本保協(The Japan Ship Owner's Mutual Protection and Indemnity Association)、利物浦和倫敦保協(Liverpool & London Steamship Portection and Indemnity Association Ltd.)、瑞典保協(The Swedish Club)和船東保協(盧森堡)〔The Shipowner's Mutual Protection and Indemnity Assocation (Luxembourg)〕。

　　國際保協集團現今已成為國際海上保險業的核心組織，在國際航運業中扮演著重要的角色。然而，由於這一集團主要由英國、北歐等航運保險發達國家控制，發展中國家的航運和海上保險利益得不到充分保證。為此，不少發展中國家紛紛建立自己的船東保賠協會，以掌握本國的保賠市場，加快本國的海上保險業發展。

3. 中國大陸保賠保險的歷史和現狀

　　中國大陸保賠保險的歷史較短。五〇年代尚未建立自己的遠洋船隊，從事遠洋運輸的船舶基本上都屬於中國大陸和波蘭於 1951 年成立的中波輪船股份公司。由於當時中國大陸既未舉辦船舶保險，也沒有開展船舶保賠保險業務，中波公司的船舶事實上都是向波蘭保險公司投保的。1962 年中國大陸「人保」公司開辦了遠洋船舶保險業務，並與波蘭華爾泰保險公司合作共同承保中波公司的船舶保險。1961 年中國大陸遠洋運輸公司成立。「人保」公司為適應中國大陸遠洋船隊的保障需求，在發展船舶保險業務的同時也舉辦了船舶保賠保險業務。1965 年 10 月「人保」公司上海分公司採用西英保協的條款承保了兩條中波公司船舶的保賠保險，這是中國大陸保賠保險之始。

　　自六〇年代中期起，中國大陸遠洋船隊的保賠保險一直由「人保」公司承保。「人保」公司承保後，再把其中 80% 的承保風險分保給聯合王國保協和西英保協，這種分保業務關係保持至今。1978 年「人保」公司制訂了自己的保賠保險條款。隨著中國大陸船隊的發展和國際航運環境的變化，對保賠保險需求越來越迫切的「中遠」公司下屬的部分船舶有的直接加入聯合王國保協，有的則向西英保協投保。1984 年 1 月 1 日中國大陸船東保賠協會正式成立，「中遠」公司的船舶和地方省市擁有的船舶又紛紛將原先在「人保」公司投保的保賠保險改向中國大陸船東保協投保。1988 年起，「中遠」公司系統的所有遠洋船舶全部參加了中國大陸船東保協，中國大陸船東保協也就此成為中國大陸保賠保險的主要承保人。1989 年中國大陸船東保協章程公布。

　　目前中國大陸絕大多數的遠洋船舶都投保了保賠保險，並通過三種管道與國際保賠市場建立聯繫：一是直接向聯合王國保協和西英保協投保，把風險直接轉移給國際保賠市場；二是繼續向中國大陸「人保」公司投保，而後者又分

保給聯合王國保協和西英保協；三是加入中國大陸船東保協，後者也將大部分風險分保到以聯合王國保協和西英保協為首的國際保賠市場上去。這種以「人保」公司、中國大陸保協和國外保協三個方面同時開展保賠保險業務的局面是符合中國大陸當前航運業發展的需要的。

第二節　保賠協會的組織機構和經營管理

一、保賠協會的組織機構

保賠協會是船東自願組織起來的民間組織，是「一家有難，大家分擔，互相保障」的社團，是以非盈利為目的的互助社會團體。所有的會員船東都可以從他們所加入的保協那兒獲得他們在船舶業務經營中對他人要負法律責任的經濟賠償保障，同時又共同分擔這些屬於船東責任的損失賠償。

目前世界上的保協雖然不少，但各保協的組織機構基本上相同，一般都設有董事會、經理部或經理公司，以及通訊代理等機構。

1. 董事會（Board of Directors）

董事會是保協的常設機構，也是最高權力機構。董事會成員每年在會員大會上選舉產生。會員船東的入會船舶噸位達到一定數量（如聯合王國保協規定為 1 萬噸以上）的，都有當選董事的資格。董事的產生通常要考慮到會員船東的國籍和船型，以及入會船舶所從事的運輸任務和船隊的規模等因素，以使當選的董事在船舶噸位、入會時間和地區分布等方面具有代表性。董事會成員的構成中，絕大多數是船東代表，少數是銀行家、有影響力的律師和有名望的政治家。各保協的董事會大權實際上是被一些有實力的大船東控制在手的。一般情況下，每三年選舉一次董事，從有利於保持董事會工作連續性的角度考慮，每次選舉更換 1/3 的董事。

董事會不直接處理保協的日常業務，它的主要職能是：

(1)制訂保協開展業務的方針政策，貫徹會員大會的決議；

(2)審核財務預算開支和投資經營報告；

(3)確定下一保險年度的追加保費費率；

(4)研究決定重大賠案賠款額的支付，各保協對重大賠案的賠款額標準規定不一，有的為 5 萬美元以上，有的則在 10 萬美元以上；

(5)監督和檢查經理部對日常保賠業務的管理工作；

(6)任命經理部的經理和其他工作人員；

(7)裁決經理部在履行協會章程或實施董事會決定過程中與會員船東發生的爭議等。董事會每年召開四至五次會議。

2. 經理部或經理公司（Managing or Operating Department）

經理部是由董事會組建並在其領導下具體經營管理保賠業務的機構。目前各保協的經理部有兩種形式：一種委託經營，即由保協聘請獨立的經理公司經營保賠業務。經理公司對外叫經理人，其本身可以是合夥組織，也可以是股份公司。管理人員多為律師、船務代理人、高級船員、會計師、銀行家等。另一種是直接經營，即由保協董事會直接任命建立經理部來處理保賠業務。不論採用何種形式，經理公司或經理部都要按業務性質，分設承保、理賠、抗辯、秘書、財務投資、通訊代理等若干具體部門。

經理部的職能是：

(1)定期向董事會匯報保費收入、賠款和投資等情況，並就這些方面工作提出改進建議；

(2)收集和分析會員船東向保協索賠和受保協指示通過仲裁、訴訟或協商等方式進行抗辯以解決爭議或賠案的成功經驗和失敗教訓，進而提出修改各種運輸契約條款的意見，供會員船東參考；

(3)為會員船東提供海事法律諮詢，解釋提單和租船契約條款，以及根據新情況代他們起草提單、租約或其他有關文件；

(4)協助會員船東處理海事，及時派出專家趕赴現場處理，並代為出謀策劃或出面與有關方交涉；

(5)為會員船東向有關方提供擔保，使後者免遭延滯、扣押；

(6)審核會員船東向保協提出的索賠，有權作出賠付、拒賠或和解的決定，並有權要求會員船東對索賠案件採取應有的包括仲裁和訴訟等在內的行動；

(7)收集國際海上保險的信息，了解國際貿易、航運、保險等各方面的動態，及時向會員船東通報；

(8)經常向會員船東報告入會船舶的賠付情況；

(9)指導保協在世界各主要港口聘用的通訊代理的工作，定期召開各地代理人的工作會議；

(10)開辦業務研討會或短期培訓班，協助會員船東培訓各種業務人才。

3. 通訊代理（Correspondent）

保協在世界各主要港口都有自己的保賠通訊代理。聘用他們的目的是讓他們代替保協經理部工作人員及時地就近處理海事案件，以節省人力和費用。通訊代理一般不是專職的，多數是由當地律師事務所、航運代理公司或保險公司兼營。保賠通訊代理的職權有限，沒有決定賠付金額的權利，主要是在當事人與保協之間起傳送信息和聯絡的作用，猶如「通訊員」一樣。

這些「通訊員」的具體職責主要是：

(1)及時向保協匯報入會船舶發生的海事或重大貨損貨差情況；

(2)調查了解海損事故的原因、損失的範圍和程度，以及入會船舶對事故所負的責任；

(3)接待保協派出的代表，安排他們赴當地調查和參加損失檢驗；

(4)受保協委託聘請當地律師，在仲裁或訴訟過程中為入會船舶抗辯；

(5)代表保協出具擔保；

(6)協助保協審核有關入會船舶索賠的資料文件，傳送爭議雙方的意見；

(7)在條件成熟的情況下，協助保協與當地索賠方進行談判；

(8)幫助當地的船東辦理加入保協的業務，向當地船東提供有關保協的各種資料。

正是因為通訊代理主要扮演著類似「通訊員」的角色，他們才不被稱作代理人。此外被冠以通訊代理名號的另一個原因是可以避免因使用代理人的稱呼而可能帶來的連帶責任。

二、保賠協會的入會申請

入會申請是指船東為將其擁有的船舶加入保協而提出的書面申請,其實就是保賠保險的投保。與任何其他保險的投保一樣,入會申請要求提出申請的船東必須做到最大的誠信,也就是在法律上要承擔告知、申報和保證等義務。

1. 入會申請方式和程序

入會申請方式有兩種:一種是船東自己直接向保協提出申請;另一種是船東委託經紀人來承辦保賠保險的投保事項。申請方式不同,申請的程序卻相同,都是先向保協索取入會申請書,然後在相當於保險公司的要保書上填明會員全稱、入會船舶名稱、註冊地點、總噸位、投保險別或條件,航行範圍和保險期限等,填寫後將申請書並附上入會船舶近期的適航證書副本交給保協。

保協在收到船東的入會申請書後,即對船東的要求和提供的文件進行調查和審核,並作出接納即承保與否的決定。若同意接納,就開出費率和承保條件。船東對此條件和費率若無異議,保協便簽發入會證書(Certificate of Entry)給他。入會證書的簽發,意味著該船舶已被接納為入會船舶,保協開始對它在承保範圍內的風險和責任負責。

2. 入會證書內容

通常由兩部分內容構成:第一部分包括投保險別(即註明是常規保賠保險還是運費、滯期和抗辯保險等);入會船舶船東的全稱;入會船舶規範(如總噸位、建造年份、船旗等);保險費(包括總保險費和每總噸費率)。第二部分規定承保條件,包括保險期限、除外責任、賠償限制、付款條件和免賠額等。

3. 船況檢驗

凡船齡在十二年以上的申請入會船舶,保協通常都要對它們進行船況檢驗。檢驗內容主要有船舶結構,艙室情況,起貨設備和機倉設備情況,駕駛台設備及海圖和有關資料,安全及消防設備,各種證書等。進行船況檢驗,目的是全面了解入會船舶,督促船東重視有效的維修以保證船舶的適航性和減少事

故的發生。若檢驗結果不符合要求，保協通常限令船東在規定期限內修理和改正，否則不予接納；如已接納入會的，則終止保險責任。檢驗費用，如果是入會時的船況檢驗，由船東承擔；續保時的船況檢驗，則由保協負責。

三、保賠協會的費率制訂

保協的資金來源，主要是會員船東所繳納的保險費，其次是短期的投資收益。保賠保險費同樣根據費率來計算。

1. 費率制訂

保賠保險的費率是指按照入會船舶的總噸位計算保險費的比例。保協沒有固定的費率表，它採用每年度分別與每個會員船東議定費率的做法。入會證書上載明的每總噸費率是保協同意接納入會船舶時所開出的費率，按該費率計算出來的保險費就是預付保費。入會時的費率由保協根據入會船舶入會時的登記總噸位、船齡、船型、航區、技術狀態、營運特點、管理水平、投保險別，及會員船東承擔的免賠額等各種因素，考慮後制訂。在制訂續保時的費率時，除上述因素外，還要考慮保協的管理費用、通貨膨脹、保協投資和其他收益，及入會船舶的賠付記錄等。

2. 保費構成

保賠保險費由預付保費（Advance Call）和追加保費（Supplementary Call）構成，還可能加上特大事故追加保費（Overspill Call）。

預付保費是保協在入會證書上開出的每總噸費率乘以總噸數所得出的保費。它通常在入會時一次付清，但也可與保協協商後在保險年度內分兩次或兩次以上付清。每個會員船東繳付的預付保費是不同的。

追加保費是保協在保險年度結束後根據保協整個的賠款情況決定徵收的保費。它可在保險年度中或結束時繳付。保協收取追加保費的辦法有兩種：一種是按預付保費的一定比例計收，即由保協確定一個比例，將該比例乘以會員船東該保險年度的淨預付保費；另一種是按入會船舶的每總噸費率的一定比例計收，即將保協確定的比例乘以入會船舶該保險年度的每總噸費率，再乘以該會

員船東在協會中的入會總噸位。每個會員船東應繳付的追加保費是相同的。各保協習慣上規定追加保費為預付保費的 25%，而且通常是在保險年度結束後十八個月內作出是否要徵收追加保費的決定。因為如果保協經營穩定，賠付情況較好或沒有出現虧損，就可以少徵收乃至不徵收追加保費，如聯合王國保協和西英保協近些年已數年未徵收了。

特大事故追加保費是指當索賠總額超過了可從超額賠款分保集團攤回的該案賠償額，而保協留存的特大事故儲備金又不足以支付時，由會員船東支付的額外保費。這種保費是先由保協確定一個費率，然後按會員船東各自擁有的入會船舶總噸位分別計算收取。

四、會員船東的義務

保協簽發給會員船東的入會證書可以視作是一份保險契約，因為它的第二部分明確規定了保協與會員船東之間的權利和義務。會員船東應盡的義務包括：

1. 事故通知

當入會船舶發生了保協所承保範圍內的事故而且可能會引起對保協的索賠時，會員船東應立即通知保協經理部，並及時聘請驗船師進行檢驗；同時還有責任採取各種合理措施，以避免或減少任何法律責任或費用。如果會員船東未盡好這一義務，保協有權拒絕或減少賠付。

在入會船舶因違約或侵權行為應對第三者承擔賠償責任的情況下，會員船東在未得到保協同意之前，不能先支付賠款和確認責任，即使這些責任有可能是由保協承擔。會員船東應尊重並採納保協對賠案的處理意見，而且在按規定向保協提出索賠前先付清保費和履行其他應盡義務，而後才能取得賠償。

2. 保持船級

會員船東必須保證其入會船舶具有被保協認可的船級社簽發的船級證書，並在入會以後保持該船級；此外，還應當在船級社指定的時間內執行船級社有關入會船舶的規定、建議和要求。如果在船舶事故發生之前，入會船舶因為未

能滿足船級社的要求而被取消原來的船級，會員船東應及時通知保協經理部。船舶發生重大事故後，應儘快通知船級社進行船級檢驗，核准原有的船級是否變更。

3. 繳付保費

會員船東在入會時須根據保協與其議定的費率，向保協繳付預付保費；當保協作出徵收追加保費或特大事故追加保費的決定時，他們同樣有義務繳付，為保協分擔責任。

五、保賠保險的續保、停保和終止

1. 保賠保險年度

保賠保險的期限為一年，但起訖時間與其他保險不同。保賠保險年度從 2 月 20 日十二時（格林威治時間）起算，至下一年的 2 月 20 日十二時終止。之所以如此規定，原因據說是在十九世紀船東們由於冬季波羅的海封凍，船舶無法航行，都不外出從事營運。一直要到 2 月 20 日以後冰凍融化，船舶可以通航時，船東們才結束「蟄伏」，開始營運並投保保賠保險。2 月 20 日遂為保協作為風險承擔的開始時日而沿用至今。

2. 續保和終止

保賠保險條款規定每年 1 月 20 日十二時前，保協有權通知會員船東終止下一保險年度的保險；同樣，會員船東也可按他自己的選擇，不必說明任何理由，在該年 1 月 20 日中午前有權向保協發出終止保險的書面通知。如果會員船東打算在下一年度續保，也應在該年度結束前通知保協。

3. 停保

保協規定，如果會員船東或入會船舶發生如下情況中的任何一種，即予停保：

(1)會員船東停業；

(2)會員船東長期拖欠不繳有關的款項；

(3)入會船舶出售或轉讓；

(4)入會船舶經船舶保險人接受為實際全損或推定全損;

(5)入會船舶失蹤,失蹤時間以船舶險保單規定的為準;

(6)入會船舶不符保協認可的船級社的要求,或入會船舶不符合保協章程規定的條件。

4. 停保或退保手續

會員船東無論由於什麼原因而在保險期內打算將其全部或個別入會船舶退保,就須在預定退保日前一個月書面通知保協。自停保或退保之日十二時起,保協不再對入會船舶負責。已繳付的年度保費通常不退,但有時也視具體情況酌情按比例退還。即使入會船舶停保或退保後,保協仍有權根據情況計算該會員船東應予負責的與該船有關的分攤費的款項。會員船東只有支付了這筆款項以後才不再承擔日後的分攤責任,故而此筆費用被稱為解除責任費(Release Call)。入會船舶如未載運貨物而停泊於某港,停泊期間船上只留個別人員看守,只要連續停泊超過三十天,該船船東就可像船舶保險中規定的那樣,要求保協退回停泊退費。退費按淨保費日比例的 95% 計算,淨保費為該船停泊期間應繳付的全部保費扣除保協決定的分保保費和行政管理費。

六、保賠協會的分保

保協支付賠款的資金從理論上來說是可以透過向會員船東徵收預付保費和追加保費來獲得解決,但是賠款支出越多,會員船東分攤的費用也越多,從而造成他們在保險年度結束前有可能繳付超過預付保費好幾倍的巨額追加保費。因此,為了減少向會員船東徵收巨額保費的可能性,卻又確保業務經營的穩定性,保協同樣需要像保險公司一樣來安排分保。

本世紀二〇年代初由英國九家保協組成的倫敦集團就是出於借助集體的雄厚財力,相互建立分保關係的目的而成立的。當初規定,各成員保協自留 1 萬英鎊,對超過 1 萬英鎊的索賠由九個成員保協按比例分攤。1951 年,由倫敦集團擴展而成的國際保協集團與倫敦保險市場簽訂了世界上第一份水險溢額分保契約,規定保協集團對每一事故索賠的最高自留額為 25 萬英鎊,25 萬至

250 萬英鎊間的賠款則由倫敦市場承擔。這項旨在應付發生災難性事故時巨額賠款支出的分保契約為各保協分擔了很大風險。發展到今天,保協集團的自留額已上升為 1,200 萬美元,1,200 萬至 12.5 億美元間的賠款向倫敦市場分保;若賠款在 12.5 億美元以上的,則超過部分重又回到集團,由成員保協按比例分攤。

保協集團是按如下公式來確定各成員保協分攤的比例的:

公式①:

$$\left(\frac{保協保費收入}{集團保費收入} + \frac{保協入會總噸位}{集團入會總噸位} + \frac{保協在集團內的索賠}{集團內的總賠款} \right) \div 3 \times 100\%$$

按公式①算出的比例再根據各保協在集團內的賠付記錄加以適當調整。

公式②:

$$\frac{保協入會總噸位}{集團入會總噸位} \times 100\%$$

對超出倫敦市場分保的溢額,按公式②的比例在集團內再進行分攤。

可見,保協獨特的分保方式與保險公司的習慣分保做法不同,它使得會員船東和保協能以較低的費率來承擔無限制責任的風險。事實證明這種分保方式是卓有成效的。

第三節　保賠保險承保的風險

保賠保險承保的範圍很廣,凡被船舶保險和船舶戰爭罷工險不保的風險基本上都可為它承保。當然,保賠保險也規定有除外責任條款來拒絕承保某些風險,即使承保了,在賠償上也有一定限制。保賠保險承保的風險責任大致可分成四類:

一、對人的責任

對人的責任一般被船舶險列為除外責任，保賠保險卻承保會員船東在法律上應負的人身傷亡等風險責任。包括：

1. 因人身傷亡直接引起的損失和費用

其中有：

(1)*船員的人身傷亡和疾病*。指船東應對船員在受雇期間發生的疾病、傷殘和死亡所負賠償責任及由此而引起的醫藥、住院或喪葬費等。

(2)*非船員的人身傷亡和疾病*。指船東因疏忽過失或未提供安全的作業設備或環境，應對碼頭裝卸工人、修船人員、引水員等在船上裝卸貨物時或在港口停泊、移泊及作業過程中發生的病傷亡所負賠償責任及由此而引起的醫藥等各種費用。

(3)*旅客的人身傷亡和疾病*。指船東按船票應對旅客在船上和登離船過程中發生的病傷亡所負賠償責任。

(4)*碰撞事故中致對方船舶人員的人身傷亡*。指船東因其船舶碰撞他船而引起對方船舶上的旅客和船員的傷亡應負的賠償責任。

2. 人身傷亡引起的間接費用

其中有：

(1)*遣返費用*。指船東將滯留在港的病傷的船員或旅客遣送回國所花費的開支。如等待和遣返途中發生的住宿費和機票，乃至醫護人員的護送費用。

(2)*替代費用*。指當船員因意外事故不能繼續在船上工作時，船東為使船舶適航須儘快安排別的船員飛赴事故地點替代原先的船員，在派遣替代船員過程中產生的有關工資和交通費。

保協對人身傷亡的賠償責任通常以會員船東與有關方簽訂的契約條款、當地國家的法律及有關國際規定為依據。從理論上說，保協對人的賠償責任是無限的，但因為保協承擔的是會員船東應負的賠償責任，會員船東只有在支付賠款以後才有權向保協索賠，所以保協實際上也和船東一樣根據有關國際公約享

受責任限制。如根據《1974年雅典公約》規定，船東對旅客傷亡的賠償限額每人每次為46,667 SDR；凡已通過保險或其他途徑獲得了旅客傷亡的賠償，就不能再向保協索賠。中國大陸《海商法》作了同樣的規定。

二、對物的責任

保賠保險承保對物的責任是指會員船東在法律上應負的對物質滅失和損壞的賠償責任，但如果該項損失是船東自己造成的，保協一般就不負責。主要包括：

1.船員和其他人員丟失和損壞的個人物品

指船東對船員、旅客和其他人員在船上丟失或損壞的私人財產應負的賠償責任。但不包括現金、有價證券、珠寶、稀有金屬或其他貴重物品，除非會員船東與保協另有協議，否則保協不予賠償。此外，如果保協認為船員索賠的某一項目是不適於船員在船上使用的物品，保協亦可以拒賠。

2.財產的損壞和滅失

指船東對陸上或水上的任何財產，不論是固定的或可移動的如陸上碼頭、橋樑，水中的堤壩、燈塔、航標等的任何損壞或滅失應負的賠償責任。但對因船東與第三者簽有契約而產生的賠償責任，保協不負責任。

3.對貨物的責任

指船東作為承運人對因過失而造成的貨物短少或損壞應負的責任、費用。包括：

(1)貨物的滅失、短少和損壞或其他責任。指因船東的過失疏忽、或作為承運人沒有管好貨物，或由於入會船舶不適航不適運等所造成的貨損而應由船東所負的責任。

(2)對受損貨物的處理。指船東對為卸下或處理已損壞貨物而發生的並應由其負擔的額外費用。但要保協同意賠償這種費用，前提之一是它們無法從船舶保險人或其他方面取得賠償，二是它們不屬共同海損。

(3)聯運提單或轉船提單。指船東對不是由入會船舶承運的貨物滅失、短少

或損壞應負的責任。這種責任的產生是因為入會船舶承擔了運輸過程的一部分，根據聯運提單或轉船提單或由保協經理部書面同意的其他契約的規定，應由入會船舶承擔的。對此稍作解釋：在聯運或轉船運輸情況下，往往有幾個承運人涉及整個貨物運輸。收貨人在卸貨港收貨時發現貨物短少或損壞，必然會向承擔最後一程運輸的承運人索賠，或向簽發提單的承運人索賠。遭到收貨人索賠的承運人通常先給予賠償，儘管這種貨損貨差有可能不是他的責任，而是承擔前幾程運輸的承運人過失所致。該承運人賠償後，便可向保協索賠。保協負責賠償給他後再去向其他承運人追償。

保協承擔對貨物的責任並不是什麼責任都保，什麼費用都賠，它也有限制性的規定和除外責任。主要有幾種情況：

(1)由於會員船東沒有使用標準的運輸條款（指海牙—維斯比規則等）所產生的責任和費用；

(2)由於未經保協同意而作的不合理偏航所引起的責任和費用；

(3)由於船東船長在明知提單上的貨物名稱或狀況與實際裝船的貨物不符的情況下仍簽發清潔提單，或由於他們簽發預借提單或倒簽提單，或由於他們允許未交出提單或有關單證的收貨人提走由可轉讓提單所承運的貨物，或未憑提單交付貨物，或在非運輸契約規定的目的港（地）卸下貨物，或入會船舶未到或遲到裝貨港或未將已訂艙的貨物裝上船等情況所引起的責任和費用；

(4)任何稀有或貴重物品如貨幣、金銀珠寶、有價證券等的損失。

對上述不論何種情況引起的責任和費用，保協概不負責。

4. 入會船舶上的財產

指船東對入會船舶上的貨櫃、設備、燃料和其他財產的滅失或損壞負有的賠償責任。但是這種財產不屬個人物品和對貨物的責任，也不構成入會船舶的一部分，不是該船東所擁有或租用的財產。

三、對營運中所產生的有關費用的責任

船東在經營船舶時，除了正常的營運費用支出外，還常常根據契約或有關

法律規定要額外支付一些與營運有關的費用。保協負責賠償會員船東的這方面費用主要有：

1. 遣返和替換船員的費用

指為了派遣接替船員去替換被入會船舶遺留在岸上的船員，或根據法定義務遣返該船上的任何船員而產生的，卻又不能按人身傷亡引起的遣返和替代費用索賠的遣返和替代費用。但不包括因契約終止所產生的費用，不管是根據契約條款而終止或是契約雙方協議而終止；因船東違反協議或其他服務或雇傭契約所產生的費用；因船東出售船舶所產生的費用；因船東採取的與入會船舶有關的任何其他活動所產生的費用。

2. 偏航費用

指為了使傷病船員得到及時治療，或為了遣送船上發現的偷渡者、難民或在海上救起的遇難人員，或為了等候替代船員上船而產生的合理偏航或在港內延遲的費用。但僅限於該船船東在船員工資、燃料、物料、港口使用費和保險費等方面遭受的淨損失，即不發生偏航或延遲也會產生的上述各種費用的超額費用。

3. 偷渡者、難民和海上救起的遇難人員的費用

指為了安排船上發現的偷渡者、難民，以及在海上救起的遇難人員而產生的有關費用，包括他們在船上的膳食，對偷渡者身份的調查和遣送他們上岸回國的各項費用。但是這些費用僅限於船東在法律上須承擔的責任，或經保協認可和同意支付的費用。

4. 因船舶全損滅失而造成船員失業的工資損失

指由於入會船舶失事而遭全損，使在船上的、正要前往或離開該船的船員失業所產生的工資損失，以及船東依法因此應承擔的其他賠償責任。

5. 碰撞其他船舶所產生的費用

指入會船舶與他船舶發生碰撞而產生的，但不為船舶保險中的碰撞責任條款所承保的責任和費用。包括：

(1)入會船舶投保船舶保險因採用的是普通碰撞責任條款而產生的須由船東自負的四分之一碰撞責任；

(2)超過船舶保險價值的超額碰撞責任；

(3)因碰撞引起污染造成的損害、清除費用和罰款，以及當地政府和有關當局為制止或減輕污染損害所支出的合理費用；

(4)因碰撞和其他海上事故引起船舶和貨物沈沒海、河或港內航道中，船東須承擔的對障礙物、船舶殘骸、貨物等進行打撈、清除、拆毀或設置航標與照明的費用，及由此而產生的其他費用。

但是，除了船舶入會時和每年續保時另有規定外，保協不負責入會船舶承擔的碰撞責任因按船舶保險條款須扣除免賠額的規定而不能從船舶保險人那兒得到賠償的部分。因為按英國倫敦協會船舶保險條款規定，免賠額扣除適用於碰撞責任，就可能產生上述情況。

6. 檢疫費用

指由於入會船舶上發生傳染性疾病，船東為此需負擔的額外費用，包括檢疫和消毒費用，以及該船東因此而在船員工資、燃料、物料、港口使用費和保險費等方面遭受的淨損失，即沒有發生這種傳染病就不會產生的這種費用。

7. 救助費用

既包括由於第三者救助入會船舶上的任何人員的生命，應由被救財產所有人向第三者支付的但不能從船舶保險人或貨物保險人那兒得到賠償的救助報酬，也包括救肋人對遇難油輪進行救助雖未取得成效，根據 1980 年的勞合社救助契約標準格式對油輪救助作出的特殊規定，油輪船東仍應償還給救助人的合理費用和附加費。

8. 船舶營運而引起的費用

指船東在經營和管理船舶業務過程中產生的責任和費用。這僅限於因經營管理人員疏忽過失所引起的，不包括船舶及船上任何滅失和損壞、船舶的修理費、運費或租金的損失、船舶發生海事後安置旅客的費用、海難救助費用、船舶的滯期費、租船的解約損失、因欠款不還而使其他人破產的損失等。

9. 海事調查費用

指船東因其入會船舶滅失或發生海事，為了替自己抗辯或保護自己利益而對事故進行調查所支付的費用。但進行這項調查須事先徵得保協的同意。

10.施救和法律費用

指入會船舶發生海事時或發生海事後，船東為了減輕或避免由保協全部或部分（如由於免賠額）承擔的責任和開支的費用的擴大，經保協同意後採取合理措施所發生的費用；也包括船東為了維護保協的利益而支付的法律訴訟費用，但事先也得徵求保協的同意。

11.執行保協旨意的費用

指船東為遵照和執行保協作出的與其入會船舶有關的特別指示而遭受的損失和支出的費用。

四、其他風險和責任

1. 污染的風險

由於入會船舶排放或逸漏油料或任何有毒物質而引起的，或者為防止這種事故發生而產生的責任、滅失、損害或費用開支。包括：

(1)船東對損害、滅失或污染應負的責任；

(2)船東遭受的損害、滅失和費用，包括船東為執行有關國際防污協議規定的義務而支出的費用；

(3)船東為避免或減輕污染損害而採取合理措施所產生的費用，以及對因採取這些措施而遭受損失的財產應負的責任；

(4)船東為防止入會船舶排放或逸漏可能會立即引起污染危險的油料或其他有害物質而採取合理措施所支出的費用；

(5)船東為執行任何政府或當局所下達的旨在防止污染風險或減少污染損失的命令或指示而產生的費用和責任，但這些費用和責任必須是不能從承保入會船舶的船舶保險人那兒得到賠償的。

除船舶碰撞事故造成的污染以外，船舶因發生觸礁、擱淺等其他事故而造成的油污損害也十分嚴重。由於大量的巨型或超大型油輪投入原油的運輸，保協面臨著越來越大的油污賠償責任風險。保協對其他風險的賠償責任一律不加限制，卻由於難以承受巨大的油污責任而唯獨明文規定對油污損害的最高賠償

限額。

2. 根據拖帶契約應負的責任

包括：

(1)入會船舶在正常營運期間由拖輪進行常規拖帶進出港口或在港內移泊時，船東按拖帶契約規定應承擔的，卻無法從船舶保險人那兒獲得賠償的責任。

(2)入會船舶由拖輪進行上述規定以外的非常規拖帶時，船東根據拖帶契約應負的責任。但保協對這項責任的賠償僅限於保協經理部事先確認的條款所承保的範圍。

(3)入會船舶拖帶其他船舶或物體時，根據契約應負的責任。但拖帶契約關於責任的條款需事先徵得保協同意。

3. 無法取得補償的共同海損分攤費

包括：

(1)會員船東由於違反運輸契約如船舶開航前不適航不適運而在法律上喪失了向貨方或與該航程有關的其他方索取原應由他們承擔的共同海損費用、特殊費用或救助費用。

(2)船東由於入會船舶的分攤價值高於其投保船舶險的保險金額，因而無法從船舶保險人那兒獲得賠償的應由船方承擔的共同海損費用、特殊費用或救助費用。之所以會出現分攤價值與船舶保險金額之間存在差額的情況，是因為共同海損理算是按受損時船貨的實際價值來進行的，而船舶保險人是按保額來計算賠款的，保協負責的正是這一差額。

4. 各種罰款

指會員船東由於各種原因而被任何國家的法庭或主管當局根據所在國法律或有關規定進行處罰所產生的罰款，以及入會船舶的船員因同樣原因受到處罰而根據法律規定應由其船東負責或保協同意給予補償的罰款。這些原因是指：

(1)入會船舶未能保持安全的工作條件；

(2)申報的貨物情況與單證上列明的不一致，或短卸、溢卸或溢交；

(3)違反海關章程；

(4)違反當地移民法則；

(5)因排放或逸漏油料或其他有毒物質造成的污染；

(6)船員或船舶代理人在履行職責時的疏忽或過失。

但是保協對船舶超載或非法捕撈所招致的罰款，有權決定不賠。至於因走私引起的罰款，中國大陸保協列為除外責任，而聯合王國保協卻作為承保的風險而予以負責。

五、除外責任

除非有另有協議，保賠保險不承擔下列風險責任和費用：

(1)**船舶保險承保的風險**。對會員船東所投保的船舶保險項下的責任和費用，保協不負責。

(2)**戰爭風險**。對可以由船舶戰爭罷工險承保的戰爭行為所引起的責任和費用，保協不承擔。

(3)**核風險**。對由於核燃料、含有放射性的產品或廢料作為貨物裝運在入會船舶上而產生放射性，或由於這些燃料、產品或廢料的毒性、爆炸性或其他危險性質的結果所引起的責任和費用，保協均不負責。但是，工業、商業、農業、醫學或科學上使用的，或擬在這幾方面使用的放射性同位素所產生的責任、損失和費用，以及保協同意的其他情況，則為例外。

(4)**雙重保險**。會員船東進行雙重保險，即既向一家保協投保，又以其他任何方式取得同樣風險責任的保險、保障和賠償，保協對由此引起的責任和費用不負責。但事先經保協同意並訂有特殊協議的不在此限。

(5)**違法風險**。對因入會船舶承運違禁品、偷越封鎖線，或從事非法貿易，或進行保協認為不安全、不適當或將引起額外風險的航程而引起的責任、費用和損失，保協皆不負責任。

(6)**違反運輸契約**。由於會員船東故意或輕率的行為或過失而違反運輸契約，如明知船舶不適航而把船派遣出去，由此而產生的費用和責任，保協不負責。

(7)因延遲引起的間接損失。與船舶保險一樣，保賠保險同樣不負責由於船舶延遲而引起的損失。

六、免賠額和最高賠償限額

除了規定除外責任之外，保賠協會對其承保的風險責任中的某些賠償分別規定了具體的免賠額。主要有：

(1)船員生病、受傷及有關費用。對每次停靠港口所發生的每人費用，聯合王國保協規定扣 200 美元，西英保協扣 500 美元，中國大陸保協扣 200 美元，承保保賠險的中國大陸「人保」公司扣 50 至 100 美元不等。如果因為同一傷情、病情分別在兩個或兩個以上港口就醫則只作一次免賠額扣除。

(2)貨物索賠及貨方共同海損分攤。對每次航程的貨損貨差和貨方共同海損分攤的賠償，聯合王國保協規定扣除 1,000 美元，西英保協扣 1,000 至 1,500 美元，中國大陸保協扣 320 美元。

(3)各種罰款。對每次油污事故的罰款或每次靠港發生的所有其他罰款，各保協一般規定扣除 500 美元。

(4)旅客傷亡疾病的賠款。對每個旅客人身傷亡、疾病的賠償，中國大陸保協規定扣 250 美元，每次事故的最高賠償額為 5,000 美元。

(5)油污責任賠償。對每次油污損害的最高賠償額，聯合王國保協規定為 5 億美元，西英保協為 4 億美元，中國大陸保協為 4 億美元。

以上所舉的免賠額並非一成不變，會員船東可根據自己的實際情況和自保能力來與保協商量，要求將免賠額定得或高或低些。免賠額的高低與保協收取保費的費率高低有關：免賠額定得高，保協開出的費率就相應低些；反之，免賠額定得低，費率就相應提高。可見，免賠額規定於保協和於會員船東皆是有利的，前者可減輕賠償責任，而後者則可減少保費支出。

第四節　保賠協會提供的特殊保險業務和其他服務

　　除了向會員船東提供一般保賠保險業務以外，保賠協會還根據船東們的要求，按不同對象、不同情況，提供一些特殊的保險業務和其他服務。

一、特殊的保險業務

1. 運費、滯期和抗辯保險（Freight, Demurrage and Defence, 簡稱 F.D.D.）

　　這是普通保賠保險的附加險別，主要承保會員船東為了保護自己的權益而進行抗辯活動時所產生的各種費用開支。保協在該險項下提供的承保範圍相當廣泛，但也規定有限制條件和除外責任。例如規定會員船東在參與或準備參與糾紛或訴訟之前必須通知保協並徵得同意，否則保協就有權拒絕承擔任何責任；對每項糾紛所產生的費用，不論是律師費、諮詢費、訴訟費還是仲裁費，保協都規定有免賠額，船東一般自負 2,500 美元，而且必須預先支付給保協等。

2. 罷工險

　　保協承保的罷工險有入會船舶上人員罷工險和港區罷工險兩種，投保其中一種抑或兩種都投保，由會員船東選擇。前一種險稱之為高級船員和／或船員罷工險（Ships' Officers and/or Crew Strikes），主要承保會員船東因其入會船舶上的高級船員和（或）船員罷工而使該船在港口或碼頭泊位的延遲所遭受的損失。後一種險即港區罷工險（Port Area Strikes），承保會員船東因入會船舶在港口或碼頭泊位的耽擱，和（或）在等待進入港口或到達泊位時的延遲所遭受的損失。

3. 戰爭保賠保險

　　保協承保的戰爭險通常稱為戰爭保賠保險，專門承保戰爭保賠保險的保協

叫船東戰爭險互保協會。戰爭保賠保險承保因戰爭行為引起的船殼和機器的損失，以及運費和其他費用的損失。還有一種戰爭保賠保險，是僅承保因戰爭原因或敵對行為引起的原可屬保協一般保賠保險承保範圍的船東責任風險，如因戰爭行為引起船東所要承擔的人身傷亡、遣返費用、救助人命費用等。為了不致與前一種戰爭保賠保險相混淆，後者被稱作特別戰爭保賠保險。不過，現在不少保協都把戰爭保賠保險與特別戰爭保賠保險結合起來承保。

　　除上述三種以外，保協提供的特殊保險業務還有石油開發保賠保險、貨櫃損失與聯運保賠保險、小型船舶保賠保險、租船人保賠責任保險等。

二、其他各項服務

1. 幫助處理事故服務

　　有不少事故，特別是一些案情複雜、索賠金額大的事故，通常都由保賠協會代替會員船東處理。只要會員船東及時與保協或當地通訊代理取得聯繫並請求幫助處理，保協通常立即派出有豐富的處理海事經驗的專家和有關技術人員到現場去檢驗查勘，分析致損原因，採取合理和必要措施及解決辦法，以減少損失，維護會員船東和保協的利益。保協因幫助會員船東處理事故而發生的各種費用，包括委請律師、檢驗師、通訊代理費等，均由保協負擔。

2. 擔保服務

　　當會員船東的船舶因涉及各種海事或賠償糾紛而遭到扣船威脅或被實際扣留時，保協為維護會員船東的利益通常都免費為他們提供擔保。由於保協在國際保險市場上的地位日漸重要，一些由信譽較好、經濟實力較強的保協出具的擔保越來越被世界上大多數國家和地區的擔保受益人所接受。一般由保協出具擔保函或通訊代理代保協出具擔保函。若書面擔保被對方拒絕，保協則可安排銀行擔保，但從不提供現金擔保。

3. 技術諮詢和建議服務

　　由於各保協之間的業務競爭根據國際保協集團協議的明文規定不是在保險費率上，各保協因此非常重視透過向會員船東提供包括技術諮詢和建議服務在

內的高質量服務來爭取客戶和業務。保協在這方面提供的服務項目主要有：提供防損防災方面的知識；介紹國際上有關海事的法律和規定的最新變化；幫助起草修改有關法律文件或提供有關諮詢；提供世界範圍的通訊。

4. 安全調查服務

保協還為會員船東調查他們的入會船舶因遭受各種犯罪行為而造成的損失，並提供防損服務。一些大的保協為此都成立安全調查服務部，負責對委託人由於被盜竊、欺詐或受騙引起的船貨滅失事件進行調查並出具報告；推荐有效的防損措施，以防止因犯罪活動造成的損失；對貨物運輸和儲存的程序或途徑提出改進的建議以減少罪犯得逞的機會；代為識別各種假單據；檢查保安工作；詢問當事人；對一般有關安全方面的問題提供諮詢意見。

5. 出版刊物

保協定期或不定期出版各種刊物，免費發送會員船東，目的是介紹保協有關情況，通告航運法規的修訂或變化，提出注意事項，組織重大案例的介紹和分析，總結經驗等，為會員船東和廣大船員提供學習資料。各保協出版的刊物有《經理年報》、通函、《新聞報道》等，聯合王國保協的《案例集》、汽船保協的《海上冒險》、西英保協的《船東和船長手冊》、加爾德保協的《保賠保險手冊》和斯古爾德保協的《油污手冊》等。

6. 其他服務項目

包括提供有關證書、舉辦研討會和培訓人員等。

第 *21* 章

海上石油勘探開發保險

一、海上石油勘探開發保險的性質

　　海上石油勘探開發具有投資多、技術複雜、風險大而集中的特點。在石油勘探開發作業中的風險，除了一般海上自然災害和意外事故外，還有些特殊的風險如沉沒、井噴、溢油和污染等風險。不僅如此，由於風險集中，事故頻率相當高，損失巨大。如果沒有保險作後盾，石油公司或承包人是無力承擔在勘探開發過程中可能發生的巨大風險損失的。他們只有在進行勘探開發作業之前參加保險，把一切風險轉嫁給保險人承擔。沒有取得保險保障，任何投資商或承包人是不會輕易去動手開工的。

　　海上石油勘探開發保險是以各種海上石油勘探開發設備如鑽井船、平台、油管等財產，各種責任和費用為保險標的的保險。這是一種集海上保險與非水險的承保風險於一體的綜合性保險。技術性強，條款複雜，險種繁多，這是它的特點。由於風險巨大，基本上都是透過國際上的再保險開展業務的。

二、海上石油勘探開發保險的種類

　　海上石油勘探開發作業一般可分為四個基本階段。由於在各個階段使用的

機具和操作方法不同，投入的人力、財力和物力不同，風險大小自然也不同。不同階段的不同風險，就需要不同的保險種類來承保。這四個基本階段及其需要的險種如下：

1. 地震探測階段，又叫鑽前普查勘探階段

這是進行地球物理考察，透過地震測檢來普查被測海域內有無油氣礦脈的階段。該階段的風險主要是地震船或物理勘探船在測檢過程中的風險和船上勘探作業人員的人身傷亡風險。承保這些風險的險種一般分為勘探船舶保險和雇主責任保險（勘探人員的人身傷亡保險）兩類。

2. 勘探鑽井階段

這是在經過地震探測，估計海底蘊藏有油氣礦後開始鑽探作業，直至第一口鑽井出油為止的階段。該階段的風險有鑽井設備和船隻的風險、控制井噴和油污損失的風險、各種責任風險等。因而有相應的險種來承保，它們是：鑽井設備保險、各種工作船舶保險、控制井噴費用保險、重鑽費用保險、雇主責任保險、保賠責任保險、戰爭險和政治風險保險、喪失租金保險、綜合責任保險和各種財產保險等。

3. 設計建設階段

該階段自第一口鑽井向岸上輸油開始，直至建成生產控制系統和岸上設施及輸油管道網為止。該階段的風險大致與鑽探階段的差不多，但涉及面更廣。需要投保的險種除上述幾種以外，還要增加油井建築安裝工程保險和鋪設油管保險。

4. 生產階段

這是在石油生產控制系統和岸上水下各種設施管道均已建成之後，轉入正常生產的階段。該階段的風險除鑽探階段的各種風險外，還會有各種財產的風險，尤其以火災風險更為突出。因此，除根據需要繼續投保鑽探階段的各個險種以外，還要增加各種生產裝置的財產保險、油污責任保險、機器損壞保險、產品責任保險等。

三、平台鑽井機保險

　　海上石油勘探開發保險的種類繁多，現僅以其財產保險中的平台鑽井機保險為代表作一簡要的介紹。

1. 保險標的及其承保範圍

　　平台鑽井機保險是以海上石油鑽井平台上用於鑽井的設備為保險標的的保險。具體來說是指平台設施上的屬於被保險人所有、保管或控制的有關設備、工具、機械、材料、供應物、配件、鑽井架、底層結構、鑽柱和其他財產。其承保範圍是負責被保險財產的一切物質直接損失。

2. 除外責任

　　該保險對被保險人、財產所有人或其管理人未克盡職責而造成的損失不負責賠償。此外，對下列原因引起的損失也不承擔責任：

　　(1)預知的風暴引起的損失；

　　(2)地震、火山爆發及其引起的火災、爆炸或海嘯所造成的損失和費用；

　　(3)用於打救護井以控制火災、井噴、塌陷所造成的損失和費用；

　　(4)為控制井噴、塌陷或為熄滅井噴所造成的火災中產生的費用和損失；

　　(5)作業延遲或喪失使用所造成的損失和費用；

　　(6)損耗、變質、金屬疲勞、機器損壞、由於氣溫引起的膨脹或收縮、腐蝕、生鏽、電解、設計錯誤、內在缺陷而引起的損失或責任所產生的修理或置換費用；

　　(7)電器事故引起電器設備的損失；

　　(8)對第三者的責任；

　　(9)有關搬移財產、清理場地或障礙物的索賠；

　　(10)正在鑽探或不在鑽探的井、眼；

　　(11)實際使用的鑽掘泥漿、水泥、化學物質及燃料、在井中的套管等；

　　(12)未經提煉的油、氣或其他原產品；

　　(13)設計圖案、計劃、規劃表或記錄、個人物品；

⒁政治性動機的人為損失；

⒂戰爭風險範圍內的損失等。

3. 施救費用

　　規定當被保險財產發生損失後，被保險人及其雇佣人員應在不損害本保險的情況下，並根據保險的條款、責任限額和除外責任進行起訴、勞務和出差以維護該財產或它的任何部分，因此而產生的費用由保險人負擔。但保險人對施救費用的賠償限額以引起這些費用項目的 25% 的保險價值為限。

4. 免賠額

　　由於平台鑽井機的保額較小，經常性的小損失又較多，故免賠率較高，一般為 3%。

共同海損

第 22 章

共同海損

第一節　共同海損的概述

一、共同海損的概念

　　船舶裝載著貨物從起運港開航時起，到抵達目的港停泊卸載時止，期間所遭受足以危及船舶、貨物共同安全的海上風險是多種多樣的，但一般不外乎自然災害、意外事故和其他特殊情況。不論是哪一種風險的發生，如不及時採取搶救措施，就會導致船貨嚴重損失，直至傾覆沉沒，而使船貨全部滅失。在這種情況下，為了使船舶、貨物，還有運費避免共同危險，有意而合理地作出特殊犧牲或支付額外費用，這就叫共同海損。例如，當船舶擱淺時，將船上所載的部分貨物拋棄海中，以減輕船舶的負擔，使船身起浮，或者讓其他船舶拖帶脫離險境，從而保證了船貨和運費的共同安全，那麼所拋棄的部分貨物就稱為共同海損犧牲，而救助拖帶費用的支出則為共同海損費用。

　　因此，共同海損的定義即可如中國大陸《海商法》第 193 條所表述：「共同海損，是指在同一海上航程中，船舶、貨物和其他財產遭遇共同危險，為了

共同安全，有意地合理地採取措施所直接造成的特殊犧牲和支付的特殊費用。」這一定義明確表示，共同海損可以是一種犧牲，也可以是一種費用，或者兩者並存，但它必須是非常性質的，必須是在航海過程中遭遇共同危險時，為了共同安全而合理地作出的或產生的。

二、共同海損制度的形成和發展

歷史記載顯示，共同海損制度自有海上運輸貿易出現的早期即已存在，比古老的海上保險制度還要早。共同海損概念最早大約在西元前 900～前 700 年間就已存在了。據說在世界上最早的一部海商法即《羅地安海商法》中便已載入充分體現共同海損思想的那段話：「凡是由於減輕船舶載重而拋棄入海的貨物，如果為全體利益而損失的，應當由全體分攤償還。」可是《羅地安海商法》後來失傳，沒有以文字形式保存下來，僅散見於古羅馬法學家的著作。共同海損原則最早見之於文字記載的是西元前 499 年羅馬帝國頒布的《十二銅表法》。這部被稱為世界上第一部比較完整的成文法規是刻在銅表上的，其中刻有「為大家犧牲的財產應由大家來補償」的文字。西元 533 年編纂的另一部羅馬法——《查士丁尼法典》中也有不少諸如「在天氣惡劣時鋸斷桅和拋入海」一類的關於共同海損的記載和判例。

中世紀以後，共同海損原則為西歐各國海商法廣泛採納，十二世紀的《奧列隆法》更進一步規定了關於共同海損的三條原則：

(1)船舶在危急情況下，為了船、貨、人員的安全，船長有權拋貨，損失部分由受益的船貨方按比例分攤；

(2)船舶遭遇大風浪，為了搶救船貨，船長可以砍斷桅杆或錨鏈，這些損失也應像拋貨一樣受到分攤補償，貨主應在貨物卸離船舶以前支付分攤金額；

(3)船舶所拋的海上貨物和其他動產，除了供船員飲水用的必不可少的器皿，或已經裁剪的布匹與舊衣服以外，都應參加分攤。

隨著十六世紀資本主義在西歐各國的萌芽，海上運輸事業有了迅速的發展。航運業的發展促使貿易方式也發生了新的變化，不再隨船出海的商人透過

在提單上附加條款的方式給予船長執行拋貨的選擇權，共同海損的概念更加明確。有關共同海損的定義終於在法國於西元 1556～1584 年出版的《海事指南》中第一次出現：「保險人對貨物裝船後所發生的費用、滅失和損壞承擔賠償責任。這些費用、滅失和損壞統稱為海損。海損具有各種不同情況。第一種叫作共同海損，它是為了救護船舶和貨物，採取拋貨，砍斷錨鏈、船帆或桅杆而引起的損失和費用。由於這種海損是由船舶和貨物共同分攤賠償的，因此稱作共同海損。」

英國海事法院正式使用共同海損這個名詞並為其下定義是在 1799 年，但兩年後即 1801 年就為英國大法官勞倫斯所下的定義所取代：「任何為保存船舶和貨物而作出的特殊犧牲或產生的費用均屬於共同海損，必須由受益各方按比例分攤賠償。」該定義因其內容較前者完整而被廣泛接受。

由於適應了海上運輸發展的需要，即使在進入帆船為以蒸汽機作為動力的輪船所取代的十九世紀以後，乃至出現具有較強抵禦海上風險能力的遠洋船舶的今天，共同海損制度始終在不斷得到發展，被提單、租船契約和海上保險契約等與海商法有關的各種契約普遍採用，成為這些契約中的一項重要內容。

三、共同安全說與共同利益說的爭論

共同海損制度雖然是各國採用的海事總原則，但由於各國政治經濟制度不同，航運事業發展規模不同，航海貿易習慣不同，在貫徹執行中也頗多差異。例如，英國的法律把共同海損行為的目的著重放在是為了獲得共同安全上，而以法國為代表的歐洲大陸法系國家和美國的法律則認為完成航運安全才是共同海損的確實目的。由於立場不同，各國對究竟應該怎樣劃分共同海損範圍，哪些損失和費用應該列入，哪些又不該列入，長期爭論不休，並衍生出所謂共同安全說與共同利益說的爭論。

1. 共同安全說

共同安全說的觀點是，應當嚴格按照共同海損的概念來劃分共同海損的範圍，因而可以列為共同海損的只限於為了解除共同危險而造成的特殊損失和支

付的額外費用。所以當船舶在採取共同海損行為以後一旦獲得了安全，也就表明船貨已經共同獲得了安全，在這以後再發生的任何損失和支出的任何費用都不能再列入共同海損範圍。共同安全說認為，共同海損的產生只是由於發生了共同危險，採取共同海損行為的目的只是為了解除共同危險，所以可以列入共同海損的也只能限於發生共同危險以後到獲得共同安全以前這一階段內的損失和費用。這種觀點由於強調的是獲得共同安全，故被稱為共同安全說。

　　如果共同海損的損失和費用只能限於發生共同危險以後至獲得共同安全以前這一段時間內，那麼船舶在安全到達避難港以後，為恢復船舶繼續航行也就是恢復適航狀態而進行的必要修理等費用就不能列入共同海損範圍。這顯然有利於貨方和貨方保險人，也正因為如此，共同安全說的觀點得到海上貨物運輸中的貨方支持。

2. 共同利益說

　　與共同安全說不同，共同利益說認為可以列入共同海損範圍的不只是限於發生共同危險以後至獲得共同安全以前這一階段內的損失和費用，還應當把為使船舶繼續航行獲得安全保障所引起的損失和費用也包括在內。因為船舶承運貨物的目的是為了將貨物安全地運往目的港，如果發生共同危險後僅僅把船舶安全地救助至避難港，實際上，「危險」並未完全消除，只有當船舶在避難港修復，重新獲得適航的條件時，船舶才有可能繼續履行貨物承運義務。共同利益說主張船舶在避難港到修復適航為止這一階段的損失和費用也都應列入共同海損範圍。由於在避難港到修復適航，使船舶能夠繼續航行並將貨物安全地運到貨物運輸契約所規定的目的港也是託運人即貨方的願望，所以這種主張既考慮到了船方的利益，又顧及了貨方的實際利益，共同利益說即由此得名。

　　如果船舶避難港到修復適航為止這一期間的損失和費用也應進行共同海損理算的話，那麼船方和船舶保險人便可以要求貨方來共同分攤這些損失和費用，它們不必再被當作單獨海損而由船方和船舶保險人單方面承擔。這無疑是有利於船方和船舶保險人的。由此可見，共同利益說的觀點代表了海上貨物運輸中的承運人即船方的立場。

　　雖然共同安全說和共同利益說在確定共同海損範圍上的分歧很明確，但在

國際航運實務中這兩種觀點往往不能清楚地分開,所以在實際的做法上是比較混亂的。由於這兩種主張代表了貨方和船方間的爭議,發展到今天已成為代表貨方利益的發展中國家與維護船東利益的西方海運發達國家之間為改變國際航運中的不合理現象而鬥爭的一部分。以共同安全說為基礎,卻又以共同利益說為主線的《約克·安特衛普規則》可說是這兩種觀點之爭的反映。該規則的七條字母規則其實代表了共同安全說的利益,而二十二條數字規則體現了共同利益說的觀點;儘管字母規則是作為原則規定的,但當字母規則與數字規則有矛盾時,字母規則應服從數字規則,可見《約克·安特衛普規則》又是兩種觀點相互妥協的產物。

第二節 共同海損的成立

一、構成共同海損的條件

因為共同海損是採取救難措施而引起的,構成共同海損必須具備以下條件:

1. 共同海損的危險必須是危及船貨共同安全,是實際存在的,不可避免的

這一條件包含三層意思,即:

(1)危險必須是船貨共同的。船舶與其所載貨物在海上運輸中可能遭遇到的風險事故很多,一旦風險事故發生,出現危險,不是危及船方就是危及貨方,有時則危及船貨雙方。如果發生的危險僅僅威脅到船的安全或僅僅威脅到貨的安全,那麼為解除這種只威脅到一方安全的危險而採取措施所造成的損失和費用就不能構成共同海損。例如,船上冷凍機在航行途中發生故障,使船上所載的冷凍貨面臨著腐爛的威脅。為了這批冷凍貨的安全,船舶駛入附近修理港修理冷凍機,所支出的費用就不能構成共同海損,因為冷凍機的故障僅危及冷凍貨一方,而對船舶安全未產生威脅。然而發生的危險如果威脅到船貨共同安全

的，由此而造成的損失和費用就能構成共同海損。例如，船舶在航行中與他船碰撞，機艙損失嚴重，主機停止運轉，船舶處於失控狀態，若不及時採取措施擺脫危境而是聽任船舶在海上漂浮，新的事故隨時有可能發生，使船貨遭到損失，因此這種碰撞對船貨來說即屬於共同危險。為了船貨安全，必須將船舶拖至附近修理港修理以恢復適航條件，所支出的費用便可列入共同海損範圍。

(2)**危險是真實的**。共同危險必須確確實實來自突發的自然災害或意外事故，是實際存在的而不是主觀臆想出來的。為避免實際存在的危險而採取措施所引起的損失和費用，就構成共同海損。例如，船舶在航行中，堆放在艙面的貨物因遭雷擊起火，船長下令灌水滅火，火被撲滅，但滅火行動中澆濕了其他未著火的貨物和船上的設備。由於貨物起火確實威脅著船貨的安全，是實際存在的，所以灌水滅火造成其他貨物和船上設備的水損屬於共同海損。再看另一個例子：船長認為裝有樹脂的貨艙內冒煙是有火情，在未入艙作調查的情況下貿然下令向該貨艙灌水滅火。事後發現艙內並無任何著火痕跡，火災的危險純粹是船長推測和臆斷出來的而不是真實存在的，下令採取灌水滅火是盲目行為，因此而給船上設備和貨物造成的水損自然不能列入共同海損。

(3)**危險是不可避免的**。不可避免的危險是指某種事故或特殊情況的發生雖然一時尚未實際給船貨造成損失，但如果不立即採取措施，船貨將不可避免地因共同危險的發生而受損。危險必須是不可避免的，共同海損才能成立。例如，船舶在航行中，螺旋推進器被打落，船舶失去了控制。儘管當時天氣良好，海面平靜，不存在擱淺或觸礁的威脅，但是天有不測風雲，大海隨時會「變臉」，失控的船舶發生翻船的危險也隨時可能出現。此時若不及時採取措施，擺脫這種失控狀態，後果就不堪設想。因此，發現船舶失控的當時，危險雖還不是緊迫的，但如不解決失控，危險將不可避免。在這種情況下，船長下令發求救信號，請求過往船舶拖帶到安全港口修理就是為解除船貨確實存在的、不可避免的共同危險的措施，屬於共同海損。

2. 共同海損的行為必須是有意而合理的

這一條件包含兩層意思，即：

(1)**行為必須是有意的**。所謂有意是指明知這一行為會造成船貨的部分損失

和支出一定的額外費用，但考慮到為解除危險並防止船貨遭到更大乃至全部損失，不得不故意地、主動地採取措施。例如，船舶在航行途中發生擱淺事故，為使船舶起浮脫淺，船長不得不下令拋貨，儘管他明知這樣做會損失貨物，但為了保存整體而故意犧牲局部。這種人為的故意行為所帶來的損失就應作為共同海損處理。然而，假定該船的艙面貨落入大海由於在風浪沖擊下船身劇烈顛簸所致，這種貨物損失並非有意行為造成，不屬共同海損。

(2)行為必須是合理的。所謂合理是指採取這一行為在當時的危險情況下對排除險情來說是必要的，是符合船貨各方共同利益的。例如為使擱淺的船舶起浮脫淺而拋貨，應被認為是合理的。不過，合理與不合理並無絕對的標準，只能結合當時當地的具體情況來確定，拋貨時先拋重貨、笨貨、廉價貨、容易拋棄的艙面貨應是合理的，反之，先拋輕貨、貴重貨或開艙拋貨則顯然不合理。即使行為是合理的，但如果超過了合理的限度，也就會變成不合理。例如，船舶擱淺後的拋貨，等到船舶起浮後即應停止，若仍下令繼續拋而不停，這就使該項原是合理的共同海損行為因超過限度而變為不合理的了。凡是不合理的行為或超過合理限度的行為，都不能被認為是共同海損。

3. 共同海損犧牲和費用必須是特殊的，而且是共同海損行為的直接後果

這一條件包含兩層意思，即：

(1)犧牲和費用必須是特殊的。所謂特殊，意思就是這項犧牲和費用在正常運輸情況下是不會發生的，它們只能是非正常運輸情況下所採取的行為的產物。例如，船舶在航行中因故擱淺，為擺脫險境，船長下令採取順倒車措施，反覆用車，雖明知此舉已超出機器正常負荷，肯定會遭損壞，但為了共同安全，達到脫淺的目的，迫不得已地作出犧牲，最終使船貨轉危為安。在非正常運輸情況下採取非正常措施，使機器嚴重損壞，這種犧牲是特殊的，應作為共同海損。如果該船因此而不能自行駛往目的港，只好由前來救助的拖輪拖至避難港，為此支付了拖帶費和港口使用費。這些費用的發生也是特殊的，不同於船舶平時進入卸貨港應支付的港口費用，所以也應作為共同海損。相反，如果船舶在航行中因遇到暴風雨，為與風浪搏鬥，增加了燃料消耗或者造成機器損壞，這些損失和費用就不是特殊的，是屬船方履行貨物運輸契約應盡的義務範

圍，是正常支出，不能被列入共同海損。

(2)這些犧牲和費用必須是共同海損行為的直接後果。因採取共同海損行為而產生的犧牲和費用並非一定就屬於共同海損，只有與共同海損有直接的因果關係的犧牲和費用才能列入共同海損。例如，船舶在航行中被浮冰撞擊受損而不能續航，後由過往船舶拖至避難港修理，為修理的方便，船上貨物被卸下裝進倉庫，修理結束後重新裝上船繼續駛往目的港。由此支出的救助費、避難港口使用費、修理費、貨物卸下和重裝的費用，乃至在裝卸過程中造成的貨損都是共同海損行為的直接後果，屬於共同海損。但是如果貨物卸下後在存放的碼頭倉庫內遭火災被焚毀，此時的貨損就不是共同海損行為的直接後果，不能列入共同海損。不過，倘若船東已為這些入庫貨物投保了火險，他所支付的這項保險費習慣上被認為屬於共同海損費用。此外，由於共同海損引起的延遲、滯期和市價跌落損失也因為與共同海損行為無直接聯係，同樣應被排除在共同海損之外。

4. 共同海損行為必須取得效果

採取共同海損行為的目的是透過犧牲局部以保全整體。如果在採取了有意的、合理的措施，作出了特殊犧牲和支付了額外費用以後，但最終未能使船貨獲救而仍遭全損，這樣，既沒有獲救財產，也沒有受益方，共同海損也就不能成立。因為共同海損分攤的基礎是受益方獲救的財產，船貨的保存是構成共同海損的條件之一。

對共同海損行為與其效果之間有無因果關係，各國的法律有不同規定。一般有因果主義和殘存主義兩種主張和做法。所謂因果主義，要求所採取的行為一定要取得效果，兩者之間一定要存在因果關係，沒有效果的行為不能視作共同海損行為。與之不同的是，殘存主義則主張，不論行為與效果之間有無因果關係，只要行為作出以後最後有所保存，那就承認該行為為共同海損行為。例如，船舶擱淺後，船長為起浮脫淺採取順倒車措施，卻未成功，主機因超負荷運轉受損 50 萬元；船長見狀只得再雇用拖輪拖帶，結果成功脫險，支出拖船費用 20 萬元。若按因果主義，可屬共同海損的只有 20 萬元，50 萬元那項損失不能列入；根據殘存主義，兩項損失和費用共 70 萬元都可列為共同海損。

比較兩種主張和做法，後者要顯得合理些。因為要求船長在船貨面臨共同危險，而且這危險又是十分緊迫的情況下作出的每一個決定，下令採取的每一項行為措施都一定獲得成功是困難的，也不是實事求是的。任何人都無法保證自己在如此危急關頭作出的措施一定是百分之百正確，一定會百分之百有效。苛求本身就具有超出正常條件的一定程度上的不合理性，其結果勢必給船長造成精神壓力，影響他們及時作出決策。相比之下，殘存主義的做法要實際些、客觀些，也因此容易被人們所接受。當前國際上在確定共同海損行為有效與否時，通常就以殘存主義為原則，也就是說，只要在船貨面臨共同的緊迫的危險情況下，船長下令採取的行為措施確實是經過慎重考慮，而且最後避免了船貨同歸於盡的局面出現，使船貨有所保存，那麼所有主動作出的犧牲和支出的費用都應作為共同海損。

　　以上四個條件是構成共同海損的一個統一體，必須同時具備才構成共同海損。由於共同海損成立與否在實踐中有著十分重要的作用，直接關係到船貨雙方的利益，因此也常常成為雙方爭議的關鍵問題。解決此類海事爭議，一定要熟練地掌握這四個條件，認真仔細地加以判斷。

　　採取共同海損行為，一般應由船長作出決定和負責指揮。但當情況特殊或船長因故如患重病、受重傷等而不能指揮時，為了船貨共同安全。其他人，包括船上高級船員、一般船員，乃至乘客，也可出面指揮；如果指揮得當，符合共同海損的條件，所採取的共同海損行為同樣成立。例如，二戰期間，有條法國商船被德國潛水艇俘獲，船上的法國船長被拘禁起來。為將該商船帶往德國，德國潛艇另派一名德國人上船駕駛。途中該船遭遇風暴，駕駛指揮的德國人眼看情勢危急乃下令開艙拋貨，遂使商船轉危為安。不料商船繼續航行不久，又為法國軍艦攔截，從德國人手裏解救出來，法國船長重新工作並將船駛回法國港口。貨方要求船方共同分攤途中危急時拋貨的損失，船方以拋貨是德國人所為，不能認作共同海損為由拒絕承擔責任。這一海事案件最後提交司法訴訟解決，法院判決認為，雖然德國人在俘獲該船後是把船及船上貨物視為戰利品來對待，它們已為德國所有，但開艙拋貨是為船貨共同安全而採取的這一性質卻沒有理由因此而遭否定，此項行為應認為是共同海損，所以拋貨損失應

由船貨雙方共同分攤。

二、共同海損和單獨海損的區別

我們在第四章已談過區別共同海損與單獨海損關鍵是認清兩點,即一是看損失是意外造成的還是有意識行為造成的;二是看因損失發生而使利益受到影響的是船方或貨方某一方,還是船貨雙方。一般來說,根據這兩點去辨別一些損失原因和事實都比較清楚的共同海損或單獨海損還是可行的。例如,船舶因意外擱淺造成的船體損失屬於單獨海損,為使擱淺的船舶起浮脫淺而加足馬力倒車致使機器受損則應列入共同海損。又如船舶失火,被火焚燬的貨物損失屬於貨方的單獨海損,但為滅火而灌水使未著火的其他貨物遭受水損應屬於由船貨雙方分攤的共同海損。這兩個例子還告訴我們一點,那就是單獨海損的事故往往先於共同海損行為發生,彼此經常是有聯係的。這一點也可供我們在區別它們時參考。

在海事中,兩種海損常常錯綜複雜地交織在一起。儘管從理論上說,區別這兩種不同性質的海損不是很困難,但事實上要明白地將它們分清卻並非易事,何況共同海損在不少情況下是為防止或減輕單獨海損發展成為全損,在危險已迫在眉睫的時刻而形成的,所以更增加了區別它們的難度。此外,有一些損失既不屬於共同海損又無法成為單獨海損,它們的存在也值得我們在確定共同海損範圍和進行共同海損理算時加以注意。它們大致可以分為:

(1)間接損失。如因採取共同海損行為而延誤了航程時間,致使貨物遭受市價跌落的損失;由於共同海損行為的發生而影響船東對下一個航程安排所造成的營運損失等。它們不屬於共同海損,因為與共同海損行為明顯無直接聯係,不是前者的直接後果;但也不是單獨海損,因為單獨海損同樣必須是海上災害事故對營運中的船舶和運輸中的貨物所造成的直接損失。

(2)艙面貨載。習慣應裝在艙內的貨物經貨方同意後裝載於艙面,如果在航程中採取共同海損行為時被拋棄,它們不能作為共同海損犧牲來處理,除非舉證這些貨物裝在艙面上運輸是符合海上運輸習慣,即屬艙面貨。由於它們是被

有意地人為拋棄的,而不是意外事故造成的損失,故而也不能作為單獨海損。

(3)謊報貨物的損失。所謂謊報貨物是指未經承運人同意裝上船,或貨主未以真實姓名託運的貨物。它們在共同海損行為中受損不能作為共同海損犧牲而得到補償,因為它們裝在船上這一事實的本身就已違反了海上貨運契約的規定;它們也不是單獨海損,因為所受損失不是意外事故導致的結果。

(4)原已喪失價值的財產的損失。如已損壞的船舶屬具、霉爛的物料、已受損的貨物等。它們在共同海損行為中被拋棄皆不能作為共同海損犧牲來對待,因為這些物品在拋棄前即已因不同原因而損壞,其中如因海上災害事故引起的,屬單獨海損,如因保管不善、保養不周則應歸咎於它們的所有人,由他們自負。不管怎樣,不能把這些原已喪失價值的財產的犧牲與共同海損犧牲混為一談,因為即使不拋棄,它們也不能保全其原有價值。

(5)在正常航行中超負荷使用機器設備的損失。在正常航行中,船舶如遇大風浪或季節風等,因逆風行駛而使主機超負荷運轉損壞,或多消耗燃料,都不能列入共同海損,因為船舶所遇這些事故是可以預測到的,承運人理應考慮到這些正常的費用支出,以及設法避免這些在正常運輸情況下發生的損失。可以預測的、常見的事故不能稱為危險,所以不能構成共同海損。至於單獨海損也難以成立,理由有二:一是船舶應具有抵禦這種意料中的風浪的適航能力;二是單獨海損一般只指船或貨本身的損害和滅失,不包括費用,何況該費用並非因意外事故引起。

(6)對臆想中的危險採取措施所引起的損失。如船舶習慣性擱淺事實上不會對船貨共同安全構成威脅,船長卻下令強行開車,脫淺起浮,只能說是對一種不真實的危險採取的行為,由此而造成的主機損毀不是共同海損。這種人為因素導致的損失也不是單獨海損。

某船裝貨 10,000 箱,分裝甲乙兩艙各 5,000 箱。途中,甲艙意外起火,船長下令灌水滅火,艙中 2,000 箱著火後被撲滅,有嚴重水漬損失;1,500 箱被燒燬;500 箱受熱熏未見著火痕跡;1,000 箱未見著火痕跡,但有受熱熏又有水漬損失,經檢驗人對這兩種同時存在的損失細心劃分後確定熱熏損失 40％、水漬損失 60％。在撲滅甲艙大火過程中,船長聞到乙艙內似乎也有焦

味，於是對乙艙也採取了灌水措施。事後檢查未發現該艙內有任何著火痕跡，但卻有 2,500 箱遭水損。以上所列出的五種情況的貨損，性質是各不相同的，按照構成共同海損的條件可分析如下：甲艙內的 2,000 箱屬單獨海損，因為貨物已著火，如不加以撲救，將全部被燒掉，所以對水漬損失也就不另外計算；1,500 箱已被燒燬，明顯屬於單獨海損；500 箱雖未見著火痕跡，但由於火災引起熱熏，並非人為施救所致結果，因此也屬單獨海損；1,000 箱損失的情況較複雜些，40％的熱熏損失即 400 箱屬單獨海損，而 60％的水漬損失即 600 箱則是由於撲滅同一艙內的火災而引起的，這是一種有意的、合理的，必須採取緊急措施所造成的損失，應列入共同海損。乙艙內遭水損的 2,500 箱，不是共同海損，因為它們是船長對主觀臆想中的危險採取行動而產生的，也不屬單獨海損，因為它們是人為因素的產物。

第三節　共同海損的範圍

可以列入共同海損範圍的損失，分為共同海損犧牲和共同海損費用兩大類。共同海損犧牲是由共同海損行為所直接造成船貨的物質損失，而共同海損費用是因共同海損行為而需支付的額外費用。

一、共同海損犧牲

共同海損犧牲包括船舶的犧牲、貨物的犧牲和運費的犧牲三部分。

1. 船舶的共同海損犧牲

(1)拋棄。指拋棄船舶的燃料或物料，以解除船貨共同危險的一種有效措施，拋棄行為所引起的損失屬船舶的共同海損犧牲。可以拋棄的船舶物料，只限於根據航運習慣必須或允許被置放在艙面的物料，如備用的錨鏈、索具、救生艇等。除了被拋棄的船舶物料或燃料本身的損失以外，凡因拋棄行為而直接造成船舶的損失，如為便於拋棄而在船邊、艙面鑿洞造成船舶的損失，被拋棄

的貨物為海浪捲入推進器內而將車葉損壞等，也都屬於船舶的共同海損犧牲。但是，如果被拋棄的物料在拋棄前已經被風浪或其他原因毀損，就不能作為共同海損處理，因為它們在被拋棄時已不具有任何價值，即使沒有共同海損行為，遲早也要被拋棄。

(2)**救火**。指為了維護船貨共同安全而採取的滅火措施，由此而造成的船舶損失，如在艙面上鑿洞引水滅火，打開船底閥或在船底鑿洞沉船滅火等，都屬於船舶的共同海損犧牲。但在確定因滅火而造成船舶的共同海損犧牲時，要剔除船舶直接被火燒毀或烘烤、煙熏等這些單獨海損。

(3)**自動擱淺**。指船舶在航行中遇險，為避免船貨遭受更大損失而採取的緊急自救措施。如船舶在航行中發現船底破裂，海水大量湧入艙內，在採取堵漏、抽水措施均無效的情況下，為避免沉船而不得不駛向附近淺灘自動擱淺，由此造成船體的損傷，以及為使自動擱淺的船起浮而造成該船的損壞，均屬船舶的共同海損犧牲。

(4)**起浮脫淺**。指對因事故擱淺並處於危險狀態的船舶採取脫淺，使之重新起浮的措施，包括拋棄船舶燃料、物料以減輕船載，將船體擱淺部位的物料移放他處以便起浮，借助漲潮及風力反覆開車強行起浮等。由此而引起的拋棄物料損失、移動物料損失、開車時劃破船底的損失，以及因強行起浮而過度使用船機和索具等所致損失，均屬船舶的共同海損犧牲。

(5)**在避難港卸載、重裝或移置船舶燃料或物料**。指對在避難港的船舶採取旨在解除船貨共同危險或進行必要性修理的一項措施，為此而將船上的燃料、物料進行卸載、移置或重裝等作業應是一種共同海損行為。因這些作業造成船舶和船上物料損壞或滅失，屬於船舶的共同海損犧牲。

(6)**船舶物料充作燃料**。指在原備足的燃料已經耗盡的情況下，為繼續航行而採取的一項非常性的救險措施。船舶在航程中遇到惡劣氣候，航行時間延長，致使原在開航前根據正常航程備足的燃料全部耗盡，也無法駛靠附近港口補充燃料，為繼續航行而不得已將船舶物料當作燃料使用，這種損失屬船舶的共同海損犧牲。在船舶遇險的危急情況下，用船舶物料備件作為堵漏物堵塞船板裂縫或漏洞，所致損失與船舶物料充作燃料的損失性質相同。

(7)**切除嵌楔物**。指在船舶發生碰撞事故後為解除船貨共同危險而採取的措施。船舶發生碰撞，兩船的船體或船面建築結構相互撞嵌在一起致使船貨共同安全受到威脅，此時必須緊急地將本船嵌入對方船舶的部分切除。由於採取切除措施而使船舶受到的損失，屬於船舶的共同海損犧牲。船舶在港內裝卸貨物，有時也可能因各種原因如起風而使船舶與岸上設備相撞造成類似的損失，也可同樣處理。

(8)**割斷錨鏈**。指對走錨的船舶採取的以防止與附近船舶相撞事故發生的緊急措施。停泊在港內或錨地的船舶因受狂風襲擊或在激流沖擊下走錨，出現可能與碼頭等港內設備或其他船舶發生碰撞的危險局面，由於情況危急來不及正常起錨，為避免船貨共同危險而毅然主動割斷錨鏈，棄錨自控，駕駛船舶進行避讓。這斷鏈和棄錨的損失屬船舶的共同海損犧牲。

2. 貨物的共同海損犧牲

與船舶的共同海損犧牲一樣，貨物的共同海損犧牲也包括因採取上述各種措施而引起的貨物損失。貨物的犧牲形式主要可以歸納為拋棄、水濕和落海三種。

(1)**拋棄**。拋棄貨物是共同海損制度最早的犧牲方式，現今有關共同海損的原理以及損失由全體受益方比例分攤的做法都是在古代處理拋貨損失的基礎上發展和完善起來的。可以拋棄的貨物除艙內貨物以外，還包括艙面貨如活牲畜、木材、大型工業產品和設備、桶裝油類和一些危險品等。然而，根據習慣不應置放在艙面，又未經託運人同意而置放在艙面的貨物，因拋棄而發生的損失得由承運人即船方負責；習慣不允許置放，但託運人同意置放並在提單上註明「風險由託運人承擔」而置放在艙面的貨物，因拋棄而發生的損失得由託運人即貨主自負。拋棄這些貨物的損失都不屬共同海損。如果被拋棄的貨物在拋棄前未經申報、沒有提單或謊報，或者已被風浪或其他原因損壞，就不能作為共同海損處理，但它們若在共同海損行為中獲救卻仍應作為受益財產參與分攤。

(2)**水濕**。是指貨物在共同海損行為中所遭受的各種濕損，如因開艙拋貨而使海水入艙浸濕其他貨物；在滅火過程中使用滅火劑滅火、封艙、向艙內灌

水、鑿洞引水進艙乃至沉船而使未著火的貨物受到水濕；在避難港卸載、重裝和移置時，貨物被雨淋濕；採取其他搶救船貨的措施所引起的貨物濕損。在確定貨物在海事發生後因採取共同海損行為所造成的濕損時，要注意將它們與貨物在海事中遭受的濕損區別開來，後者屬於單獨海損。

(3)**落海**。指對在航行中遇險的船舶採取共同海損行為過程中的一部分貨物落海損失，如為擱淺的船舶起浮而採取脫淺措施所引起的貨物落海；為在避難港對船舶作臨時性修理而將貨物駁卸、卸岸、搬運、保管、堆放、轉船或重裝時發生的落海損失。

3. 運費的共同海損犧牲

運費是貨物承運人即船方的收入。在到付運費的條件下，待貨物運抵目的港後，船方可從託運貨物的貨主那兒獲得運費。如果貨物在途中因共同海損行為而遭到犧牲，不可能運抵目的港時，船方原定在目的港可獲得的運費收入也就隨之喪失。這種隨貨物的犧牲而發生的運費損失即為運費的共同海損犧牲。

二、共同海損費用

共同海損費用包括共同海損的救助費用、共同海損的避難港費用和共同海損的雜項費用三大類。

1. 共同海損的救助費用

船貨遭遇共同危險自救不成，往往需要由第三者進行搶救，因此而支付給第三者的報酬統稱為共同海損的救助費用。並非船舶遇難所發生的救助費用都屬於共同海損救助費用。可以列入共同海損費用的救助費用有三個特點：

(1)導致救助的危險必須是危及船貨共同安全的，而救助的目的是為了解除船貨共同危險。例如，船舶擱淺後由救助人用拖輪拖離脫淺使船貨轉危為安，由此產生的救助費用屬共同海損。相反，如果船舶因擱淺而嚴重損失，船方認為不值得再搶救，遂宣布棄船。但貨方為自身利益，委託救助人將貨物從擱淺船舶上卸駁運至附近安全港口。由於救助的對象僅僅是貨物，救助行為僅僅涉及貨方的利益而與船貨的共同安危無關，所支付的救助費用就不屬共同海損。

(2)必須是由船貨利害關係方以外的第三者實施救助。遇難船上的船員和其他工作人員不屬於第三者，但遇難船為其姐妹船所救，可將該姐妹船視作第三者。

(3)只有在救助行為獲得成功，獲救財產仍有價值的情況下，救助人才有權請求救助報酬，除非救助人與被救助人雙方另有特殊約定。

2. 共同海損的避難港費用

船舶航行途中遇險，為船貨共同安全而駛入附近避難港，由此產生的費用屬於共同海損避難港費用。包括：

(1)**駛往、駛離避難港的費用**。船舶為解除危險和進行必要修理而駛入避難港，從駛離原航線地點到進入避難港，以後又從避難港返回原航線地點的費用，可作為共同海損費用。如果避難港為船舶原定的中途港，則船舶進入該港的正常營運費用不能列入共同海損。如果船舶駛抵避難港後，因該港無法修理又駛往第二港口修理，則第二港口也應視作避難港，一切駛往、駛離第二港口的船舶轉港費用也可作為共同海損費用。但對船舶選擇避難港不當而支付的不必要的費用應予扣除。

(2)**避難港港口費用**。船舶進出避難港需要向港口當局或其他有關單位支付各種費用，諸如進出港的引航費、拖航費和繫纜解纜費、港稅、碼頭費或避難港港口費用。船舶進出避難港需要向港口當局或其他有關單位支付各種費用，它們都是為了船舶在避難港處理共同海損事故所需額外停留的時間內規定要支付的費用，可以列為共同海損費用。船舶額外停留的時間是指船舶駛抵繫纜至該船完成續航準備工作後解纜起航為止。但如果船舶無法修復或不值得修理或不再繼續原定航程，這一停留時間應算至船舶宣布報廢或放棄原定航程之日為止；如果船舶在卸貨完畢以前報廢或放棄航程，則應算至卸載完畢之日為止。

(3)**船員工資、給養和燃料、物料**。船舶在延長航程時間（即船舶從駛離原航線地點到進入避難港和從駛離避難港返抵原航線地點這兩段時間的總和）以及在避難港處理共同海損事故所需額外停留期間合理支付的船員工資、給養和消耗的燃料、物料，也屬於共同海損費用。

(4)**卸載、重裝或移置船上貨物、燃料和物料**。船舶在避難港需要卸載或在

船上移置一部分貨物、燃料或物料，那麼此項卸載、移置的費用以及因而發生的儲存、運輸和重裝等費用，均可列為共同海損費用。

(5)**為安全完成航程修理船舶有關的費用**。船舶在航程中遇難受損，為了安全地完成航程而必須修理時，船舶在修理港合理停留時間內必須支付的港口費用、船員工資和給養、消耗的燃料和物料費用，以及由於修理而卸載、重裝和移置貨物、燃料或物料等所引起的費用和損失，根據國際習慣也都可以列入共同海損費用。

3. 共同海損的代替費用

為節省原應列入共同海損費用而支出的另一筆數額較小的額外費用，稱作共同海損代替費用。這項費用本身並不屬於共同海損的範圍，但由於它的支付而能節省或避免支付另一項或多項共同海損費用，從而給船貨各有關方帶來共同利益，所以它就可以代替費用的名義列為共同海損費用。這類費用有兩個特點：一是它們作為因採取代替措施而支付的費用不是正常的營運費用，而是在特殊情況下採取某種臨時性措施所產生的費用；二是採取這種代替措施必須謹慎合理，代替費用必須比被代替費用低，如果超過的話，除非船貨雙方另有協議，列為共同海損的費用應以被代替的數額為限，超過部分應由採取代替措施的一方（多為船方）負擔。在避難港通常發生的代替費用主要有：

(1)**船舶臨時修理費用**。為了節約在避難港的修理費和停留時間的各項費用，船方僅在避難港作臨時性修理以完成本航程的需要，到目的港卸貨後再作永久性修理。這種臨時修理費用較之永久性修理費用、裝卸貨物和儲存費用，以及在避難港額外停留期間支付的船員工資和給養、燃料物料的消耗費用要少得多，因此可作為共同海損代替費用。

(2)**拖輪拖帶費用**。因避難港的修理費太高，經慎重考慮後，認為雇用拖輪拖至另一避難港（甚至拖至原目的港）進行修理所支付的拖帶費用及修理費用和其他費用的總和比在第一避難港的支出要少得多，因此決定改用拖輪把船舶拖至該避難港（或原目的港），由此支出的拖輪費用可以作為代替費用列為共同海損。

(3)**雇用駁船費用**。船舶在避難港為了修理而需要卸貨時，雇用駁船停靠船

邊，將貨物卸置在駁船上，待船舶修理完畢後再重新裝回船艙，其費用比從船上卸到岸上存倉、運輸等費用要節省，因此可以作為代替費用列為共同海損。

(4)**轉運貨物費用**。當遇到船舶在避難港修理需要時間較長，需要卸載貨物較多的情況時，考慮到因此而支出的卸載、入庫、保管、重裝等費用的總和可能很大，決定另行安排船隻將該遇難船舶的全部貨物轉運至原目的港。由於轉船費用比在避難港修理所支出的貨物卸載存庫費用省得多，因此可以作為代替費用列為共同海損。在採用轉運的情況下，由於貨物已與原載運的船舶分離，船方為避免貨方對共同海損分攤發生異議，往往要求貨主簽訂「不分離協議」（ Non-separation Agreement ），以明確共同海損分攤並不因貨物已經轉船而受影響。

(5)**修船工人的加班費**。為縮短船舶在避難港的停留時間，要求修船工人加班趕修，這可節約停留期間應支付的船員工資、給養和碼頭等項費用。因此此項加班費同樣可作為代替費用列為共同海損。

(6)**船舶帶貨入塢附加費**。船舶入塢修理一般被要求空載，即將貨物全部卸下，但為節省費用，經修船廠同意，船舶可以帶部分貨物入塢。由於這樣做會增加危險，所以支付的入塢費也隨之增加。考慮到這項增加部分的入塢費用連同其他有關費用如保險費等的支出，可以節約貨物的卸、裝、儲存費等共同海損費用，因此也可作為代替費用列為共同海損。

4. 共同海損的雜項費用

在處理共同海損時，除救助費用和避難港費用以外所發生的其他有關的費用，稱之為雜項費用。由於雜項費用的發生與船貨各方有共同的利益關係，或者與共同海損事故有直接聯係，因此為各有關方接受並列為共同海損費用。常見的雜項費用包括：

(1)**共同海損保險費**。船舶發生共同海損事故後通常由船方墊付在避難港所支出的共同海損費用，而船方墊付的共同海損費用只有在船舶駛抵目的港，船貨仍具有分攤價值的條件下才能得到補償。若船舶在共同海損事故結束後從避難港開出而向目的港駛去的途中因發生另一起事故以至沉沒全損，這就會使船方墊付的共同海損費用由於船貨毫無保存而不能從各有關方取得補償。為了保

證自己墊付的這筆費用能得到保險保障，船方或其代理人就向保險人投保共同海損費用保險。如果船舶因發生該保險規定的海損事故而遭受損失以致船貨抵達目的港時分攤價值低於墊付的共同海損費用，其不足部分由保險人賠償給墊付的船方。由於這項保險承保的標的是共同海損費用，所支付的保險費可作為雜項費用列入共同海損。

⑵**船貨共同海損檢驗費用**。共同海損事故發生以後，船貨因共同海損所支出的檢驗費，以及為完成本航程所取得船舶適航證書的船檢費用，習慣上都可作為雜項費用列入共同海損。

⑶**船舶避難港代理費、電報費**。船方在避難港的代理人為此項共同海損案件支付的各項費用，如申請船舶檢驗、聯繫船廠修理和收取共同海損擔保等而支付的費用，船方與其代理人或船長之間為此項案件往來電報、電話的費用等，都可作為雜項費用列入共同海損。貨方為此案件合理支付的類似費用也具有相同性質，同樣可列入共同海損。

⑷**船東監修人員費用**。船舶在避難港修理，船東往往選派自己的船長、輪機長等技術人員前往監督，以保證船舶修理質量，縮短船舶修理時間。如果此項修理與共同海損或安全完成航程有關，這項監修人員費用包括來往差旅費也可適當地劃出一部分作為雜項費用列入共同海損。

⑸**墊付共同海損費用的利息和手續費**。共同海損案件的理算時間一般較長，為使共同海損的損失部分得到充分補償，也為了彌補共同海損費用墊付人資金擱置的損失，因此對共同海損損失和費用給予一定利息，一般按年利率7％計算，至共同海損理算書編成之日止。此外，因為墊付人墊付共同海損費用，付出了一定勞務，所以通常對墊付的共同海損費用，除船員工資、給養、燃料、物料外，給予墊付人2％的手續費。這項利息和手續費也可作為雜項費用列入共同海損。

⑹**共同海損理算費**。支付給共同海損案件理算人的費用，包括理算報酬和理算人在理算過程中所花費的差旅費、各項檢驗費、通訊費等，習慣上也作為雜項費用列入共同海損。

⑺**其他雜項費用**。包括銀行匯款手續費、提供救助擔保手續費等，也可以

列入共同海損。

第四節　共同海損的理算

　　船舶發生共同海損事故以後，採取合理措施所引起的共同海損犧牲和費用應得到補償，並由全體受益方共同分攤。但是共同海損案件能否成立？如能成立，哪些犧牲和費用可以列入共同海損範圍，而哪些卻又不屬於？屬於共同海損範圍的犧牲和費用應由哪些利益方，按什麼標準和方式來進行分攤？這些問題涉及一系列細緻的複雜的調查、取證、分析和審核計算工作，國際上通常由專業機構或人員負責辦理。這項審核和計算共同海損犧牲和費用的補償及分攤的工作，稱為共同海損理算。

一、共同海損理算的依據

　　從歷史發展來看，共同海損的確定和理算一開始是按船舶目的港所在國家的法律規定來辦理的，但各海運國家的法律規定不同。由於在國際海上運輸中，一艘船舶所載運的貨物種類很多，一個航程往往涉及很多國家的裝卸港口，貨主也分散在不同國家，發生共同海損以後，究竟適用哪個國家法律，根據什麼理算規則來理算，這是關係到海上貿易和海上運輸發展的大問題。以船舶的分攤價值計算為例：英國規定要按船舶抵達航程終止港時的價值計算，而葡萄牙則規定按船舶到達時的一半價值計算。兩個國家的兩種法律規定勢必會產生共同海損分攤的不同結果。為了解決共同海損理算上法律適用的混亂，統一各國的共同海損理算立法，歐美一些主要海運國家作了很大努力。《約克·安特衛普規則》作為國際性的共同海損理算規則，就是在這樣的背景下於十九世紀中期產生的。

1.《約克·安特衛普規則》

　　1860 年 9 月，由英國社會科學促進會發起，邀請了歐美一些主要海運國

家，在英國格拉斯哥召開了一個討論共同海損問題的會議。會議根據各國對共同海損在管理、立法和習慣上的共同之處，制訂出十一條規則，稱為「格拉斯哥決議」。這個決議在 1864 年英國約克城召開的會議上和 1877 年比利時安特衛普召開的會議上兩次進行重大修改和補充，十一條變成十二條，並於 1877年正式定名為《約克‧安特衛普規則》。

　　1890 年在英國利物浦召開的國際法編纂和修改會議上，英國海損理算人協會對 1877 年規則提出了一系列修改意見，經過討論，十二條規則擴充為十八條。這十八條規則規定了共同海損範圍，載明共同海損的各種具體事項及其理算方法，由於是用阿拉伯數字標明順序的，習慣上稱為「數字規則」。

　　1924 年 9 月在瑞典斯德哥爾摩舉行的第三十三屆國際法協會會議上對1890 年規則進行了修改和擴充，最重要的變動是將規則的條款分為兩部分：第一部分是七條用英文字母標明順序的「字母規則」，第二部分則是二十三條「數字規則」（即由十八條擴展而成）。字母規則規定基本原則，而數字規則規定具體辦法。由於兩部分規則的內容前後並不吻合，給具體理算造成困難，所以 1924 年規則僅被美國接受了其中一部分。

　　1949 年 9 月在荷蘭阿姆斯特丹召開的國際海事委員會會議上通過了對1924 年規則的修正案，內容由一條規則解釋、七條字母規則和二十二條數字規則三部分構成，以 1950 年規則的名稱公布於世。由於規則解釋規定：「除數字規則另有規定外，共同海損應按字母規則理算」，從而明確指出進行共同海損理算時，應首先適用數字規則，數字規則未作規定的事項才適用字母規則。包括美國在內的各國航運界普遍接受了 1950 年規則。

　　1974 年 4 月 1 日至 5 日，在德國漢堡召開會議的國際海事委員會又在修訂 1950 年規則基礎上通過了新規則即 1974 年規則。新規則的構成未變，仍為三十條，但在內容上進一步明確了共同海損概念和構成條件，簡化了共同海損理算的程序和範圍，並重申了使用數字規則和字母規則的辦法。1974 年規則是當前國際上普遍使用的共同海損理算規則。①

2.《北京理算規則》

　　共同海損理算是一項專業性和技術性很強的工作。過去，中國大陸由於沒

有經驗，也不掌握理算的複雜技術，每當中國大陸載運進出口貨物的船舶發生
共同海損，只聘請外國的，主要是英國的理算師進行理算。外國理算師通常都
根據《約克‧安特衛普規則》進行理算。理算費用十分昂貴，一張提單通常要
支付 70 至 100 美元的理算費。一條班輪如果載有上千筆貨物，理算費就相當
可觀，有時甚至超過應分攤的共同海損金額。經過十餘年的努力，中國大陸終
於在 1969 年 1 月正式成立了自己的理算機構，即中國大陸國際貿易促進委員
會共同海損理算處，從此開始辦理遠洋運輸中的共同海損理算工作。在總結幾
年實踐的基礎上，並參照了國際上的習慣做法，中國大陸貿促會在 1972 年起
草了《中國大陸國際貿易促進委員會共同海損理算暫行規則》，簡稱《北京理
算規則》，於 1975 年 1 月 1 日公布施行。

　　《北京理算規則》由一個前言和八條規則組成，分別對共同海損的範圍、
共同海損理算的原則、共同海損損失金額的計算、共同海損的分攤、利息和手
續費、共同海損擔保、共同海損時限和共同海損理算的簡化等作了明確規定。

　　現在將這兩個共同海損理算規則簡單地作一下比較。與 1974 年《約克‧
安特衛普規則》相比，《北京理算規則》有條文清楚、文字易懂的優點。除了
強調實事求是、公平合理的原則以外，它還強調避免繁瑣的手續和計算，要求
理算書能簡明扼要，便於執行；尤其主張對性質簡單的共同海損案件可作簡易
理算，對小額案件在徵得當事人同意後可不進行理算。這些規定有利於減輕各
有關方的負擔，提高工作效率。但是，無可否認的是，條文過於簡單也會造成
不夠細緻、不易應用的結果，在許多具體問題上就需要有關實施細則加以補
充。國外船東、租船人和其他承運人為此還指出，用過於簡單的理算規則規定
來處理情況錯綜複雜的共同海損事故，勢必會賦予理算人過大的權力。這個意
見提得是很中肯的。

　　此外，《約克‧安特衛普規則》不要求理算必須與過失責任掛鈎，規定船
方宣布共同海損事故後，理算人不問引起共同海損事故是否承運人的過失責
任，一律進行理算，待理算書作成後再去追究責任；如果最後確定是承運人責
任，貨方就有理由拒絕分攤共同海損。與之相反，《北京理算規則》採取的原
則是「先判定責任，後進行理算」，明確規定對確因運輸契約一方不能免責的

過失而引起的共同海損案件不進行理算。也就是說。在共同海損理算之前，首先得弄清承運人在事故中有無過失，船舶在開航前是否適航，承運人可否享受提單條款下的免責權利，這成為貨主或貨物保險人是否接受共同海損分攤的前提，而這場理算進行前的爭論將由理算人來判斷是非。對此，其國內外保險和航運界是持有異議的，認為這種做法與共同海損成立條件的規定不相符合。事實上，中國大陸有不少運輸契約就已不用「發生共同海損爭議應按 1975 年北京規則理算」的提法，而改提「按國際慣例即 1974 年約克·安特衛普規則進行理算」。

因此，在肯定《北京理算規則》有優於《約克·安特衛普規則》的特點同時，應注意在實行中對它的充實和完善。

二、共同海損理算過程

各國共同海損理算人進行共同海損理算的程序和做法不完全相同，我們只把中國大陸國際貿易促進委員會海損理算處（下稱中國大陸理算人）的做法簡述於下：

1. 收取共同海損擔保函和處理保證金

中國大陸理算人在接受船方委託理算的共同海損案件以後，立即協助船方向與其有關的貨方或貨物保險人收取共同海損擔保函或要求後者提供保證金。由於進行共同海損理算往往在船貨抵達目的港後需相當長的時間才能完成，為了不影響貨方提貨，船方有權要求貨方在提貨前辦理擔保分攤共同海損的手續。貨方不辦理擔保手續，船方對承運貨物有留置權以維護自身利益。擔保有兩種形式：一種是現金擔保。對沒有投保的貨物或貨物筆數多、金額小，船方通常要求貨方提供現金擔保。另一種是出具共同海損擔保函。這是一種保證負責應分攤金額的證明函件，由貨物保險人或銀行向船方提供，代替現金擔保。

現金擔保的保證金額按其占貨物價值（CIF 價）的一定比例來計算，具體多少比例應由理算人根據船方提供的資料來估定。保證金匯到北京中國銀行，由理算人以保管人名義存入。如果少數國家因外匯管制原因不能從國內匯出保

證金時，也可將它們交給船舶在該國的代理人代表中國大陸理算人存入當地銀行，待理算完畢後結算。至於擔保函不受保險金額的限制，由保險人保證負責貨物全部分攤金額。等到理算完畢，如分攤金額超過保險金額，超過部分向貨方即被保險人收回。

《北京理算規則》規定，只要貨方提供了可靠的擔保函或保證金後，就不需再像國外所要求的那樣還要與船方簽署共同海損協議書，因為擔保函與協議書內容相似。

如果貨物在共同海損案件中損失嚴重，按《北京理算規則》，貨方也可以宣布共同海損，向船方收取擔保函，並委託中國大陸理算人理算。

2. 收集共同海損文件和單證

要求各有關方及時提供和辦理有關共同海損事故和損失的證明文件和單證，是中國大陸理算人進行共同海損理算的必要程序。一般來說，這些文件和單證包括：海事報告，航海日誌和機艙日誌摘要，提單副本，貨物積載圖，貨物運費清單，貨物檢驗報告，售貨清單，船舶檢驗報告，船舶修理方案和各項修理費用清單，保證金清單，共同海損分攤擔保函，救助契約，港口費用清單，船員工資表及航程延長期間船員工資、給養等清單，船舶在航程延長和在避難港額外停留期間消耗的燃料、物料清單，其他與共同海損有關的單證和發票。

3. 確定共同海損補償金額、分攤價值和分攤金額

理算人根據上述各有關的證明文件，確定船舶、貨物和運費各自的共同海損補償金額和分攤價值。用船、貨和運費的共同海損損失和費用總額與三者的分攤價值總額求出分攤比例，再以分攤比例分別乘以船、貨和運費的分攤價值，進而求得三者各自的分攤金額。理算人在完成上述這些計算以後，就根據所求得的各項數字編製共同海損分攤表。

4. 核定各利害關係方收支金額

理算人在編制共同海損分攤表的同時，還需核定各利害關係方墊付的共同海損費用金額、共同海損補償金額和共同海損分攤金額，並在此基礎上編製收支結算表，以便通知各有關方進行結算。

5. 編製共同海損理算書

共同海損理算書是理算人對受委託辦理的共同海損案件，進行調查研究和審核計算後編製的理算報告。它通常由五個部分組成，即前言、費用劃分表、共同海損收支結算表、共同海損分攤表和附件。理算人在前言內要對共同海損行為發生事實經過作一概述，提出對案件的處理意見和論據，對某些特殊問題進行說明，確定理算結果、理算費結算和各關係方收支金額結算辦法，以及理算書使用的貨幣換算率等。費用劃分表要將有關海損事故的一切開支詳細列出，分別列入共同海損、單獨海損或自行自擔的各樣的。理算書文字簡稱，內容清楚，便於各關係方了解。如各方對理算結果無異議則按理算書中確定的進行攤付結算。

第五節　共同海損的補償

船舶在航行途中遇險，為了船貨共同安全而犧牲的財產和額外支付的費用，應由獲救的財產來補償。獲救的財產是用以補償的資金來源。

一、共同海損補償的範圍和原則

根據共同海損理算規則，凡屬共同海損的犧牲和費用均可得到補償。但共同海損的補償範圍一般只限於船舶、使用提單承運的貨物及船舶為運輸貨物而賺取的運費這三項遭受的直接損失。船上載運的其他財產如郵件、船上用於防衛的武器、船員和搭乘貨船的旅客隨身攜帶的行李等則不能列入共同海損補償範圍。

確定共同海損補償的基本原則有兩條：一是補償以實際遭受的合理損失和額外支付的費用為準。就損失而言，應當使遭受損失的財產在獲得補償以後基本上恢復到受損前的狀態；從費用來說，應當使合理支付的額外費用得到相當的償還。二是經過補償以後，使遭受共同海損犧牲或支付共同海損費用的一方

與未遭受犧牲或支付費用的其他有關方處於均等地位。也就是說，所有各方在共同海損行為中所受的經濟損失透過補償應大致相等。

二、共同海損補償的標準和計算方法

船舶、貨物和運費的共同海損犧牲和費用補償的標準和計算方法是各不相同的。現分述如下：

1. 船舶共同海損犧牲和費用補償金額的計算

船舶共同海損損失補償金額，按損失部分實際支付的合理修理費用（包括臨時性修理費用、合理扣減後的換新費用）計算。如果損失部分尚未進行修理，則按必要修理的合理估計費用計算。燃料、物料等損失按實際價值計算。現作具體說明：

(1)船舶或機器設備在共同海損行為中所受損失的補償金額，應是將它們的損壞部分修復至受損前狀態所支付的費用。如果在理算結束前完成修理，那麼合理修理費用即為補償金額。如果修理共同海損損失與修理其他性質的海損合併進行，只有共同海損損失部分的修理費用可予補償。

(2)對與船舶修理有關的船塢費和進出船塢費用有三種不同的補償情況：若修理項目全部屬共同海損損失，這些費用應全部列入共同海損而得到補償；修理項目中既有共同海損損失又有與船舶適航性修理無關的非共同海損損失，而且這些修理又全是在共同海損修理時間內進行的，這些費用仍可全部列入共同海損而得到補償；修理項目中既有共同海損損失又有非共同海損損失，而且修理是在共同海損修理時間以外進行的，這些費用應由兩者按比例分攤。分攤方式有兩種，可任選：或是按共同海損損失修理費用與其他項目修理費用的比例分攤，或是按共同海損損失修理所占用的修理時間與其他項目所占用的修理時間比例分攤。

(3)船舶如作永久性修理即在進行共同海損修理的同時更換一部分零件，就應從實際支付的合理修理費用中扣減以新換舊費用。但臨時性修理不作以新換舊扣減。如果修理拆換下來的零件尚有殘值，應在計算補償金額時扣除。

(4)船底清洗、油漆或塗層等費用，原則上不能列為共同海損，只有當船舶上次清洗、油漆船底是在共同海損事故發生前一年之內進行的，那麼事故發生後船舶進塢修理時進行清洗、油漆船底的費用可酌量（如半數）作為共同海損費用給予部分補償。

(5)船舶發生共同海損損失以後未安排修理，通常有兩種補償方式：一種是按共同海損損失引起的合理貶值金額作為補償標準。若貶值超過了估計的修理費用，就應以估計的修理費用為準。另一種是由於船舶發生共同海損以後未進行修理，又在其續航的航程中遭受嚴重損失，估計修理費用將超過修復後的船舶價值，對於此項損失應以船舶的估計完好價值減去不屬於共同海損損失的估計修理費用以後與船舶在受損狀態下的價值（如果出售，此項價值則為出售淨得的款項）之間的差額，作為共同海損的補償。

2. 貨物共同海損犧牲和費用補償金額的計算

貨物共同海損損失補償金額，按損失部分在目的港完好的到岸價格減去由於損失無需支付的運費計算。如果遭受損失的殘貨已經出售，由於損失程度已無法確定，則按該批貨物的到岸價格與出售淨得金額之間的差額給予補償。現作具體說明：

(1)貨物在運抵目的港之前因遭受共同海損損失，如在航程中被拋棄，其到岸價格即為補償金額；如果在拋棄前該項貨物已遭非共同海損損失，那麼在計算共同海損補償金額時應扣除非共同海損損失。如果貨物拋棄後又被救撈，其補償金額應為該貨完好到岸價格與受損後的到岸價格之間的差額再加上救撈所支付的費用。如果貨物遭受共同海損損失，卸載後又發現完全毀損，也無殘餘價值且必須銷毀，則應按該貨的到岸價格加上銷毀費用來計算補償金額。

(2)貨物在遭受共同海損損失後運抵目的港，並經檢驗確定了損失程度，就應按其損失部分的到岸價格加上為此支付的檢驗費用給予補償。如果受損貨物未經檢驗確定損失程度即貶值出售，補償金額應按該貨的到岸價格與出售殘貨淨得金額（指扣除為出售殘貨而支付的的整理、重新包裝、運費、廣告以及代理人佣金等）之間的差額來計算。如果貨物遭受共同海損損失後，經過整理包裝，恢復到未受損前的狀態，則合理支付的整理包裝費用也應作為補償金額。

(3)貨物在事故中既遭受共同海損損失又發生非共同海損損失，其補償金額中應扣除非共同海損損失連同相應的檢驗費用。如果貨物因自身潛在缺陷或特性等原因引起損失而貶值時，也得將此貶值部分從共同海損補償金額中扣除。

3. 運費共同海損損失補償金額的計算

貨物在共同海損行為中遭受損失所引起的運費損失同樣作為共同海損可得到補償。其補償金額應按運費損失金額減去因貨物損失而無需支付的營運費用來計算。因為貨物的補償金額是按其到岸價格計算的，若貨物的到岸價格中已包括了貨方應承擔的運費在內，那麼在計算貨物的補償金額時就不必再單獨計算運費的補償金額。但是當由承運人承擔風險的到付運費遭受共同海損損失時，則應單獨計算運費的補償金額。運費的共同海損損失補償，應以由於共同海損行為引起承運人實際減少的運費收入為準。如果貨物在航程中被拋棄，承運人在避難港又攬載補裝了其他貨物，那麼應將收取的補載淨運費從上述補償金額中扣除。一旦這筆補載運費收入達到或超過上述補償金額，也就不會再有運費補償的問題。

4. 共同海損費用補償的計算

由於採取共同海損行為引起的額外費用，也可列入共同海損而得到補償。其補償金額一般按實際支付費用的帳單或其他憑證進行計算。如果其中有一部分費用是屬於非共同海損損失項目而支付的，應在補償金額中扣除。

第六節　共同海損的分攤

一、共同海損分攤的概念

船舶和貨物等在共同海損行為中產生的犧牲和費用，應當由因採取共同海損措施而免遭損失的所有受益方按各自受益財產價值的比例分攤，以補償共同海損損失，這就叫共同海損分攤，俗稱「攤水」。

　　船、貨和運費是共同海損中承擔分攤補償責任的三個主要的受益方。它們因共同海損措施而受益的財產必須參與共同海損分攤，這些受益財產的價值叫作分攤價值。分攤價值，除了由於共同海損措施而受益的船、貨和運費的價值以外，還應加上共同海損損失本身的金額。換句話說，不僅僅在共同海損行為中受益財產的價值要參加分攤，在共同海損行為中遭受損失的財產獲得補償的金額也應參加分攤。這是因為遭受共同海損損失的財產的所有人可以透過分攤而得到補償，為了公平合理起見，他們也應與其他各分攤方在同一基礎上參與本身損失的分攤。只獲得補償而不承擔分攤責任，是違背共同海損理算絕對公平原則的。

　　所有由於共同海損行為而受益財產的價值，一律以這些財產抵達航程終止港或目的港（如中途放棄航程即在中途港）時的價值為基礎。只有當船舶抵達終點時，船舶和船上的貨物及到付運費才能構成實際受益的財產。如果船貨在共同海損事故的續航途中遭到全損，則不存在任何受益財產，全損以前的共同海損損失也無從分攤和補償。

　　法律上和實行上認為可以免於共同海損分攤的受益財產，有船員的工資、行李和物品，郵件、不用提單託運的旅客隨身攜帶的行李、船上配置的防衛武器等。隱瞞、謊報的貨物因共同海損事故而受損，同樣要參加分攤，但無權取得補償。

二、共同海損分攤價值的計算

　　共同海損分攤價值，應以航程終止時船、貨和到付運費的實際淨值為基礎，加上共同海損補償額計算。

1. 船舶的分攤價值

　　船舶的分攤價值，按船舶在航程終止時的當地完好價值減去不屬於共同海損的損失金額計算；或者按船舶在航程終止時的當地實際價值加上共同海損的損失額計算。

　　確定船舶的完好價值較為複雜，一般採用兩種方法：一是根據船舶的建造

價值，按已經使用的年限扣除折舊，並適當考慮整修、添置新的設備，換上新的零件等增值因素，計算出當時的船舶完好價值；二是參照國際船舶市場上成交的同類型船舶的價格，結合當時可能影響船價浮動的各種因素進行估價。但是這兩種估價方法都難以達到完全精確的程度。為了便於理算，習慣上都要委請兩個船舶估價人同時估價，而後比較擇定。船舶的保險價值在估定船舶價值時通常也被作為參考。

當估價時，船舶正處於受損狀態，在這種情況下計算船舶分攤價值，就應從船舶的完好價值中扣減部分損失，但要注意不能把船舶在本航程中遭受共同海損的損失也扣去。如果船舶發生了共同海損事故，在抵達航程終止港後立即出售，這項出售價格就可以被當作船舶在當時當地的實際價值，那麼只要在這項出售價格基礎上再加上共同海損的損失額，即可計算出船舶的分攤價值。

2. 貨物的分攤價值

貨物的分攤價值，按貨物在抵達航程終止港的到岸價格減去不屬於共同海損的損失額和到付運費計算。如果貨物在抵達目的港以前出售，則按出售淨得金額加上共同海損的損失額參加分攤。

3. 運費的分攤價值

運費的分攤價值，按到付運費減去因共同海損事故發生時尚未完成的航程所需支付的各項營運費用，加上列入共同海損的運費損失計算。這些營運費用包括船員工資、卸載費用和港口碼頭費用等。如果經過計算，運費的分攤價值小於該項尚未完成航程所需支付的各項營運費用之和，則到付運費就不參加共同海損分攤。

4. 租船人燃料的分攤價值

燃料是船舶在營運中不可缺少的組成部分，但在船舶出租的情況下，燃料是由租船人負責供應的，所以當租船發生共同海損時，燃料由於與船舶不屬同一個所有人，習慣上也就作為一個單獨方來參加分攤。燃料的分攤價值根據船舶抵達目的港卸貨完畢時，留存的燃料數量，減去在採取共同海損措施以後加添的燃料數量，按留存的燃料加油時的價格（承租船時也可採取船舶退租時的價格）進行計算。

5.同一航程發生一次以上共同海損的分攤價值

　　船舶在同一航程中有時會發生兩次或多次的共同海損。對多次共同海損事故的理算程序，應該是先理算最後發生的一次共同海損，然後依次前進，逐次理算。因為最後一次共同海損距船舶抵達目的港的時間最近，最後一次共同海損措施與船舶最終能否安抵目的港，完成本航程任務的關係最密切。只有最後一次共同海損措施成功，船舶才能最終安抵目的港，才可考慮以前各次共同海損的理算。所以在這種特殊情況下計算船、貨和運費各方對以前幾次共同海損事故的分攤價值時，必須將已確定的各方參與其後一次或多次事故的分攤金額予以扣除，因為這項分攤金額是在本次事故以後支付的。

三、共同海損分攤金額的確定

　　共同海損分攤金額，是指由於共同海損行為而受益的船、貨和運費應分攤共同海損的金額，俗稱「攤水費」。

　　要確定參與共同海損分攤的各方對共同海損承擔的分攤金額，如果理算費、墊付利息等略而不計的話，可按以下步驟和公式計算：

　　先算出共同海損分攤率。將船、貨和運費的共同海損犧牲和費用的總額，去除以它們三方的共同海損分攤價值的總額，即可求得分攤率。其公式為：

$$共同海損分攤率 = \frac{船舶、貨物和運費的共同海損犧牲和費用總額}{船舶、貨物和運費的共同海損分攤價值總額}$$

　　再分別算出各方的分攤金額。將共同海損分攤率，分別乘以船、貨和運費的分攤價值，即可求得各方的分攤金額。其公式為：

　　船舶的分攤金額＝船舶分攤價值×分攤率
　　貨物的分攤金額＝貨物分攤價值×分攤率
　　運費的分攤金額＝運費分攤價值×分攤率

第七節　共同海損與海上保險

一、共同海損理算與保險賠償的聯係

　　共同海損是船舶在航運中發生的特殊事故，所造成船舶或貨物的損失應在各受益方之間進行分攤和補償，這是國際航運界公認的責任。共同海損起源早於海上保險。在海上保險尚未問世之前，共同海損的分攤和補償方法就已存在，以後也並不因為有了海上保險而有所變更。共同海損的成立並不受保險的約束，有保險也好，沒有保險也好，共同海損總歸要進行理算。因此，共同海損作為國際航運處理慣例，始終獨立於海上保險而存在。

　　但是，現代海上保險從開始形成以來，就把共同海損作為一種責任予以承保。保險人不僅承擔對共同海損犧牲和費用的賠償責任，還常常代為墊付應由各受益方支付的共同海損分攤。事實上，由於保險人經常出面代表各自的被保險人即船方或貨方處理有關的共同海損分攤和補償，原來由船、貨和運費各方之間進行的共同海損理算已經變成為主要由船舶保險人與各貨物保險人之間進行的理算，保險人與被保險人之間的結算則在共同海損理算結束後進行。

　　儘管保險賠償與共同海損理算有著密切聯係，但二者畢竟是兩種不同性質的賠償。保險賠償的範圍依照保險契約和條款來審理和確定，而共同海損補償和分攤範圍的劃分和金額的確定則以共同海損理算規則為依據。因此，按共同海損理算規則可以成立的共同海損案件不一定就屬於海上保險的承保責任範圍，共同海損補償和分攤金額也不一定就都能從保險人那兒取得賠償。

二、保險人在保險契約下對共同海損的責任

　　船舶保險契約和海上運輸貨物保險契約中都沒有共同海損條款，保險人在

保險契約下承擔共同海損責任具體體現為負責對共同海損犧牲和費用以及共同海損分攤的賠償。這是由英國《1906年海上保險法》規定的。雖然《1906年海上保險法》對共同海損犧牲、費用和分攤所確定的含義是與《1974年約克·安特衛普規則》所規定的相一致，但卻是從保險人與被保險人之間關係的角度來談的。所以，在保險契約下，共同海損犧牲是指因採取共同海損行為而使保險標的遭到的損壞或滅失，被保險人可直接要求保險人全部賠償，而不必向有關受益方索取共同海損分攤費；共同海損費用是指因採取共同海損措施引起的費用或由共同海損行為直接後果產生的費用，被保險人對自己名下應承擔責任的那部分，可向保險人索賠；共同海損分攤是指被保險人應承擔的共同海損分攤額，被保險人可向保險人索賠。

保險人在處理共同海損賠償時必須注意以下幾點：

⑴保險人對共同海損的賠償以保險契約和條款規定為依據。保險人負責賠償的共同海損必須是承保責任範圍內的損失。如果引起共同海損事故的原因不屬保險人承保的風險，保險人對因此而引起的共同海損犧牲、費用和分攤當然不承擔責任，而由被保險人自己承擔。

⑵保險人對共同海損的賠償以保險價值作為計算的基礎。保險賠償是以保險價值作為計算基礎的，所以當共同海損犧牲和分攤價值等於或低於保險價值時，保險人可以按共同海損分攤金額全部賠償；在相反情況下，當共同海損犧牲和分攤價值高於保險價值時，保險人只按二者的比例賠償，其差額由作為被保險人的船貨各方自行負擔。

⑶保險人對根據理算規則列為共同海損範圍的費用都予以賠償。只要引起共同海損事故的原因屬於承保風險，保險人對根據貨物運輸契約訂立的理算規則應列為共同海損範圍的一切費用都負責賠償，而不再按保險契約和條款的規定審理和核賠。例如，海上運輸貨物保險只承保因保險事故引起的直接損失和費用，凡間接損失和費用均作為除外責任，除特別約定以外，保險人是不承擔賠償責任的。但是，遇險的船舶為船貨共同安全而駛入避難港所產生的所謂避難港費用中有不少間接費用，如船舶在延長航程時間和在避難港額外停留期間支付的船員工資、給養和消耗燃料、物料等。由於這些費用按照理算規則可以

列為共同海損費用，保險人也就負責賠償，而不管它們根據保險契約規定是除外不保的。

(4)船舶保險人對海損修理中的「以新換舊」不作扣減。根據理算規則，對受損船舶進行共同海損修理時如更換一部分零件，就應從實際支付的修理費用中扣減以新換舊費用。然而，船舶保險條款對以新換舊卻沒有任何扣減的規定。這就是說，在共同海損中，船舶以新換舊的扣減仍可以從保險人那兒獲得賠償。

(5)保險人賠償共同海損損失和費用應收取利息。前面已經提到，由於共同海損案件的理算時間一般較長，為使共同海損損失得到充分補償，以及彌補共同海損費用墊付人資金擱置的損失，對共同海損損失和費用應按年利率7％計算利息付給獲得補償的船方或貨方。如果這項共同海損損失或費用已由保險人賠付給作為被保險人的船方或貨方，那麼原應付給船方或貨方的利息就由保險人從保險賠償之日起收取。

(6)保險人在賠償共同海損損失和費用後可取得代位求償權。保險人在根據保險契約規定對被保險人履行了賠償共同海損損失或費用的保險責任以後，就有權取代被保險人行使追償權，向其他受益方請求攤回。但保險人能夠享受的攤回金額僅以已經賠付的金額為限。

三、共同海損理算實例

某船在航行途中意外擱淺，船底因此而遭損壞。為使船舶起浮，反覆開車致使主機超負荷運轉而損壞，但未使船舶成功起浮，後經他船拖帶終於脫淺。該船抵達目的港後宣布共同海損。現結合共同海損理算規則，將本案中船、貨和運費各有關方遭受的共同海損損失、費用的補償和分攤，以及對保險人的索賠計算如下（單位：美元）：

1. 共同海損損失總額

主機過度使用造成的損害	20,000
拖帶救助費用	9,000
擱淺造成的船底損壞	40,000
合計	29,000

（說明：主機過度使用造成的損害即爲共同海損犧牲，而拖帶救助費用則爲共同海損費用；擱淺造成的船底損壞屬單獨海損。）

2. 共同海損分攤價值

①船舶分攤價值

完好價值	250,000
減去不屬共同海損損失	－ 40,000
淨計	210,000

（說明：船舶分攤價值按船舶在航程終止時的當地完好價值減去不屬於共同海損損失金額計算。）

②貨物分攤價值

到岸價格	82,000
減去到付運費	－12,000
淨計	70,000

（說明：貨物分攤價值以貨物在抵達航程終止港的到岸價格減去到付運費計算。）

③運費分攤價值

到付運費	12,000
減去在目的港原應支付的營運費用	－ 2,000
淨計	10,000

（說明：運費分攤價值按到付運費扣除在目的港原應支付的營運費用計算。）

因此，本案共同海損分攤價值為 210,000＋70,000＋10,000＝290,000

3. 共同海損分攤率

分攤率＝共同海損損失總額／共同海損分攤總值
　　　　＝（29,000／290,000）×100％＝10％

4. 共同海損分攤金額

各方分攤金額＝各方分攤價值×分攤率
船舶分攤金額＝210,000×10％＝21,000
貨物分攤金額＝　70,000×10％＝　7,000
運費分攤金額＝　10,000×10％＝　1,000
　　　　　　　　　　　　　　　────────
合　計　　　　　　　　　　　　　29,000

5. 船舶保險契約下的保險賠償金額

船舶保險價值約定為　　　　　　　190,000
不計「以新換舊」扣減　　　　　　　／
∵船舶的共同海損分攤金額　　　　　21,000

其中船舶的犧牲部分為 $20,000 \times \dfrac{210,000}{290,000} = 14,483$

船舶對共同海損費用的分攤比例部分為：21,000－14,483＝6,517

如果從船舶分攤價值 210,000 中應付出 6,520，那麼保險價值 190,000 減去單獨海損 40,000 等於 150,000，所以應支付的比例部分為：

$6,517 \times \dfrac{150,000}{210,000} = 4,655$

∴保險人賠償船舶犧牲部分的分攤 14,483，加上賠償費用部分的分攤 4,655，合計 19,138。

6. 船舶所有人在本案的收支情況

支：共同海損總額	29,000
單獨海損	40,000
合計	69,000
收：保險賠償	
共同海損分攤賠償	19,138
單獨海損賠償	40,000
從貨方、運費方獲得的分攤收入	
從貨方分攤所得	7,000
從運費方分攤所得	1,000
合計	67,138

由於約定保險價值（扣除單獨海損）與分攤價值的差額而不能獲得賠償的金額爲：

6,517－4,655	1,862
合計	69,000

（説明：因爲保險人對共同海損犧牲的分攤負直接責任，即使雙方約定保險價值時確認是足額保險，而發生共同海損事故時又是不足額保險，按慣例也能獲得全部分攤額的賠償。但是，共同海損費用則不同，若是不足額保險，須按比例賠付此項分攤額，其差由被保險人自負。）

❖ 註　釋

① 　約克·安特衛普規則於 1974 年後又經 1990 年、1994 年兩次修訂。

國家圖書館出版品預行編目資料

海上保險學／應世昌編著.--初版.--臺北市：
五南圖書出版股份有限公司,2000.07
　　面；　　公分.

ISBN 978-957-11-2133-8（平裝）

1.CST：海上保險

563.76　　　　　　　　　　89009304

1N16

海上保險學

編 著 者 ― 應世昌

校 訂 者 ― 胡宜仁

發 行 人 ― 楊榮川

總 經 理 ― 楊士清

總 編 輯 ― 楊秀麗

副總編輯 ― 張毓芬

責任編輯 ― 胡琇珮

出 版 者 ― 五南圖書出版股份有限公司

地　　址：106台北市大安區和平東路二段339號4樓

電　　話：(02)2705-5066　　傳　　真：(02)2706-6100

網　　址：https://www.wunan.com.tw

電子郵件：wunan@wunan.com.tw

劃撥帳號：01068953

戶　　名：五南圖書出版股份有限公司

法律顧問　林勝安律師事務所　林勝安律師

出版日期　2000年7月初版一刷
　　　　　2022年3月初版六刷

定　　價　新臺幣590元